2023年度国家出版基金资助项目
"十四五"时期国家重点出版物出版专项规划项目
中国建材工业智能制造研究与实践丛书

中国建筑卫生陶瓷行业智能制造研究与实践

曾令可　李萍　韩文　方毅翔　编著

中国建设科技出版社

北　京

图书在版编目（CIP）数据

中国建筑卫生陶瓷行业智能制造研究与实践/曾令可等编著．--北京：中国建设科技出版社，2024.11．
（中国建材工业智能制造研究与实践丛书/江源主编）．
ISBN 978-7-5160-4302-8

Ⅰ．F426.91

中国国家版本馆 CIP 数据核字第 20240NC779 号

中国建筑卫生陶瓷行业智能制造研究与实践
ZHONGGUO JIANZHU WEISHENG TAOCI HANGYE ZHINENG ZHIZAO YANJIU YU SHIJIAN
曾令可　李　萍　韩　文　方毅翔　编著

出版发行：中国建设科技出版社
地　　址：北京市西城区白纸坊东街2号院6号楼
邮　　编：100054
经　　销：全国各地新华书店
印　　刷：北京印刷集团有限责任公司
开　　本：787mm×1092mm　1/16
印　　张：20.5
字　　数：460千字
版　　次：2024年11月第1版
印　　次：2024年11月第1次
定　　价：99.80元

本社网址：www.jccbs.com，微信公众号：zgjskjcbs
请选用正版图书，采购、销售盗版图书属违法行为
版权专有，盗版必究。本社法律顾问：北京天驰君泰律师事务所，张杰律师
举报信箱：zhangjie@tiantailaw.com　　举报电话：(010)63567684
本书如有印装质量问题，由我社事业发展中心负责调换，联系电话：(010)63567692

《中国建材工业智能制造研究与实践丛书》

总 策 划：佟令玫（经济日报出版社社长、中国建设科技出版社社长）

顾问委员会

顾　　问：杜善义（中国工程院院士）
　　　　　柴天佑（中国工程院院士）
　　　　　缪昌文（中国工程院院士）
　　　　　瞿金平（中国工程院院士）
　　　　　张联盟（中国工程院院士）
　　　　　彭　寿（中国工程院院士）
　　　　　董绍明（中国工程院院士）
　　　　　钟义信（发展中世界工程技术科学院院士）

主任委员会

主 任 委 员：张广沛（中国建筑材料联合会监事长）
　　　　　　孔祥忠（中国水泥协会执行会长）
　　　　　　张佰恒（中国建筑玻璃与工业玻璃协会会长）
　　　　　　齐子刚（中国石材协会常务副会长）
　　　　　　徐熙武（中国建筑卫生陶瓷协会副会长）
　　　　　　胡幼奕（中国砂石协会会长）
　　　　　　李卫国（中国建筑防水协会会长）
　　　　　　王　兵（中国绝热节能材料协会会长）
　　　　　　刘能文（中国木材保护工业协会会长）
副主任委员：曾令荣（中国建筑材料工业规划研究院院长/
　　　　　　　　　建筑材料工业信息中心主任）
　　　　　　叶德林（中国建筑卫生陶瓷协会副会长）

王郁涛（中国水泥协会秘书长）
杨晓东（中国砂石协会副秘书长）
胡希宝（中国建筑防水协会副秘书长）
邓惠青（中国石材协会原副秘书长）
何　进（广东省玻璃行业协会会长）
万永宁（广东省玻璃行业协会原会长）
陈　林（广东省玻璃行业协会秘书长）
刘长雷（中国玻璃纤维工业协会秘书长）
韩继先（中国绝热节能材料协会常务副会长兼秘书长）
韩玉杰（中国木材保护工业协会执行秘书长）

丛书编委会

主　　编：江　源（中国建筑材料工业规划研究院副院长/建筑材料工业信息中心常务副主任）

编　　委：王孝红（济南大学自动化研究所所长）
　　　　　曾令可（华南理工大学材料科学与工程学院教授）
　　　　　李如燕（中国物资再生协会墙材革新与再生建材工作委员会主任）
　　　　　何　成（上海第二工业大学智能制造与控制工程学院教授）
　　　　　胡立志（中建西部建设股份有限公司副总经理）
　　　　　刘华东（四川华西绿舍建材有限公司党委书记、董事长）
　　　　　师海霞（中国混凝土与水泥制品协会副秘书长）
　　　　　方立波（世邦工业科技集团股份有限公司总经理）
　　　　　许武毅（中国南玻集团股份有限公司工程玻璃事业部原应用技术总监）
　　　　　刘起英（中国玻璃控股有限公司总工程师）
　　　　　陆思远（广东高力威机械科技有限公司总经理）
　　　　　吴士慧（北京东方雨虹防水技术股份有限公司副总裁）
　　　　　李　萍（新明珠集团股份有限公司智能制造与能源总监）
　　　　　韩　文（景德镇陶瓷大学机械电子工程学院院长）
　　　　　张进生（山东大学日照研究院院长）
　　　　　张文进（中材科技股份有限公司副总裁）
　　　　　于亚东（中国巨石股份有限公司信息技术中心主任）
　　　　　王　屹（南京玻璃纤维研究设计院有限公司院长、党委副书记）

本书编委会

顾　　　　问：张联盟（中国工程院院士）
　　　　　　　董绍明（中国工程院院士）
主　任　委　员：徐熙武（中国建筑卫生陶瓷协会副会长）
副主任委员：叶德林（中国建筑卫生陶瓷协会副会长、新明珠集团股份有限公司董事长）
编　　　　著：曾令可（华南理工大学材料科学与工程学院教授）
　　　　　　　李　萍（新明珠集团股份有限公司智能制造与能源总监）
　　　　　　　韩　文（景德镇陶瓷大学机械电子工程学院院长）
　　　　　　　方毅翔（景德镇陶瓷大学机械电子工程学院教师）
参　　　　编：韩冬阳（建筑材料工业信息中心主任助理/中国建筑材料工业规划研究院院长助理）
　　　　　　　张士察（中国建筑卫生陶瓷协会机械节能环保分会秘书长）
　　　　　　　简润桐（新明珠集团股份有限公司副总裁）
　　　　　　　袁华明（蒙娜丽莎集团股份有限公司 CIO）
　　　　　　　叶火龙（九牧集团有限公司数字化管理中心总经理）
　　　　　　　李林明（恒洁卫浴集团有限公司制造工程总监）
　　　　　　　郑亮荣（佛山欧神诺陶瓷有限公司信息管理部经理）
　　　　　　　金成灿［数联魔方（天津）科技有限公司总经理］
　　　　　　　洪蒙纳（广州博依特智能信息科技有限公司高级副总裁）
　　　　　　　杨学先（科达制造股份有限公司总经理）
　　　　　　　管火金（佛山市德力泰科技有限公司董事长）
　　　　　　　万　鹏（广东中鹏热能科技有限公司总经理）

　　　　　　李展华（广东摩德娜科技股份有限公司董事长兼总经理）
　　　　　　黎永成（广东鸿蒙智能科技有限公司总经理）
　　　　　　杨　洋（南京光衡工业技术有限公司技术总监）
　　　　　　郭俊平（潮州市索力德机电设备有限公司总经理）
　　　　　　胡松林（佛山兴中信工业窑炉设备有限公司总经理）
　　　　　　何俭恒（佛山希望数码印刷设备有限公司研发部长）
　　　　　　崔占东（福建良瓷科技有限公司数智制造总经理）
　　　　　　彭　诚（华南理工大学材料科学与工程学院副教授）
　　　　　　王　慧（华南理工大学材料科学与工程学院副教授）
　　　　　　周　谦（广东省科学院智能制造研究所装备自动化事业部正
　　　　　　　　　　高级工程师）
　　　　　　梁学鹏（广东省建材行业专家委员会专家）
其他人员：柯善军　高富强　黄立刚　王化能　李东浩　董　枫
　　　　　　李继湛　柯彩萍　袁钧宇　梁益斌　张永伟　肖　恒
　　　　　　伍志良　华　浩　梁燕珍　梁彩芬　宗雨晨　赵天宁

出版者的话

实现中国式现代化需要出版出力发力

如果你不是在工厂里工作，就会觉得制造业离我们很远，厂房里那些巨型的机器设备和复杂的工艺流程是我们普通人无法想象的。但其实制造业又离我们很近，我们居住的空间内，看得见的门窗、地板、吊顶、瓷砖、卫生洁具，等等；看不见的混凝土、水泥、砂石、保温材料、防水材料……这些无处不在、数不清的建筑材料正是由大量的生产加工企业经过各种不同工艺流程制造完成的，并被用于社会生活中的各类场景中，构成了可以给我们带来安全舒适体验的生活和工作空间。由此可见，社会生活与制造业的发展息息相关，而作为制造业重要组成部分的建材行业的高质量发展，也必将助力人民实现对美好生活的向往。

我国制造业的基础很好，是世界上唯一一个拥有联合国产业分类当中全部工业门类的国家，拥有41个工业大类、207个工业中类、666个工业小类，形成了比较独立完整的产业链体系。我国已成为世界第二大经济体、第一工业大国、第一制造大国，在国际分工的格局中，成为全球产业链中不可或缺的重要环节。

从制造大国向制造强国迈进离不开智能化。我国拥有支撑智能化的巨大互联网基本盘，截至2022年，我国网民人数已达10.67亿，成为全球规模最大的网络社会。从2012年到2021年，我国数字经济年复合增速达15.9%。移动物联网发展已经实现了"物超人"，物联网连接数量超过人联网数量，已建成全球规模最大、技术领先的光纤宽带和5G网络，形成全球规模最大、应用广泛、创新活跃、生机勃勃的网络社会。这些阶段性成果是我国推动网络应用从虚拟到实体、从生活向生产跨越的重要基础。

建材行业作为我国传统制造业的重要组成部分，进行智能制造数字化转型十分迫切。通过出版相关图书，实现建材行业最新成果转化，促进建材工业与信息化、智能化技术在更广范围、更深程度、更高水平上实现高质量融合发展，是我们策划《中国建材工业智能制造研究与实践丛书》的初衷。

"明者远见于未萌，知者避危于无形"。智能化的书最令人担心的就是"一旦出版就已落伍"，因此我们对这套丛书的前瞻性或者说超前性提出了特别要求，希望这套书可以帮您预见未来，可以带领您前行几步，可以告诉您一些您不知道的，达到"启发"的目的，所以我们在丛书名里加上了"研究"两个字，希望本书可以收录一些在实验室阶段的研究工作成果，这些成果虽然充满未知，但是有方向感。丛书名里的"实践"二字，则希望通过这套书充分展示行业成功的智能化案例，让这些"干货"可以再次用于指导实践，让更多企业照着做就可以，最终协助更多企业创造更多社会价值。

《中国建材工业智能制造研究与实践丛书》有幸入选"十四五"时期国家重点出版物出版专项规划项目和2023年度国家出版基金资助项目。在立项之初，我们提出了"坚持正确导向，代表国家水平，体现创新创造"的目标要求、坚持"一主线、两延伸、三融合"的编写原则。"一主线"指的是要以智能制造工艺过程中关键核心技术为主；"两延伸"指的是我们对于智能制造的理解要往前端和后端适度延伸，并且应该包括机器智能和平台智能两部分，既要牢牢把握住关键技术这个核心，也要向前端的需求分析、客户信息、订单处理、原材料采购和后端的营销、仓储、物流、服务等环节延伸，以体现机器智能和平台智能的完整性；"三融合"指的是工艺技术与新发展理念的融合、工艺技术和智能技术的融合、工艺技术与先进案例的融合。

如今，这套丛书在众多院士、专家、教授、专业技术人员和行业协会、建材企业的共同努力下陆续出版面世，作为服务建材行业的专业出版机构，我们深感欣慰。欣慰的是，丛书的出版适逢党的二十大胜利召开后的春天，也正是全国上下深入学习贯彻习近平新时代中国特色社会主义思想和党的二十大精神，并以中国式现代化全面推进中华民族伟大复兴的重要历史时期。出版的意义格外重大。

中国式现代化离不开建材产业的现代化，建材产业的现代化更离不开每一个企业的现代化，而智能化又是当下每一个企业实现现代化的重要路径之一。

实现中国式现代化需要出版出力发力。希望《中国建材工业智能制造研究与实践丛书》能够发挥好"十四五"时期国家重点出版物出版专项规划项目的优势，让专业图书更好发挥产业价值，真正惠泽行业企业，助力建材行业在实现中国式现代化的道路上行稳致远。

经济日报出版社社长、中国建设科技出版社社长
《中国建材工业智能制造研究与实践丛书》总策划

丛书序言

随着新一轮科技革命和产业变革深入发展，智能制造正引领全球制造业发展变革的方向，成为全球制造业科技创新制高点和全球经济发展新引擎。党的二十大报告提出，"推动制造业高端化、智能化、绿色化发展"，并将其作为建设现代化产业体系的一个重要着力点。作为制造强国建设主攻方向，智能制造是制造业实现质的有效提升和量的合理增长的有效途径，能够推动制造业产业模式和企业形态根本性转变，对于加快建设现代化产业体系、巩固壮大实体经济、促进我国产业迈向全球价值链中高端具有重要意义。

建材行业是支撑国民经济发展的重要基础原材料产业，发展智能制造是实现建材行业"宜业尚品，造福人类"发展战略的重要举措。近年来，我国建材行业智能制造取得了积极进展和明显成效，通过开展试点示范、培育系统解决方案供应商、探索建立标准体系等方式在智能制造领域取得了快速发展及明显成效，智能制造装备和先进工艺在建材行业不断普及，关键工艺流程数控化率大大提高。一是智能制造数字化转型政策不断完善，工业和信息化部发布了《原材料工业数字化转型工作方案（2024—2026年）》《建材工业智能制造数字转型三年行动计划（2020—2022年）》《建材行业数字化转型实施指南》等文件，对推动建材行业智能制造的发展起到了积极作用。二是智能制造标准成为建材行业推动智能制造的主要抓手，工业和信息化部发布了《建材行业智能制造标准体系建设指南》，成立了建材行业智能制造标准工作组，制定了一批建材行业智能制造标准。三是探索出一些具有代表性和示范效应的智能工厂，有多家建材企业入选智能制造试点示范项目。四是智能制造关键共性技术上取得了一定的创新突破，先进控制系统、工艺仿真优化等技术的应用逐步普及，工业互联网、人工智能、5G、云计算、大数据等新一代信息技术与建材制造技术的融合逐渐显露。

同声相应，同气相求。中国建设科技出版社联合众多院士、专家、教授、专业技术人员和行业协会、科研院所、建材企业，编写了《中国建材工业智能制造研究与实践丛书》，涵盖水泥、玻璃、建筑卫生陶瓷、混凝土、防水、机制砂石、玻璃纤维、石材、绝热节能材料等分册，对建材行业各细分领域智能制造发展现状、智能制造关键核心技术、生产工艺智能化应用、典型案例等展开系统地分析和阐释，针对建材工业各细分领域智能制造的发展路径提出许多前沿观点和建设性参考，并提出需要学界和业界进一步探索的问题，为建材行业智能制造发展贡献智慧力量。

独木不林，单弦不音。本丛书付梓面世凝聚了各方心血，是众多作者多年研究成果与工作经验的总结，充分展示了各领域关于智能制造研究与应用的最新成果和前沿进展，具有很高的学术前瞻性与工程实践性。丛书入选"十四五"时期国家重点出版物出版专项规划项目，并获得2023年度国家出版基金资助，不仅体现了国家对建材行业科技创新的高度重视，也彰显了建材行业有识之士的责任和担当。中国建设科技出版社为编辑出版精心谋划、鼎力投入，各位作者凝心聚力进行高水平创作，在此谨致谢忱。

期待《中国建材工业智能制造研究与实践丛书》的编撰、发布和应用，能够为从事建材工业智能制造的理论研究者、政策制定者和实践探索者提供良好的借鉴，促进行业管理部门、科研院所、广大企业之间的交流，助力智能制造人才培养，引领广大科技工作者协力推动智能制造重大科技创新和推广应用，为发展新质生产力，推进新型工业化，实施网络强国、数字中国、人才强国战略作出贡献。

国家智能制造专家委员会委员

前言

随着信息技术的不断发展和智能制造技术的快速崛起,传统的制造业正在经历着一场巨大的转型升级。作为制造业中的一个重要分支,建筑卫生陶瓷行业也在积极探索和应用智能制造技术,推动着企业的创新和发展。

本书旨在探讨建筑卫生陶瓷行业智能制造技术的研究和应用实践。本书共分七章,介绍了建筑卫生陶瓷行业智能制造的现状、发展趋势、智能生产及管控、智能运维、痛点及关键技术、解决方案、能力成熟度和典型案例,旨在为读者提供一部全面的指南和参考。

第1章主要介绍了建筑卫生陶瓷行业的现状与智能制造的现状和发展趋势,从行业规模、产品结构、技术水平和市场需求等方面,对建筑卫生陶瓷行业智能制造的现状进行了详细的分析和评价,并提出了当前建筑卫生陶瓷行业智能制造发展面临的挑战和机遇,以及未来建筑卫生陶瓷行业智能制造需要关注的重点。

第2章主要针对建筑卫生陶瓷的原料和釉料制备、成形、施釉及装饰、干燥与烧成、抛光、品质检测与包装、仓储各个生产环节,详细地介绍了主要装备的管控技术和系统功能。

第3章主要介绍了建筑卫生陶瓷的智能设计的流程、智能物流的优势、智能运营的概念和系统架构、智能决策大数据的建设和系统模型。

第4章主要介绍了建筑卫生陶瓷行业智能制造的痛点和关键技术,包括数字化设计、智能化生产、自动化控制、智能检测和数据分析等,详细讲解了这些关键技术的定义、原理、特点和应用,并结合实际案例进行了阐述。

第5章主要介绍了智能制造的理论及建筑卫生陶瓷智能制造的模型,并针对建筑卫生陶瓷智能工厂的解决方案做了详细全面的阐述。

第6章主要介绍了建筑卫生陶瓷智能制造体系评估系统和能力成熟度模型的评价方法。

第7章主要介绍了建筑卫生陶瓷智能制造的典型案例,从生产、设计、销售和服务等方面,结合不同企业的实际应用情况,介绍了智能制造技术在建筑卫生陶瓷行业中的应用实践和成效,并对案例进行了分析和总结。

本书主要面向建筑卫生陶瓷行业的相关企业、从事智能制造研究和应用的专家和学者，以及对建筑卫生陶瓷行业智能制造感兴趣的读者，旨在为建筑卫生陶瓷行业从业者、科研人员、教育工作者和学生等提供参考和借鉴，同时也欢迎其他领域的读者了解和关注智能制造技术在建筑卫生陶瓷行业中的应用和发展。在本书的编写过程中，我们对相关领域的专家、学者和企业进行了广泛的调研和访谈，获取了丰富的信息和实践经验。在此，特别感谢他们的支持和帮助。同时，感谢广东省科技厅将此立项，并感谢计划项目"绿色陶瓷砖智能制造试点示范项目"及国家出版基金的资助！

最后，希望通过本书的研究和探讨，能够更好地推动建筑卫生陶瓷行业智能制造的发展，提升企业的创新能力和竞争力，为行业的可持续发展作出贡献。

在编写时，笔者团队虽然在取材上力图尽善尽美，内容上尽量满足各层次人员及符合工程上的实际需要，但由于作者水平所限，书中不足之处在所难免，诚挚地希望读者批评指正。

编　者
2024 年 4 月

目　录

1　建筑卫生陶瓷行业智能制造概述　/ 1

1.1　建筑卫生陶瓷行业现状　/ 1
1.2　建筑卫生陶瓷行业智能制造现状　/ 3
1.3　建筑卫生陶瓷行业智能制造体系　/ 7
1.4　建筑卫生陶瓷行业智能制造发展趋势　/ 16

2　建筑卫生陶瓷行业智能生产及管控　/ 21

2.1　原料和釉料制备　/ 21
2.2　成形　/ 33
2.3　施釉及装饰　/ 46
2.4　干燥与烧成　/ 77
2.5　抛光　/ 111
2.6　品质检测与包装　/ 116
2.7　仓储及管理系统　/ 135

3　建筑卫生陶瓷行业的智能运维　/ 138

3.1　建筑卫生陶瓷的智能设计　/ 138
3.2　建筑卫生陶瓷的智能物流　/ 139
3.3　建筑卫生陶瓷的智能运营　/ 140
3.4　建筑卫生陶瓷的智能决策　/ 140

4　建筑卫生陶瓷行业智能制造的痛点及关键技术　/ 144

4.1　建筑卫生陶瓷行业智能制造的痛点　/ 144
4.2　建筑卫生陶瓷行业智能制造的关键技术　/ 145

| 5 | 建筑卫生陶瓷智能工厂的解决方案 | / 162 |

5.1 智能工厂概述 / 162
5.2 建筑卫生陶瓷智能工厂的解决方案 / 169

| 6 | 建筑卫生陶瓷智能制造能力成熟度 | / 234 |

6.1 建筑卫生陶瓷智能制造体系评估系统 / 234
6.2 基于智能制造能力成熟度模型的评价方法 / 253
6.3 建筑卫生陶瓷评价案例 / 256

| 7 | 建筑卫生陶瓷智能制造企业案例 | / 258 |

7.1 新明珠智能生产线介绍 / 258
7.2 蒙娜丽莎智能生产线介绍 / 284
7.3 九牧集团卫生陶瓷智能制造 / 289
7.4 恒洁公司卫生陶瓷智能生产 / 298

参考文献 / 307
索引 / 309

1 建筑卫生陶瓷行业智能制造概述

1.1 建筑卫生陶瓷行业现状

我国是建筑卫生陶瓷的最大生产国,但产业集中度较低,建筑卫生陶瓷整体呈现"大市场、小企业"的竞争格局。主要产区是佛山、潮州、淄博、景德镇、丰城、萍乡、德化、高安、醴陵等地。我国建筑卫生陶瓷行业主营业务收入前三位的地区是广东、江西、山东。近几年,国内行业受到环保政策的影响,行业生产成本加大。很多建筑卫生陶瓷企业这几年的生产经营活动几乎处于停摆状态,但企业的费用支出并没有因此减少。而下游产业房地产销量的下滑使陶瓷产品的需求大幅下降,企业经营面临着极大挑战。

我国也是一个建筑卫生陶瓷消费大国,据中国建筑卫生陶瓷协会数据统计,我国人均陶瓷消费量达到了 5.2m^2,远远高于西班牙、巴西、意大利、墨西哥等建筑卫生陶瓷生产制造消费大国。

我国建筑卫生陶瓷行业是一个接近于完全竞争的市场化行业,行业内企业数量众多,但个体发展水平差异巨大。根据建筑卫生陶瓷产品适用的消费群体进一步细分,可以分为高档、中档和低档陶瓷。目前我国低档陶瓷市场已经饱和,但是中、高端陶瓷的供给和需求之间还存在较大的缺口,高端陶瓷市场将是陶瓷行业未来角逐的重点。

随着我国社会经济的不断发展,居民住房环境的逐渐改善,对建筑装饰材料的性能以及美观程度提出了更高要求,而建筑卫生陶瓷作为建筑装饰材料的细分领域,在建筑装修行业的推动下,其市场发展速度加快。但在近几年,由于国内房地产政策的持续收紧及环保政策的日趋严格,我国建筑瓷砖产量持续下滑、市场需求回落、经济效益下滑、行业洗牌加速的趋势日益明显。根据海关总署相关数据显示,2017 年 1—9 月,我国出口陶瓷砖额同比下降 19.01%,平均单价同比下降 15.63%。2015—2017 年三年间,全国减少 357 条建筑卫生陶瓷(瓷砖)生产线,年产量减少 3 亿 m^2 以上。在此情形下,越来越多的瓷砖厂商加快寻找和研发新型替代产品,国内市场产品类型也逐渐朝着薄型化、大型化方向发展,这给在 2017 年才引入我国的岩板产品提供了巨大的发展空间。

岩板是由天然原料经过特殊工艺，借助万吨以上压机进行压制，并结合先进的生产技术，经过1200℃以上高温烧制而成，能够经得起切割、钻孔、打磨等加工过程的超大规格新型瓷质材料。作为家居领域的新品种，岩板与其他家居产品相比，具有规格大、可塑造性强、花色多样、耐高温、耐磨刮、防渗透、耐酸碱、零甲醛、环保健康等多个良好特性，是我国建筑卫生陶瓷市场中出现的一个新的消费增长点。

根据新思界产业研究中心（简称新思界）发布的《2021—2025年中国岩板行业市场供需现状及发展趋势预测报告》，在2017年岩板产品刚引进中国时，国内市场对岩板的关注度不高，再加上岩板在国内的生产产业链以及配套设施尚未得到完善，导致在2017年我国从事岩板生产制造的企业数量较少，生产线也仅有7条；但在随后几年，随着大众对岩板认知度的逐渐提升，以及产品在定制家居行业的迅速渗透，岩板市场呈现出快速发展态势；尤其是在2020年，岩板在我国市场上的应用范围远超陶瓷、石材等传统材料，国内各大企业纷纷加快对岩板的产业布局。截至2023年年底，国内岩板生产线已达百条以上，我国也一跃成为全球岩板产能最大的国家。

从市场分布情况来看，近年来，我国岩板市场发展迅速，产业布局也日渐完善，截至2023年年底，我国岩板生产线达到108条，主要集中在广东、四川、福建、江西。其中，广东省内的岩板生产线数量最多，在2023年年底具备生产1200×2400（mm）及以上规格的大岩板生产线达到68条，产量占比超过总体的六成；而四川、福建、江西的岩板生产线占比分别为13%、10%、10%。可以看出，我国岩板产业聚集程度较高，广东省的岩板行业发展最为成熟。

新思界的行业分析人士表示，在此背景下，岩板市场呈现出良好的发展势头，目前成为我国建筑卫生陶瓷市场中的一个消费增长点，且产业聚集程度较高。

2022年卫生洁具企业受市场变化的影响相对小于建筑陶瓷企业。主要原因是，一方面，卫生洁具总体需求市场继续保持稳定，甚至有小幅增长，主要是国际市场对中国卫生洁具产品有强劲需求，部分弥补了国内需求市场下滑的影响，伴随世界经济逐步复苏，2021年中国卫生洁具企业的外贸形势非常好；另一方面是由卫浴产品市场需求滞后陶瓷砖的客观规律所致。2021年，全国卫生陶瓷产量、主营业务收入及利润均有不同程度的增长；资源越来越向头部企业集中，品牌优势日渐明显；卫浴产品市场上，国际品牌一直以来占据国内较大份额，尤其是在高端市场部分更为凸显，国际潮流风起云涌，优秀民族品牌企业的质量和效率显著提升，市场占有率进一步扩大，因此市场也基本保持供需结构平衡；与此同时，消费者的家居健康意识在不断提升，对健康化、智能化、功能化的卫浴产品需求空前提高，智能马桶、智能浴室柜等智能化产品的销量呈逐年上升的趋势，市场普及率也逐年提高，这在一定程度上加快了健康智能卫浴产品的发展进程；全卫定制产品和服务已初具规模，并展示出蓬勃的发展潜力，有望成为卫浴市场新的增长点；卫生陶瓷产品出口量和出口额同时实现两位数的增长，增长曲线持续上扬，对维持全球卫浴市场的供需平衡提供了强有力的保障。

2021年，全国规模以上卫生陶瓷企业363家，增加7家。根据中国建筑卫生陶瓷协会网站资料可知：全国规模以上卫生陶瓷产量2.22亿件，同比增长2.5%；卫生陶瓷主要产区中，广东、河北、福建、湖北、湖南产区均有不同程度的增长，河南产区受双控、拉闸限电影响较大，产量下降幅度超过10%。2021年我国卫生陶瓷出口量、出口额均创造历史新高，其中，出口量首次实现破亿，为1.10亿件，比2020年增长16.82%，出口额达98.78亿美元，增长了12.13%，价格平均每件为89.87美元，比上一年下降4.02%。除2020年出口量因新冠疫情冲击出现小幅下挫外，卫生陶瓷出口量自2016年以来一直保持增长，也因2020年的基数较低，叠加世界范围内对卫生陶瓷需求的增长和海外产能不足的影响，2021年的增长速率增加，增长曲线变陡。

2022年，全国规模以上卫生陶瓷企业375家，增加12家。据国家统计局数据，我国卫生陶瓷产量为1.67亿件，同比下降24.8%，产量断崖式下降的主要原因是国内新冠疫情多点复发所导致的市场终端受阻，以及主要产区正常的生产秩序受到不小的冲击所致。全国出口卫生陶瓷为1.07亿件，同比减少2.96%，出口额下降至94.35亿美元，同比减少4.48%。在原材料、能源、人力、物流等成本不断上涨的背景下，卫生陶瓷产品出口单价不升反降，在出口量本身已经受到挤压的情况下，企业盈利水平受到严峻考验，如图1-1所示。

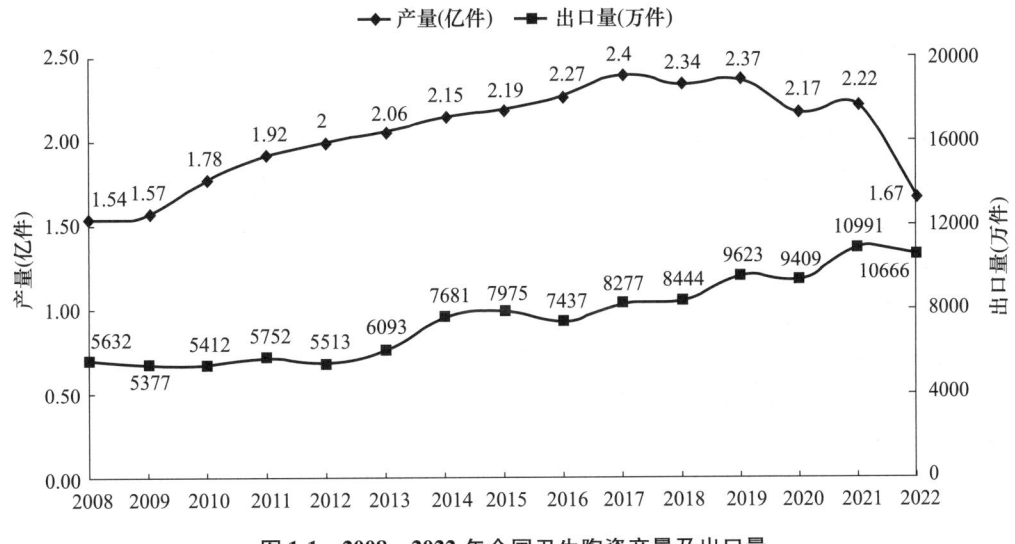

图1-1 2008—2022年全国卫生陶瓷产量及出口量

1.2 建筑卫生陶瓷行业智能制造现状

1.2.1 建筑陶瓷行业智能制造现状

建筑陶瓷行业生产制造的主要设备包括：原材料预处理系统、配料系统、球磨机、喷雾干燥塔、布料机、压机、釉线、干燥窑、喷墨打印机、烧成窑、上砖下砖机、深加工机械（如抛光机、磨边机等）、包装生产线等。从调研的情况来看，以科达制造股份有限公司等企业为代表的制造商制造的陶瓷装备，能够满足单机自动化及生产管理的要求，陶瓷行业上下游产业链完整，配套服务完善。然而，由于目前生产过程的控制主要是以稳定生产为前提，不同产品、不同环节上的自动化水平并不一致。例如，瓷砖产品自动化生产线的自动化水平较高，而自动分色及分级技术上存在行业性的难题，主要还是依靠人工调整，导致系统层面上的智能化程度不高。

由于陶瓷生产过程具有原料品种来源多、工艺机理复杂、关键参数直接采集困难等特点，主要存在以下问题：

（1）在生产环节中各物料的产能与库存跟踪方面，主要表现在陶瓷原料生产是流动性的，从原材料的仓库存储量，到浆池、粉箱储量，由于缺少精确的测量手段，现阶段采取大约估算、月末调整的方法。这样对订单式生产计划的物资需求来讲，缺少精确的原材料采购计划。

（2）生产环节中订单的各个生产跟踪进度。生产中每一个环节对订单的完成情况缺乏跟踪，整个生产只有到最后的一个打包环节才能知道订单的完成量。这样对订单的计划完成时间节点不清晰，造成急需要货时安排不科学不合理。

（3）对于原料车间，其自动智能化程度相对较低，主要痛点、堵点有：

①原料不够标准化；

②原料品种繁多，在线检测手段不够完备；

③粉料生产工序复杂，产品质量影响因素较多，管理控制手段落后。

（4）对于压机之后的生产工序，其自动化、智能化程度相对较高，但各供应商的生产设备之间缺乏统一标准的联动机制或根本没有联动机制，在转产或生产调整时，需要对大部分设备进行手工适应性的调整，不能快速适应，或者凭经验进行调整，难以实现一键转产，缺乏一个完善的联运机制和自适应调整的系统。

（5）对于瓷砖这种特殊的产品，希望能够在压制成形后就在合适的位置赋予标识码但不影响外观，目前暂时还未找到合适的解决方案。如果能够实现，将对产品生产的全过程追溯起到非常关键的作用。

（6）对于陶瓷烧成窑炉，其检测、诊断手段还不够健全。其控制系统主要关注温度和传动，而忽略了其他指标的控制。检测信息不够全面导致无法建立诊断模型，从而难以实现真正意义的智能控制。

（7）在产品缺陷自动检测方面还不够完善，由于产品类型繁多，缺陷种类很多，检测设备难以一次性地将各种产品的所有缺陷全部识别。同时导致产品产生缺陷的原因很多，产品生产周期较长，要将缺陷检测结果实时反馈到生产还需不断探索。

（8）陶瓷生产过程的数据采集专用设备少，各生产环节信息收集困难，主要依赖人工经验调整工艺参数，难以保证全生产过程的优化运行。

（9）原料（比如原料供应商的不同）的复杂性，导致工艺变化大，标准化的生产工艺参数不稳定，制约了行业的生产过程自动化。

（10）在一些新的工艺技术上研发力量不足，进展缓慢。

建筑陶瓷行业从20世纪90年代初期引进国外设备和技术，经过国内陶机装备企业对这些技术的吸收转化，已经完成了陶瓷整线的国产化。在这些国产化的过程中，也对陶瓷行业的自动化进行了改造。比如窑炉出口自动的上下砖、成品的缺陷检测、自动打包等。但是在智能制造方面，建筑陶瓷行业已经远远落后于电池、汽车、制药等行业。归根结底是因为决策者对智能制造的概念没有清晰的、全盘的认识，对智能制造所必须具备的软、硬件基础的构成缺乏了解。现在已有部分陶瓷企业在探索，比如新明珠集团的智能管控云系统，蒙娜丽莎的能源管理系统，唯美集团的能源、设备管理系统，欧神诺的智能数据云平台等。但在实际应用过程中，总是停留在项目层面，并没有从生产、销售、物流到消费者等产品全生命周期加以应用，也没有给管理者、生产者、消费者带来便捷的体验。

当前建筑陶瓷生产过程中，在上游的产品销售方面，借助于物联网平台，基本实现了智能化；在生产环节中，对生产的组织有基于ERP系统的生产管理系统，有基于产品生命周期管理的PLM系统；在设备层有数据采集监控系统SCADA。但是这些系统的数据都是独立存在的，可以称之为信息孤岛，没有一个将这些信息孤岛串接在一起的执行管理系统MES。另外，建筑陶瓷行业的设备层，还是停留在自动化层面。还有相当一部分设备还没有进行自动化的改造。没有设备层的数据支撑，想做到建筑陶瓷行业的智能制造，只是空中楼阁，无根浮萍。

当前国内的绝大数陶瓷制造业企业仍处于粗放型管理状态，主要表现为：

（1）材料消耗、能源消耗高；

（2）人均劳动生产率和设备生产率低；

（3）产品质量不稳定，交货期无法保证。

目前，陶瓷行业正面临着淘汰落后产能、重新洗牌、战略调整的大变革，朝着绿色化、智能化迈进已成为建筑陶瓷企业的发展趋势。2017年，"智能化"就已不断被行业提起，知名陶瓷企业纷纷向着"工业4.0"迈进。例如：

2017年2月，亚细亚斥资1.5亿元在湖北咸宁投产的大板大理石瓷砖生产线从原料加工到釉线设备全部采用数码智能化设备，全厂有三条生产线，仅有500人（含后勤人员），年产值达到6亿元人民币，人均产值达到120万元。

2017年3月21日，重庆唯美陶瓷有限公司正式投产。据悉投产的重庆唯美一期一号主车间的第一条生产线，长度为1500多米，只有50个工人，线上的所有作业环节均实现了机器代人，工人只是负责操作机器。

2017年12月6日，新明珠集团股份有限公司绿色智能制造示范工厂在肇庆高要禄步工业园落成。从配料到自动打包入库，共12个步骤，工人只需在控制室里轻按按钮，就可以完成整个生产过程的控制；控制室外面，整个车间噪声小，宽敞明亮，通风透气，无尘，只有两三名工人在巡视设备；工人身边，机械手有节奏地穿行不休；通过激光打码方式，实现"一砖一码"，从而实现从原料到生产工艺流程可追溯。

2017年12月19日，东鹏智能家居创意产业园落户重庆永川区。据悉，东鹏智能家居创意产业园计划投入25亿元资金，将配备世界尖端的技术设备和智能制造系统，将其打造成一个"中国陶瓷工业 2025"的示范基地。该项目体现了智能制造的特点，对设备选型、生产线规划及厂房设计做出周全的考虑，计划引进西门子公司的 SCADA 系统对生产全流程进行采集、监视和数据化应用，从设计开始就集成高端智能制造模块。这也是行业首家集瓷砖、洁具等生产及物流的综合智能家居产业基地，东鹏将做到废气"零排放"和废料再利用。

蒙娜丽莎集团的陶瓷薄板生产示范线，车间干净、整洁，极少看到操作员工。据悉，这条生产线用工数量创下了不到 30 人的记录。

1.2.2 卫生陶瓷行业智能制造现状

卫生陶瓷行业作为传统制造行业，其产品生产要经历注浆成形、修坯、喷釉、烧成等工艺流程，工作环境差、劳动强度大、质量难以保证及用工荒等问题日益严重，采用机器人技术，建立自动化生产线已成为卫生陶瓷行业技术发展的必由之路。

世界上卫生陶瓷生产按照自动化程度可分为三类。

第一类是整条生产线完全实现自动化，典型工艺高压注浆成形，机械手施釉，相连工序间自动传运。整条生产线上除了设备巡查人员、各工序检验人员，基本不需要操作工作业。

第二类是半自动化生产，低压注浆成形，人工修坯，人工或机械手施釉，人工与机械组合搬运，此类生产线上操作工人多，对自动化方案要求较低，但出现问题时便于人工干预。目前我国不少卫浴生产企业均处于此阶段。

第三类几乎全部为人工操作，生产自动化程度极低，生产效率低下，产品一致率较低。目前一些家庭小作坊式生产停留在此阶段。

国际上，欧美的卫生陶瓷产业历史悠久，20 世纪八九十年代，国外品牌企业以独资或合资的方式开始进入我国卫生陶瓷行业，先后有美国美标、科勒，日本 TOTO、伊奈以及欧洲的乐家、杜拉维特等世界知名企业。在卫生陶瓷自动化、智能化方面，陶瓷产区意大利、西班牙地区的主要生产厂商绝大部分使用世界陶瓷工业公认占据领导地位的萨克米生产线，工厂基本实现整条生产线全自动化，全套产品从设计、生产、包装到运输每一个环节均达到生产系统及过程高度智能化，即使是一些需要工人作业的工序，也配置了相应的卫生环保设施和评估体系。

国内卫生陶瓷企业，在自动化、信息化生产方面起步较晚，但是发展迅速，从 2009 年以来，九牧、惠达、箭牌、恒洁等国内龙头卫浴陶瓷企业在高压注浆、机械手修坯与施釉、自动物流输送及智能化工厂规划建设等方面进行改建。卫浴生产企业的热情，也带动了自动化设备供应商对此行业的新一轮关注。在全国卫浴陶瓷主要产区的广东、河北等地，出现了可提供卫浴陶瓷生产设备解决方案的供应商。面对设备使用环境恶劣、行业经验积累不足等问题，设备供应商大多以机器人施釉为切入点，经过摸索学习取得了较大成功，已在全国各大主要卫浴陶瓷生产企业实际投产。随后，国内设备制造商又在机器人修坯、高压成形系统等方面不断突破，在卫生陶瓷制造的关键核心环节，不断减少人工，增加设备量。

从2015年开始，许多卫生陶瓷龙头企业开始数字化与智能化工厂建设。九牧提出建设基于5G技术的智慧制造示范工业园，将5G技术运用在制造领域，采用5G云制造打通了销售端和制造端的对接，通过生产数字化、管理可视化、C2F个性化快速定制，使5G陶瓷工厂生产效率复合提升35%。惠达按照"工业4.0"标准打造了智能化卫生陶瓷生产线，关键工序自动化率达到100%。借助厂房布局及MES管理系统，惠达智能化工厂对各级工序的材料流进行建模，从而实现厂房级的优化，进而完成网络化、自动化、智能化。MES不仅为数据采集、信息流动、流程协调提供了支持，还为制造工艺技术的改进和提升提供支持。惠达数智化工厂自主设计的5G+系统数字化看板，实时监控产能、每个工序的质量情况、库存情况、车间在制品情况、窑炉情况（包括温度、产品等）、厂房内温度和湿度等，让整个生产一目了然。

据初步统计，目前佛山陶瓷全行业应用的各种型号工业机器人已超1000台。但由于传统的陶瓷行业需要在机器人应用方面根据厂家的实际生产工艺进行专业性的机器人设计，而这些市场由于缺乏统一的技术解决方案，导致陶瓷工业机器人产业化应用受到了很大的限制，尤其是面临小批量、多品种的陶瓷生产模式，一直难以推广。从制造业发展阶段来看，"工业1.0"是以蒸汽机为代表的机械制造时代，"工业2.0"是以规模化流水线为代表的电气化与自动化时代，"工业3.0"是以数控机床为代表的电子信息化时代，"工业4.0"是以智能制造为主导。如果将陶瓷行业的现状对照上述发展阶段，整个行业充其量是介于"工业2.0"与"工业3.0"之间，离"工业4.0"还有漫漫长路。

虽然陶瓷行业智能化进展缓慢，但随着越来越多企业的加入，智能化已是未来陶瓷行业的努力方向，从目前只是部分企业在实行的"非主流"慢慢变成"主流"，实现陶瓷行业的逆袭。

1.3 建筑卫生陶瓷行业智能制造体系

1.3.1 智能制造概述

国务院2017年发布的《新一代人工智能发展规划》指出："人工智能成为经济发展的新引擎。人工智能作为新一轮产业变革的核心驱动力，将进一步释放历次科技革命和产业变革积蓄的巨大能量，并创造新的强大引擎，重构生产、分配、交换、消费等经济活动各环节，形成从宏观到微观各领域的智能化新需求，催生新技术、新产品、新产业、新业态、新模式，引发经济结构重大变革，深刻改变人类生产生活方式和思维模式，实现社会生产力的整体跃升。"

1. 智能制造概念的提出

一般认为，最早提出智能制造概念的为美国纽约大学的怀特教授（P. K. Wright）和卡内基梅隆大学的布恩教授（D. A. Bourne），他们在 1988 年出版了《制造智能》（Manufacturing Intelligence）一书。书中阐述了若干智能制造技术，如集成知识工程、制造软件系统、机器人视觉、机器控制，对技工的技能和专家知识进行建模，使智能机器人在没有人工干预的情况下进行小批量生产，等等。安德鲁·库夏克（Andrew Kusiak）于 1990 年出版了《智能制造系统》（Intelligent Manufacturing System）一书，且有中译本，主要内容包括：柔性制造系统，基于知识的系统，机器学习，零件和机构设计，工艺设计，基于知识系统的设备选择、机床布局、生产调度等。库夏克还在 20 世纪 90 年代初期创刊《智能制造杂志》（Journal of Intelligent Manufacturing）。早期关于智能制造的著述多见于智能技术在制造中的局部问题的应用。如加拿大董左民教授编辑出版的《优化设计与制造中的人工智能》（Artificial Intelligence in Optimal Design and Manufacturing），主要介绍人工智能技术在设计和制造中的应用。文献的研究把切削速度、进给、切削力和加工时间作为人工神经网络（Artificial Neural Network，ANN）的输入，用于刀具磨损的估计。类似的文献在智能制造相关的杂志中比较多见，而关于企业智能制造系统的研究相对较少。近些年，智能制造（Smart Manufacturing，SM）受到关注。美国还成立了一个智能制造领导力联盟（Smart Manufacturing Leadership Coalition，SMLC），他们定义 SM 为："通过高级智能系统的深度应用，从而实现新产品快速制造、产品需求的动态响应、生产和供应链网络的实时优化。"一些学者认为 SM 是较智能制造（Intelligent Manufacturing，IM）更高级的发展阶段。如 Yao、Zhou、Zhang 和 Boër 等认为，早期的 IM 中用到的智能技术主要基于符号逻辑（Symbolic），处理结构化的、中心化的问题，如基于知识的系统（Knowledge Based System）；而 SM 则是建立在大数据技术以及相关的智能技术基础上，能够处理非结构化的、分布式的问题。直到今天，关于智能制造的学术概念仍然在发展中，学者和企业的专家们都在不断探索。如 2019 年 5 月于北京举行的第七届智能制造国际会议上，中国机械工程学会荣誉理事长周济院士介绍了新一代智能制造，提出面向新一代智能制造的人-信息-物理系统（Human-Cyber-Physical System，HCPS）的新概念，相应的文章在《工程》期刊上发表。

2. 智能制造的国际合作计划

日本于 1989 年正式提出的"智能制造系统（Intelligent Manufacturing System，IMS）"国际合作计划，是当时全球制造领域内规模最大的一项国际合作研究计划。由时任东京大学工程系主任吉川裕行（Iiroyuki Yoshikawa）提出，获得日本通产省的支持。计划的进展起初并不顺利，西方政界对于 IMS 的设想显得态度冷淡。1990 年日本通产省、美国商务部和欧委会在布鲁塞尔进行了会晤，此后，经过长达两年的协商谈判，才最终同意开展试点行动。1993—1994 年，IMS 在日本、美国、欧洲、加拿大和澳大利亚五个区域开展试点项目，有 73 家公司和 60 多所大学及研究机构参与。1995 年，IMS 计划进入正式实施阶段，为期 10 年，后又继续延期，但影响力日渐减弱。2010 年，日本退出 IMS 计划。这一计划目前仍在运转，仍然参与的国家（或地区）包括美国、瑞士、韩国、墨西哥和欧盟。中国科协智能制造学会联合体（由中国机械工程学会、中国仪器仪表学会、中国自动化学会、中国人工智能学会等13家成员学会组成，以下简称"联合体"）于2017年12月发起筹备国际智能制造联盟，中国机械工程学会荣誉理事长周济院士任主席。2019年5月8日，国际智能制造联盟启动会在北京召开。联盟旨在促进更大范围内的智能制造国际交流，共同建立开放协同的创新生态，增加更多跨国界、跨领域、跨行业的合作，进而推动全球制造业的数字化、网络化、智能化。截至目前，澳大利亚、比利时、中国、丹麦、法国、德国、以色列、日本、瑞典、英国、美国等16个国家和地区的60家机构同意作为国际智能制造联盟的发起单位和参与国际智能制造联盟筹备委员会的工作。

3. 世界主要国家的智能制造发展战略与实践

21世纪以来，世界上主要国家都非常重视制造业发展战略。2012年，美国提出"先进制造业国家战略计划"，提出中小企业、劳动力、伙伴关系、联邦投资以及研发投资等五大发展目标和具体实施建议；2019年提出未来工业发展规划，将人工智能、先进的制造业技术、量子信息科学和5G技术列为"推动美国繁荣和保护国家安全"的4项关键技术；另外，美国GE公司于2012年提出"工业互联网"计划，其基本思想是"打破智能与机器的边界"（Pushing the Boundaries of Minds and Machines），旨在通过提高机器设备的利用率降低成本，取得经济效益，引发新的革命。GE公司为此投入巨额资金，并进行了有益的实践。其后，GE公司又联合了IBM、Cisco、Intel and AT&T等，成立了世界上推广工业互联网的最大组织——工业互联网联盟（Industrial Internet Consortium，IIC），以期打破技术壁垒。目前，该联盟的成员已经超过200个。

在2013年4月的汉诺威工业博览会上，德国政府宣布启动"工业4.0（Industry 4.0）"国家级战略规划，意图在新一轮工业革命中抢占先机，奠定德国工业在国际上的领先地位。"工业4.0"在国际上，尤其在中国，引起极大关注。2014年11月时任总理李克强访问德国期间，中德双方发表了"中德合作行动纲要：共塑创新"，宣布两国将开展"工业4.0"合作。一般的理解，"工业1.0"对应蒸汽机时代，"工业2.0"对应电气化时代，"工业3.0"对应信息化时代，"工业4.0"则是利用信息化、智能化技术促进产业变革的时代，也就是对应智能化时代。"工业4.0"的基本思想是数字和物理世界的融合，主要特征是互联。利用信息-物理系统（Cyber-Physical Systems，CPS，有人亦称"赛博物理系统"）的理念，把企业的各种信息与自动化设备等整合在一起，打造智能工厂。智能工厂中，通过数据的无缝对接实现设备与设备、设备与人、设备与工厂、各工厂之间的连接，实时监测分散在各地的生产系统，使其实行分布自治的控制。工业4.0需要很多前沿技术的支撑，如物联网、大数据、增强现实、增材制造、仿真、云计算、人工智能等，如图1-2所示。德国于2019年又提出"国家工业战略2030"，明确提出在某些领域德国需要拥有国家及欧洲范围的旗舰企业。

2014年日本发布《制造业白皮书》，提出重点发展机器人、下一代清洁能源汽车、再生医疗以及3D打印技术；2018年版《制造业白皮书》中指出在生产一线的数字化方面，应充分利用人工智能的发展成果，加快技术传承和节省劳动力；2016年1月，日

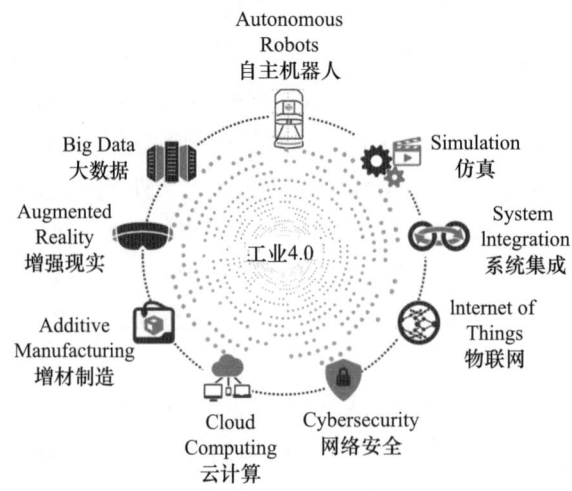

图 1-2 "工业 4.0" 的前沿技术支撑

本政府发布《第五期科学技术基本计划》，首次提出"社会 5.0"概念。在少子老龄化负面影响正在凸显的日本，为实现人人都能快乐生活，系统化及系统之间联合协调的举措不能只限于制造业领域，还需扩展至其他各个领域，将其与建设经济增长、健康长寿的社会，乃至社会变革联系在一起。上述的战略计划并未冠以"智能制造"，但实际上都包涵智能制造的内容。近几年，我国一批企业推动智能制造，产生了很好的效果。一些企业的应用示范项目各有其侧重，如数字化工厂/智能工厂（包括离散制造和流程制造），智能装备（产品），以个性化定制、网络协同开发、电子商务为代表的智能制造新业态、新模式，以物流管理、能源管理智能化为方向的智能化管理，以在线监测、远程诊断与云服务为代表的智能服务，如此等等。值得注意的是，我国明确提智能制造只是近几年的事情，但与智能制造紧密相关的数字化、网络化工作的探索于 20 世纪 80 年代末期便已开始。在当时"863"计划中的计算机集成制造系统（Computer Integrated Manufacturing System，CIMS）（后改名为制造业信息化）和机器人项目的引导下，一批大学、研究院所和企业共同致力于机器人和企业数字化应用软件，如 CAD（计算机辅助设计）、CAPP（计算机辅助工艺设计）、PDM（产品数据管理）/PLM（产品生命周期管理）、ERP（企业资源计划管理）、MES（制造执行系统）、SCM（供应链管理）、CRM（客户关系管理）的研发及应用，为企业的数字化和网络化发展奠定了坚实的基础。某种意义上，数字化、网络化是智能制造的必要条件，也可视为智能制造的早期阶段。也正因为如此，使得今天中国的一批制造企业能够开始尝试智能制造。

1.3.2 智能制造理论及模型

2011 年，Kagermann 等人在德国汉诺威博览会上提出了"工业 4.0"的概念，认为工业的发展经历了从"1.0"到"4.0"的四个时代。

"工业 1.0"：始于 18 世纪末，伴随蒸汽机的出现，工业生产从手工活动转向以机器为基础的机械化生产。标志性事件是 1784 年第一台纺织机械的出现。"工业 2.0"：始于 19 世纪末，电力机械的出现，工业生产开始进入规模化大生产时代，标志性事件是 1870 年辛辛那提屠宰场的生产线。"工业 3.0"：始于 20 世纪 70 年代，机械电子、计算机、工业机器人等新技术的出现，工业生产开始进入自动化时代。标志性事件是 1969 年可编程逻辑控制器（Programmable Logic Controller，PLC）。"工业 4.0"：始于 21 世纪初，信息与通信技术的进步对制造业产生深远的影响，机器学习算法开始进入自动化系统。生产过程中人的因素越来越重要，但实际的人工操作越来越少。"工业 4.0"目前尚无公认的标志性事件，但 2006 年出现的信息-物理系统（Cyber-Physical System，CPS）是"工业 4.0"核心的说法，开始被越来越多的人所接受。CPS 是一种连接多个计算实体，实现协同运算的系统。这里所说的计算实体，可以是个人计算机或服务器，也可以是功能相对简单的嵌入式系统。许多人认为 CPS 的概念起源于嵌入式系统。现场设备中布设了大量的嵌入式系统。嵌入式系统实现了具体物理过程与数值计算的紧密集成与协同。CPS 在更高一级的层面上，将布设于不同地理位置的嵌入式系统进行连接与协同运算，同时提供和使用网络中可用的数据访问和数据处理服务，实现对具体物理过程的感知、监视与操控。与传统意义上的测控系统不同之处在于，CPS 采用了"全局虚拟、本地物理"的工作模式。物理过程的感知与操纵发生在本地，而控制与观察则借助虚拟网络安全、可靠、实时地实现。由于 CPS 更强调系统中各个单元之间的互动，因此被形象地称作"系统之系统"。如图 1-3 所示，CPS 包括 3 个部分，即物理过程、接口、信息系统。物理过程是指所需要监测或控制的具体物理现象。信息系统包括嵌入式系统以及在分布式环境中进行信息处理与通信的全部器件。接口则是连接信息系统与物理过程的那些通信网络与中间器件，包括彼此连接的传感器、执行器、模拟数字转换器（Analog to Digital Converter，ADC）、数字模拟转换器（Digital to Analog Converter，DAC），等等。

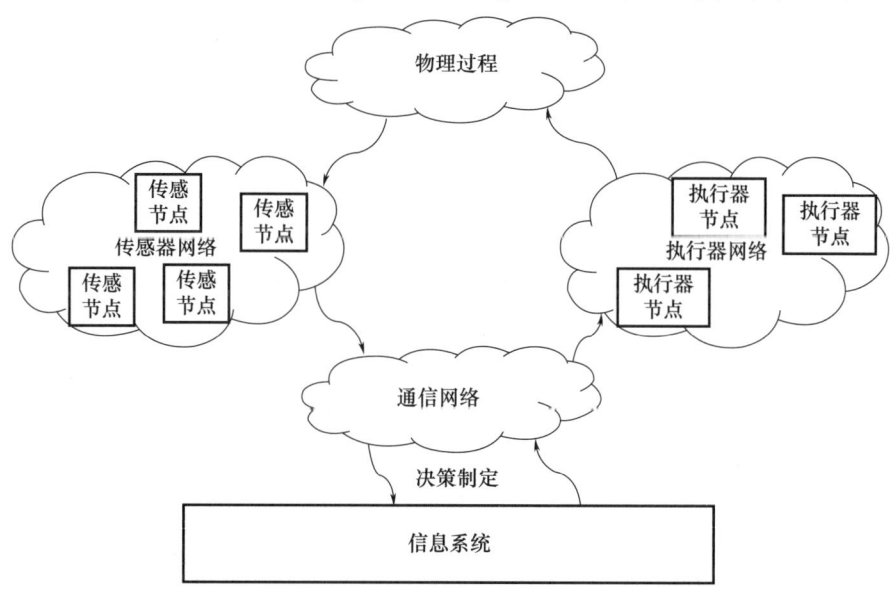

图 1-3　CPS 系统

CPS 实现了网络与物理系统的紧密耦合。物理系统是 CPS 最重要的部分。根据具体需求，合理地整合传感器与执行器网络资源，是决定 CPS 运行效果的关键。信息系统是 CPS 的核心。CPS 具有安全性、实时性和可预测性的要求。大部分执行器所执行的物理操作是不可逆的，信息系统给出的决策信息，不仅要求具备可信度、安全性、有效性，还需要有足够的实时性，需要 CPS 能够在任何时刻、任何情况下合理地将资源分配给多个相互竞争的实时任务，从而满足每个实时任务的实时性要求。图 1-4 给出的 5C 体系架构，是 CPS 常用的参考模型。5C 模型包括 5 个层次，即配置（Configuration）、认知（Cognition）、网络（Cyber）、转换（Conversion）、连接（Connection）。

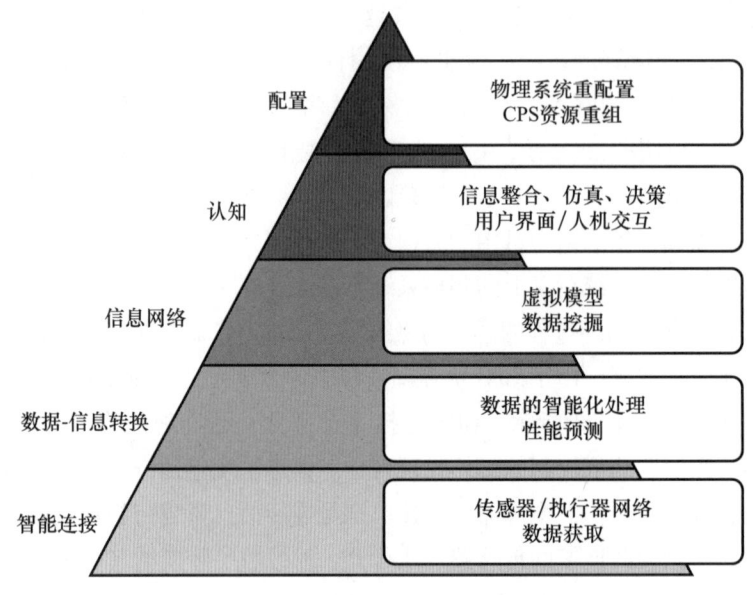

图 1-4　CPS 的 5C 模型

例如，考虑某机械加工设备的维护问题时，5C 中每个层次对应的内容如下。

（1）连接——传感器（振动、声发射、温度、电流）、控制参数［可编程逻辑控制器（Programmable Logic Controller，PLC）上的转速、切割参数等］。由位于本地的工控机处理成数据。

（2）转换——特征提取［时频参数、均方根值（Root Mean Square，RMS）、鞘度等］、控制数据整合，上传到云服务器。

（3）网络——数据聚类分析（与历史数据比对），如发现新的类别（工况），则添加。

（4）认知——将机理模型和数据驱动模型相结合，保证数据的解读符合客观的物理规律，并从机理上反映对象的状态变化。同时结合数据可视化工具和决策优化算法工具为用户提供面向其活动目标的决策支持。

（5）配置——根据健康水平进行决策，给出配置信息，反馈到设备中。显然，与传统形式的状态监测协同相比，CPS 不仅可针对具体设备、具体工况给出决策，并且可以添加新的工况，并能及时将决策反馈到设备中。现实应用中，不可能要求 CPS 中的每个连接节点都源自同一厂家，执行同一标准，即存在所谓的"异构"问题。使用过苹果手机与安卓手机的人，应该对应用软件的异构性质有所体会：有些应用软件是不能直接共享的。异构是 CPS 的一个基本特征，或者说，CPS 是信息系统与物理系统深度集成和交互的异构分布式系统。图 1-5 给出了 CPS 与开放式系统互联（Open System Interconnect，OSI）七层模型的对比。从物理层到传输层，已经与基于以太网的 TCP/IP 技术融合。所以，实现异构系统的无缝连接，应用层是需要解决的关键所在。CPS 将系统划分为 3 个层次。物理层是指 CPS 中的单元组分及相互的物理作用，平台层是指支持包括通信基础器件在内的数字系统硬件设备，软件层包括操作系统各种不同的数字进程。软件层实际控制 CPS，并提供实现智能或复杂任务的方法。

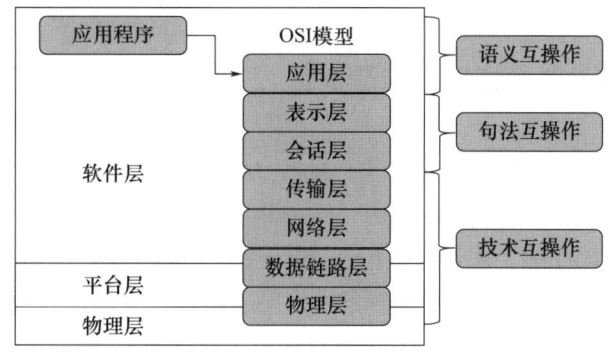

图 1-5　CPS 的三个层级

由于 CPS 鲜明的网络特征，很容易将 CPS 与物联网的概念联系在一起。实际上，物联网是 CPS 概念形成的重要驱动力。物联网概念的出现要早于 CPS。1999 年，麻省理工学院（Massachusetts Institute of Technology，MIT）汽车识别中心的 Ashton 提出了物联网，建议为每种产品提供一个独特的电子标签，并将产品连接到互联网中。20 多年后的今天，学术界从不同的角度对物联网进行了阐述，但依然还没有统一的定义。一般来说，物联网更多是一个计算概念，描述了一种将大量对象直接连接到互联网的方法。通过部署智能传感器感知周围环境，传输和处理采集到的数据，然后使用智能执行器与环境进行交互。物联网主要应用场合还是在消费领域，包括家庭自动化、能源管理和家庭健康监测等。与 CPS 更接近的概念，是工业物联网。工业物联网是物联网的一个子集，描述了制造过程中机器对机器（m2m）的连接与工业通信技术。工业物联网中的通信是面向机器的，应用的整体网络往往比物联网系统更大。工业物联网借助大量数据的收集与分析提供解决方案，从而实现工业操作的优化，以更好地进行质量控制、预防性维护和资产管理。CPS 可以简单理解为一种分布式的自动化系统。同时考虑物理对象与计算机网络，是 CPS 不同于物联网的关键，如图 1-6 所示。

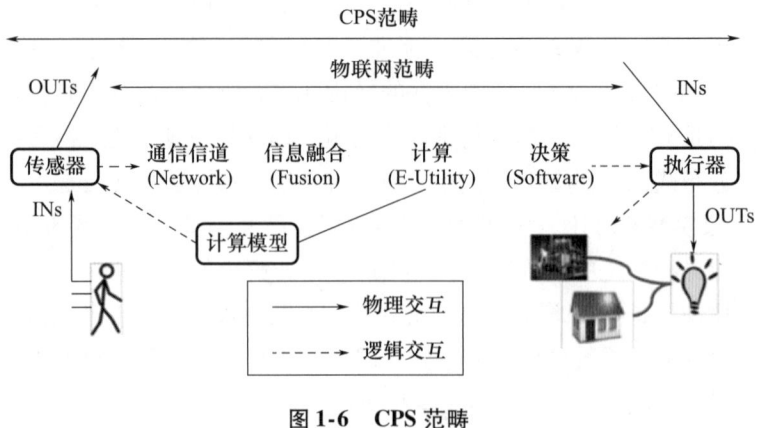

图 1-6　CPS 范畴

1.3.3　建筑卫生陶瓷智能制造模型

我国建筑卫生陶瓷产业的发展取得了辉煌的成绩，同时也陷入了一定的困境。一方面，生产能耗高、物耗大、占地面积多，资源粗放利用，节能减排和污染防治压力大，受资源、能源、环境的制约越来越严重；"用工荒"问题与人工成本上涨并存，导致生产成本不断上涨。另一方面，由于金融危机影响，国外市场萧条，国内市场由于房地产不景气，再加上遭遇国外建筑卫生陶瓷企业的技术壁垒和反倾销控诉，销量不断下降，利润日益减少，部分企业发展难以为继。这些现象迫使我国的建筑卫生陶瓷生产也必须向自动化、智能化发展。

参考"工业1.0"到"工业4.0"的划分标准，将建筑卫生陶瓷产业的制造水平界定为"建筑卫生陶瓷工业1.0""建筑卫生陶瓷工业2.0""建筑卫生陶瓷工业3.0""建筑卫生陶瓷工业4.0"四个水平状态。

（1）"建筑卫生陶瓷工业1.0"的特征为机械化，以单一机械设备代替了人工制作实现建筑卫生陶瓷生产的机械化。

（2）"建筑卫生陶瓷工业2.0"的特征为自动化，将部分单一的机械设备连成生产线，实现建筑卫生陶瓷生产的半自动化或全自动化。

（3）"建筑卫生陶瓷工业3.0"的特征为数字化，将自动化的机械设备进行数字化改进，可实现机械设备的远程调试、控制、维护等目的。

（4）"建筑卫生陶瓷工业4.0"的特征为智能化，具有自感知、自学习、自决策、自执行、自适应等功能的新型生产方式，形成一种高度灵活、个性化、数字化的产品与服务的新生产模式。

根据智能制造技术的内涵，首先完成"智能控制系统"（后简称"智控系统"），将产品生产过程中的状态数据输入"智控系统"，并从"智控系统"进行数据的比较、分析，反馈出制造数据智能指导、控制各生产环节的设备，从而保证产品的质量，构建出"建筑卫生陶瓷智能制造模型"，如图1-7所示。

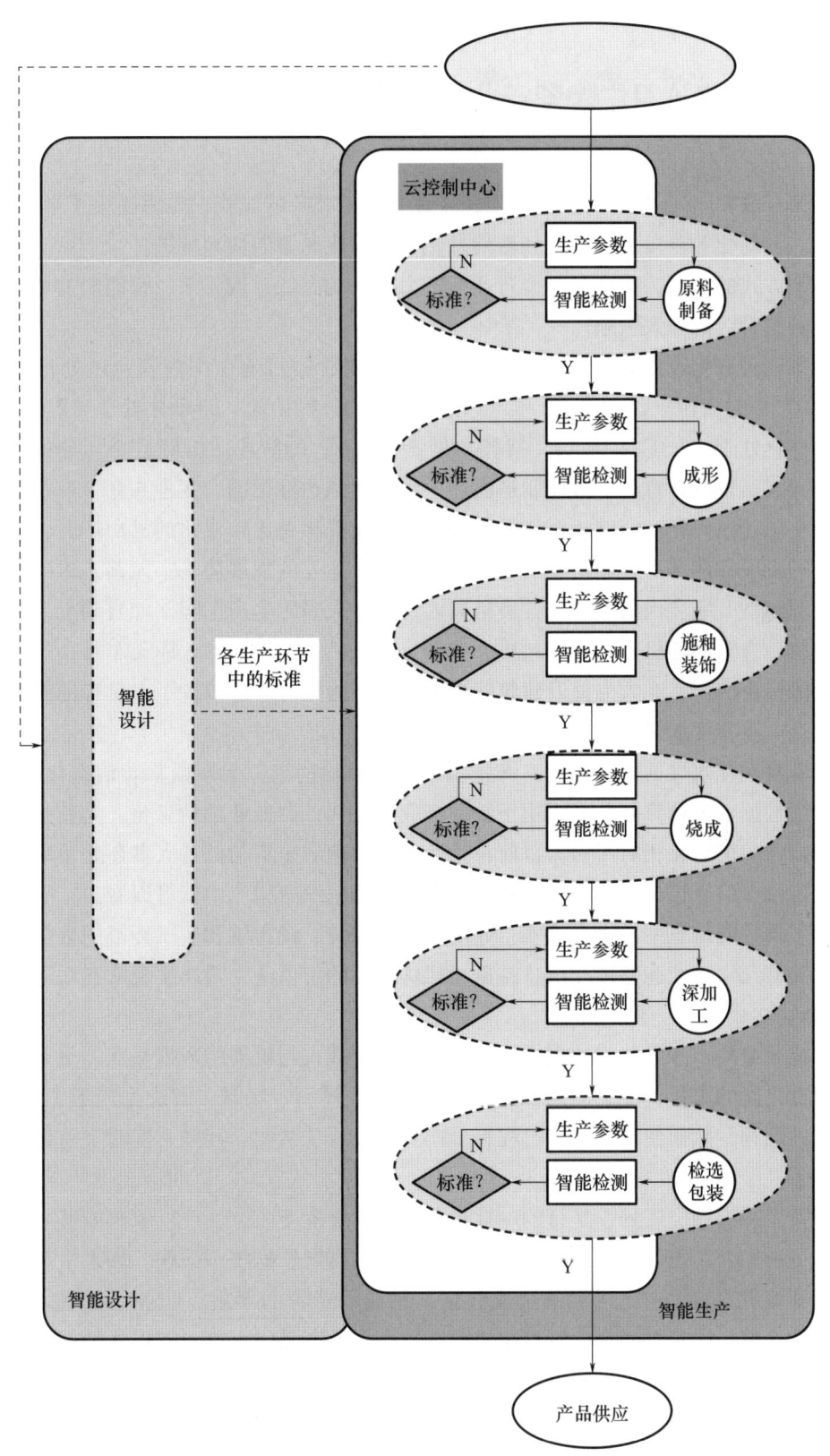

图 1-7　建筑卫生陶瓷智能制造模型

1.4 建筑卫生陶瓷行业智能制造发展趋势

改革开放40多年来，我国现代陶瓷工业取得了非凡的成就，先后经历了半机械化、机械化、自动化等阶段，目前正朝着信息化、智能化的方向快速推进。

生产方式的不同，决定了一个行业生产力水平的高低。近年来，智能制造成为传统制造业转型升级的强大引擎。

如果以陶瓷生产方式与德国"工业4.0"相对标，目前中国陶瓷业还处在"2.0"向"3.0"的过渡阶段。大体上，机械化处于"1.0"的阶段，自动化处于"2.0"的阶段，信息化处于"3.0"的阶段，智能化处于"4.0"的阶段。按照这个划分标准，陶瓷生产方式实现真正意义上智能制造的那一天，就是达标德国"工业4.0"的那一天。

在全球建筑陶瓷产业链相对比较完整、产业集群相对比较成熟的佛山产区，各种配套产业的发展在建筑陶瓷制造业的带领下正呈现出蓬勃的发展势头，尤其是近年来，伴随着企业转型升级步伐的加快，各类机器人纷纷进入瓷砖生产车间，如自动上砖机、自动下砖机、自动储坯机、自动打包机、自动分选机、无人驾驶的入库叉车等，这些自动化设备的广泛应用，在大力提升建筑陶瓷生产水平的同时，也减少了大量普通的操作工岗位，在一定程度上解决了企业的用工荒。

随着自动化水平的不断提升，陶瓷生产方式再往前走，无疑面临着信息化的挑战。在这个大数据、云计算被普遍应用于新型产业的时代，制造业的信息化，尤其是建筑卫生陶瓷行业的信息化相对滞后。目前，生产企业的信息采集与储备大多还处于单纯的数据采集阶段、信息孤岛阶段。这一点从很多企业的组织架构当中就可以看出，有几家企业设立了单独的信息中心，有几家企业能够将供应链、销售链和生产环节的数据集成在一起，又有几家企业能够依托信息链重新架构企业的价值链，最终实现从互联网到物联网的跨越。

智能制造离不开大数据的支撑，人们不仅要实现人与机器的数据交互，更要实现机器与机器之间的数据交互，利用大数据、云计算、模型、场景，解决生产当中前瞻性、预测性的问题，从而使陶瓷生产过程逐步向着无介入、透明、互联、实时、可扩展的目标迈进。

消费者在终端门店哪怕是订购一批很小数量的陶瓷产品，生产厂家都能够立马收到订单并更新库存，而不是由经销商集中这些信息，再向厂家统一采购。如果生产厂家无法拿到消费者更具体、更详细的个人数据，比如消费者的年龄、职业、喜好、住房面积、小区地段、购砖时间等，没有这些数据，企业的产品库存就只能根据经销商的订单数量来决定，而不是直接由消费者订单来决定，没有这些数据，企业接下来的新产品研发就会更多地受经销商喜好的影响，而不是消费者喜好的影响。

企业在依托大数据重构价值链的过程当中，如果不能将供应链、销售端和制造环节相统一，如果打不通这些环节，不能够实现数据共享、多点对接，那么就会无法降低厂家和经销商的库存，无法及时进行排产计划的调整，无法实现真正意义上的按需生产，也就无法进一步降低企业的生产成本，最终使信息化成为企业迈向智能制造的拦路虎。

"十四五"规划纲领中提出"加快数字化发展，建设数字中国"，通过数字赋能推动传统企业的转型升级，迫切要求建筑卫生陶瓷行业加快数字化发展的进程，优化产业结构和布局，淘汰落后产能和工艺，提高智能化生产制造的应用水平，加大智能化产品的研发投入力度。

（1）随着消费结构的升级，以消费提质升级助推高质量发展的趋势越发明显，服务型消费需求快速增长，消费者将更加青睐健康环保、科技智能、整装定制的卫浴产品。未来建筑卫生陶瓷企业将进一步从研发设计、品牌宣传、品质服务、数字化建设等维度提升企业综合实力，同时加快推进传统经销商向品牌服务商转型升级，稳步实现高质量发展。

（2）行业集中度持续提高，品牌意识不断强化。2021年，国务院政府工作报告中明确指出，要扎实做好"碳达峰""碳中和"各项工作，加之限电政策的影响，部分中小企业难以为继。与此同时，行业领军企业凭借自身品牌、质量、营销和服务等非价格竞争因素，逐步向中低端市场下沉。在双重打压的竞争态势下，缺乏竞争优势的企业将逐渐被市场淘汰。"强强联合、强弱整合"将会成为未来行业重组的必由之路，行业集中度将持续提高。

随着民族文化自信的快速成长，近年来越来越多的年轻人开始偏向选择国货，建筑卫生陶瓷民族品牌将迎来更广阔的发展空间。未来，随着国内消费升级，市场接受能力增强，消费者更加青睐具有品质保障、优质服务和设计创新的民族品牌。此外，下游房地产行业为了确保产品质量、性价比，争取品牌背书吸引购房者，国内工程采购多选择生产实力与品牌知名度兼备的高端品牌合作，建筑卫生陶瓷企业的品牌化意识将不断得到强化。

（3）营销模式深度变革，消费需求日趋多元。中国互联网络信息中心（CNNIC）在京发布的第49次《中国互联网络发展状况统计报告》显示，截至2021年12月，我国网民规模达10.32亿，人均每周上网时长达到28.5小时。互联网深度融入人们的日常生活，并影响着人们的决策及消费行为，线上线下一体化数字营销已经成为零售业态的大趋势。

随着社会经济的发展，以"Z世代"（95后）为代表的年轻消费者群体正在崛起，由于消费心理、消费方式、消费习惯的改变，年轻消费者的需求呈现出个性化、小众化、多元化的趋势。传统的卖场逐步向设计增值、服务增值转型。

（4）整体化、智能化产品将成为新的消费增长点。国务院新闻办公室《关于推动城乡建设绿色发展的意见》发布会指出："十三五"期间，累计建成装配式建筑面积达16亿平方米，年均增长率为54%。对标2035年远景目标，"十四五"时期发展目标中提出装配式建筑占新建建筑的比例达到30%以上。整装卫浴作为装配式建筑的重要组成部分之一，具有环保节约、质量稳定、安装便捷、规模化生产等诸多优点，也是行业未来发展的重要方向。

智能家居因其无接触式的交互方式正成为生活流行品、消费新趋势。据第一财经商业数据中心（CBNData）《2021智能家居趋势报告》显示，2016—2020年，我国智能家居市场规模由2608.5亿元增至5144.7亿元。智能马桶、智能除雾镜等智能化卫浴产品正逐渐成为刚需，未来随着研发技术的不断提升，智能卫浴发展将进一步提速，市场增长潜力巨大。

面对当前国内外错综复杂变化的政治经济形势，国家明确并多次强调"稳增长"基调。我国建筑卫生陶瓷行业一方面要同心协力，克服千难万阻，同时要立足新发展阶段，以"碳达峰、碳中和"为方向，全面贯彻持续实现绿色低碳转型，加速能源结构调整，推进节能减排与综合利用；继续以技术创新和品牌建设为动力，以高质量发展为重点，以产业结构调整、延伸产业链和"互联网+"应用与推广为途径，注重增值服务，进一步推动产业结构优化升级，促进行业向绿色循环低碳型、创新驱动型和优质高效型发展升级。尽管困难重重，任重而道远，但中国拥有全球最大的需求市场，中国经济有极强的韧性。在中国经济持续发展的大背景下，行业发展前景依然可期。但并不是所有的企业都能活下来，"双碳"背景下，将进一步加速产业洗牌速度。未来几年，市场优胜劣汰、适者生存的竞争环境将会更加"残酷"。

随着建筑卫生陶瓷行业的快速发展，陶瓷生产越来越趋向于高效、稳定的生产方式，未来整个陶瓷行业智能制造的应用缺口非常大，随着智能制造水平的不断提升，实现生产过程的模块化、柔性化、产业化将成为未来建筑卫生陶瓷行业智能制造发展的重要趋势。

（1）模块化

所谓模块化就是为实现产品（系统）的总功能，在功能分析的基础上，将整个产品分解为若干特定模块，然后通过模块的不同组合得到不同品种、不同功能的产品，以满足市场的各种需求。由于陶瓷产品设计千变万化，导致其生产工艺多种多样，模块化设计可以满足不同的需求；能够使机器人零部件便于拆卸，便于组件的运送、替换和维修；通过组件的不同搭配，既可满足不同用户群体的诸多个性化需求，又可以降低制造成本。

（2）柔性化

柔性化生产是由统一的信息控制系统、物料储运系统和一组数字控制加工设备组成，能适应加工对象变换的自动化机械制造系统，并具有一定管理功能。柔性生产是全面的，可实现设备、管理、人员和软件的综合柔性。例如，卫生陶瓷机器人在施釉和翻模、坯胎出模的工序中适应了不同的工件和模具。首先，它不仅可以取代粉尘大、作业复杂、劳动强度大及精度要求高等工作，还可以大大提高产品质量和劳动生产率。其次，信息控制系统可"存入"许多工件的最佳施釉工作"曲线"，且操作简单，即便工件发生变化，机器人也能以最快的速度适应工件，喷涂出高质量的陶瓷釉面，使生产过程具有更完善的判断和适应力。经调查两种做产品喷涂程序的使用情况显示，相同产品条件下，模拟人工操作的方式做一款程序需要10~30min，而人工手动示教操作，做一款程序的时间为 5~7d，相差十分明显。

(3) 产业化

陶瓷制造强国意大利、德国和日本在机器人应用方面基本实现普及，尤其在喷釉工艺方面，其效率远远高于手工施釉的喷釉设备。而我国在该产业的工业机器人应用比例过低，当前主要依靠人力。随着我国劳动力成本的上升、劳动力供给的下降以及产业升级的需要，采用机器人技术，实现陶瓷产品从毛坯成形、修坯、喷釉、再烧结成形等全过程的自动化生产显得尤为重要。例如，在固定作业机器人中，为了提高动作灵活度，多关节、多自由度的机械臂等机构开始出现。此外，机器人修坯打磨系统相对于人工打磨效率提高 25%。喷釉机器人的使用可使每条喷釉线节省 2/3 的人员，生产效率提高 80%，大大节省了人工成本。更重要的是机器人上岗后，可让生产工人远离粉尘、噪声等的伤害，基本杜绝了职业病的产生，从而大大降低了企业的经营风险。因此，实现陶瓷工业机器人产业化是陶瓷行业迫切需要完成的发展目标。

陶瓷企业目前面临着绿色制造和互联网冲击等多重压力，一方面是进行信息化改造和智能制造，以便于及时对市场变化做出反应；另一方面，生产管理水平的高低决定着整个制造产业竞争力的高低，尤其是类似陶瓷行业面临的管理复杂性和人才缺失等因素，生产管理是实施自动化制造发展战略的关键环节。此外，相关措施的制定可进一步推进智能制造的发展进程。例如：加大政府投资力度，制定具体的扶持政策；加大智能制造教育方面的支持，保证高端专业研发人才的持续供应等；促进创新成果及产学研实际转化率，加强高校与企业、企业与企业之间的交流合作。

近年来，虽然大部分企业建立了办公自动化（Office Automation，OA）、企业资源计划（Enterprise Resource Planning，ERP）管理、客户关系（Customer Relationship Management，CRM）管理、人力资源（Human Resource，HR）管理、产品数据管理（Product Data Management，PDM）、供应链管理（Supply Chain Management，SCM）等管理系统，但这些管理系统当中产生的数据同样存在孤立、不匹配、不兼容的问题。企业引进并建立一套管理软件相对容易，难的是怎样将不同的系统、不同的数据相互整合在一起，让数据通过交互产生生产力，而不是仅仅局限于数据考核和机器替人。

无论怎样，智能制造正以令人惊喜的速度对传统制造业的生产方式进行着迭代升级。在以制造业闻名的佛山，机器人产业正成为近年来最火爆的朝阳产业之一。相信随着人工智能 AI 技术的进步，将会孕育出越来越多的工业互联网生态系统和基于大数据的人工智能技术平台，进一步实现机器人与互联网的融合，可以由更多的机器人投入到陶瓷生产的各个工序当中，可以由平台采集的各类数据实现对产供销各个系统机器人运行状况的分析、预测、监控和维护，从而实现陶瓷行业真正意义上的智能制造。

综上所述，建筑卫生陶瓷智能制造是未来陶瓷产业发展的新方向，通过应用智能制造技术和新材料，可以实现对建筑卫生陶瓷产品的个性化定制和高效生产，进一步提高产品质量和市场竞争力。未来，建筑卫生陶瓷智能制造将面临更多挑战和机遇，需要不断探索和创新，不断提高技术水平和产品质量，才能实现企业的可持续发展和长期竞争优势。

在面临这些挑战和机遇的同时，建筑卫生陶瓷智能制造需要关注以下几个方面。

（1）技术创新

技术创新是建筑卫生陶瓷智能制造的核心，需要不断引进和研发新的技术和材料，不断提高产品质量和市场竞争力。在技术创新的过程中，建筑卫生陶瓷智能制造需要关注新技术的应用和商业化推广，以及对生产过程和产品质量的数字化监控和管理。

（2）人才培养

人才是建筑卫生陶瓷智能制造发展的重要支撑，需要加强人才培养和引进，提高技术人才的专业水平和创新能力。建筑卫生陶瓷智能制造需要培养具备跨学科背景和技术能力的人才队伍，包括材料科学、机械工程、智能制造、大数据和人工智能等领域的专业人才。在人才培养的过程中，建筑卫生陶瓷智能制造需要关注人才培养的质量和效率，为企业未来的发展打下人才基础。

（3）市场需求

市场需求是建筑卫生陶瓷智能制造的重要驱动力，需要紧密关注市场需求，根据消费者的需求和趋势来定制产品和服务，提高产品的市场竞争力和消费者的满意度。例如，通过分析市场数据和用户反馈，可以不断改进产品设计和制造工艺，提高产品的质量和性能，满足消费者的个性化需求和环保要求。

（4）产业合作

建筑卫生陶瓷智能制造需要加强产业合作，整合产业链上下游资源，形成完整的产业生态系统。例如，与建筑设计和装饰企业合作，可以实现建筑卫生陶瓷产品的应用和推广，提高市场占有率和品牌知名度。同时，需要加强国际合作，开拓国际市场，提高企业的竞争力和影响力。

在建筑卫生陶瓷智能制造的未来发展中，有以下几个趋势值得关注。

（1）材料创新

材料是建筑卫生陶瓷智能制造的核心，未来将会有更多的新材料被应用到建筑卫生陶瓷产品中，以满足个性化定制和高品质要求。例如，新型纳米材料和复合材料的应用可以增强陶瓷的强度和硬度，提高产品的抗冲击性和耐磨性。

（2）个性化定制

个性化定制是建筑卫生陶瓷智能制造的另一重要趋势，未来将会有更多的消费者对建筑卫生陶瓷产品的个性化需求，需要企业提供更加多样化和定制化的产品和服务。例如，通过应用智能制造技术和新材料，可以实现对建筑卫生陶瓷产品的个性化定制和高效生产，提高客户满意度和产品竞争力。

（3）绿色环保

绿色环保是建筑卫生陶瓷智能制造的未来发展方向之一，未来将会有更多消费者对环保产品的需求，需要企业提供更加绿色和环保的建筑卫生陶瓷产品。例如，通过应用可再生材料和低碳生产技术，可以实现建筑卫生陶瓷产品的环保性和可持续性，提高品牌形象和市场竞争力。

2 建筑卫生陶瓷行业智能生产及管控

2.1 原料和釉料制备

2.1.1 制浆生产及管控系统

2.1.1.1 球磨制浆生产管理系统

球磨制浆作为原料生产的第一道工序,同时也是原料质量管控的重要基础,球磨机还是重点能耗设备,因此针对球磨制浆工序的管理是提效降本的重要环节之一,该系统可提高间歇式球磨制浆生产的效率和质量,降低生产能耗。球磨制浆生产管理系统主界面如图2-1所示。

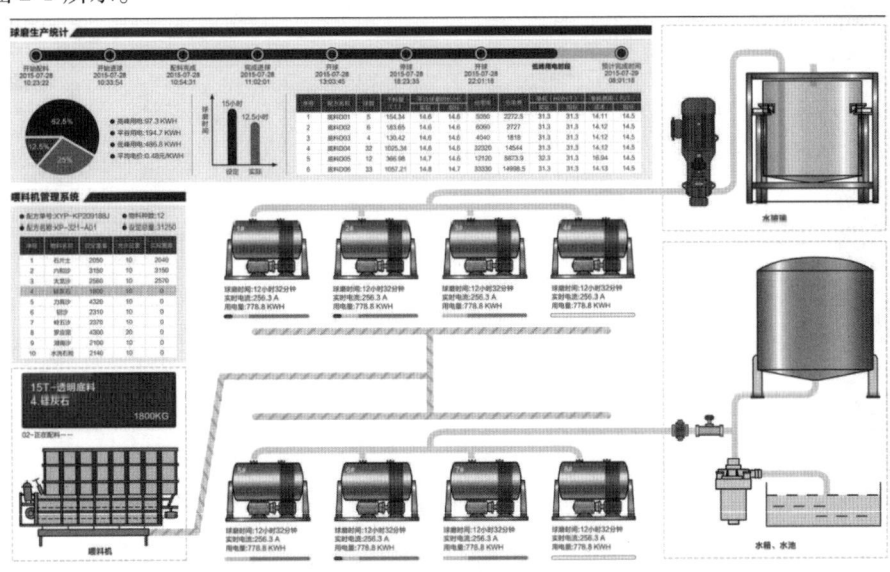

图 2-1 球磨制浆生产管理系统主界面

间歇式球磨制浆生产流程如图 2-2 所示。

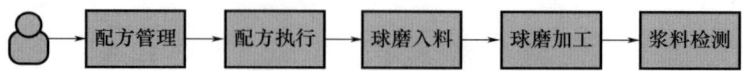

图 2-2　间歇式球磨制浆生产流程

下面按照间歇式球磨制浆生产流程的顺序分别介绍各个步骤的功能。

1. 配方管理

配方制定流程：选择新建配方→定义配方名称、粉料名称→设置泥砂料信息→设置工艺参数→提交审批→自动更新到生产车间的客户端。

配方传送方式如图 2-3 所示。

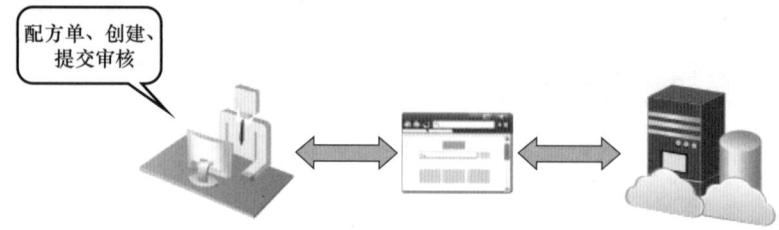

图 2-3　配方传送方式

配方单从创建到提交审核，最后到生产端，全部通过网络传输方式，全流程自动记录（人员、时间、事件），既环保又高效。

配方管理应用功能涵盖了生产配方、标准配方、配方成本、历史配方记录、配方审核记录等管理功能。配方管理应用功能界面如图 2-4 所示。

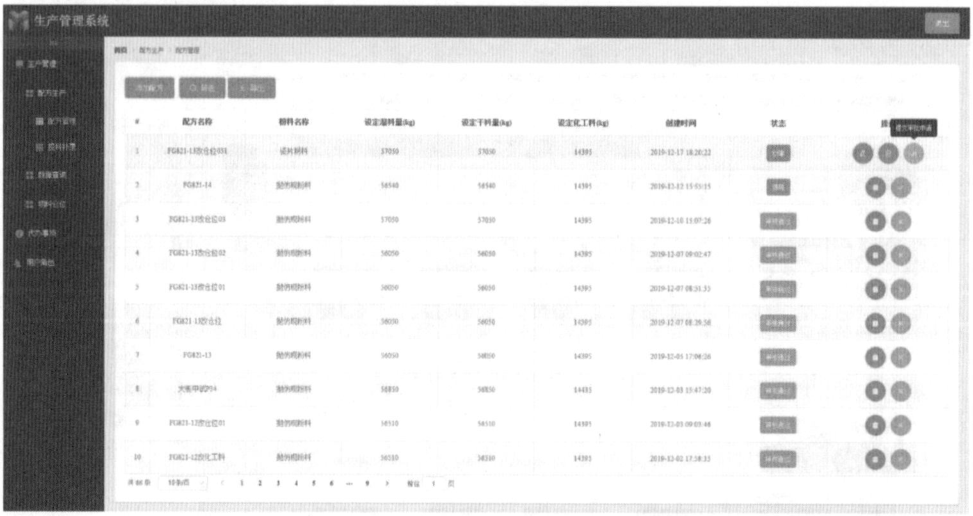

图 2-4　配方管理应用功能界面

2. 配方执行

配方执行流程如图 2-5 所示。

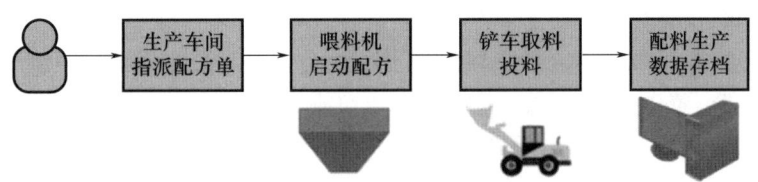

图 2-5 配方执行流程

（1）生产车间指派配方单

生产车间在客户端选择配方单指派到相关喂料机的控制终端。

（2）喂料机启动配方

喂料机现场控制终端或生产车间的客户端均可启动配方单，当配方启动后，现场显示屏及指示灯提示配料状态，同时显示物料名称、所需质量和物料仓号等信息，在铲车投料时，显示屏始终显示当前物料的所需质量，待投料质量在符合要求范围内，屏幕自动切换显示下一种物料信息，直至完成配料作业；一旦过量投料，控制终端立即报警提示并且锁定程序自动进入暂停生产状态，系统自动判断必须从喂料机中把过量物料铲出来，系统方能恢复继续生产状态。

喂料机控制终端具有逻辑控制、数据存储等功能，具有投料质量防作弊功能（杜绝通过卸料或铲车翘压喂料机的作弊方式），同时实现了自动边投料边卸料，达到提前进入球磨的效果，不但节约了生产时间又降低了设备负载，非常高效实用，若出现任何故障导致无法继续生产时，控制系统具备多种异常处理措施，如发生了缺少人工生产的数据，可事后进行数据补录，确保生产和数据监控两不误。

（3）铲车取料投料

通过铲车实时定位监控系统可以识别铲车编号、铲车运行轨迹等数据，自动识别铲车在哪个仓号取料，自动判断与喂料机当前需要的物料是否匹配，铲车余料是否归仓等管控作用；一旦出现异常，系统将会发出告警和做出相应记录，直至判断符合生产要求时方可恢复正常生产状态，防止物料错用、防止混料使用的情况，保障浆料质量稳定可靠。陶瓷喂料机生产管理系统的主界面如图 2-6 所示。

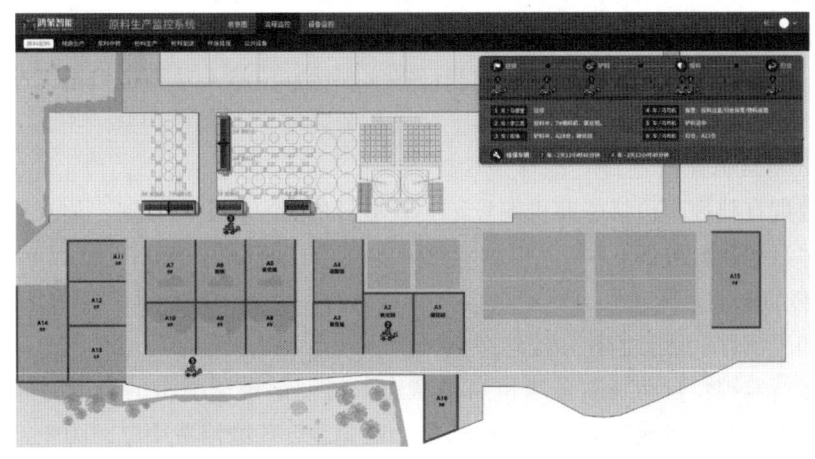

图 2-6 陶瓷喂料机生产配料系统的主界面

（4）配料生产数据存档

配料生产数据存档内容包括喂料机编号、配方名称、物料名称、生产日期、水分、仓号、计划用量、配方执行次数、实际用量、实际误差量、作业号、配料用时等。

3. 球磨机入料

球磨机入料流程如图2-7所示，球磨生产主界面如图2-8所示。

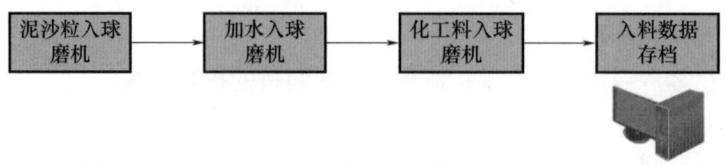

图2-7　球磨机入料流程

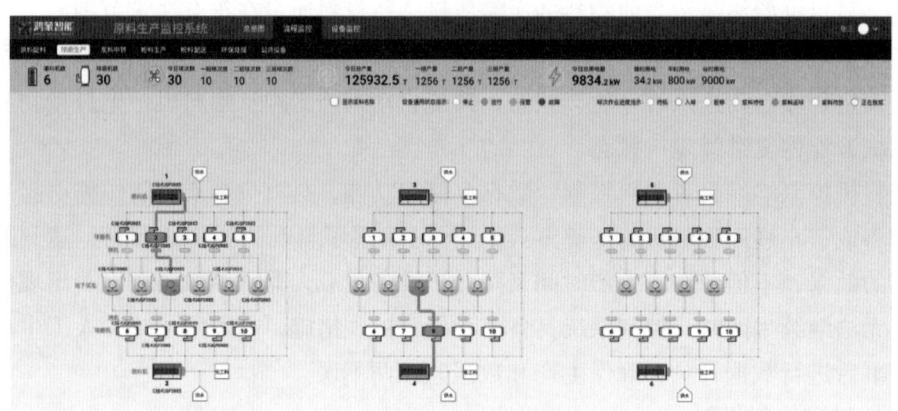

图2-8　球磨生产主界面

（1）泥沙料入球磨机

自动识别球磨机编号与配方单的关联，记录明细数据。

（2）加水入球磨机

采用流量计设备实现定量控制，保障浆料水分的稳定性。

（3）化工料入球磨机

例如，球磨机加水玻璃采用自动控制设备实现精准定量入球磨机控制；球石或其他化工料可以通过专门称重的设备或者手工录入相关数据。

（4）入料数据存档

入料数据存档内容包括球磨机编号、关联喂料机的配方生产数据、加水用量、水玻璃用量、球石等物料数据。

4. 球磨加工

球磨加工流程：运行监控→停球磨机测浆。

球磨运行监控：自动判断球磨机启停状态，自动记录球磨机的启动时间和运行时间，提前提示停球磨机或自动断电停球磨机，避免过度球磨浪费用电，为生产管理者提供节约成本的管理手段；停球磨机后自动提示测浆任务；通过球磨机配套的变频器与电力仪表，实时监测球磨机的运行频率、用电量（峰谷段）、电流、电压、功率因数、有功功率等数据，一旦超差立即告警并做出记录，为生产管理工作提供管控帮助。

球磨加工数据：开始球磨时间、加工用时、生产耗时、暂停耗时、球磨生产效率、设备故障、球磨使用效率、运行频率、用电量、电力参数、用电成本、平均电价、用电单位峰谷占比等生产数据。

球磨加工运行监控主界面如图 2-9 所示。

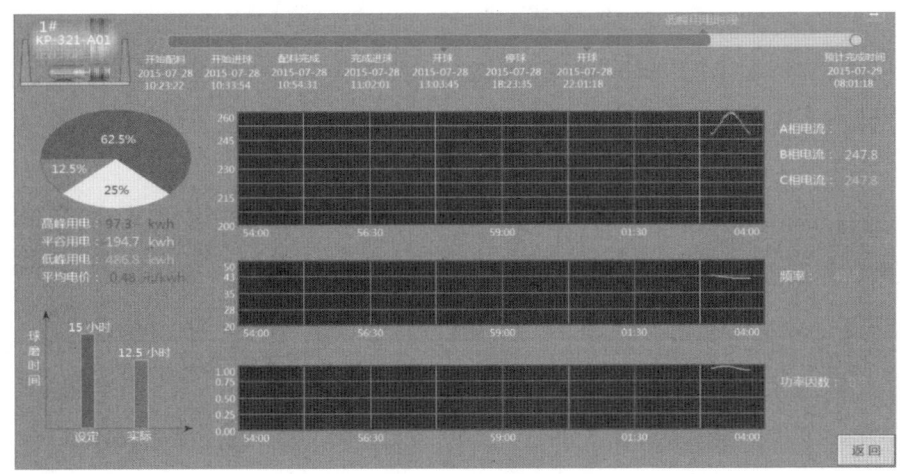

图 2-9 球磨加工运行监控主界面

5. 浆料检测

系统自动生成质检任务单，实现对全部球次的质检数据记录监控，一旦出现检测项目超标需要加磨处理的，系统生成复检任务，直至各项复检项目合格，确保浆料质量。

浆料检测数据包括球磨编号、配方名称、水分、筛余、比例、流速、浓度、浆面高度、检测人、检测时间、检测次数、球石高度、球石用量、放浆池号等生成信息。系统会自动统计浆料产量数据，并根据物料单价及能耗单价，自动生成球磨加工成本报表。浆料质检信息录入界面如图 2-10 所示。

图 2-10 浆料质检信息录入界面

球磨生产运行看板如图 2-11 所示。在运行看板中会以不同的颜色表示每台球磨机各个阶段的状态，并显示粉料名称、配方名称、配料用时、入球磨机用时、预磨时长、实磨时长、球磨效率等。

图 2-11　球磨生产运行看板

2.1.1.2　浆料的管理控制

1. 浆料的使用流程

浆料的使用流程如图 2-12 所示，浆料中转主界面如图 2-13 所示。

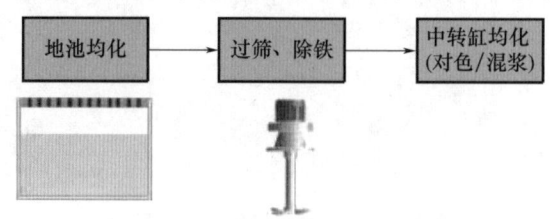

图 2-12　浆料的使用流程

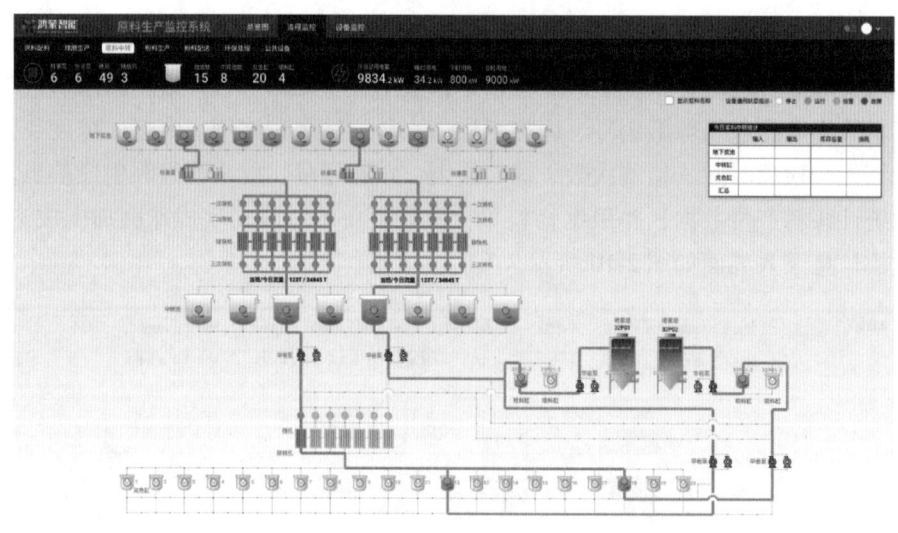

图 2-13　浆料中转主界面

2. 浆池的浆料名称识别

（1）如果采用间歇式球磨机，则只能采用人工执行球磨放浆的操作，浆池存量的浆料名称可以采用人工录入的方式，优点是成本低。也可在放浆管道配套流量计和自控阀门组合的方式实现自动识别球磨机放浆到浆池编号的技术方式，缺点是实施成本高。

(2) 如果采用连续式球磨机，其具备对应的放浆地池，可根据球磨机的配方号自动识别该地池的浆料名称。

3. 浆池的实时存量数据检测

为浆池配套安装浆位高度检测装置，监控浆池的存量情况，实时提供浆位状态以及存量数据，为生产管理以及财务成本统计提供及时的数据信息支持，浆位检测装置具备高精度、高可靠性、满足原料车间使用场景等特点。浆位高度检测示意如图 2-14 所示。

4. 浆料中转控制系统

该系统控制供浆管网相关的泵、阀门、振筛等设备，连接浆池的浆位检测装置的数据，实现浆料中转过程的自动泵浆、自动洗管，系统中的所有设备实现监控管理，出现异常及时报警和调取维护记录；实现浆料流向可跟踪追溯以及设备维护记录与分析，同时可减少抽浆岗位的工作人员。

图 2-14 浆位高度检测示意

5. 浆料实时领用数据

根据喷料缸的运行工况，为喷料缸配套安装浆料高度检测装置或浆料流量计，对喷雾塔抽浆用量进行计量，实时统计浆料领用数据。

6. 浆料统计

（1）球磨机提供浆料产量数据，浆池提供浆料存量数据，喷料缸提供浆料领用数据。

（2）浆料损耗数据：产量数据—存量数据—领用数据。

2.1.2 制粉生产及管控系统

2.1.2.1 喷雾干燥塔控制系统

1. 喷雾干燥塔的生产流程

喷雾干燥塔的生产流程如图 2-15 所示。

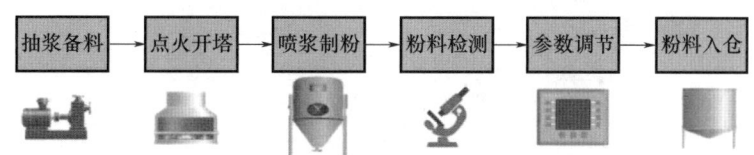

图 2-15 喷雾干燥塔的生产流程

2. 喷雾塔智能闭环控制管理系统

喷雾塔配套针对粉料水分、颗粒、密度的自动检测设备，根据检测设备反馈的粉料性能数据变化自动调节喷雾塔的温度、风机、供浆泵等运行参数，为喷雾塔配套自动敲枪控制系统，根据喷雾塔生产运行时间定期对喷枪进行敲枪以清理积料，同时定期提示对喷雾塔进行巡检维护。喷雾塔生产可视化管理系统主画面如图2-16所示。

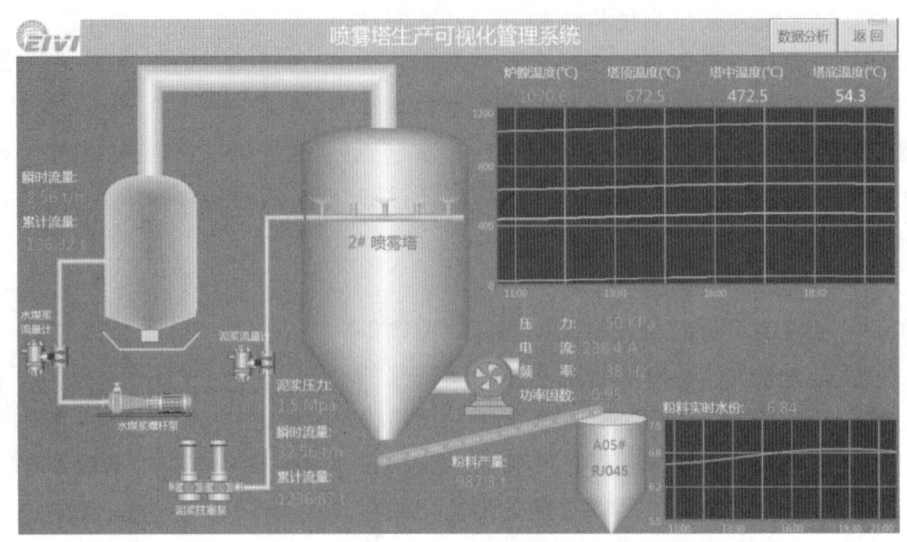

图2-16　喷雾塔生产可视化管理系统主画面

3. 喷雾塔实时能耗监控

喷雾塔配套电力仪表、水煤浆流量计、燃气流量计、柴油流量计、煤粉称重系统等能耗监测设备，实时对喷雾塔能耗实现在线监控与统计。

4. 喷雾塔实时产量统计

喷雾塔配套安装粉料计量设备，实时对喷雾塔产量进行统计；可根据需求配套静态或动态的计量设备，最新一代的在线式动态计量设备经过专业设计和先进算法的研发赋能，计量精度大幅提高，达到行业用户的使用要求，符合原料车间场景和陶瓷粉料工况的特点。粉料在线计量设备如图2-17所示。

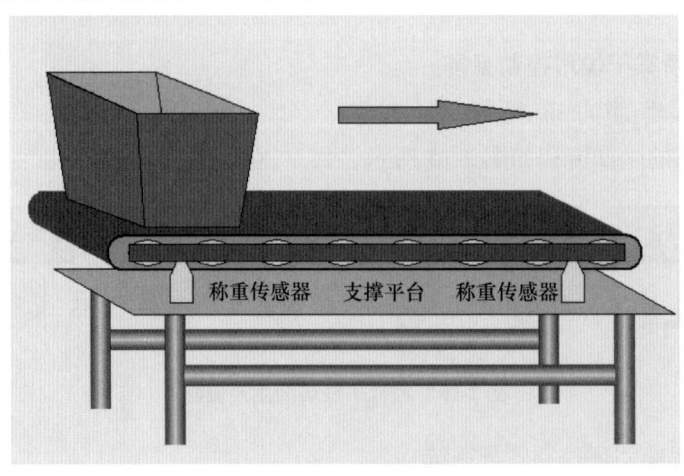

图2-17　粉料在线计量设备

2.1.2.2 粉料仓管理控制系统

1. 粉料的使用流程

粉料的使用流程如图 2-18 所示。

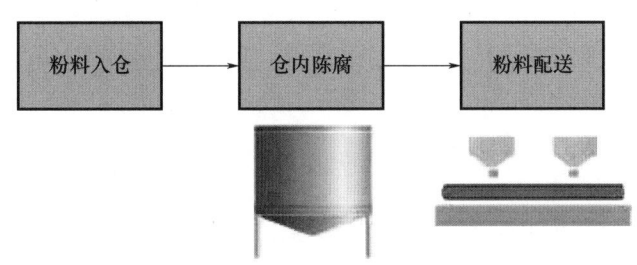

图 2-18　粉料的使用流程

2. 粉料入仓控制

喷雾塔与入仓输送带进行联锁控制，设定入仓编号的顺序计划，入仓控制系统根据粉仓的满料信号自动控制相关输送带定位、粉仓门盖开关等，将粉料顺畅转换到下一个粉仓，提高生产效率，输送带转仓过程不掉料，避免粉料损耗和清理。粉料自动入仓控制示意如图 2-19 所示。

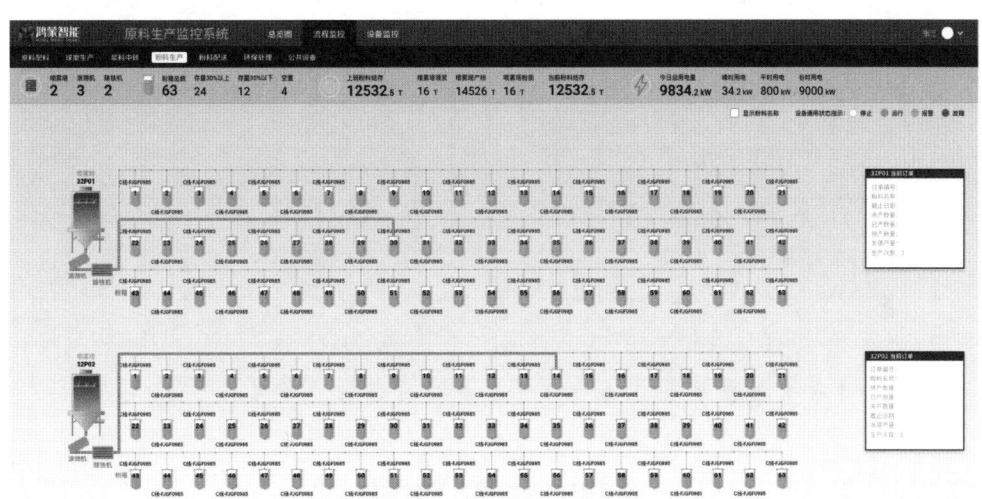

图 2-19　粉料自动入仓控制示意

3. 粉仓的粉料名称识别

粉料入仓控制系统能根据喷雾塔生产的粉料名称自动更新粉仓的粉料名称。

4. 粉料实时存量数据

为粉仓配套安装料位高度检测装置，实时监控粉仓的粉料存量数据，为原料车间生产管理以及财务成本统计提供及时的数据信息支持。粉料仓料位检测示意如图 2-20 所示。

5. 粉料陈腐时间数据

根据粉料入仓控制系统记录的入料时间信息，自动运算入仓的陈腐时间，为粉料使用提供料仓使用顺序的依据。

6. 粉料配送控制系统

压机料斗与输送带进行联锁控制,设定好粉仓编号与压机料仓的用料计划,送料系统根据缺料型号和满料信号自动控制送料输送带的运行控制,按计划将粉料顺畅输送到各个压机料仓,提高生产效率。粉料配送控制系统如图2-21所示。

7. 粉料实时领用数据

为压机送料带配套安装粉料计量设备,实时统计粉料领用数据。

8. 粉料统计

(1)喷雾塔提供粉料产量数据,粉仓提供粉料存量数据,送料系统提供粉料领用数据。

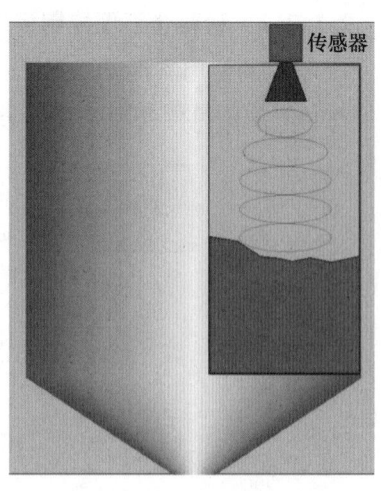

图 2-20　粉仓料位检测示意

(2)粉料损耗数据:产量数据—存量数据—领用数据。

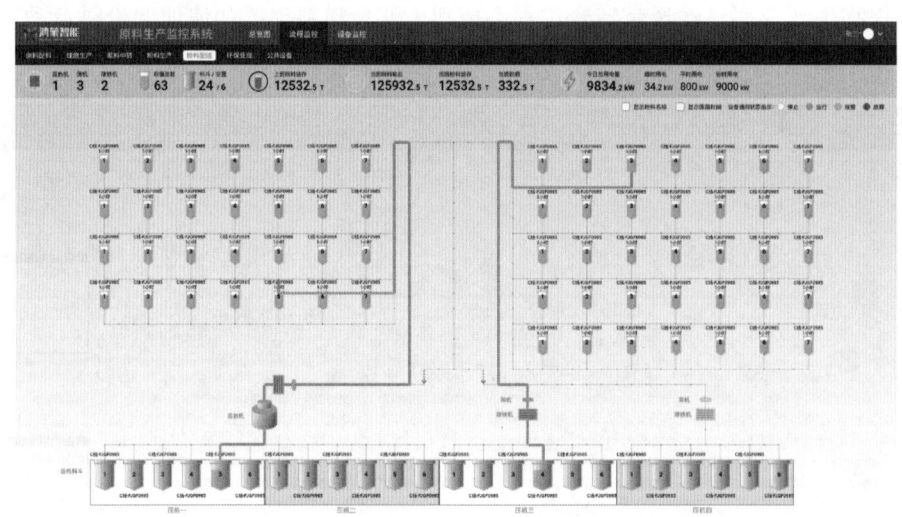

图 2-21　粉料配送控制系统

2.1.3　制釉生产及管控系统

随着陶瓷生产对于精细化管理的要求日益提高,传统釉料车间的生产加工也需要更标准化、精细化的管理手段以提高生产效率和降低成本,下面是专门针对釉料生产管控和配送管控等需求的解决方案。

2.1.3.1　球釉配料生产管理

1. 生产流程

球釉配料生产流程如图2-22所示。

2. 生产管控

(1) 配方生产单

由技术部从客户端编辑并发送标准配方单到服务器端，球釉管理人员结合实际情况从系统编辑车间的生产任务单并打印出任务单进行派单生产，生产任务单包含釉料编号、日期、条形码、各种物料名称与设定值、检验参考值、计划加工设备编号、球磨加工用时等信息内容。

(2) 物料领用

在打印生产任务单的同时，系统将该生产任务单自动传送至各现场终端；工作人员在称重终端扫描条形码时，终端自动调出对应的生产任务单信息，称重终端自动记录实际领料质量数据，并控制物料设定量与实际量之间的误差范围。

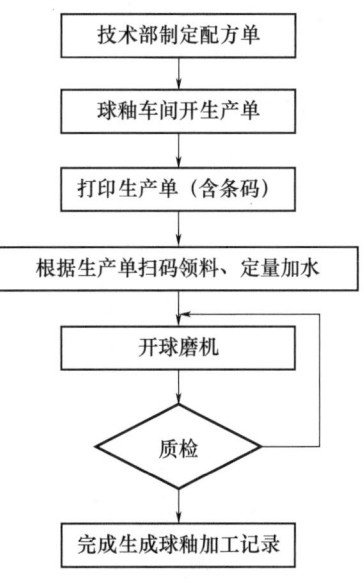

图 2-22 球釉配料生产流程

(3) 加水控制

工作人员在加水控制终端扫描条形码时，终端自动调出对应的生产任务单信息，自动显示所设定的用水量，工作人员确认无误后即可启动加水设备，达到设定用水量时自动关闭阀门并自动记录实际的加水量数据，且控制加水量的设定值与实际值之间的误差范围。

(4) 生产质量

各现场控制终端将已完成的生产任务单数据成功传送至服务器端后，现场终端自动删除已完成的生产任务单信息；系统将完成的生产任务单形成新的生产检测任务单并传送至质检室客户端，质检人员将实际检验数据录入对应的生产检测任务单，系统自动生成实际生产报表。

3. 系统结构图

系统结构如图 2-23 所示。

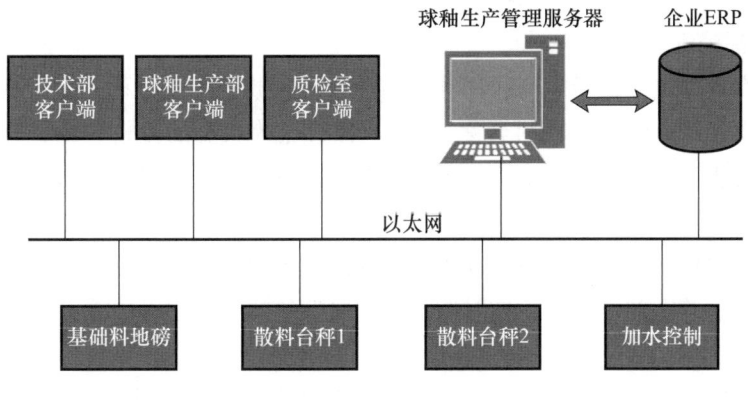

图 2-23 系统结构

2.1.3.2 釉料配送计量管理（人工配送）

1. 系统管控流程

根据生产计划定期更新生产线用釉计划和釉缸存放的用釉名称；系统根据实时生产状态自动将员工、釉缸、施釉点三者的关联数据，形成釉料配送管理逻辑。系统管控流程如图 2-24 所示。

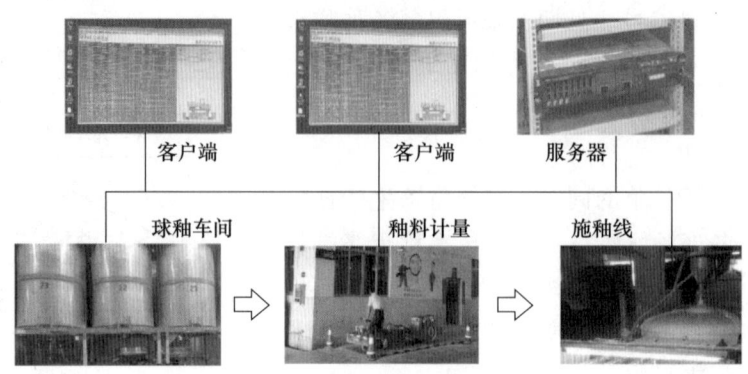

图 2-24　系统管控流程（人工）

2. 领釉管控

釉缸配套安装感应控制器，取釉时刷卡操作，系统校验无误后允许领料，防止领料出错。

3. 领釉计量

系统有一套专门用于釉料称重计量的管理系统；釉料停放在称重计量位置后，系统自动记录釉料名称、质量信息等数据；釉料计量采用静态称重技术进行统计，保障数据精准可靠。

4. 釉料交接

交接釉料时需刷卡操作，系统自动对比校验，防止釉料交接出错。

5. 退换釉登记

针对转产或停产时未用完的釉料可进行退釉登记。

2.1.3.3 釉料配送计量管理（管道输送）

1. 系统管控流程

根据生产计划定期更新生产线用釉计划和釉缸存放的用釉名称；系统根据生产计划信息和识别供料釉缸编号（釉料名称）、接收釉料点等数据的分析判断，形成釉料配送管理逻辑，防止送错釉料。系统管控流程如图 2-25 所示。

2. 设备运行

采用可编程控制器对供釉车间和接釉车间的泵料设备、管道压力、管道阀门、称重系统、安全防护等全部设备进行实时监控，保障系统高效、安全、易用。

3. 釉料计量

釉缸配套安装称重系统，送料流程的设计满足静态计量控制模式，称重数据精准可靠，同时满足缺料预警信号的系统监测需求。

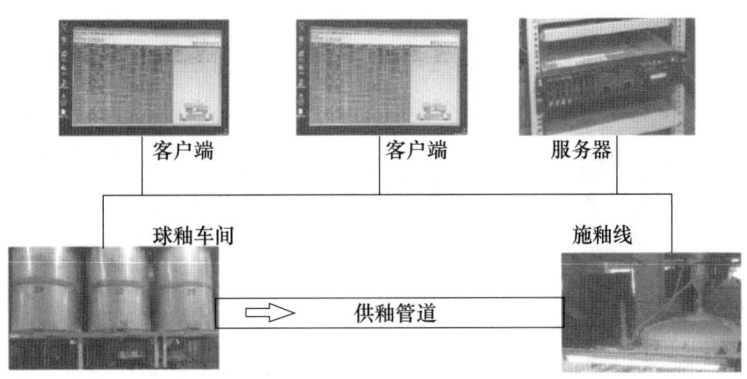

图 2-25　系统管控流程（管道）

2.2 成　形

2.2.1　建筑陶瓷压制成形及管控系统

2.2.1.1　传统模框压制成形系统

建筑陶瓷的传统模框压制成形，又称干压成形，是比较常用的成形方法之一。干压成形是将经过造粒后流动性好、颗粒级配合适的粉料，装入金属模腔内，通过压头施加压力，压头在模腔内位移，传递压力，使模腔内粉体颗粒重排变形而被压实，形成具有一定强度和形状的陶瓷素坯。

干压成形的工艺流程如下。

（1）喂料：将粉料颗粒装填入模框内，为了保证坯体的规格和质量，喂料应该均匀并定量。

（2）加压成形：液压机利用模具之间的相对运动给疏松的粉料施加压力，使粉料压紧成致密的坯体。该工序是压制成形中的关键工艺，需要控制施加压力的大小、压制时间及压制方式等因素，任何条件的改变都有可能导致坯体质量发生变化。

（3）脱模：将成形好的坯体从模具型腔内脱出。

（4）出坯：将顶出的成形好的坯体移动至放坯台面上或输送带上。

（5）清理模具：必要时还需要在模腔内壁喷油米润滑。

一般一条瓷砖生产线会配置多台成形压机，其中 1 台作为备用，以便随时应对生产调节，当转产换模或发生故障时，可以灵活地进行转换调节，避免后续工序空转，维持稳定连续生产，下面是某生产线压机管控系统的画面。

（1）主画面：同时显示整个生产线 4 台压机的所有状态信息，包括报警状态、通信状态、总冲次、班冲次、主泵运行天数、压制频率、主缸实际压力、成形预设压力、单个品种预设产量、实际产量、循环延时、上模退磁时间设置、下模退磁时间设置、油温、油泵变频参数、摆管变频参数、粉车变频参数、尺寸调整、所有动作状态信息等，同时系统还可以模拟出砖的实时动画，如图 2-26 所示。

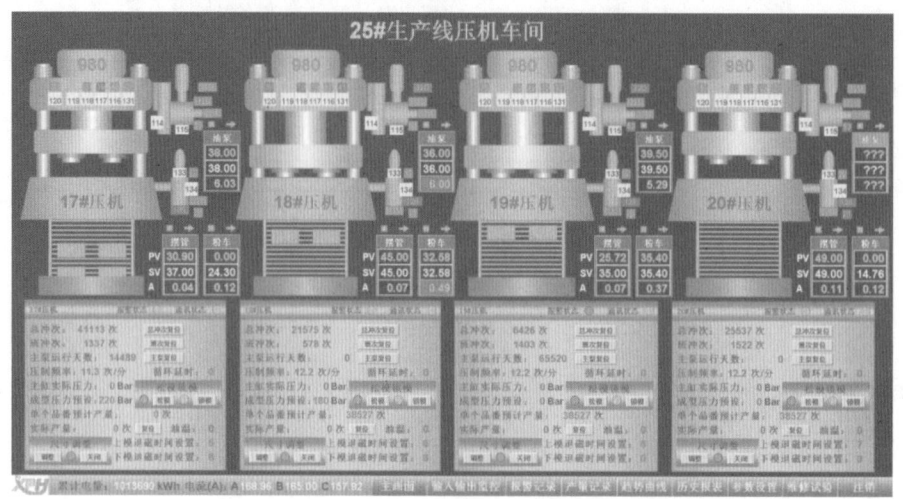

图 2-26　压机主界面

（2）报警记录：显示所有压机的实时报警和历史报警信息，如图 2-27 所示。

图 2-27　压机报警记录

（3）参数设置：可远程对所有可设定的相关参数进行设置，包括压制参数、粉车参数、料斗参数 3 个模块。压制参数包括低压预设、低压时间、一次排气、中压预设、中压时间、二次排气、增压预设、增压时间、保压时间、低位延时、零位设置、顶出延时、上升延时、转高压延迟等（图 2-28）；粉车参数包括前进一速、前进二速、后退一速、后退二速、手动速度、摆位速度、粉车速度、料闸延时关闭、粉车摆位时间；料斗参数包括向后、向前、向左、向右的安全控制等。

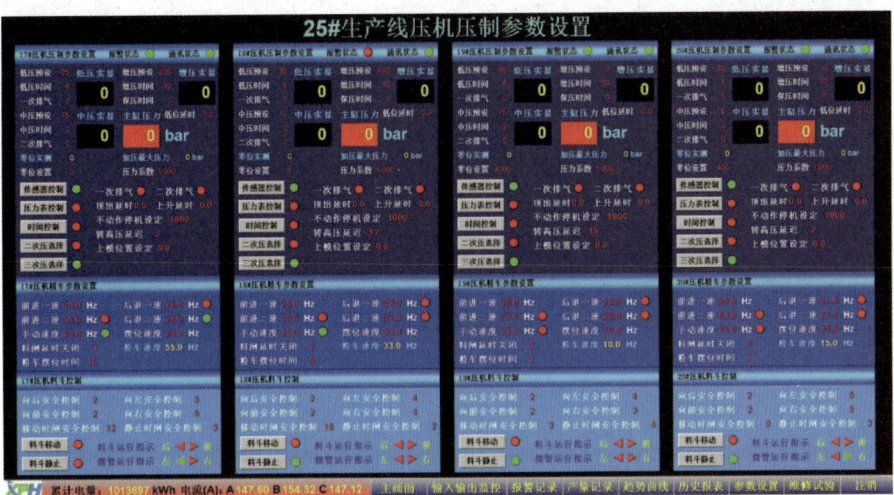

图 2-28 压机压制参数设置

（4）历史数据：可查看某时间段所选定参数的历史数据，并可将查询结果保存到本地，如图 2-29 所示。

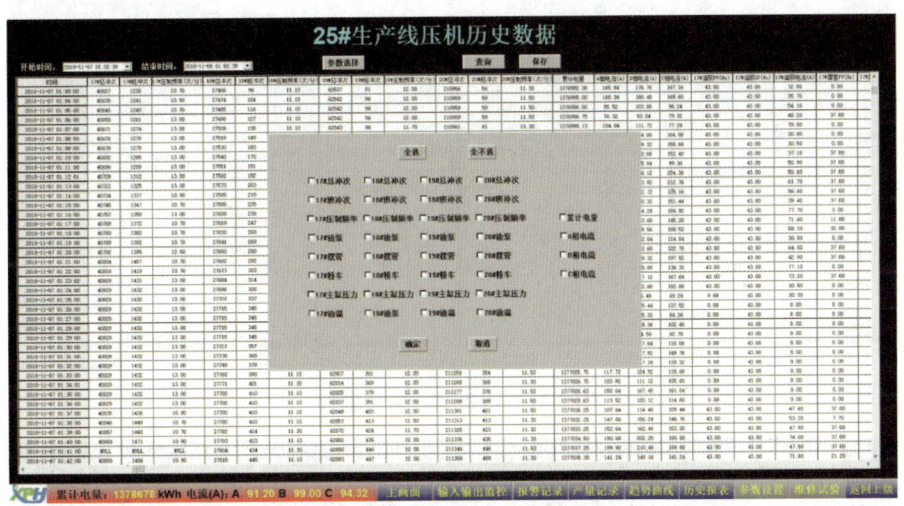

图 2-29 压机历史数据

（5）趋势曲线：可查看某时间段所选定参数的趋势曲线，在结果中还可得到曲线的最小值、最小值时间、最大值、最大值时间、平均值等，如图 2-30 所示。

（6）输入输出监控：显示所有压机控制的相关输入和输出的开关状态信息，用户可一目了然地看到设备的运行状态，如图 2-31 所示。

（7）产量记录：实时显示时产量、班日产量、月年产量，其中时产量可显示从昨天 0 点开始到今天 24 点共 48h 的每台压机每小时的压制次数、总压制次数、总耗电量、单位压制次数耗电量，方便用户实时分析产量和电耗信息，及时发现异常，提高生产能效水平，如图 2-32 所示。

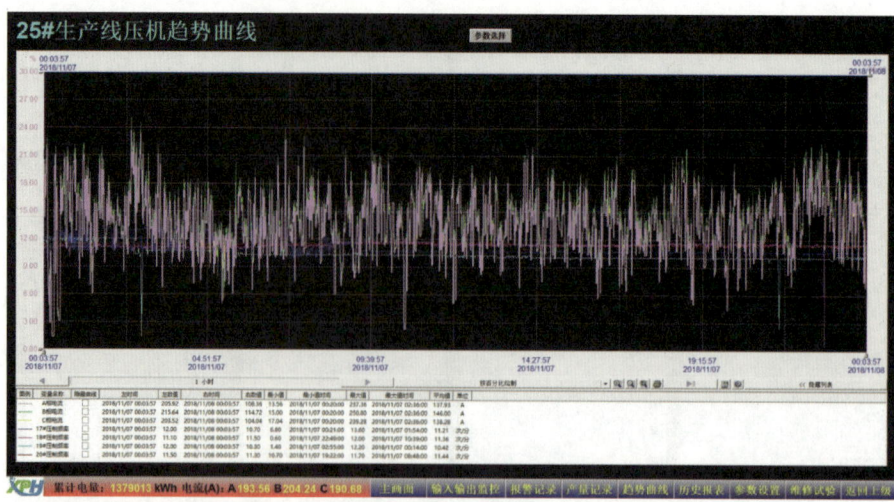

图 2-30　压机趋势曲线

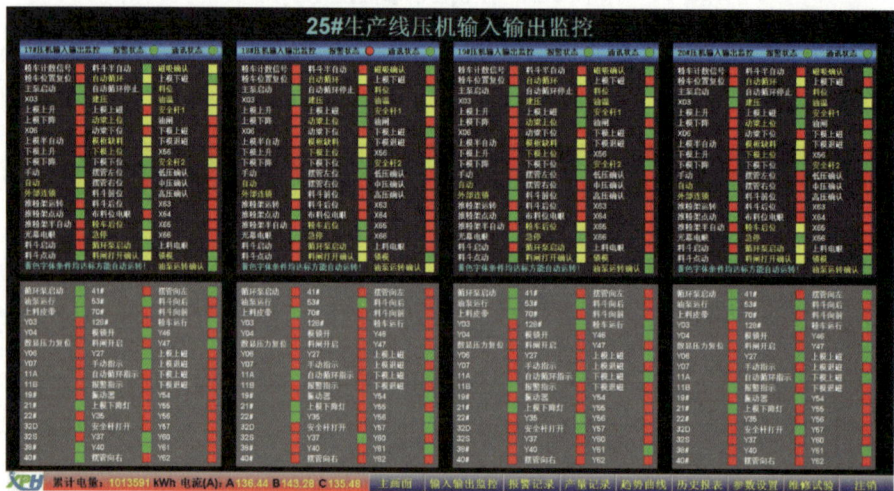

图 2-31　压机输入输出监控

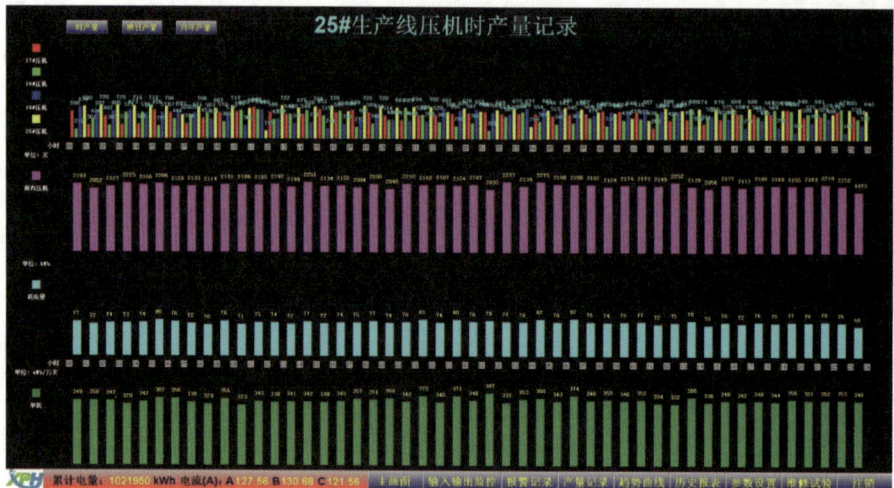

图 2-32　压机产量记录

2.2.1.2 皮带式压制成形系统

意大利西斯特姆 LAMGEA 压机采用无模具皮带成形。LAMGEA 取消了模框，突破了传统刚性模具的成形方法，采用皮带成形：压机上下各有一条循环皮带，下皮带上布设陶瓷粉料，皮带运送粉料到达压制区域，在两条皮带间加压成形，皮带上可以刻纹路，代替模具。LAMGEA 无模具压机采用专门设计的液压线路，最大压力可达50000t，可生产最大 1800mm×4800mm，厚度 3~30mm 的陶瓷大板，大板表面平整度≤0.2mm。其特点是操作维护简单，砖坯厚度自由切换，而无须生产线进行其他的调整。国内的压机，一旦调整厚度就需要配合着调整模具、填料量、压力等各种参数，需要调整的时间比较长。但它有一个缺点是压出来的坯体的边缘非常松散，所以坯体出压机的时候必须把边缘全部裁切掉，然后再开始干燥、做各种装饰。下面介绍 LAMGEA 压机系统的主要功能。

1. 对话功能（图 2-33）

图 2-33　LAMGEA 压机系统对话和状态

（1）返回上一页：按下任一页面中的该命令可在程序查询中退后一步。

（2）大写锁定：绿色表示键盘上的大写锁定已激活；白色表示大写锁定未激活。

（3）IP 地址：用指示符指向来显示 IP 地址。

（4）"C"盘：绿色表示"C"盘正常运行；黄色表示出现问题（例如磁盘已满、不运行）。

（5）"D"盘：绿色表示"D"盘正常运行；黄色表示磁盘出现问题（例如磁盘已满、不运行）。

（6）UPS 状态：绿色表示 UPS 正常运行；黄色表示 UPS 出现问题（例如 UPS 已放电、未连接）。

（7）"主要"出现情况：绿色表示存在"主要"管理软件；黄色表示"主要"不存在。

（8）已加载的配置文件：显示机器中已加载的生产配置文件的列表。

（9）键盘：必须按下才能查看字母数字键盘。

（10）网络诊断：可访问 Ether Cat 网络诊断页面。

（11）信息：显示与 LAMGEA 的软件版本和一般数据有关的信息。

（12）退出：按下可退出应用程序。

2. 状态更改功能

（1）紧急：按下可将"手动"或"自动"操作模式切换到"紧急"模式。

（2）运行：按下可将"紧急"操作模式切换到"自动"或"手动"模式。

（3）自动：按下可切换至"自动"操作模式。

（4）手动：按下可切换至"手动"操作模式。

（5）同步条件下停止：按下可将 LAMGEA 停止在同步位置。

（6）开始：按下可启动 LAMGEA。

（7）校准：按下可开始"校准"。

（8）禁用"无陶土"控件：按下可禁用"无陶土"控件（检测进料料斗中的材料）并执行另一个材料应用周期。

（9）生产结束：必须按下才能完成板坯生产。陶土应用程序中断，压制 LAMGEA 中的板坯。线路设置为"LAMGEA 正在完成生产"。

（10）警报重置：按下可重置标准操作条件。

（11）警报器静音：按下可中断有声警告的声音。

3. 网络诊断功能（图 2-34）

在"主页"上可打开 Ether Cat 网络诊断页面，这是一个有助于网络错误分析的数据只读屏幕，分析列表将列出：节点地址、节点名称、节点类型、节点状态、设备装置代码、链接代码等，使用户调试非常方便。

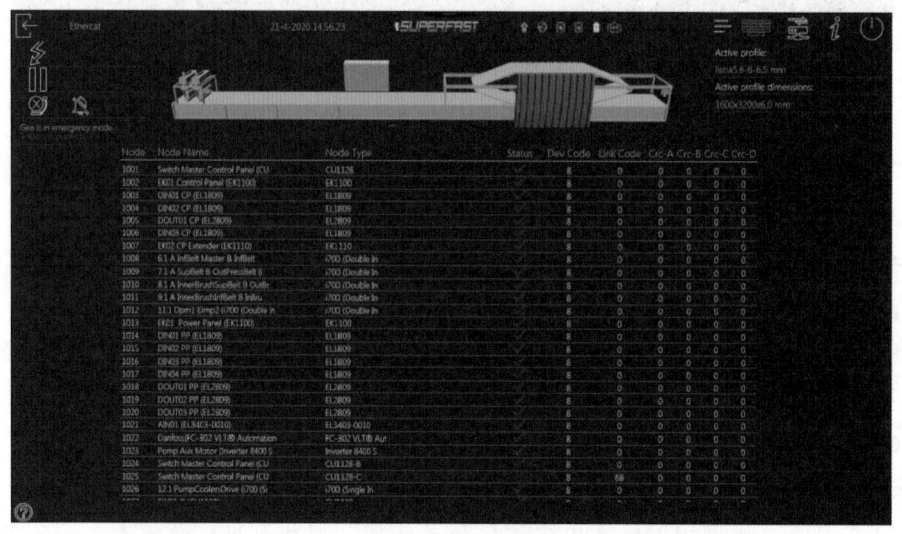

图 2-34 网络诊断

4. 配置文件日志

配置文件指的是机器中已加载的或者机器可在软件中下载的与特定类型的产品有关的数据。当决定使用配置文件时，需要检查 LAMGEA 是否配备了适合要生产的规格类型的组件。配置文件日志如图 2-35 所示。

图中以紫色突出显示的数据用于区分选定配置文件和已使用的配置文件。如果要更改配置文件的数据，可使用概图页面上的控件分别进行配置。

5. 概图

概图分为多个部分，与 LAMGEA 的主要部分数量相同，如图 2-36 所示。

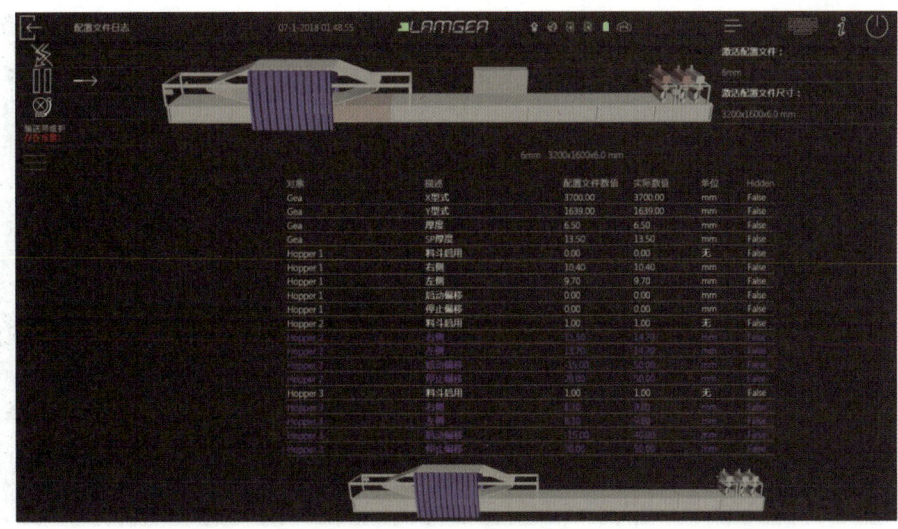

图 2-35 配置文件日志

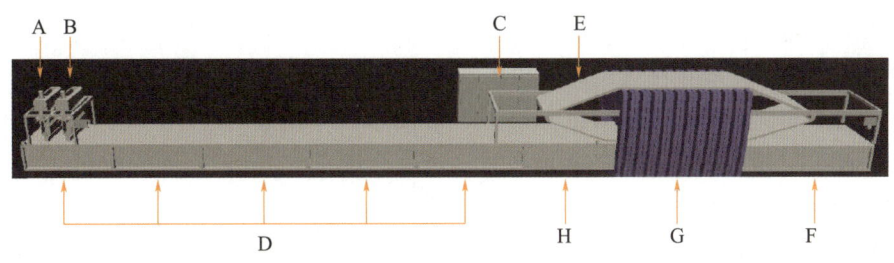

图 2-36 概图

按下某个部分后,可以查看特定的数据页面。

(1) 料斗 1:料斗 1 的数据。

(2) 料斗 2:料斗 2 的数据。

(3) 所有皮带:LAMGEA 所有皮带的数据。

(4) 下部皮带:下部皮带的数据。

(5) 上部皮带:上部皮带的数据。

(6) 压机出料皮带:压机出料皮带的数据。

(7) 压机:LAMGEA 压机的数据。

(8) 控制装置和交换器:液压控制装置压机和交换器的数据。

6. 事件日志

可查看有关的事件列表,并以图表形式显示这些数据,如图 2-37 所示。

工作台:显示机器工作时间和停机时间的图表。图表下面的键指示用分钟表示的两个部分的值。

停止时间:显示导致机器停机的不同条件的图表。图表下面的键指示用分钟表示的两个部分的值。

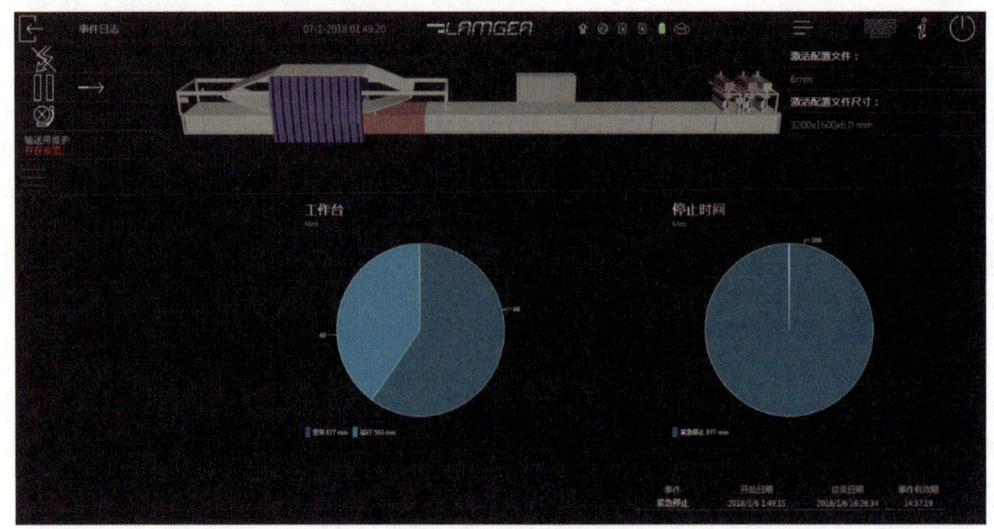

图 2-37　事件日志

7. 生产日志

页面的中间部分显示在选定时间段中执行的每个压制周期的数据列表。

页面的下面部分显示以下信息，如图 2-38 所示。

（1）生产：堆叠机已生产的板坯数量、产品产量（m^2）、已拒绝的板坯。

（2）效率：机器效率（%）。

（3）能耗：机器的功耗（kW·h）。

页面的右侧部分显示以下信息，如图 2-38 所示。

（1）选择的陶瓷板：以选定搜索条件执行的压制周期数。

（2）总能耗（kW·h）：执行指示的压制周期所消耗的电耗。

（3）总产量（m^2）。

（4）要执行的压制周期数：通过在该文本字段中编辑值，可以更改机器将在"自动"模式下执行的压制周期数。

（5）陶瓷板完工：已生产的板坯数量，分为好坏板坯。

（6）部分计数器：压制周期的部分数量。

（7）总计数器：压制周期的总数量。

8. 厚度日志

如图 2-39 所示，搜索结果显示在页面的左侧栏，选择相应的时间行，按下"显示"按钮可查看相关数据。

按下页面的"2"可在"雾化材料"图表中加载设备的读取数据。

按下页面的"3"可在"压制材料"图表中加载设备的读取数据。

按下页面的"4"可在"雾化材料"和"压制材料"图表中同时加载设备的数据。

页面的"5"部分显示，每次压制 100mm 陶土时料斗的下游设备执行的读数的值。

页面的"6"部分显示，每次压制 100mm 板坯时压机的下游设备执行的读数的值。

图 2-38　生产日志

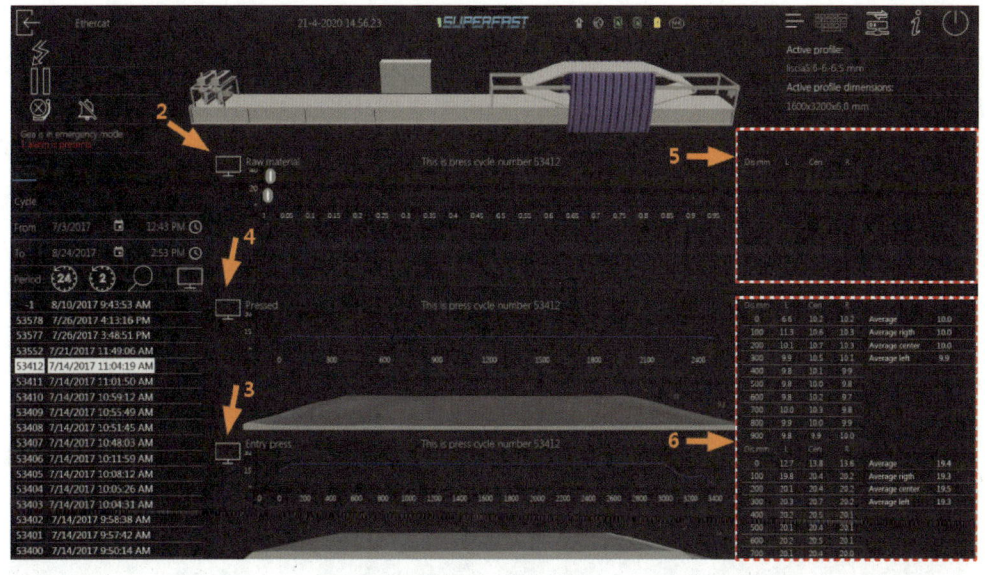

图 2-39　厚度日志

9. 趋势日志

页面右侧以 3D 视图显示压机的一部分。移动图可以更改显示方向。页面左侧是显示图表的区域。可按日期和时间显示数据搜索结果,在页面的中间部分将加载数据,除了一般值,还显示与"压机概图"页面中设置的参数有关的压机数据。按下页面右侧的列表按钮,可查看图表中可显示的项目的列表,用户可针对性地对数据进行查看分析,如图 2-40 所示。

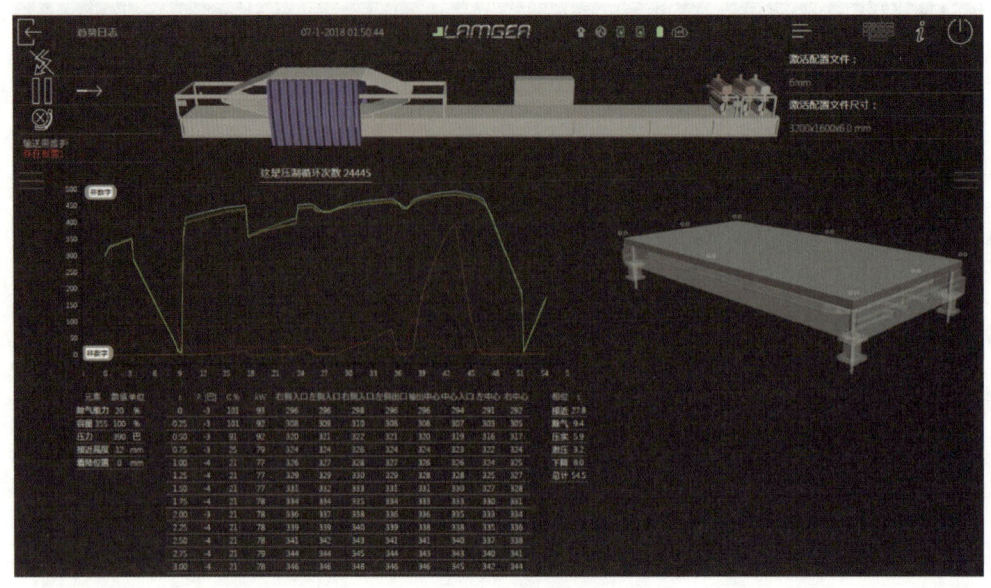

图 2-40　趋势日志

10. 警报日志

显示机器在选定时间间隔中已保存的警报数据的列表，也可以根据单个警报的代码执行警报搜索，在此情况下，可在"警报"文本字段中输入代码，或者通过填写"起始"和"截至"文本字段确定时间间隔。搜索结果以列表形式显示在页面的中间部分，如图 2-41 所示。

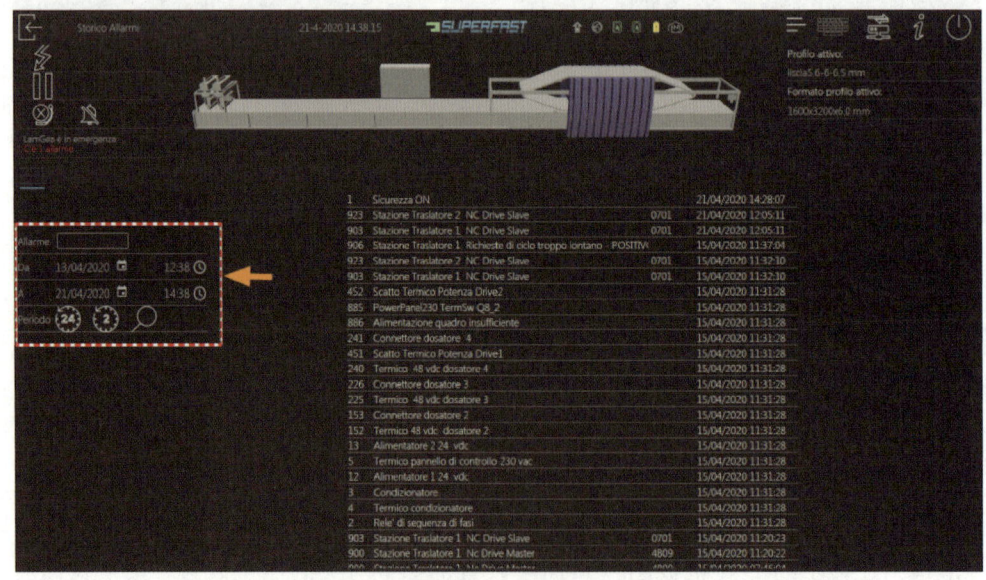

图 2-41　警报日志

2.2.1.3 陶瓷板连续成形辊压机

自20世纪80年代国内首台陶瓷砖自动液压压砖机YP600研发成功，建筑陶瓷成形设备虽有技术迭代，但成形工艺仍一直沿用传统的间歇式模腔平压成形工艺生产陶瓷砖坯，陶瓷生产仍属于典型高能耗、高污染行业。目前业内压制力最大的陶瓷砖自动液压压砖机设备为佛山恒力泰机械有限公司生产的恒力泰HT36000，其最大压制力可达360MN，设备自重700t，装机功率392kW，能够满足砖坯最大规格1600mm×3600mm生产需要，生产制造如此巨大压制成形设备时，面临着设备质量大、零件加工工艺要求高、薄板生产困难、能耗高、噪声大、粉尘污染大、安装运输困难、作业环境差等难点。此外，传统的陶瓷砖自动液压压砖机在生产不同尺寸砖坯时需更换相应的模具，模具成本高且更换耗时长，影响陶瓷企业生产效率；并且在生产薄板（厚度5mm及以下）时，存在推砖困难、推砖导致裂砖、砖损大影响生产成本等难点。近年来，随着大规格陶瓷薄板、陶瓷岩板等新一代热点技术的兴起，多品种、小批量、定制化的需求日趋明显，对建筑陶瓷生产设备的柔性、绿色、智能等方面有了更多的诉求。

国家"十四五"规划明确提出，中国将深入实施制造强国战略，推动制造业高质量发展。工业互联网、智造转型、绿色发展、柔性生产等成为陶瓷等传统行业未来转型发展的主要方向。建筑陶瓷装备的高质量发展对压制成形设备迭代创新有了更高的要求，以满足不断变化的客户需求，解决传统液压压砖机存在的一系列问题，同时还需要提升设备柔性、转产便捷性，加强信息化、智能化，助力陶瓷行业转型升级。在这样的背景下，陶瓷板连续成形辊压机应运而生，这是一款采用颠覆性创新的辊压成形工艺的陶瓷砖坯压制设备，相较于传统的液压压砖机在生产1600mm×3600mm砖坯时，压制力可减小约99%，能耗可节约80%，不仅能满足现在主流瓷砖生产需求，对陶瓷大板、薄板的压制成形更是具有成形效果好、生产效率高、砖损少的明显优势。

陶瓷板连续成形辊压机主机结构如图2-42所示，包括传送机构、压制机构、保压释放机构等。

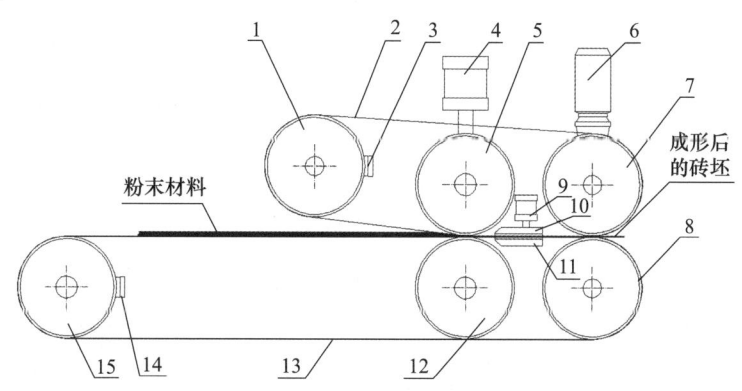

图2-42 陶瓷板连续成形辊压机主机结构

1—上从动辊；2—上钢带；3—上张紧油缸；4—加压油缸；5—上压制辊；
6—电机；7—上驱动辊；8—下驱动辊；9—释放油缸；10—释放梁；
11—支撑板；12—下压制辊；13—下钢带；14—下张紧油缸；15—下从动辊

传送机构采用双钢带传送系统,由驱动辊、钢带、从动辊及张紧油缸等组成。钢带分上下两条,由合金钢薄板经氩弧焊焊接成无端环形,套在辊压机的驱动辊和从动辊上,张紧油缸起张紧钢带作用。钢带是陶瓷板连续成形辊压机的关键零件,在压机运行过程中承担输送和传递压力的任务,钢带的机械性能、表面质量及其运行过程中的平稳性直接关系到砖坯的成形质量。

压制机构包括加压油缸和上、下压制辊等。压制辊安装在机架内,机架是压制时的承力部件,上、下压制辊安装在机架内框中,通过砖厚调节装置调节上、下压制辊之间的间隙,进而控制成形的砖坯厚度。钢带带着粉料向前穿过上、下压制辊,加压油缸产生的压制力直接作用在上加压辊上,并通过钢带传递到陶瓷粉料上以保证砖坯的成形压力。

保压释放机构设置在压制机构后方,由上、下对置的加压板和支撑板组成,加压板位于上钢带内,由油缸驱动加压板升降,实现保压和逐渐释放压力的功能。压制成形的砖坯经过保压释放机构,保压一段时间,有利于砖坯成形。保压释放机构的另一个作用是防止砖坯因压力突然释放、膨胀过快导致砖坯开裂。

设备按功能分成四个区域:布料区、预压排气区、压制区以及保压释放区。工作过程如图 2-42 所示:下料斗将陶瓷粉料布设在下钢带上,钢带输送粉料至预压排气区,粉料被逐渐压缩并排出粉料里的大量气体,然后再进入压制辊受压成形;压制成形的砖坯通过保压释放区,保证砖坯的成形质量,避免砖坯开裂;最后,压制成形的砖坯脱离钢带,送入砖坯输送线,进入下一工序。

压制区域是砖坯压制成形的关键区域,根据不同类型的砖坯所需要的成形压力大小不同,主油缸施加不同的压力,砖坯的致密度、破坏强度和断裂模数均与所施加的压力直接相关。压制成形的砖坯厚度由粉料的厚度和上、下压制辊之间的距离控制,经过预压的粉料随着钢带一起进入压制区域压制成形。

连续辊压成形作为一种创新性的成形工艺,具有低功耗、低噪声、低污染、高效率和高度的柔性化生产等特点,可生产更大规格的陶瓷板,长度方向尺寸在理论上可以无穷大,更加适合于陶瓷大板的批量化生产。科达研发的 Extenller1600 陶瓷板连续辊压成形生产线,可以满足 1600mm 宽砖坯的生产需求,其整机质量在 40t 左右,与生产能力相当的传统的液压压砖机相比,在制造、运输、安装等方面都具有无可比拟的优势。此外,辊压成形生产线对设备安装基础没有其他机型那样的高要求,无须深挖地基或者铺设大量的钢筋,生产过程中设备振动和噪声都极小。连续辊压成形压机的优势还体现在砖坯生产工艺的革新上。传统的液压陶瓷压砖机在生产陶瓷砖时一般需要经历低压加压、排气、最终压制、保压几个阶段,根据粉料和对砖坯品质要求不同,可能需要几次低压加压和排气过程。在这个过程中,压制动梁需要空程升降几次。动梁每一次升降都需要的大量的液压油,所以能量消耗较大。大功率的液压泵站噪声大,压制过程中粉料往外喷射,对环境造成污染,工人工作环境恶劣。而辊压成形压机在调节好压制辊高度后,主油缸只需要向下施加足够的压力,没有空程损耗,没有粉料喷射现象。泵站不用频繁启停,节约能源。在砖坯规格上,Extenller1600 不用切换模具,可以通过调节挡边带的距离来轻松改变压制砖坯的宽度,还可以通过后续的砖坯切割,将大砖切割为小砖,例如将1600mm宽砖坯切割为两片800mm宽砖。而通过调节压制辊高度,则可以在3~20mm范围内方便地调节砖坯厚度,具有很高的灵活性,具有高度的柔性化生产的特点。

2.2.2 卫生陶瓷注浆成形及管控系统

卫生陶瓷生产中成形是最复杂、劳动强度最大、成本最高的工序,需要考虑高压注浆成形工艺、模具技术、泥浆技术、设备研发、标准化注浆作业、规范的现场温湿度管理工艺、合适的湿坯预干及快干工艺及安全管理等多项技术,构建成智能化的高压成形系统,如图2-43所示。

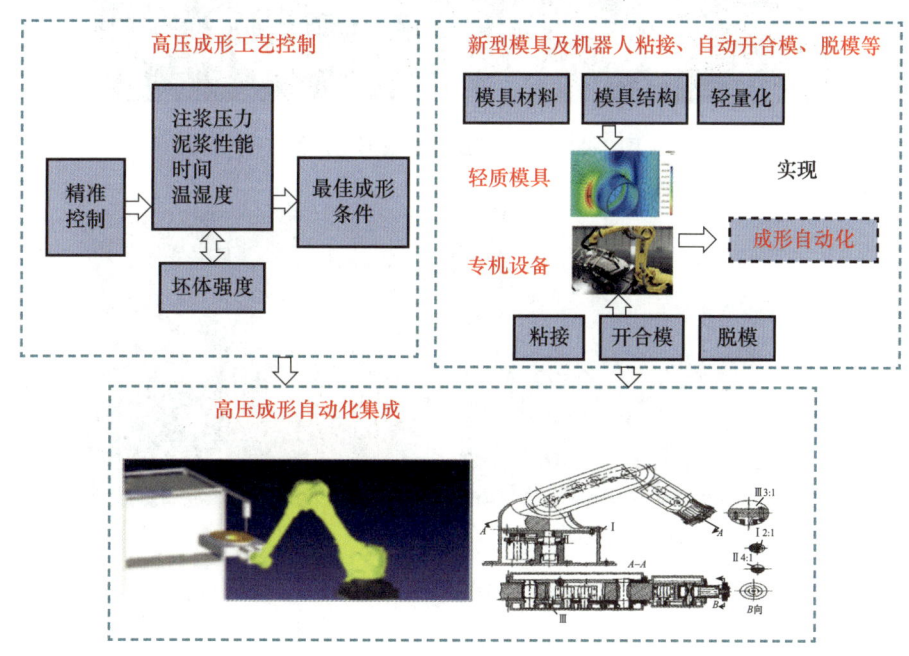

图2-43 智能化高压成形系统

通过相应传感器实时采集泥浆性能、温湿度环境等参数,以及成形坯体所要满足的硬度、含水量等参数,合理优化生产工艺参数(注浆压力、开/合模或脱模时间等运行参数),采用总线自动控制方式,构成了智能高压注浆成形生产线,如图2-44所示,能保证坯体的成形质量和尺寸要求,其中要求所有数据均传输至控制终端进行保存,便于后续智能化监控、显示及分析。

卫生陶瓷修坯中面临产品强度低、修坯力精确控制准、产品复杂曲面加工精度差、粉尘隔离难度高等关键技术瓶颈,根据陶瓷坯体物理特性,采用机器人对卫生陶瓷进行修坯生产,通过高防护等级被动柔顺力控制装置和程序对修坯力进行有效地控制,通过多种曲线、多次叠加的修坯轨迹规划算法满足不同产品曲面特征等,从而构建基于柔顺力控制与多轴机器人协作模式的修坯机器人系统,实现卫生陶瓷坯体修坯的全自动化生产。目前可实现自动调整打磨力度和打磨时间,速度可达到120s打磨一个连体马桶,完全取代人工,同时保证了产品表面修整一致性,产品平均合格率达92%以上。统一的自动化运行程序使每一件半成品加工都是统一标准,整体提升生产工艺标准,且设备能够规避粉尘对工人的伤害,值得推广实现设备替人,如图2-45所示。

图 2-44 智能高压注浆成形生产线

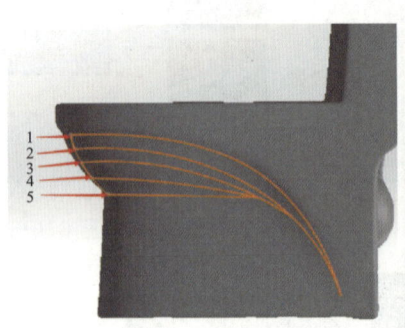

(a) 修坯轨迹图　　　　　(b) 修坯机器人

图 2-45 机器人修坯、打磨

2.3 施釉及装饰

2.3.1 建筑陶瓷釉线及管控系统

建筑陶瓷釉线涉及从压机压制成形直至窑炉烧成出砖的整个传动过程和储坯系统,因此,它的集中管控可以实时监控每个工序段的生产进度、能耗信息、故障信息、传动状态、实时动作、报警等数据。各个工序段的监控点主要包括压机平台、干燥入口、干燥出口、淋釉系统、喷墨机前中转台、喷墨机后中转台、烘干系统、窑炉入口、窑炉出口等。下面详细介绍该系统的主要功能模块。

2.3.1.1 系统总览

在系统总览中可以看到建筑陶瓷从压机至窑炉出口各个关键节点的产量和状态等信息。系统总览界面如图2-46所示。

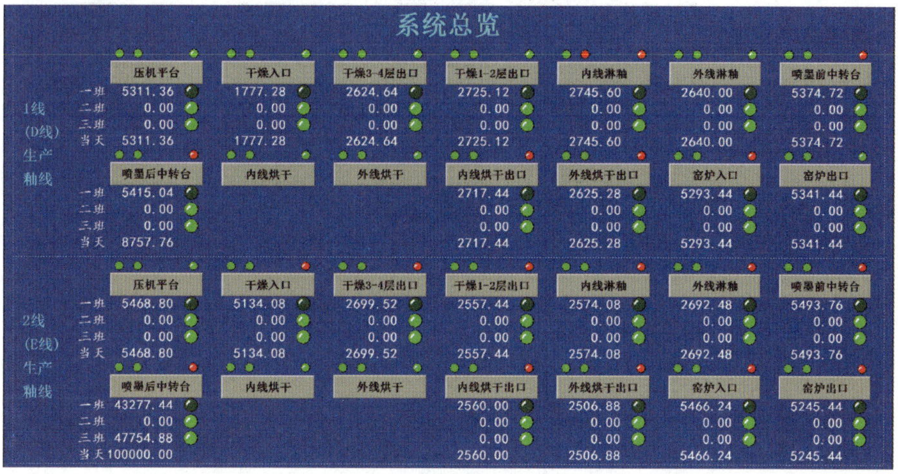

图2-46 系统总览界面

2.3.1.2 动态监视

在"系统总览"界面中单击各单元的状态栏,将进入该单元的监控系统的动态监视,界面如图2-47~图2-56所示。

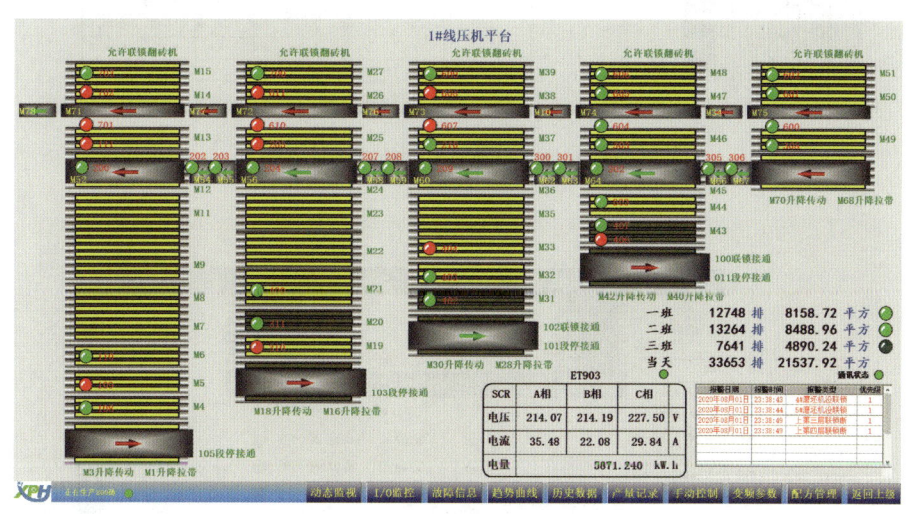

图2-47 压机平台的动态监视

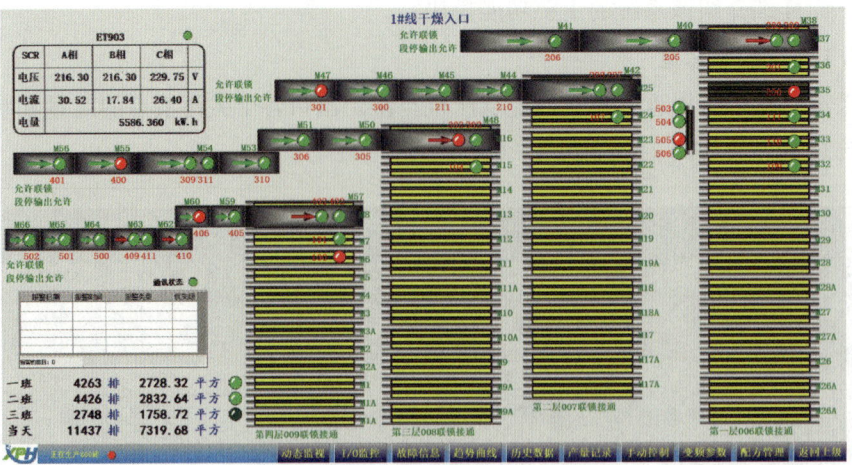

图 2-48　干燥入口的动态监视

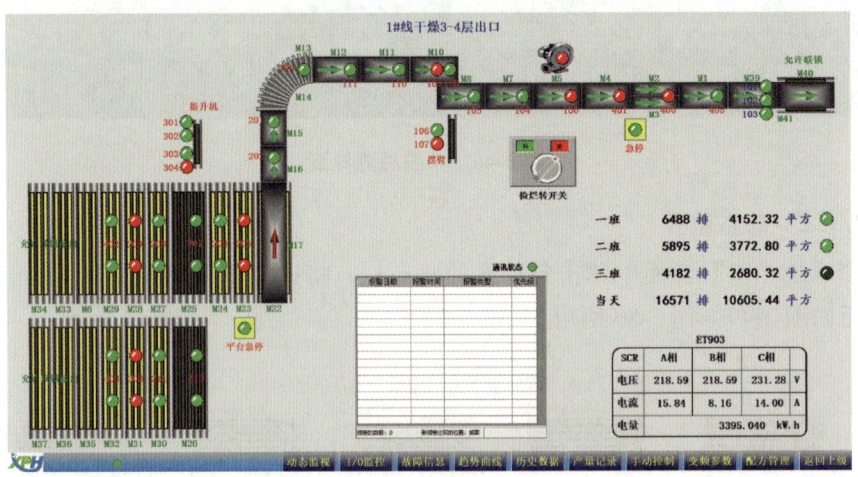

图 2-49　干燥出口的动态监视

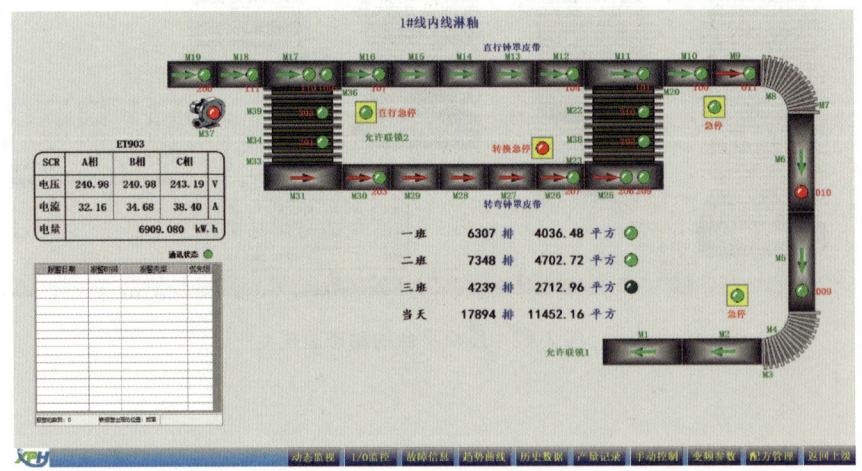

图 2-50　内线淋釉的动态监视

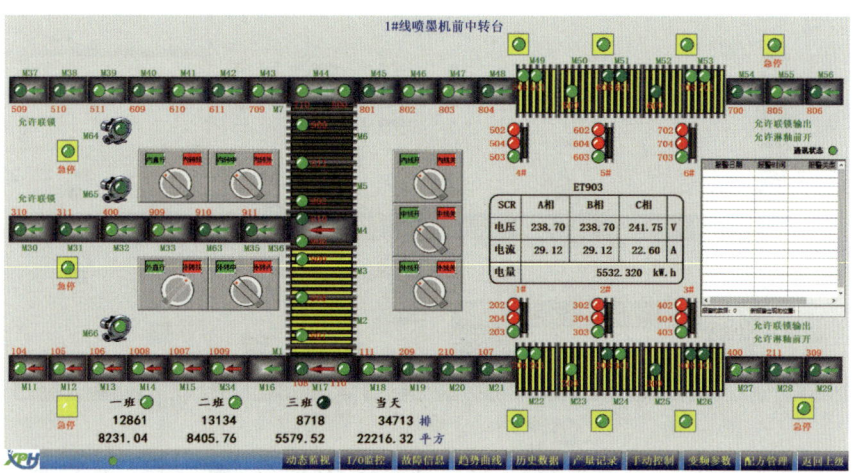

图 2-51　喷墨前中转台的动态监视

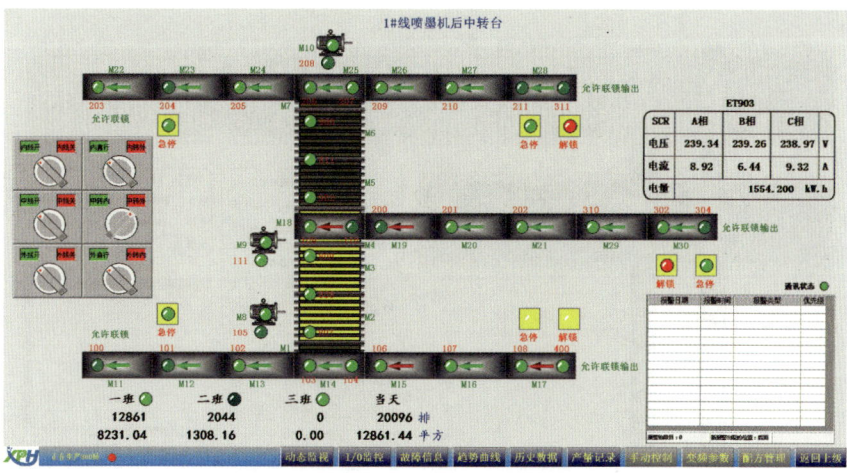

图 2-52　喷墨后中转台的动态监视

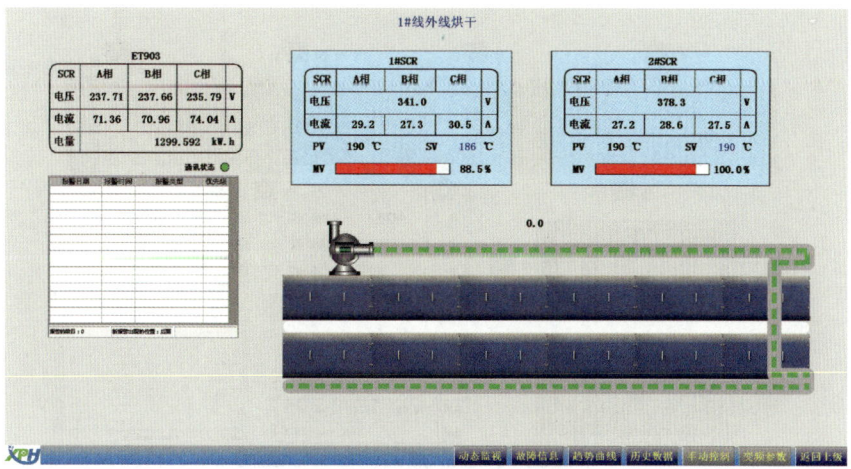

图 2-53　外线烘干的动态监视

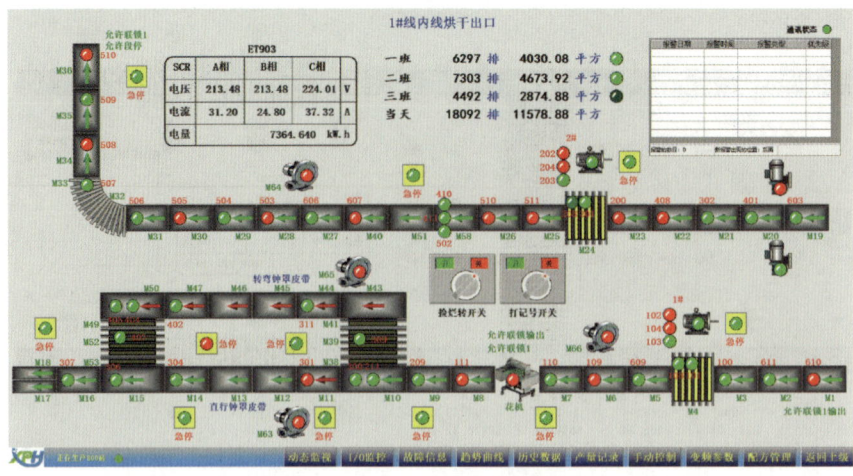

图 2-54　内线烘干出口的动态监视

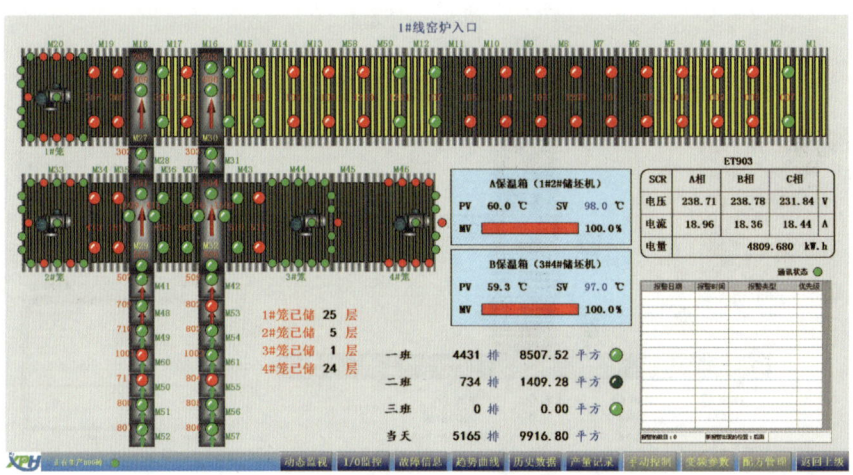

图 2-55　窑炉入口的动态监视

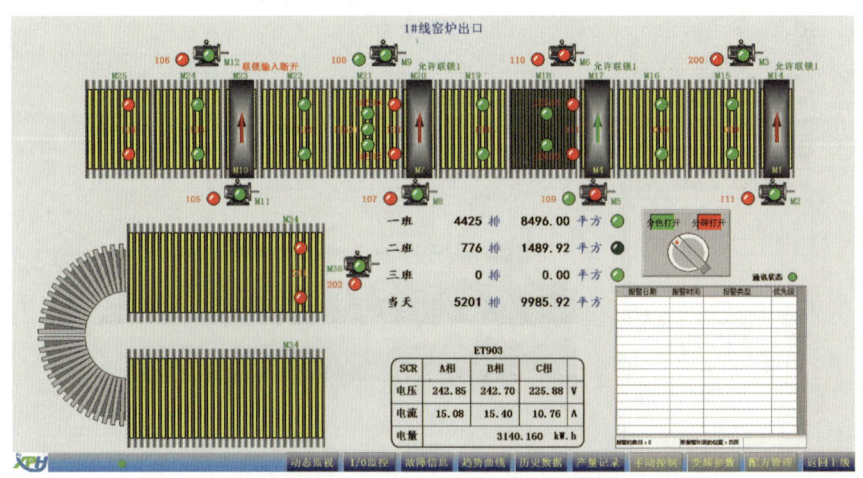

图 2-56　窑炉出口的动态监视

2.3.1.3 故障信息

在各设备单元中单击菜单栏的故障信息,将进入该单元的故障信息界面,界面如图 2-57 所示。可浏览查看各设备的实时报警记录和历史报警记录等。

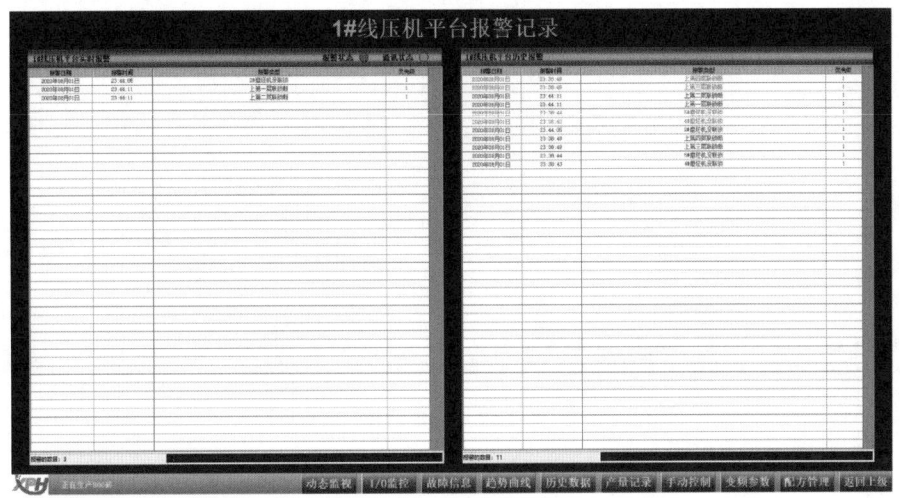

图 2-57 故障信息

2.3.1.4 趋势曲线

在各设备单元主界面中单击菜单栏的趋势曲线,将进入该单元的趋势曲线界面,界面如图 2-58 所示。可浏览查看各设备相关参数的实时值、最大值、最小值和平均值等。

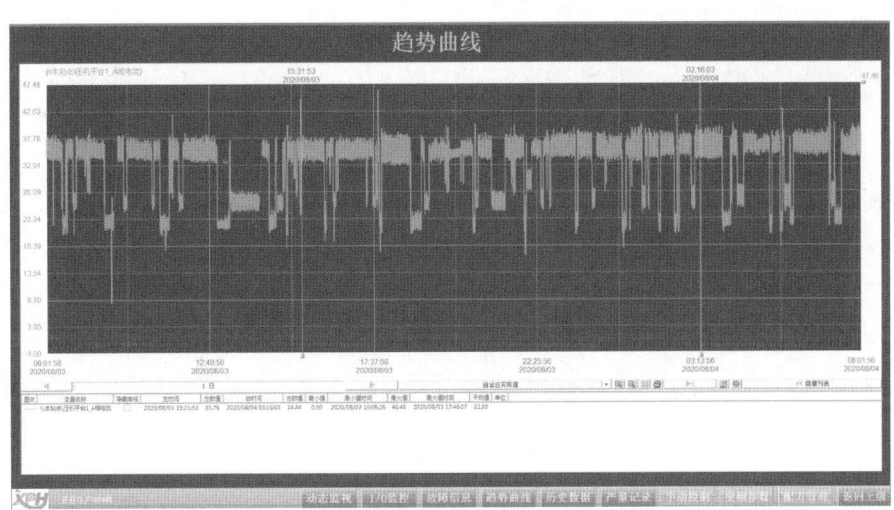

图 2-58 趋势曲线

2.3.1.5 历史数据

在各设备单元主界面中单击菜单栏的历史数据,将进入该单元的历史数据界面,界面如图 2-59 所示。可查询各设备消耗电力的历史数据,包括累计电量、电流、电压等。

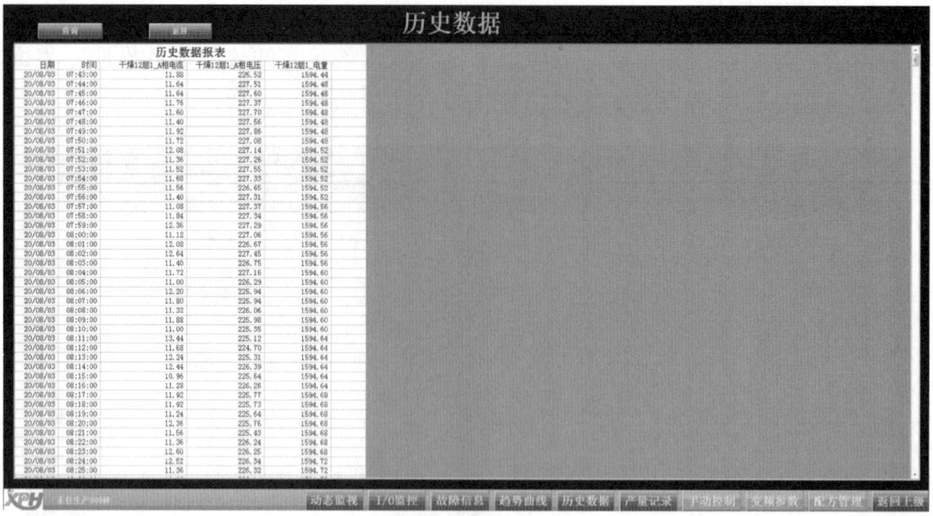

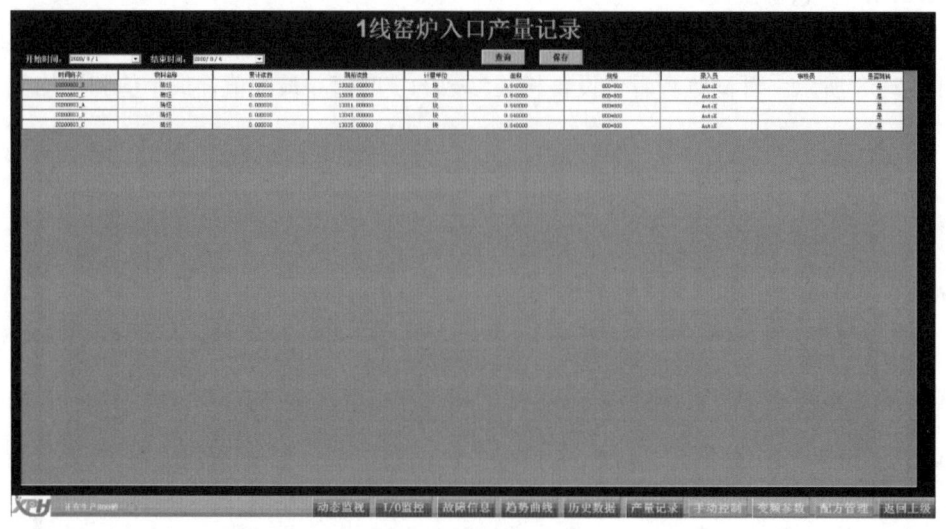

图 2-59　历史数据

2.3.1.6　产量记录

在各设备单元主界面中单击菜单栏的产量记录，将进入该单元的产量记录界面，界面如图 2-60 所示。

图 2-60　产量记录

操作说明：单击"查询"，系统将查询所选择时间段和所选择变量的数据，并显示在列表中；单击"保存"，系统将列表中的数据保存到默认路径（D:\data）的文件夹中，文件名称将会以几个代表系统的英文大写字母开头和时间数字来命名。

2.3.1.7　手动控制

在各设备单元主界面中单击菜单栏的手动控制，将进入该单元的手动控制界面，界面如图 2-61 所示。该功能需要相关权限用户登录后方可操作。

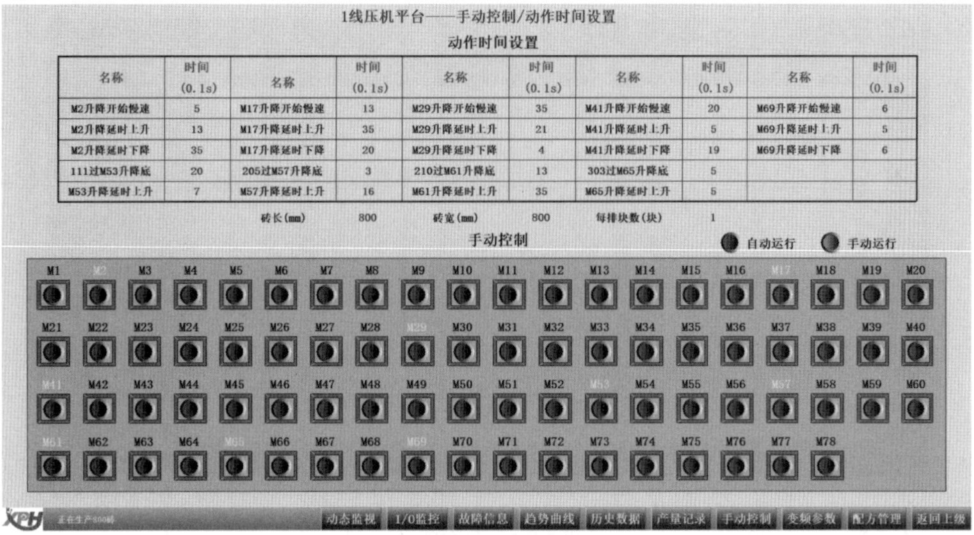

图 2-61　手动控制

2.3.1.8　变频参数

在各设备单元主界面中单击菜单栏的变频参数，将进入该单元的变频参数界面，界面如图 2-62 所示。该功能需要相关权限用户登录后方可操作。

图 2-62　变频参数

2.3.1.9　配方管理

在各设备单元主界面中单击菜单栏的配方管理，将进入该单元的配方管理界面，界面如图 2-63 所示。该功能需要相关权限用户登录后方可操作。配方管理是以制度文件的方式进行管理，具有上传和下载功能，操作快捷方便，建立所有关联设备的联动机制后，可方便实现生产线的一键转产。

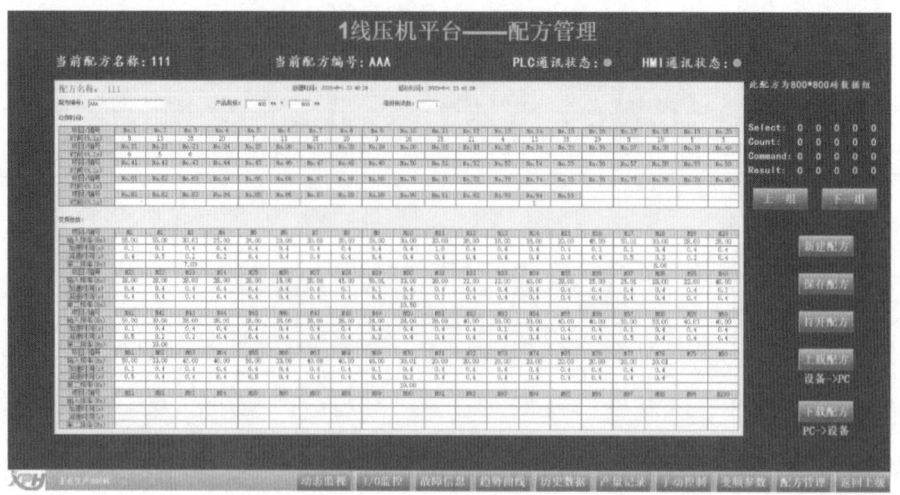

图 2-63 配方管理

2.3.2 卫生陶瓷施釉及管控系统

由于卫生陶瓷施釉面临的器型复杂、多参数耦合影响、施釉工艺复杂、恶劣施釉工况设备防护等问题，常采用与多轴机器人联动组合成线进行施釉。如图 2-64 所示，该施釉机器人系统由上线除尘（1-1、1-2、1-3、1-4、1-5、1-6）→取水箱盖（2-1）→管道施釉（3-1、3-2、3-3）→水箱水域施釉（4-1、4-2、4-3、4-4、4-5、4-6、4-7、4-8、4-9、4-10）→上水箱盖（5-1）→多工位机器人喷釉（6-1）→擦釉（7-1）→自动擦底（8-1、8-2）→机器人智洁釉（9-1）→刮边（10-1）→贴标→下料工位组成。

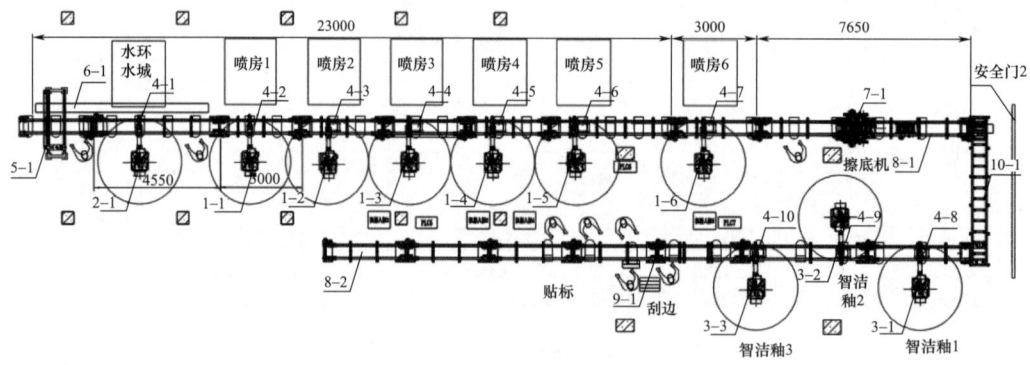

图 2-64 机器人施釉生产线

其核心设备为施釉机器人，如图 2-65 所示。

通过分析釉料性能和结合产品的釉面沉积厚度需求，合理选择喷枪、优化喷釉量和对机器人的轨迹规划进行离线编程、仿真，如图 2-66 所示，从而实现了施釉的全自动化生产。施釉工艺需要恒温釉罐控制釉浆温度以保证釉面的釉厚效果；合理的管道供应釉浆工艺实现整体釉浆系统的釉浆性状统一稳定。目前机器人施釉装备支持多品种混合上坯，分体坐便器喷涂时间180s，搬运机器人混合搬运模式条件下，搬运周期45s。

图2-65　机器人施釉

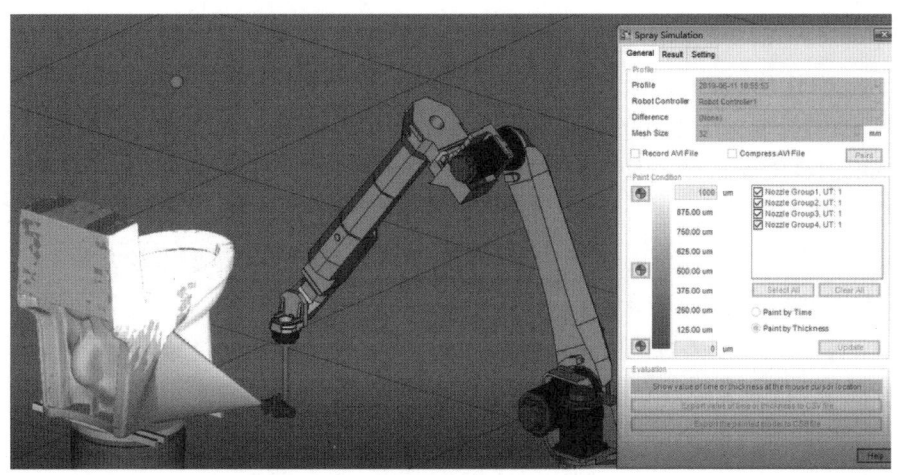

图2-66　机器人离线编程、仿真

2.3.3　建筑陶瓷喷墨机及管控系统

陶瓷喷墨打印机是一种将电脑设计的图文信息通过数字化技术驱动喷头中的数万至数百万个喷孔，按需喷出微小的釉墨滴，与传送皮带精确配合，直接还原图文信息的釉墨点阵的机器。它具有高效、环保、节能、高度智能化与信息化的特点，还能还原精美的图文，色号少，可实现建筑陶瓷的按需生产，能生产一些传统印刷无法生产的瓷砖（例如有凹凸效果的模具砖），并且为非接触印刷而破损率低，现已基本取代传统的平板印刷机与辊筒印刷机，成为主流的建筑陶瓷表面装饰机械。

陶瓷喷墨机主要由运动系统、供墨系统、打印系统构成，其中，运动系统主要完成物料的高稳定传输、喷头清洗、喷头保护等功能；供墨系统主要作用是为所有喷头连续、稳定地提供墨水，要求墨水的温度波动少，并且保证进出墨管负压、真空稳定；打印系统是实现直接把数字图文通过驱动喷头喷射墨水的方式，印刷到陶瓷砖表面，实现所要的装饰效果。随着喷墨技术的应用，近期发展出下列新的技术。

（1）可打印融合到图文中的隐形的一物一码，为智能化生产与产品追溯提供条件。

（2）辊筒加喷墨技术可使连续旋转的辊筒印出的纹理与喷墨机印刷的图案同步对花，一定范围代替模具生产出凹凸砖。

（3）提供数据接口，让外部设备可与喷墨机信息互通，为智能化生产提供了条件。

（4）每个喷孔可单独调色差，可弥补喷头出现的同一喷头内部所打印的颜色不一致的缺陷。

（5）瓷砖进入喷墨机时角度通常会偏转，处理方式是机械导正，但砖越大越容易造成破损。近期喷墨机开发出软导正功能，可根据视觉检测的数据自动偏转图案，精确地套印在瓷砖上。

（6）喷墨机后视觉检测，将视觉检测的打印结果反馈到喷墨机，对拉线、色差进行自动补偿。

（7）喷孔补偿功能：由于工业化的喷墨机有数万到数十万个喷孔同时工作，难免出现堵孔，喷孔补偿功能可一定程度上补偿堵孔所造成的"拉线"问题。

（8）喷墨机统一按不同的标识打印指定的图案，实现一台喷墨机同时生产不同类型、不同大小的产品，也能使多台连在同一釉线的喷墨机按标识打印相应的图案。

（9）多种 DPI（Dots Per Inch，每英寸点数）的喷头在同一台喷墨机上打印，高 DPI 的喷头可打印出更精细的图案，低 DPI 的喷头用于打印墨量要求较大的图案，平衡了高清打印与喷墨机成本的矛盾。

（10）十六通道喷墨机，可满足更多元的生产，使产品呈现差异化。

2.3.3.1 运动系统

1. 运动控制系统操作台界面（图 2-67）

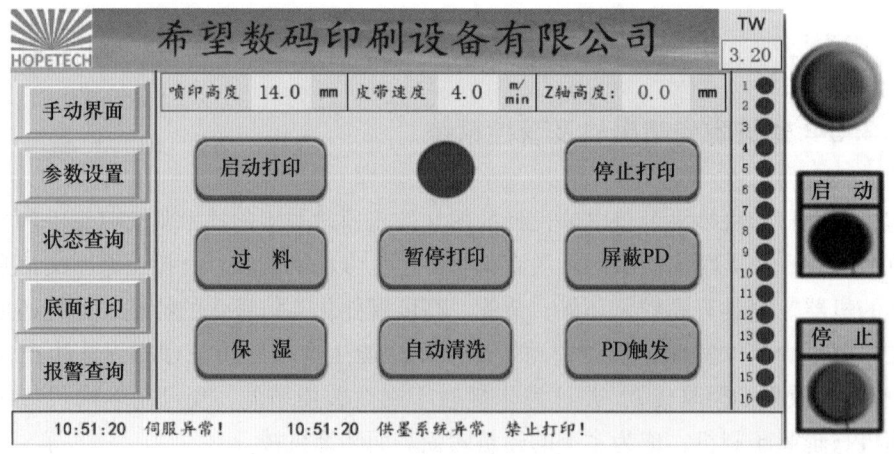

图 2-67 操作台示意

触摸屏：用于设置参数、状态提示、报警查询等人机对话；
急停：出现紧急情况下可按此键，设备将停止运行，松开后，初始化设备；
停止：停止机器运行；
启动：启动机器运行。

2. 主界面（图2-68）

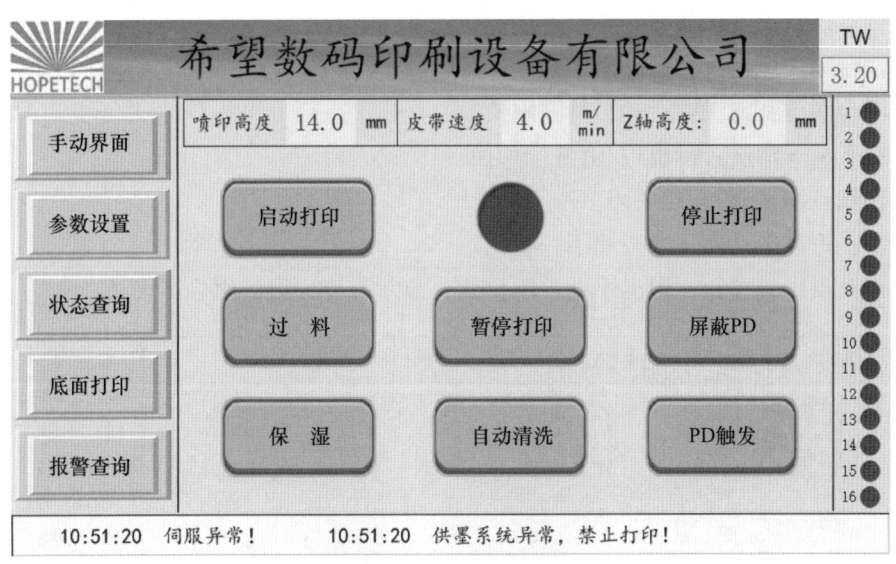

图2-68 主界面示意

（1）左侧相关按钮为各个窗口的进入标签；
（2）右上端为机型和程序版本；
（3）右侧为加墨桶缺墨提示状态灯；
（4）底部为报警显示区域，滚动显示报警信息。
（5）中间部分为常用控件，下面详细介绍：

喷印高度：打印时喷头铝板底面离皮带面的距离，一般需要比承印物高3mm。
皮带速度：设置皮带运行的速度。
Z轴高度：升降轴当前位置，喷头铝板底面离皮带面的距离。
启动打印：点击该按钮机器开始自动运行。
运行指示灯：启动打印时，指示灯由灰变绿。
停止打印：点击该按钮传送带停止，吊笼上升至待机位（开启印完接墨功能：清洗台移至接墨位）。
过料：只有底带运动，喷头停在待机位，不会印花。
暂停打印：点击该按钮传送带停止，再次点击传送带恢复运转。
屏蔽PD（Product Detection，产品检测）：该按钮打开时，会屏蔽触发电眼的电信号。
保湿：点击该按钮，清洗台运动至清洗位，喷头安装吊笼运动至密封位。
自动清洗：点击该按钮，设备开始自动清洗喷头。
PD触发：点击该按钮，会发送触发打印信号给打印软件。

3. 手动界面（图 2-69）

Z 轴原点：点击该按钮，Z 轴向下寻找原点。

Z 轴上升：Z 轴上升点动。

Z 轴下降：Z 轴下降点动。

皮带常进：点击该按钮，皮带常进。

皮带点进：点击该按钮，皮带点进。

清洗台零位：清洗台运动至零位。

清洗台限位：清洗台运动至清洗限位。

待机＜－＞清洗：待机位/清洗位切换。

擦洗阀：擦洗阀打开/关闭。

压墨：每点击一次从喷头滴下一些墨。

退出：点击该按钮，退出手动控制模式，显示该界面跳转至主界面。

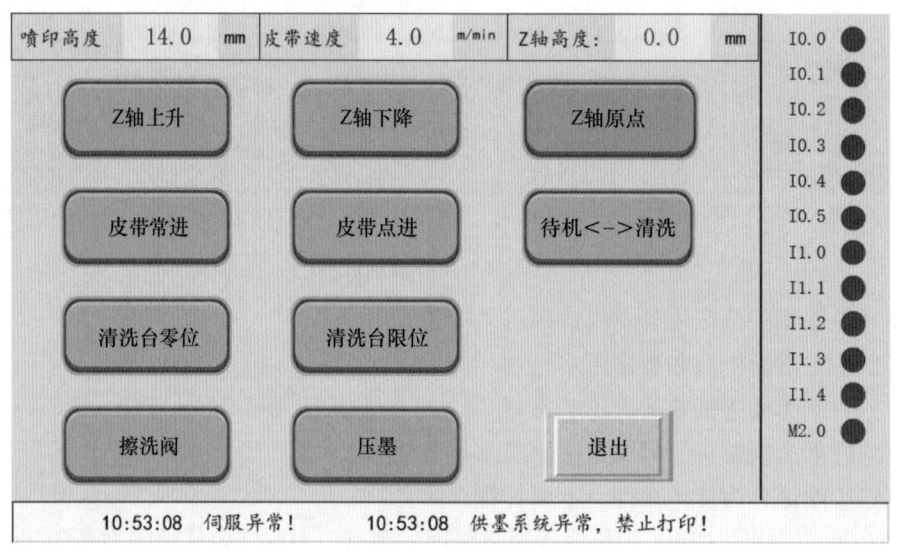

图 2-69　手动界面示意

4. 参数设置界面（图 2-70）

自动清洗：表示每生产所设定的片数后执行一次自动清洗；设置 000 为不执行自动清洗。

擦洗次数：表示每次自动清洗吸嘴来回擦洗次数，1 表示来回 1 次。

擦洗等待：自动清洗时擦洗阀动作开始的延时。

清洗等待：自动清洗触发后到开始执行清洗动作的时间。

保湿压墨：机型长时间不用时，开启该功能能使喷头每间隔固定时间挤墨一次，以此保护喷头的状态。

已印片数：记录打印数量。

点卡：点击该按钮，接通或断开控制喷头的主板、头板的电源。

自动清洗皮带不停：设置清洗时皮带是否停止。
清零：清除已印计数。
屏蔽 PD：该按钮打开时，会屏蔽触发电眼的电信号，卷材印刷时默认打开。
语言：切换显示语言，0 = 中文，1 = 英文。
管理员：输入管理员密码，可进入系统参数设置界面。
状态复位：点击该按钮，PLC 状态复位。

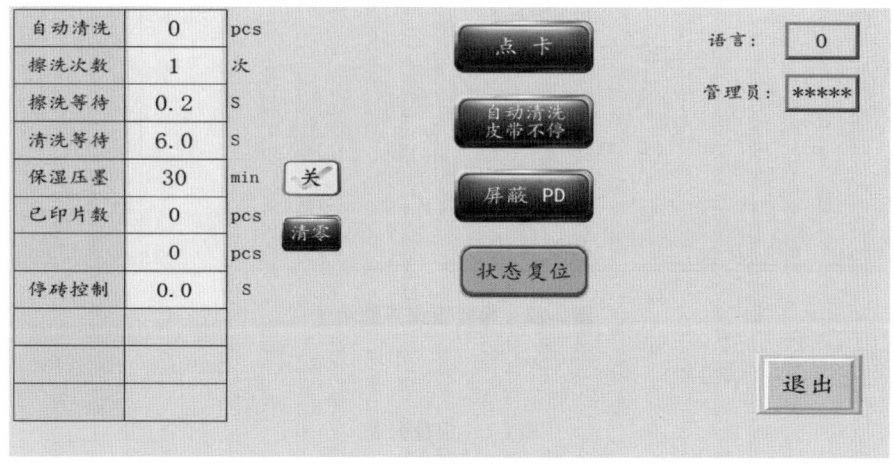

图 2-70　参数设置界面示意

5. 状态查询界面（图 2-71）

该界面可查询全部状态信息，点击"退出"按钮显示该界面跳转至主界面。

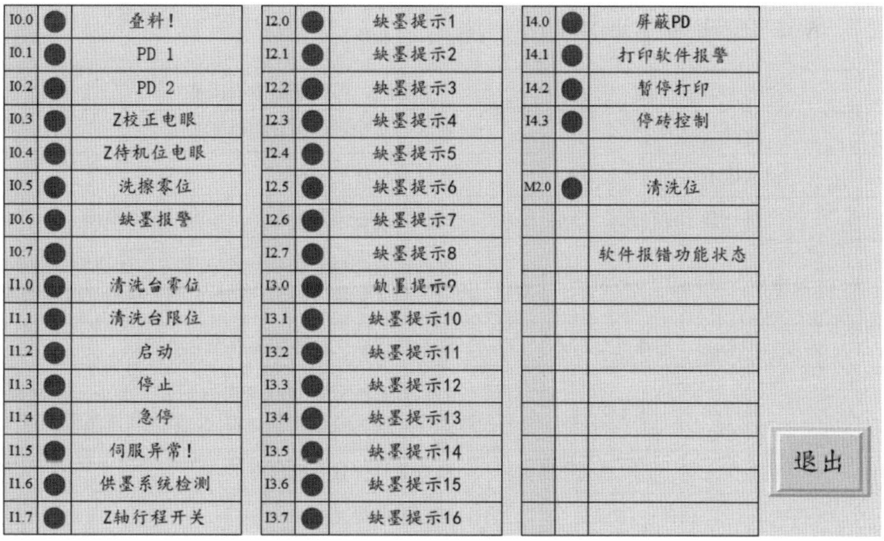

图 2-71　状态查询界面示意

6. 报警查询界面（图 2-72）

该界面可查询全部报警信息，点击"退出"按钮显示该界面跳转至主界面。

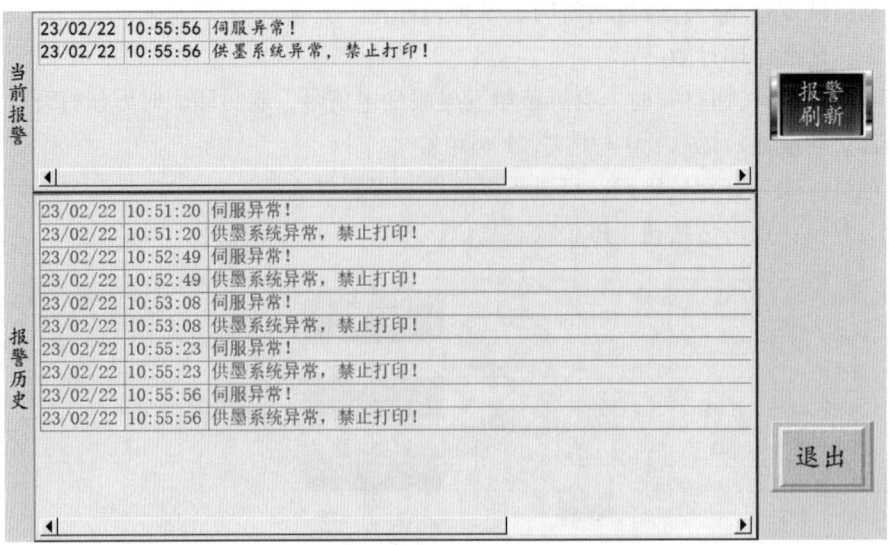

图 2-72　报警查询界面示意

7. 报警列表（表2-1）

表 2-1　报警列表

报警编号	报警内容	排除方法
01	缺墨报警，请尽快加墨水！	请添加墨水
02	缺墨提示，请尽快加墨水！	请添加墨水
03	急停！	旋转急停按钮，取消急停
04	供墨系统异常，禁止打印！	检查供墨系统是否开启或处于故障状态，当供墨系统正常运行报警将消失
05	伺服异常！	检查电路，各伺服器是否正常
06	清洗气缸不在零位！	检查清洗气缸位置及感应开关
07	清洗盘不在可打印位置！	将清洗台移至零位
08	清洗盘未停在孔位！	清洗台左右位置有偏差，超出或未到限位
09	高度不在205～220mm 范围内！	先检查清洗台是否在喷头板下方，如否，在参数界面更改喷印高度至合适数值；如是，请先将清洗台移到零位
10	高度低于8mm（特殊机型5mm）！	在参数界面更改喷印高度至合适数值
11	高度小于打印高度！	先检查清洗台是否在喷头板下方，如否，在参数界面更改喷印高度至合适数值；如是，请先将清洗台移到零位
12	升降待机电眼未亮，清洗盘禁止操作！	检查Z轴位置及感应开关
13	叠砖！	检查进砖情况
14	1号灯超时报警	检查1号灯位置，皮带上是否有障碍物堵塞
15	2号灯超时报警	检查2号灯位置，皮带上是否有障碍物堵塞
16	3号灯超时报警	检查3号灯位置，皮带上是否有障碍物堵塞
17	UV灯循环水泵未启动	启动UV灯水泵

2.3.3.2 供墨系统

1. 供墨系统连接以及工作原理

图 2-73 所示为供墨系统工作原理图，示意了墨水循环管路连接，图 2-74 为一级供墨系统原理接管图，图 2-75 为墨盒与二级墨桶总成，向二级供墨系统供墨用。加墨桶的工作原理每个系列均相同，其具体的工作原理是：将墨水倒入加墨桶后（有报警装置）→通过搅拌电机来对墨桶进行搅拌→供墨泵启动供墨（接收二级供墨系统缺墨信号指示）→供墨过滤器→墨水通过过滤器进入加热循环墨桶。

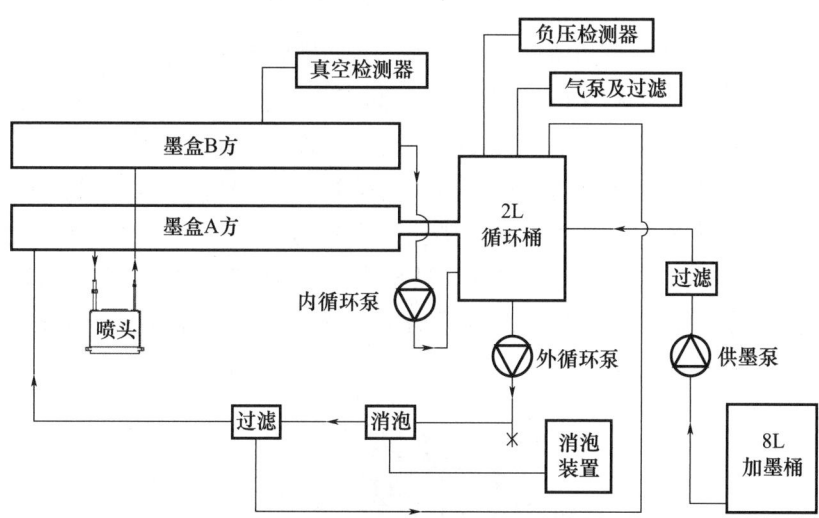

图 2-73 供墨系统工作原理

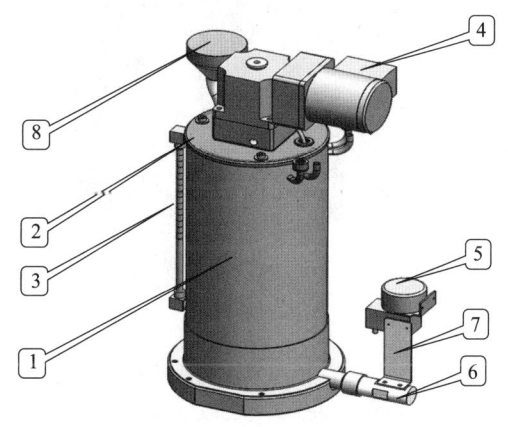

图 2-74 一级供墨系统原理接管图

1—搅拌墨桶体；2—墨桶盖；3—视觉液位计；4—搅拌电机；
5—供墨泵；6—转换头；7—供墨泵固定架；8—漏斗盖

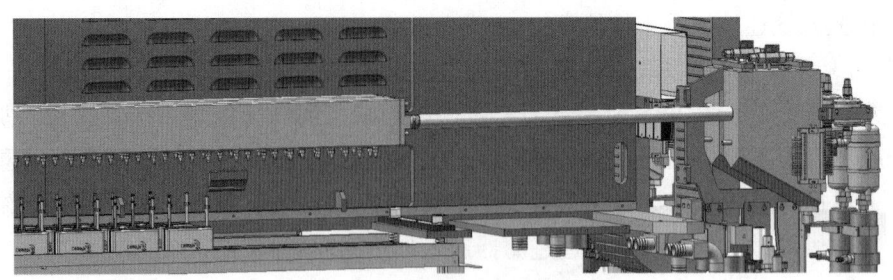

图 2-75 墨盒与二级墨桶总成

图 2-76 为二级供墨系统的原件安装总成，也是供墨系统的主管路。图 2-77 为二级供墨系统原理接管图。具体的工作原理是：加热循环墨桶将墨水加热至要求的温度→通过外循环泵供墨→消泡→过滤器→进入墨盒 A 方（连接喷头入墨口的墨盒）→（第一条回路）自然回流加热循环墨桶（加热循环墨桶采用的是外循环泵来进行搅拌）；（第二条回路）喷头→进入墨盒 B 方（连接喷头出墨口的墨盒）→内循环泵→加热循环墨桶。另外，整个供墨系统还有几条支路（见图 2-77 序号 22、23），22 支路管道的作用是供墨系统断电保护，保护供墨系统异常时的墨水外流。23 支路管道的作用是压墨，提供每个颜色通道单独压墨。

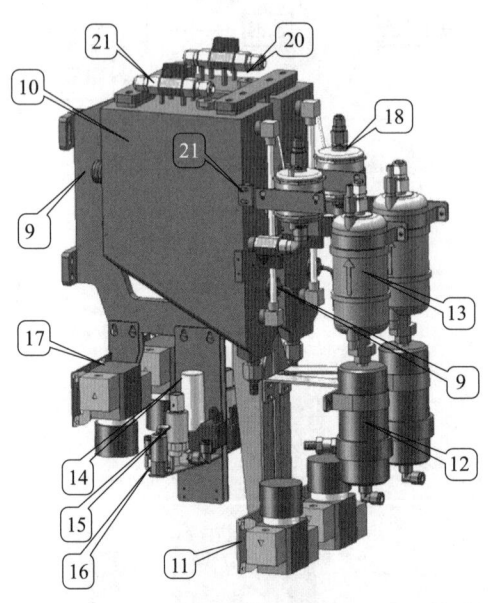

图 2-76 二级供墨系统的原件安装总成
9—外径 28mm，内径 25mm，铁氟龙管；
10—加热循环墨桶；11—外循环泵；12—消泡；13—过滤器；14—气泵；15—SMC 三通阀；
16—（24V 直流铜座）空气电磁阀；17—内循环泵；18—过滤器；19—温度传感器；
20—双浮球液位开关（定制）；21—球阀接头

2 建筑卫生陶瓷行业智能生产及管控

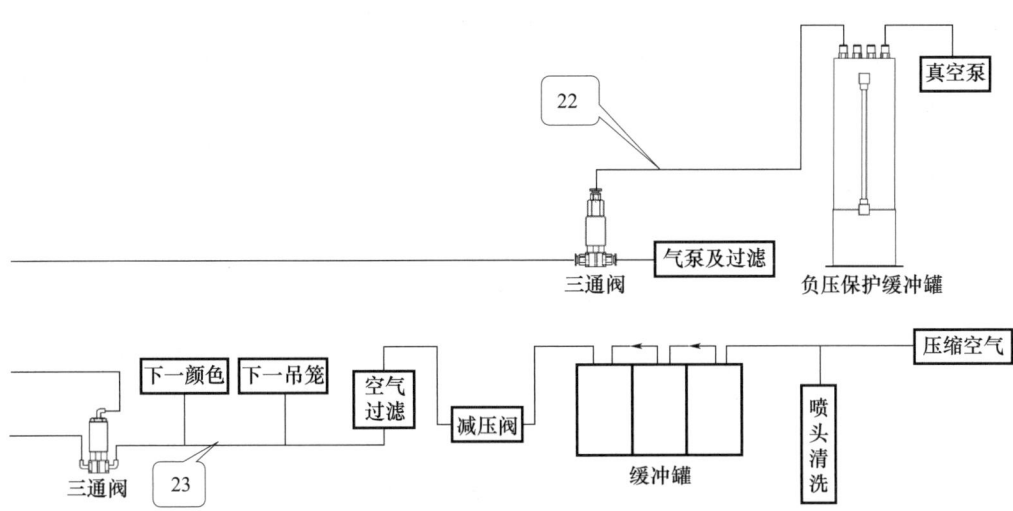

图 2-77 二级供墨系统原理接管图

22—支路管道（1）；23—支路管道（2）

墨盒安装在喷头上方，作用是为各喷头连续稳定地提供干净、恒温的釉墨。

二级墨桶安装在墨盒的后方，通过墨管、过滤器、真空泵、外循环泵等元件与墨盒连接，作用是贮存一定量的与喷印要求温度相同的釉墨，随时供应到墨盒。

一级贮墨桶安装在机器的下半部，釉墨用水浴恒温的方式加热到设定的温度，需要时自动往二级墨桶少量地添加。

示意图中配置不同部分的零部件的标示名称见表 2-2。

表 2-2 供墨系统零部件名称

序号	名称型号	序号	名称型号
1	搅拌墨桶体	13	过滤器
2	墨桶盖	14	气泵
3	视觉液位计	15	SMC 三通阀
4	搅拌电机	16	（24V 直流铜座）空气电磁阀
5	供墨泵	17	内循环泵
6	转换头	18	过滤器
7	供墨泵固定架	19	温度传感器
8	漏斗盖	20	双浮球液位开关（定制）
9	外径 28mm，内径 25mm，铁氟龙管	21	球阀接头
10	加热循环墨桶	22	支路管道（1）
11	外循环泵	23	支路管道（2）
12	消泡		

2. 供墨系统控制软件

（1）主要参数界面（图 2-78）

PLC IP：PLC 正常连接时，显示 PLC 的 IP；PLC 连接异常时，则为空。

PLC 正常连接时，状态灯为绿色，显示"连接成功"，界面参数正常显示。

PLC 连接异常时，状态灯为灰色，显示"连接断开"，PLC 界面全部参数不显示且不可编辑。

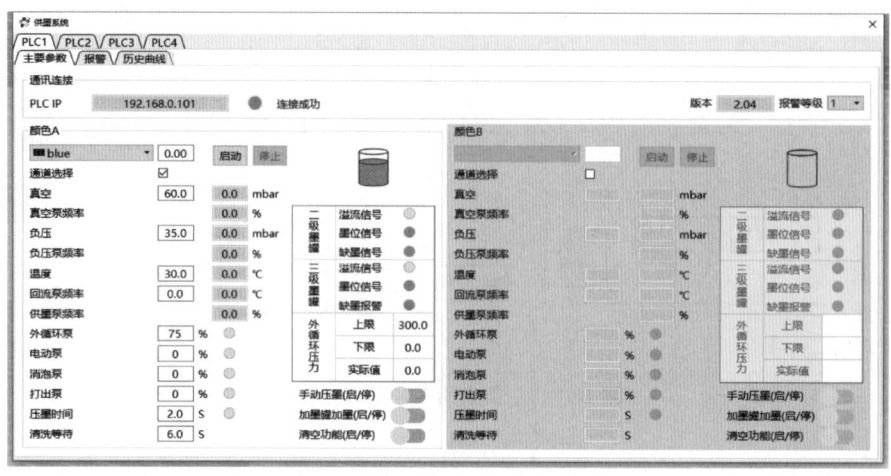

图 2-78　主要参数界面示意

报警图标 ⚠：PLC 有报警时，报警图标闪烁；否则报警图标隐藏。

版本：显示 PLC 的程序版本。

报警等级：点击该下拉框选择报警等级为 1、2 或 3。若选择 3，需弹窗确认，谨慎选择。

通道选择：勾选该复选框，界面正常显示该通道的状态和值，允许编辑；不勾选该复选框，界面不显示该通道的状态和值，不可编辑。

颜色选择下拉框：点击该下拉框选择颜色，主界面上 PLC 按钮的中间矩形将设置为对应颜色，其中矩形上半部分对应 A 的颜色，矩形下半部分对应 B 的颜色。

启动按钮：点击该按钮，墨盒启动。

停止按钮：点击该按钮，墨盒停止。

墨位状态：显示颜色通道的墨位状态，其中：1/10 红色柱状代表缺墨；1/3 绿色柱状代表低墨位，需要补充墨水；2/3 绿色柱状代表正常墨位，不需要补充墨水；全红色柱状代表墨水溢出。

真空编辑框：设置真空值，该编辑框允许输入值为 0.0~150.0。

真空文本框：显示真空压真实值。

真空泵频率文本框：显示真空泵的频率百分比。

负压编辑框：设置负压值，该编辑框允许输入值为 0.0~70.0。

负压文本框：显示负压真实值。

负压泵频率文本框：显示负压泵的频率百分比。

温度编辑框：设置温度 1 的值，该编辑框允许输入值为 0.0~60.0。

温度文本框：显示温度1真实值。

回流泵文本框：显示回流泵的频率百分比。

供墨泵频率文本框：显示供墨泵的频率百分比。

外循环泵频率：显示外循环泵的频率百分比。

电动泵频率：输入显示电动泵的频率百分比。

消泡泵频率：输入显示消泡泵的频率百分比。

打出泵频率：输入显示打出泵的频率百分比。

压墨时间：更改时间可以改变压墨时渗出墨水的多少。

清洗等待：收到清洗信号到开始渗出墨水的时间。

外循环压力上限编辑框：设置外循环上限值，允许输入值为0.0~500.0。

外循环压力下限编辑框：设置外循环下限值，允许输入值为0.0~500.0。

外循环实际值文本框：显示外循环的实际值，若该值小于下限值或大于上限值，字体显示红色且闪烁。

手动压墨（启/停）：手动压墨按钮，需弹出确认操作。

加墨罐加墨（启/停）：加墨罐外部加墨启动按钮。

清空功能（启/停）：清空功能按钮，需弹出确认操作。

二级墨罐-溢流信号：绿色表示无溢流信号，黄色表示溢流信号。

二级墨罐-墨位信号：绿色表示墨水到达墨位，黄色表示墨水没到位。

二级墨罐-缺墨信号：绿色表示无缺墨信号，黄色表示收到缺墨信号。

三级墨罐-溢流信号：绿色表示无溢流信号，黄色表示溢流信号。

三级墨罐-墨位信号：绿色表示墨水到达墨位，黄色表示墨水没到位。

三级墨罐-缺墨信号：空。

（2）报警界面（图2-79）

清空按钮：点击该按钮清空报警列表。

ID：报警代码。

图2-79 报警界面示意图

报警描述：该报警代码的描述，对于同一代码且未解除的报警，仅显示第一次产生时的记录。对于已解除的报警，若再次出现，则保留已解除的记录，并新增一行报警记录。

发生时间：初次发生该报警的时间。

恢复时间：若已解除，则显示该报警解除的时间；否则显示空白。

状态：报警中、报警恢复。若为报警恢复状态，则整行文字为灰色。

详细报警代码见表2-3。

表2-3 报警代码

报警代码	中文描述	英文描述
E001	PLC 硬件错误	PLC hardware error
E002	墨盒 A 故障停机	Malfunction shutdown-ink A
E003	墨盒 B 故障停机	Malfunction shutdown-ink B
E004	墨盒 A 缺墨报警	Lack of ink alarm-ink A
E005	墨盒 B 缺墨报警	Lack of ink alarm-ink B
E006	墨盒 A 溢流报警	Overflow alarm-ink A
E007	墨盒 B 溢流报警	Overflow alarm-ink B
E008	墨盒 A 真空异常	Vacuum abnormal-ink A
E009	墨盒 A 负压异常	Pressure abnormal-ink A
E010	墨盒 B 真空异常	Vacuum abnormal-ink B
E011	墨盒 B 负压异常	Pressure abnormal-ink B
E012	墨盒 A 温度故障	Temperature failure-ink A
E013	墨盒 B 温度故障	Temperature failure-ink B
E014	墨盒 A 温度超出极限值	Temperature over limit-ink A
E015	墨盒 B 温度超出极限值	Temperature over limit-ink B

（3）历史曲线界面（图2-80）

采集区间调整框：采集区间即右侧曲线的最大显示范围，最大可设置为360000。

采集间隔调整框：采集间隔即右侧曲线的采集频率，默认1s。

曲线使能：该曲线是否采集显示。

曲线颜色：选择曲线显示的颜色。

恢复缩放按钮：点击该按钮重置图形比例，使视图内可见所有曲线。

右侧曲线图显示左方各个指标不同时间的曲线图：

①鼠标滑入曲线图范围内显示横跨整个矩形曲线图范围的十字形，曲线图的顶部中间显示；

②鼠标位置的 x 和 y 轴坐标，显示格式为 Time（hh：mm：ss）＝x 轴值 Units ＝ y 轴值；

③鼠标滑出曲线图则十字形消失，顶部中间不显示鼠标的位置信息；

④通过鼠标滚轮放大或者缩小图形；

⑤按住鼠标左键拖曳图形；
⑥按住鼠标右键选择矩形区域进行放大。

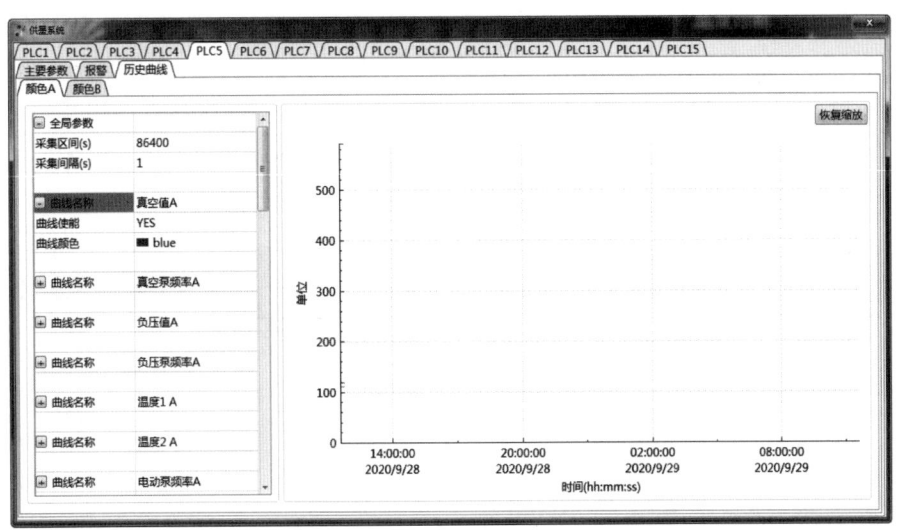

图 2-80　历史曲线界面示意

（4）温度控制界面（图 2-81）

温度限值编辑框：设置温度限值的值，该编辑框允许输入范围为 0.0~60.0。

喷头板下拉框：点击该下拉框选择喷头板数量 n，则前 n 个喷头板温度变量可正常显示和编辑，其余喷头板温度控件禁用，可选范围为 1~16。

加墨罐下拉框：点击该下拉框选择加墨罐数量 n，则前 n 个加墨罐温度变量可正常显示和编辑，其余加墨罐温度控件禁用，可选范围为 1~16。

温度编辑框：温度设置值，该编辑框允许输入范围为 0.0~60.0。

温度文本框：显示温度实际值，实际值与设置值的差值大于 3 或者实际值大于温度限值时，文本显示红色。

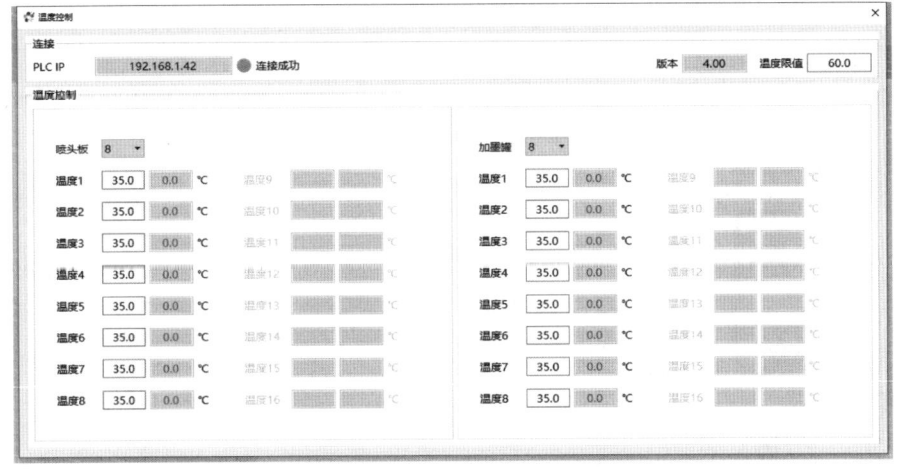

图 2-81　温度控制界面示意

2.3.3.3 打印系统

此系统是一个安装在陶瓷喷墨机上的打印输出系统,将设计好的图案通过该软件进行打印,同时可设置喷头的电压、进行喷头之间的喷印位置的调整等,是实现传送带与喷头两者之间的同步结合,喷印出精美图案的一个软件。以下介绍各个界面的功能。

1. 主界面

打印系统主界面分全局、预览（Preview）、源图片（Source Images）、作业集（Job Sets）、打印队列（Print Queue）区域,如图 2-82 所示。

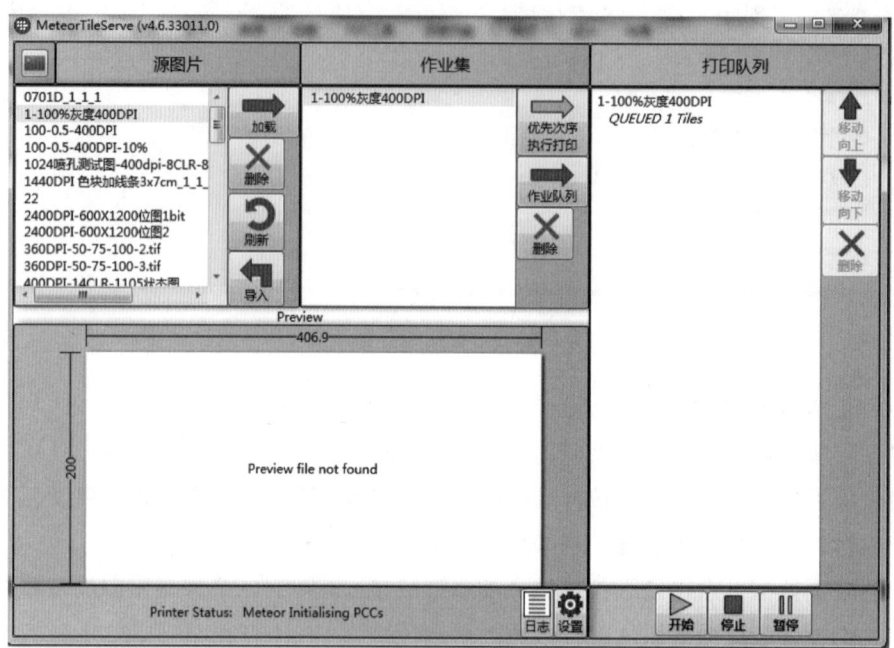

图 2-82　打印系统主画面

详细的图标说明见表 2-4。

表 2-4　图标说明

序号	图标	说明
1		点击可进行中英文切换
2		进入参数设置界面
3		开始打印
4		停止打印

续表

序号	图标	说明
5	暂停	暂停打印
6	加载	将打印文件源文件区域导入到作业集区域，可用 Shift + 鼠标对打印文件源文件多选导入到作业集区域
7	删除	删除源文件区域中选中的打印文件。删除后，打印文件将从热文件夹上被永久删除，可用 Shift + 鼠标对打印文件源文件多选删除
8	刷新	当选择手动刷新时，把需打印的文件拷入热文件夹，点击该按钮，源图片区将显示出打印文件的文件名
9	导入	可把打印文件从其他文件夹导入到热文件夹中，完成后，源图片区将显示出打印文件的文件名（与上一按钮的操作可二选一）
10	优先次序执行打印	插打文件
11	作业队列	从作业集区域导入打印文件到打印队列区域，同样加 Shift 可多选导入
12	删除	删除作业集文件区域中选中的文件，可用 Shift + 鼠标对作业集内的文件多选删除
13	移动向上	向上移动排列打印，调整需打印文件的优先顺序
14	移动向下	向下移动排列打印，调整需打印文件的优先顺序
15	删除	删除打印队列区域中选中的文件

点击 进入设置界面，如图 2-83 所示，可进行各项参数的设置调整，例如：喷头电压、喷头的 X 轴和 Y 轴位置的调整、主板数量的设置、各个颜色模块的功能设置等。

(1) 一般设置菜单

进入设置界面后，首先在"登录"项中选择"级别 2 工程师"，输入用户的密码，然后单击"登录"。工程师可对"级别 0 操作员"与"级别 1 技术员"的密码进行管理。

"通道偏移量"栏可修改各个颜色模块的 X 轴、Y 轴偏移数值以方便快速修正各通道的套色误差。方法：单击需要调整的位置，再单击旁边的数值加减箭头或直接输入数值进行调整；"重置"是将所有参数清零。

"图像位置"栏可修改整个图像的 X 轴、Y 轴偏移数值，以方便快速调整图案的打印原点。

用户可根据图案喷印到砖的实际位置、各色的套色情况进行调整。

"#TODO#水印"栏用于选配隐形码的用户设置相应的参数。

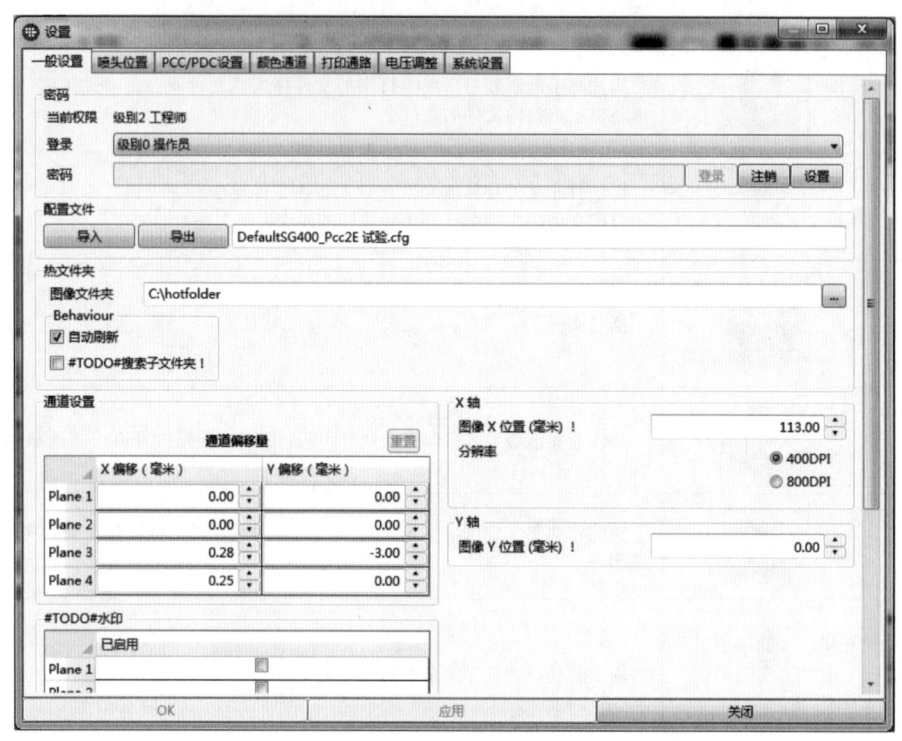

图 2-83　设置界面

（2）喷头位置菜单

菜单如图 2-84 所示，喷头编号 1：1 指第一片主板上第一个口所控制的喷头。

打印软件具有对各个喷头的喷头 Y 位置（像素）、启用喷起始位置、启用喷结束位置、喷头 X 位置（毫米）的调整功能，如果出现黑线、白线或单个喷头的套色异常等情况，用户可自行适当调整，避免厂家售后人员上门调试时间长而影响到用户的生产。

已启用的喷头：用于开启或关闭选定的喷头，勾选为开启。

喷孔深浅调节：在使用对接、AABB 或随机分布的拼接方式时，可调节两个相邻喷头的重叠工作的位置打印的颜色深浅。"拼接位调节"使可重叠工作的位置的两个喷头各自打印的深度差异化。

色彩均衡：可调整相应喷头的喷孔打印的颜色深浅，单击相应喷头后面的"设置"，出现色彩均衡设置界面，如图2-85所示。

在"均衡值"处输入正值或负值，可设置对应喷孔的深浅；用"插入"或"移除"可增加或减少喷孔的分区。

图2-84 喷头位置

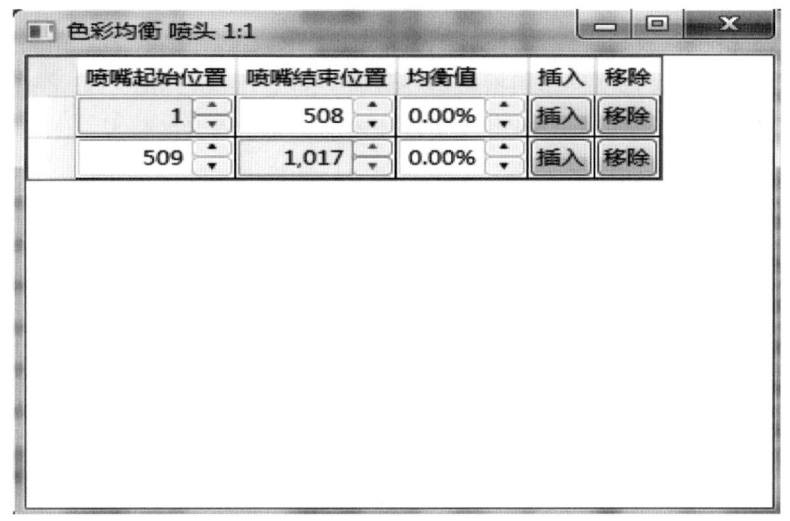

图2-85 色彩均衡设置

（3）PCC（Primary Control Circuit，主板）/PDC（Printhead Drive Circuit，喷头驱动板）设置菜单（图2-86）

如无特殊情况，本菜单参数在机器的使用过程中无须更改，否则容易导致喷印不正常。

在 PCCs 下面的"PCC 主板计数"栏用 或直接输入主板数字，单击"设置为"可设置主板的数量。

左边的窗口可匹配各主板所管理的颜色通道，如图 2-86 所示，主板 PCC1 管理的是 Plane 1（第一通道）。

图 2-86　PCC/PDC 设置

（4）颜色通道菜单

如图 2-87 所示，波形文件选择功能会默认显示，喷孔补偿、墨量预测、维护条功能需勾选后才显示。波形文件是根据机器安装喷头的型号 LC、MC、SC 来选择添加，波形文件只需添加一次，下次打开软件无须重新添加，如无异常的情况，不可随意变更波形文件，否则会造成喷印质量下降、无法喷印、烧坏板卡和喷头等情况。添加步骤：单击 选择... 后，再选择波形文件确认，其他颜色模块用同样的方法依次添加即可使用。

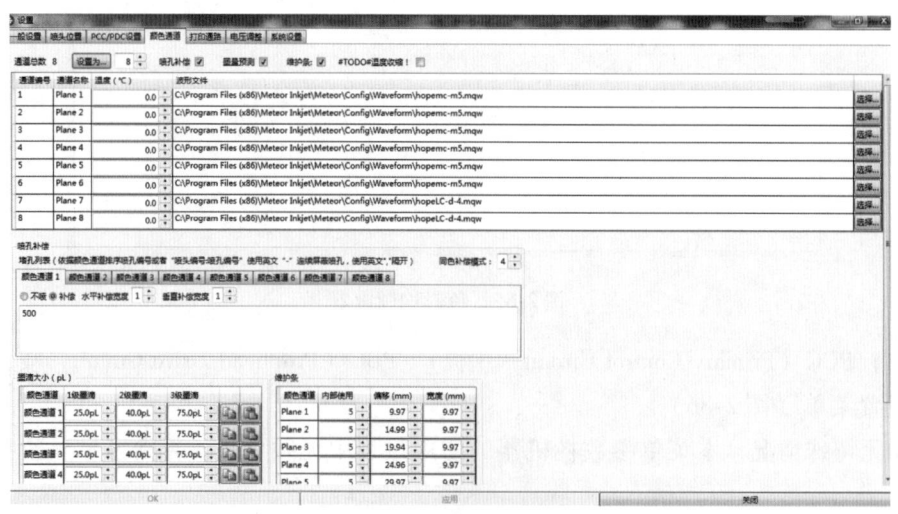

图 2-87　颜色通道

①喷孔补偿

注意所有输入的符号必须是英文的。

首先选择通道，再输入需要补偿的喷孔，例如输入 1500、2500、3600，则对本通道的第 1500、2500、3600 个喷孔进行补偿；如输入 1：500、2：300、3：600。则对本通的第 1 个喷头的第 500 个喷孔，第 2 个喷头的第 300 个喷孔，第 3 个喷头的第 600 个喷孔进行补偿。

②墨量预测

在各通道的 1 级墨滴、2 级墨滴、3 级墨滴处输入小、中、大点的 PL 数后，可在打印文件从"作业集"传送到"打印队列"时，当选择的打印片数是有限数时，计算出相应通道所需的墨量。

③维护条：用于减少水汽对喷头的影响和避免喷头因长期不工作而容易堵塞。本功能只对有图案信息（有图文信息或空白信息都可）的通道有效。

④内部使用：设置该通道打印固定数量承印物后会打印一次维护条。

⑤偏移（mm）：设置维护条离开承印物的距离。

⑥宽度（mm）：设置维护条打印的宽度。

（5）打印通道

用于选配双排打印的用户，如图 2-88 所示。

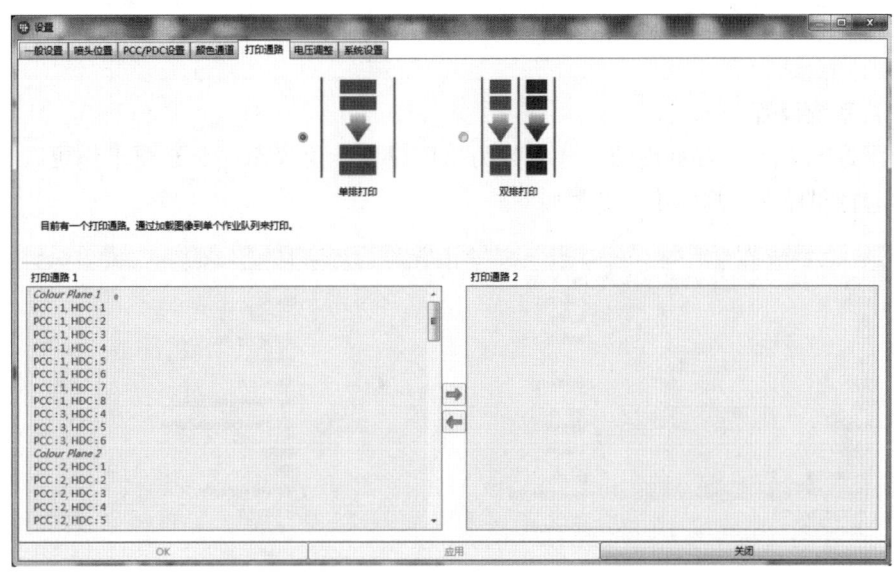

图 2-88　打印通道

（6）电压调整

如图 2-89 所示，喷头的驱动电压是由厂家技术人员调试完成交付客户使用的，如果有需要，用户也可以根据自身的需求适当调整参数，如图中所示的是各个颜色模块的喷头电压，图中所选部分为一个喷头的多个区域。单击屏幕上的喷头选择键 1 1:1 ，再单击左旁的 +0.1 表示增加喷头电压的 +0.1%（0.1V）。图中所示的 2.5% 表示在

100V 的基础上增加 2.5V 电压，驱动电压为 102.5V，其他的数值所表示的伏数也是同样转换。也可以在 设置为 0.0% 右边空框内输入指定的数值电压，后单击左边的"设置为"设置选定喷头的电压。可按 Shift（键盘）＋喷头选择键（屏幕）多选喷头；单击 颜色通道 1 (Plane 1) 为全选第一通道的所有喷头，同理可全选其他通道的所有喷头；单击左上角的□是全选所有喷头。

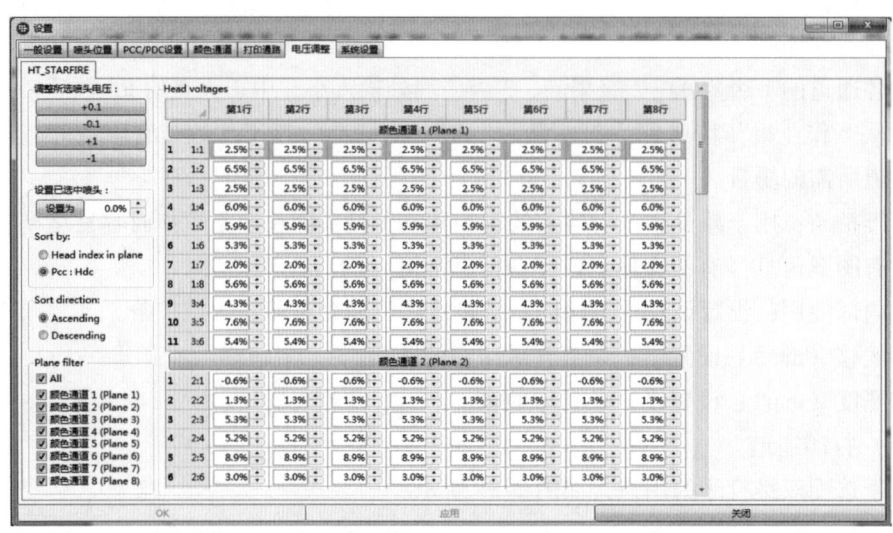

图 2-89　电压调整

（7）系统设置

如图 2-90 所示，界面内的一些参数为出厂设置，建议用户非必要不作更改，否则容易引起打印异常。具体用户参数如下。

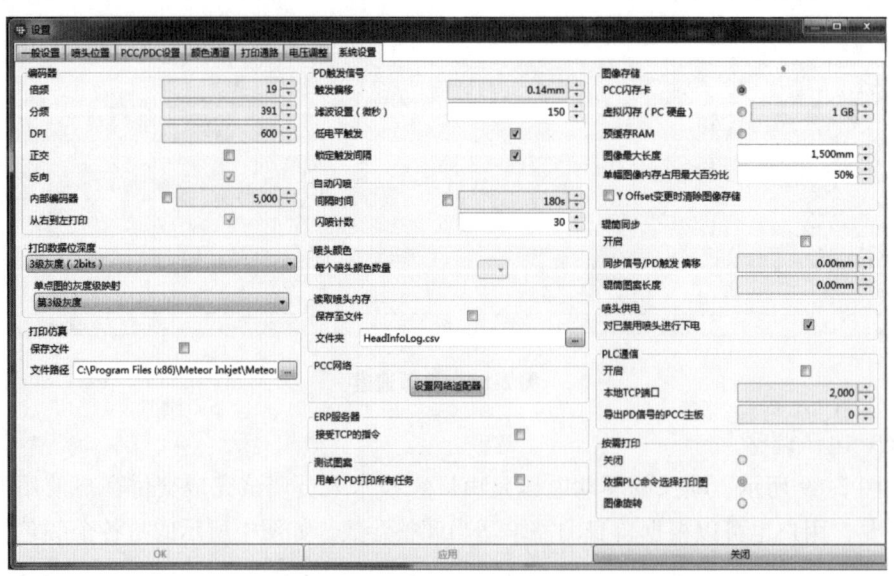

图 2-90　系统设置

①自动闪喷：用于不生产时保养机器，勾选并不启动打印时所有喷头会定时喷出一定量的墨水，防止喷孔干结。如图间隔时间设 180s、闪喷计数设 30，为每 180s 所有喷孔都喷射 30 点的墨水。

②PCC 闪存卡：用主板内的闪存卡作数据交换，建议优先选择。

③虚拟闪存（PC 硬盘）：用硬盘作数据交换。

④图像最大长度：设置的长度越长，相同文件从"源图片"传到"作业集"所需的时间越长，所以该数值设为比所需打印的最长图案大 100～200mm 就可。

⑤Y Offset 变更时清除图像存储：勾选，当变更图像的 Y 轴参数时会清除"作业集"内的文件，重新传送的文件按新的参数打印；不勾选，当变更图像的 Y 轴参数时不会自动清除"作业集"内的文件，"作业集""打印队列"内正在工作的文件按旧的参数运行。新传送从"源图片"到"作业集"的文件按新的参数运行。确认新参数满意后再人工删除现运行的文件。

⑥辊筒同步：开启或关闭辊筒加喷墨功能。

⑦按需打印：开启或关闭喷墨机统一按不同的标识打印指定的图案功能。

⑧图像旋转：开启或关闭瓷砖进入喷墨机时角度偏转，喷墨机根据视觉检测的数据自动偏转图案，精确地套印在瓷砖上。

2. 打印文件的添加

单击 ，用户可选择需要打印的文件，单击"打开"，添加完一个文件到源文件区域中，可多选。用同样的方法，可继续添加更多文件。

然后单击"下一步"进行设置打印。选择一个文件，然后单击 ，将出现一个设置打印的界面，如图 2-91 所示。

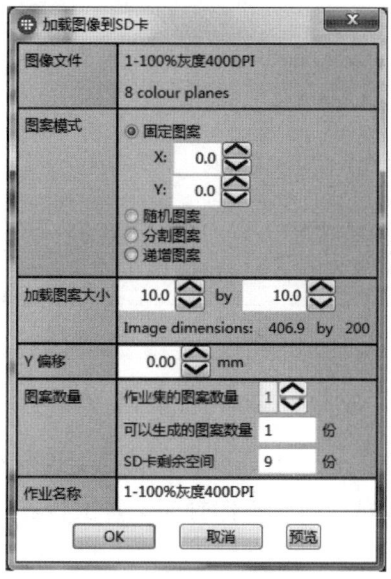

图 2-91　加载图像

（1）图案模式：可选择固定图案、随机图案、分割图案和递增图案 4 种模式。

①固定图案（Single）：只喷印固定不变的图案。X、Y 可设置从图案文件中截取要喷印图案的原点，如无特殊要求，两个都设为零即可。

②随机图案（Random）：按设定的尺寸，从全图中随机截取部分内容喷印。正态分布范围（Variance）中可设置最小偏移尺寸，可防止随机运算中偏移角度过小而造成的产品图案变化不大的情况，作业集的图案数量（Tiles in Job Set）中可设置变化的数量，设置数越大，变化越多，但加载的时间也越长。

③分割图案（Sequential）：按设定的大小，将全图按要求的步骤分割成 N 部分，分别喷印。

④循环图案（Cycle）：按设定的数量，循环打印所选择的 N 个图案。

（2）加载图案大小（Tile size）：下面不可修改部分显示的数值分别是文件图案文件的长、宽尺寸，单位为 mm，上面可更改的部分分别是需要喷印的长和宽。如果设置的尺寸大于文件的尺寸，将有相应的地方打印空白图案。

（3）Y 偏移（Y Offset）：调整 Y 方向的打印位置。

（4）作业名称（Job Name）：可更改文件传到作业集后的名称。

从"作业集"单选或多选打印文件，单击 向"打印队列"传送文件时弹出如图 2-92 所示的界面，勾选"队列循环打印"并设置"打印片数"。可再次传送不同的文件以按需要变更打印片数，就可实现"打印队列"内的文件按各自设置的片数循环打印。

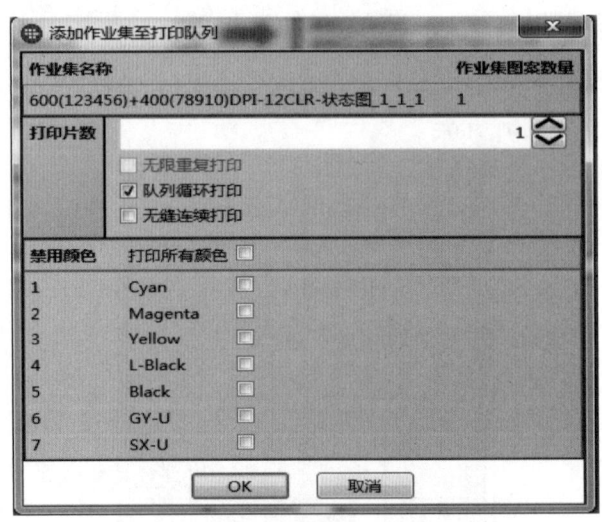

图 2-92 添加作业集至打印队列

选择打印颜色："作业集"向"打印队列"传送文件时有"禁用颜色"设置，勾选的颜色在文件送到"打印队列"内后不作打印。每次传送默认为所有打印，禁用的颜色需手动选择。

3. 参数的备份

设备对位调试完成后，再次备份参数文件到其他硬盘，并做好记录；

设备色差调试完成后,将参数文件再次备份到其他硬盘;并将电压、位置参数进行截图保存;

在生产图案确定后,将以上所有调整好的参数备份,截图保存;备份到指定的"U"盘里;

当电脑意外损坏或认为现用参数不适合时,备份的参数将能更快恢复生产。

2.4 干燥与烧成

2.4.1 多层干燥窑及管控系统

2.4.1.1 多层干燥窑系统原理

多层干燥窑控制系统是一套监视和控制其传动速度、风机风量、干燥温度等生产数据,根据实际生产情况动态处理异常的管理系统,可减少人力成本,保证生产稳定。图2-93 为多层干燥窑监控系统原理框图。

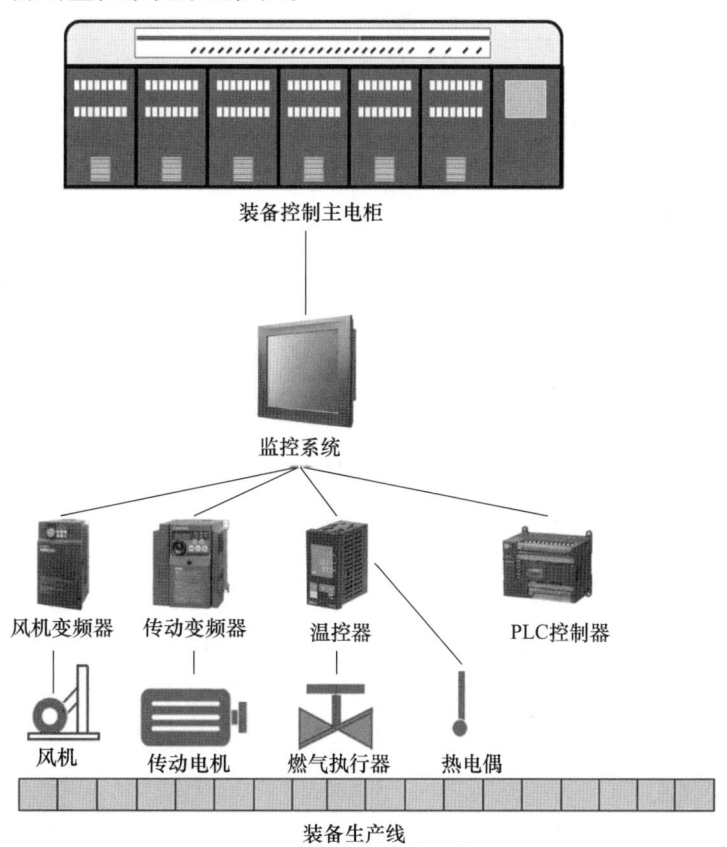

图 2-93 多层干燥窑监控系统原理框图

具体实现以下功能：

（1）多层干燥窑的物联网建设，提供详尽的窑炉生产状态的数据。对采集的生产状态数据进行实时监控，包括监控燃烧机、循环风机的开停状态、传动电机的开停状态、风机变频器与传动变频器的输出频率、输出电流、温控器的实际温度与燃气执行器的开度、生产过程中所需要的燃料用量等，做到干燥窑的工作温度、传动速度、产品位置信息的可视化、数据化。主要数据见表2-5。

表2-5 多层干燥窑主要数据列表

设备类型	采集数据	说明
燃烧机	开停状态	1-开 0-停止
循环风机	开停状态	1-开 0-停止
传动电机	开停状态	1-开 0-停止
温控器	实际温度	单位：℃
	设定温度	单位：℃
	输出开度	单位：%
风机变频	输出频率	单位：Hz
	设定频率	单位：Hz
	输出电流	单位：A
	输出电压	单位：V
传动变频	输出频率	单位：Hz
	设定频率	单位：Hz
	输出电流	单位：A
	输出电压	单位：V
流量计	累计流量	单位：m³
	瞬时流量	单位：m³/h
电能表	累计电能	单位：kW·h
PLC	各类状态和警报IO	

（2）显示干燥窑的干燥温度曲线和设定温度曲线。

（3）仿真干燥窑内每层的产品位置、空窑情况。

（4）记录燃气消耗量、用电量等能源数据。

（5）空窑自动升降温管理，多层干燥窑的可自我调整与生产状态转换。与PLC控制器及相关辅助设备形成良性配合，可以实现温度高低的自动调整、风机风量大小的自动控制。例如，当长时间不进产品时，可以自动降低温度，并实现空窑自动报警。

2.4.1.2 控制系统功能

1. 主界面

如图2-94所示，在主界面上，能够清晰地查看干燥窑的每层频率、干燥周期、产量，以及对应的用气、用电和单位产品的电耗、气耗。

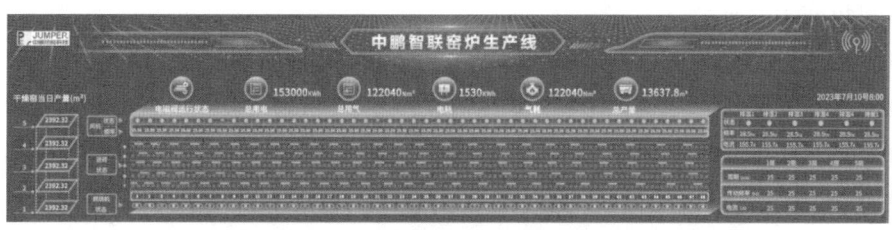

图 2-94 多层干燥窑系统主界面

同时还能清晰地查看排湿风机、循环风机、燃烧机等的开停状态，并能动态仿真干燥窑内每层的产品位置、空窑情况等。

2. 温控仪表监控

如图 2-95 所示，通过温控仪表监控，可以清晰地监视当前的干燥实际温度、设定温度及对应的曲线。

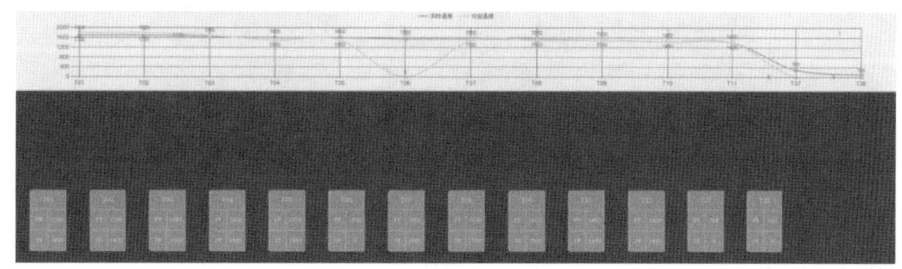

图 2-95 干燥窑温控仪表监控

通过单击对应的温度点，就可以进入到设置页面（图 2-96），进行对应温度的设置。可以设置的参数包括设定温度、开度、手自动状态及 PID 参数等。

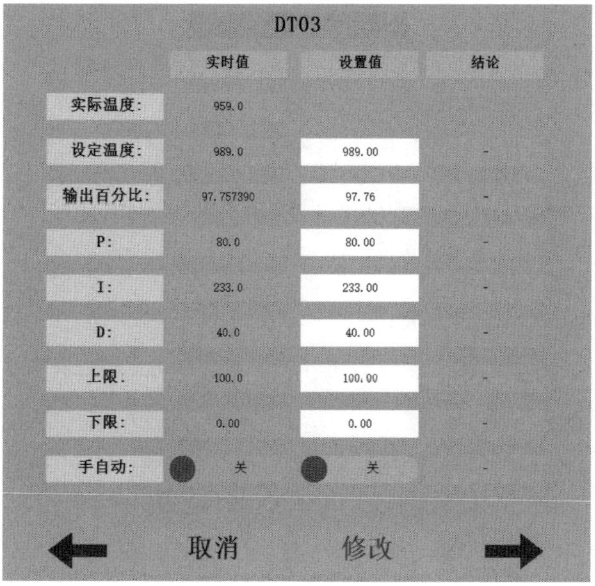

图 2-96 温控仪表设置页面

3. 风机变频器监控

通过风机变频器监控，可以方便监视当前所有风机的开停状态，以及对应风机变频器的输出频率、输出电流、输出电压等。

通过单击对应变频器，就可以设定变频器的频率、加减速时间等，如图2-97所示。

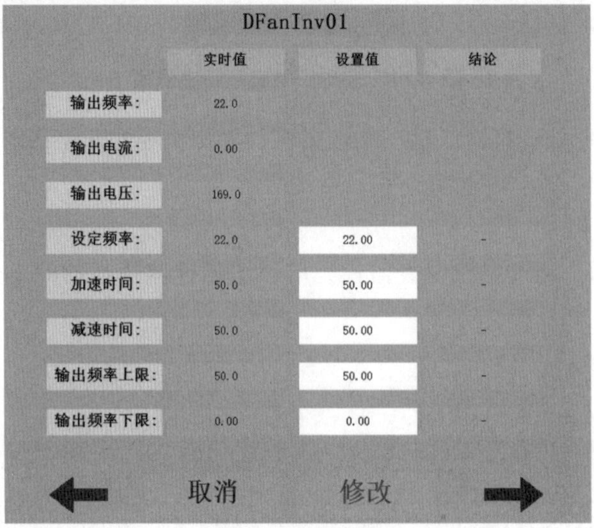

	DFanInv01		
	实时值	设置值	结论
输出频率：	22.0		
输出电流：	0.00		
输出电压：	169.0		
设定频率：	22.0	22.00	-
加速时间：	50.0	50.00	-
减速时间：	50.0	50.00	-
输出频率上限：	50.0	50.00	-
输出频率下限：	0.00	0.00	-

图 2-97　风机变频设置

4. 传动变频器监控

通过传动变频器监控，可以方便监视当前所有传动变频器的运行方向状态，以及对应变频器的输出频率、输出电流、输出电压等。

通过单击对应变频器，就可以设定变频器的频率、加减速时间等，如图2-98所示。

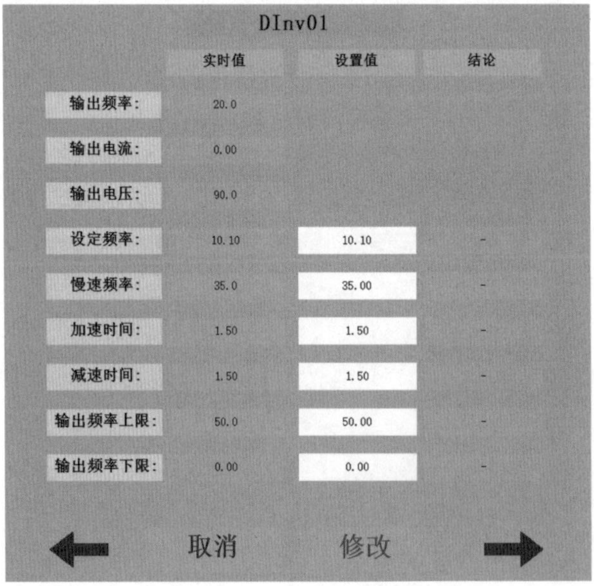

	DInv01		
	实时值	设置值	结论
输出频率：	20.0		
输出电流：	0.00		
输出电压：	90.0		
设定频率：	10.10	10.10	-
慢速频率：	35.0	35.00	-
加速时间：	1.50	1.50	-
减速时间：	1.50	1.50	-
输出频率上限：	50.0	50.00	-
输出频率下限：	0.00	0.00	-

图 2-98　传动变频设置

5. 警报系统

警报系统是由警报跑马灯模块、即时警报列表模块和历史警报查询模块共同组成。这些模块承载的功能方向有所不同。

警报跑马灯模块：主要解决的是警报提醒功能，在不影响管理人员操作互动的情况下，能够让管理人员方便查看到当前发生的警报。

即时警报列表模块：主要解决的是管理人员查看当前所有存在的即时警报详情，如图 2-99 所示。

	警报名称	触发时间	警报值	—
34	警报_循环变频8故障	2023-08-02 11:55:20	1	忽略跑马灯
35	警报_循环变频9故障	2023-08-02 11:55:20	1	忽略跑马灯
36	警报_循环变频13故障	2023-08-02 11:55:20	1	忽略跑马灯
37	警报_循环变频16故障	2023-08-02 11:55:20	1	忽略跑马灯
38	警报_循环变频38故障	2023-08-02 11:55:20	1	忽略跑马灯
39	警报_循环风机1欠压	2023-08-02 11:55:20	1	忽略跑马灯
40	警报_循环风机2欠压	2023-08-02 11:55:20	1	忽略跑马灯
41	警报_循环风机3欠压	2023-08-02 11:55:20	1	忽略跑马灯

图 2-99　即时警报列表

历史警报查询模块：主要解决的是管理人员对历史警报的回溯等，如图 2-100 所示。

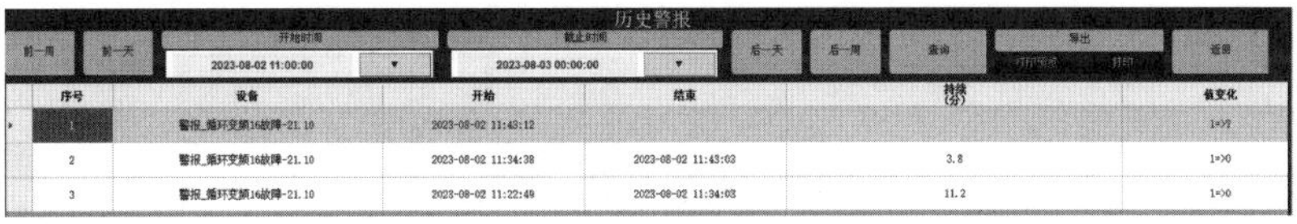

图 2-100　历史警报查询

6. 空窑自动升降温管理系统

此功能模块是根据干燥窑内每层的空窑状态，自动将温度设置为指定的设定降低温度，而当空窑结束后，自动恢复正常干燥温度，如图 2-101 所示。并且此功能还需要具备针对不同情况下，启停不同温度点的需求。

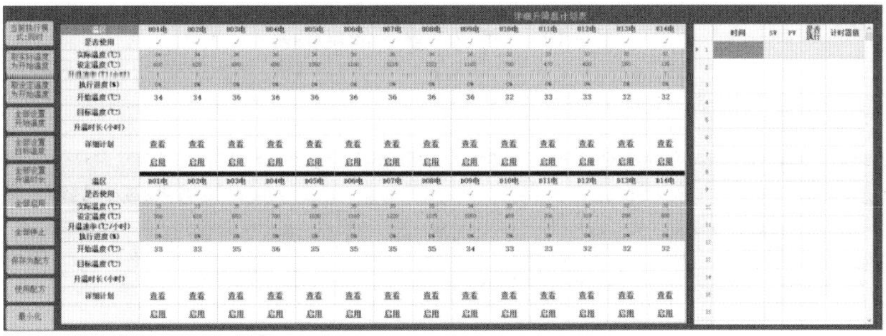

图 2-101　空窑自动升降温管理

7. 产量报表系统

产量报表需要体现以下几个维度的报表。

（1）每小时产量、能耗报表（图 2-102）。

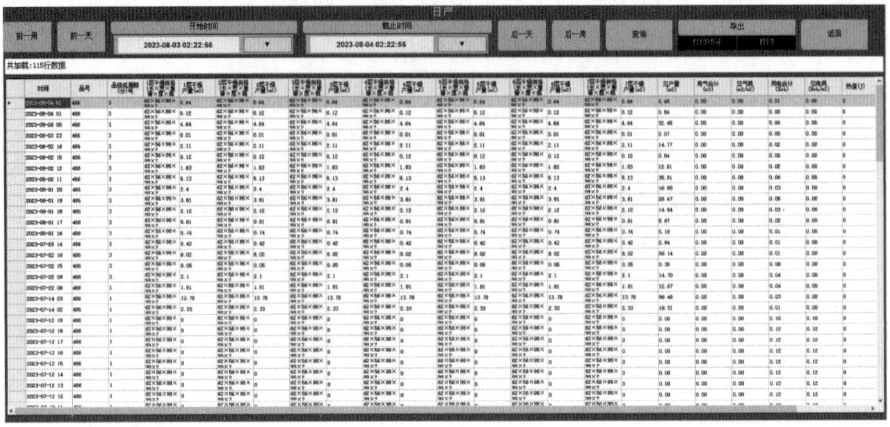

图 2-102　每小时产量、能耗报表

（2）每班产量、能耗报表（图 2-103）。

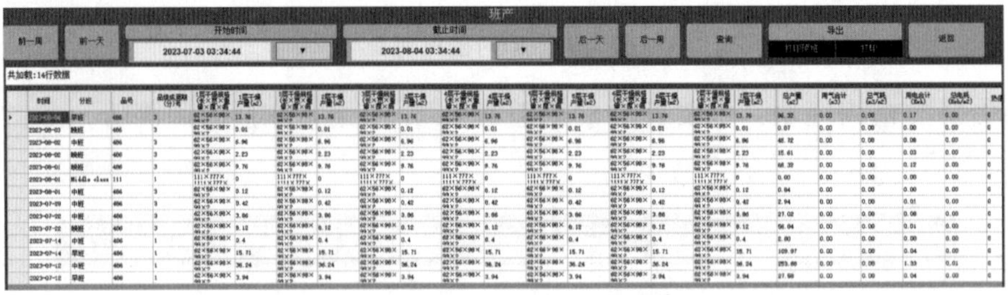

图 2-103　每班产量、能耗报表

（3）每日产量、能耗报表（图 2-104）。

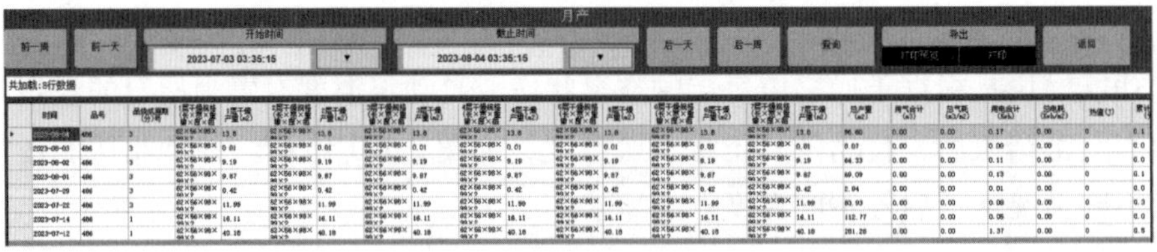

图 2-104　每日产量、能耗报表

（4）每月产量、能耗报表（图 2-105）。

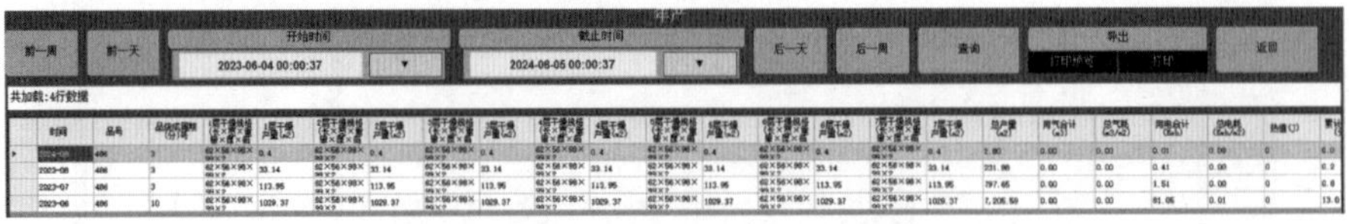

图 2-105　每月产量、能耗报表

2.4.1.3 系统特点

下面是广东摩德娜科技股份有限公司多层干燥窑的系统特点（图2-106、图2-107）。

图 2-106　多层干燥窑外观

图 2-107　九层干燥窑

（1）干燥热利用率高，节能显著：在不利用冷却余热及烟气余热时，干燥窑热耗可达到900～1000kcal/kg 水（1cal＝4.2J），而常规干燥热耗在2500～3000kcal/kg 水，多层干燥窑热利用率提高约50%以上。

（2）干燥周期范围宽：干燥窑可使陶瓷产品在很宽的干燥周期范围内，实现快速干燥。干燥窑的干燥热源为：窑炉烟气＋余热＋燃烧机（正常情况不开燃烧机），干燥温度＜250℃，窑内层间上下温差≤±5℃，窑内层间左右温差≤±3℃；坯体入窑含水率≤8%，坯体出窑含水率≤0.5%，砖坯强度根据厂方配方而定。

（3）干燥缺陷率低：在多层干燥窑内砖坯运行速度慢，干燥完成度均匀，并且机械破损较小，岩板的干燥合格率可达99%以上。

（4）产品切换灵活，快速且稳定：根据坯体特点，干燥窑的每个标准模数段在长度为2.8~4.9m处设置一个燃烧机和循环风机，整个干燥窑设置多套独立的排湿系统，不仅每节的温度可以自动调节，且每节热风的湿度也可以通过排湿量灵活调节。干燥窑的参数变化后能够快速稳定，对于频繁转换产品的陶瓷企业具有明显的优势。

（5）设备长度短，占地面积小：多层干燥窑相对普通干燥窑，占地面积小，厂房利用率提高，减少土建投资。

（6）自循环供热系统灵活运用流体力学原理，设计构思巧妙，将抽风、送风、混合、供热、抽湿、排气等功能集于一身的自循环供热器，既反复利用了干燥窑内部热气，使用了窑炉余热，又在结构上将多种气体温度进行了快速均化和自动控温。不仅使坯体的干燥效率高，缺陷少，而且单位能耗低（仅用余热，不用消耗燃料）。

（7）供风、抽风由交错分布和密集分布的细管供风，可以加强对流和搅拌，消除了干燥窑内的温差死角，有效防止了干燥中的陶瓷坯体变形和开裂。

（8）传动采用斜齿传动，传动利用变频器来进行调速，干燥窑能适应不同产品，干燥周期具有很大的调节范围。风机、风管合理布置，产品干燥不受当地季节、气候变化的影响。

（9）操作工作环境好，设备寿命长，多层自循环干燥窑主要利用窑炉冷却余热（少部分使用烟气），以湿热气体循环为主，干燥窑内的坯体不需要大正压，一般在150℃左右干燥，热气逸出量也较少。

2.4.2 辊道窑烧成及管控系统

下面以佛山市德力泰科技有限公司的辊道窑计算机监控系统为例做详细介绍。

2.4.2.1 窑炉控制室

窑炉控制室全貌如图2-108所示，系统画面如图2-109所示。

图2-108 窑炉控制室全貌

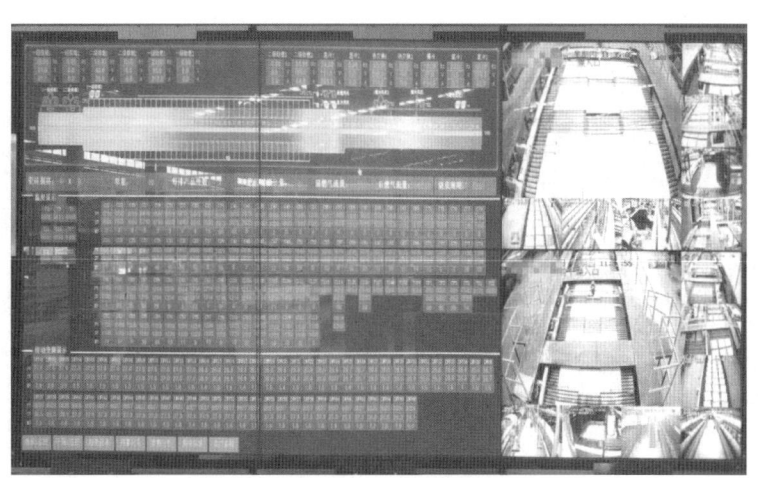

图 2-109 系统画面

控制系统的主要硬件是由主工业控制一体机、触摸屏、键盘及物联网关、打印机、UPS电源等组成，系统主要与 PLC、传动变频器、风机变频器、智能温控表、智能压力表、燃气流量计及智能电表等元器件进行通信，实现采集信息、远程监控和智能分析等功能。

2.4.2.2 系统功能

1. 监视

（1）系统总貌

在同一个画面能够直观显示砖块流动状况，如模拟显示砖坯在窑内的位置、间距、空窑状态等；风机运行情况，如变频器频率、电流、电压等；传动正反转运行状态，如变频器频率、每台电机速度、烧成周期、运转方向等；还有温度实际值、设定值、风压等，如图 2-110、图 2-111 所示。

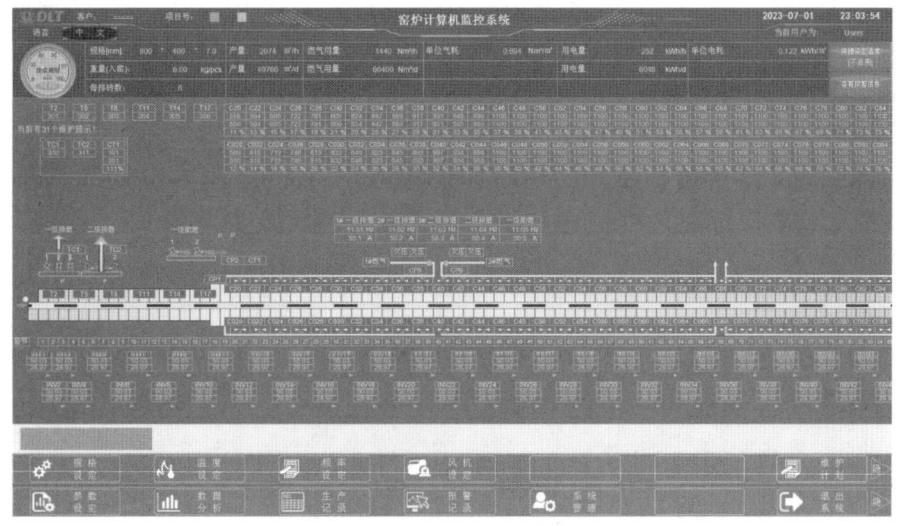

图 2-110 辊道窑系统前段总貌

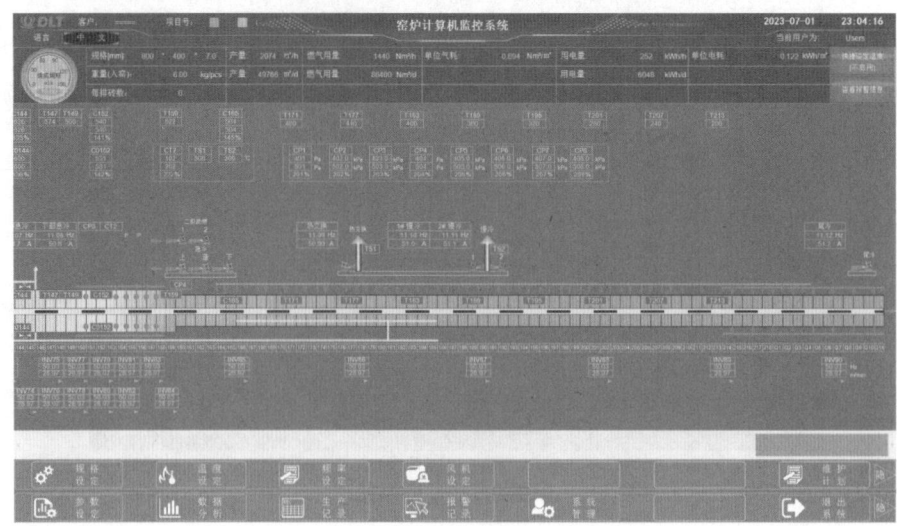

图 2-111 辊道窑系统后段总貌

(2) 实时报警

实时显示各个报警,使操作工第一时间了解窑炉运行状态及故障内容,以便快捷处理,及时稳定生产,如图 2-112 所示。

图 2-112 故障报警记录

(3) 烧成曲线

烧成曲线能够直观反映窑内温度分布情况、与温度设定值之间的差异,是烧成过程中的关键工艺参数,如图 2-113 所示。

(4) 压力曲线

窑内压力是稳定烧成制度的重要条件,压力曲线展示了烧成过程中窑压的波动情况。当波动较大时，操作人员需要及时调整，以保证温度、气氛和产品质量稳定，如图 2-114 所示。

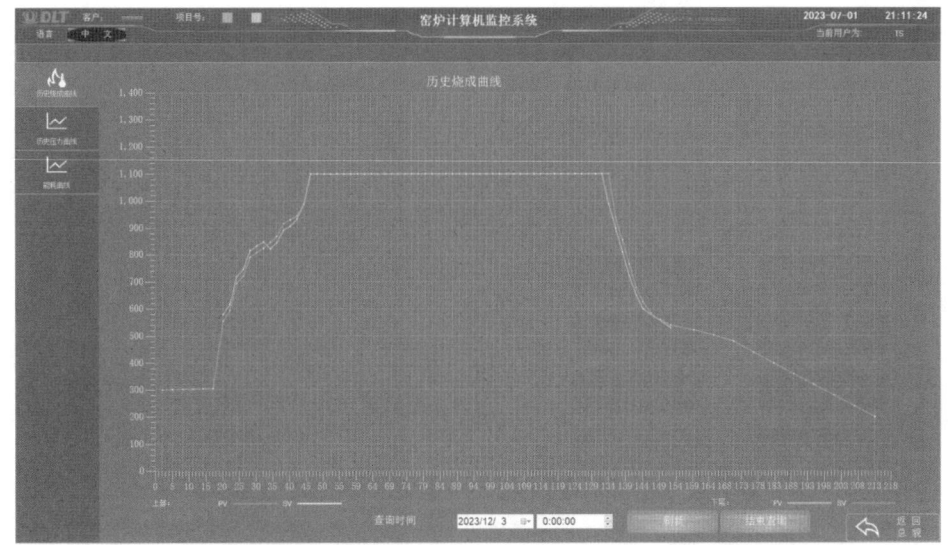

图 2-113　烧成曲线

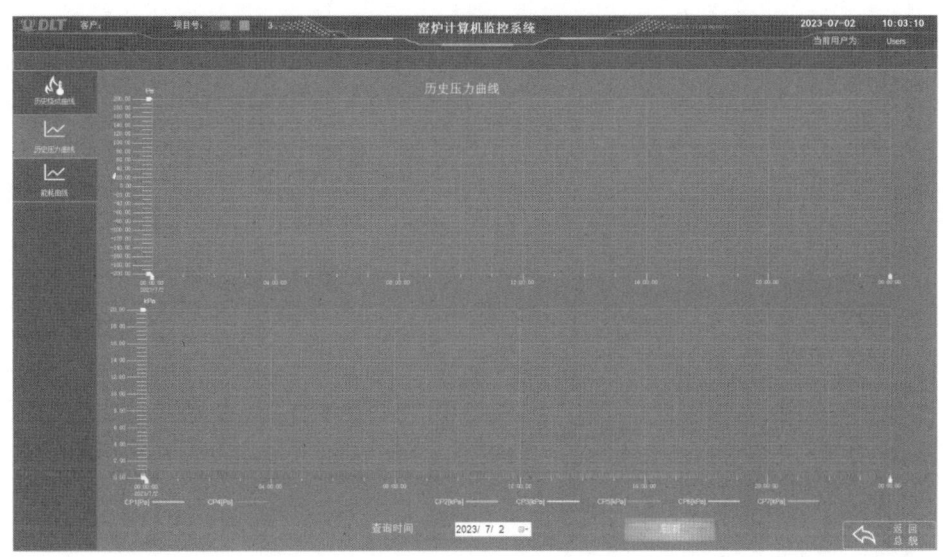

图 2-114　窑压曲线

2. 手机 App 监控

信息化系统通过物联网网关将参数传输到云端，实现手机的远程监控。当使用者的手机安装"设备云助手"App 时，可以实现随时随地查看窑炉的运行状态，如温度、产量、故障等信息，使相关人员突破了时空限制，能够全天候监督、管理窑炉运行，如图 2-115～图 2-120 所示。

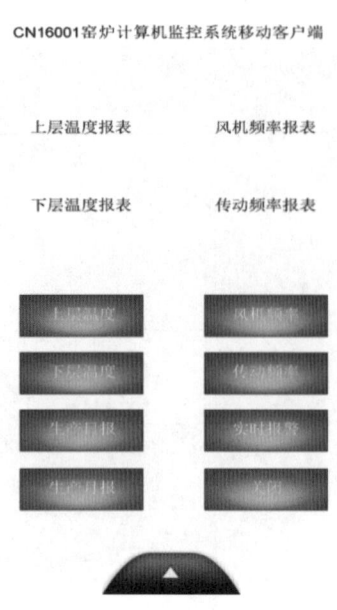

图 2-115　手机菜单

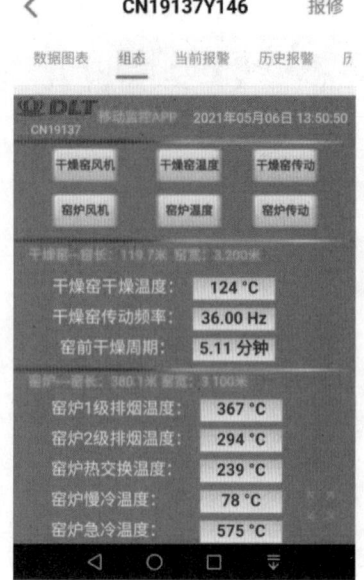

图 2-116　生产数据

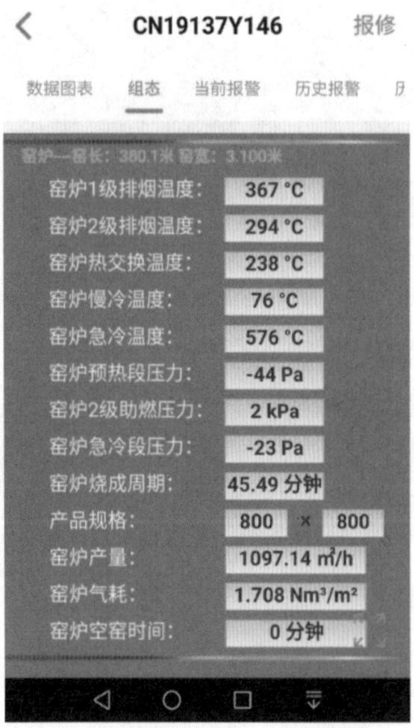

图 2-117　产量、能耗等

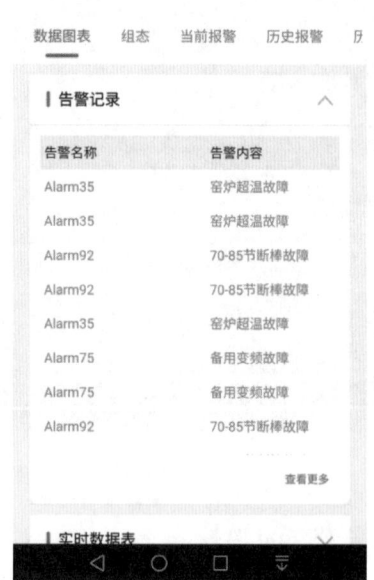

图 2-118　故障报警

图 2-119 风机运行状态 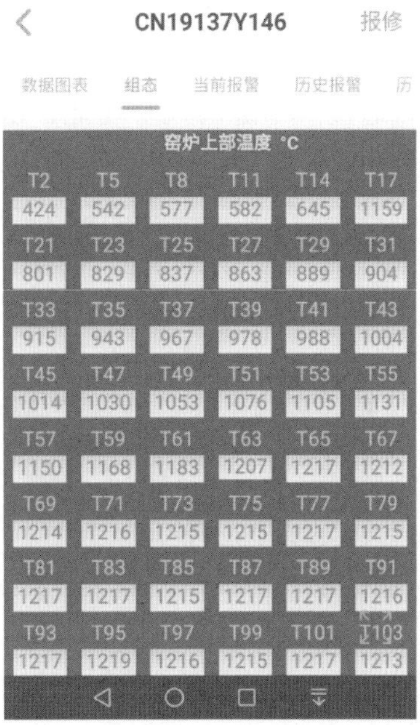　　　　　　　图 2-120 窑内温度

3. 控制

(1) 传动频率及周期设定

能够通过改变烧成周期自动计算出传动变频器频率，也可调整频率自动计算烧成周期，并写入到变频器内和保存到系统页面中。可以通过调整窑炉前后不同电机之间的频率来防止追尾叠砖、堵窑事故的发生，同时也可根据用户工艺配方变化及时调整烧成周期，如图 2-121 所示。

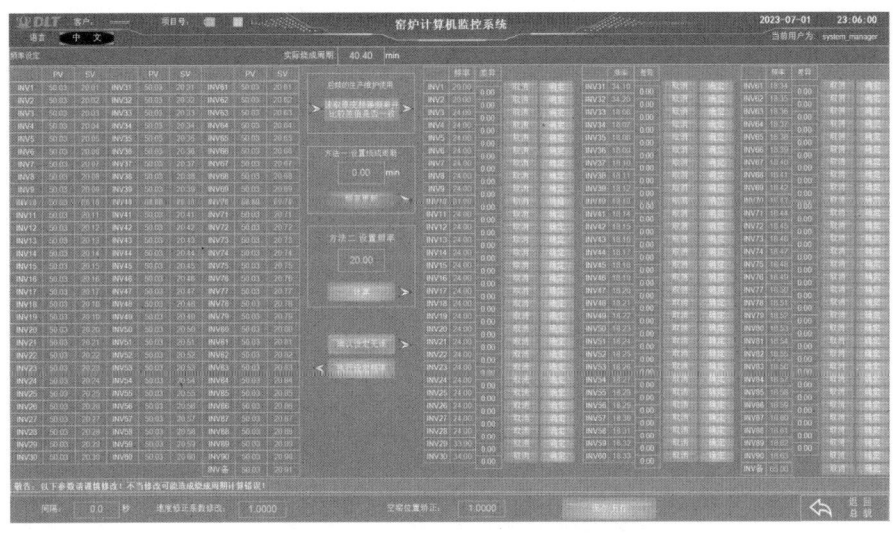

图 2-121 传动频率及周期设定

（2）温度、压力曲线设定

将调试好的各种烧成曲线、压力曲线存入信息化系统的配方表内，再次生产相同产品时，可通过“一键调入”功能，迅速切换到匹配的烧成曲线、压力曲线，从而实现快速高效、柔性定制化烧成。温度设定如图 2-122 所示。

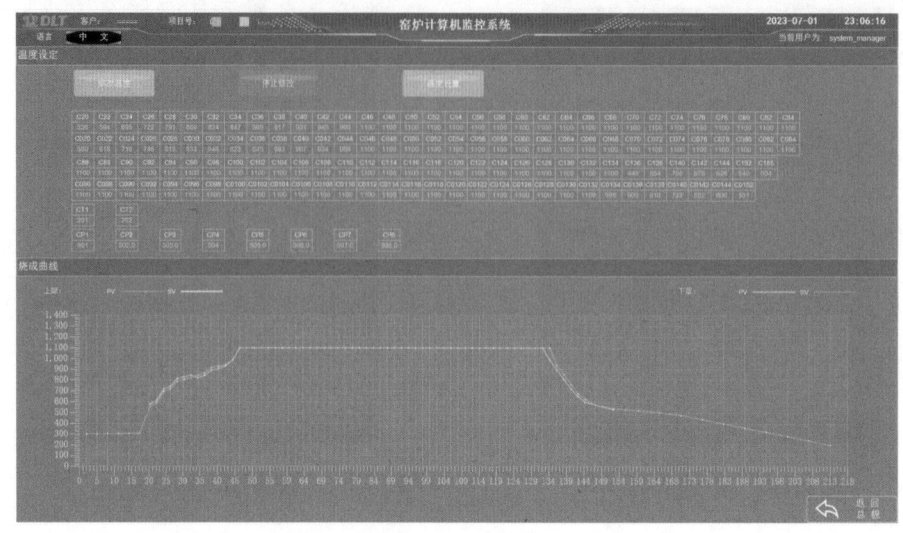

图 2-122　温度设定

（3）空窑管理设定

能够设定“空窑”温度、“正常”烧成温度。当空窑或砖坯间距过大时，空窑区域之间的温度将自动降低到“空窑”温度，同时关闭预热带和冷却带的烧嘴燃气；当砖坯正常到位时，连续砖坯之间的区域自动开气、点火，并恢复到“正常”烧成温度。通过“空窑”管理，根据砖坯运行状态有针对性地控制温度，防止无产品时浪费燃料保温，达到节能降耗的目的，如图 2-123 所示。

最大空窑距离 10　最小进砖距离 5　配方名称 空窑管理　值组名称 SV值

名称	调节值	调节梯度	开始距离	结束距离	电磁阀电源开关	分段空窑开关
C07	500	0	5	-5	□	☑
C09	600	0	5	-5	□	☑
C11	700	0	5	-5	□	☑
C011	800	0	5	-5	□	☑
C13	900	0	5	-5	□	☑
C013	1000	0	5	-5	□	☑
C15	1100	0	5	-5	□	☑
C015	1200	0	5	-5	□	☑
C17	1100	0	5	-5	□	☑
C017	1000	0	5	-5	□	☑
C19	900	0	5	-5	□	☑
C019	800	0	5	-5	□	☑
C21	700	0	5	0	□	☑
C021	600	0	5	0	□	☑
C24	500	0	5	0	□	☑
C28	400	0	5	0	□	☑

读取温度值
下载温度值

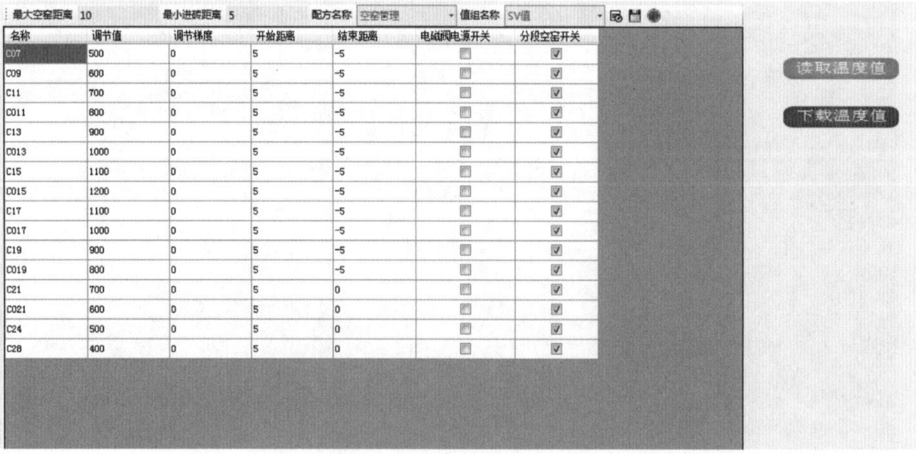

图 2-123　空窑管理设定

（4）能耗计算基础数据设定

录入能耗计算的基础数据，如瓷砖规格、单位产品质量、每排砖数、燃气热值等，为产量、能耗提供计算依据，如图 2-124 所示。

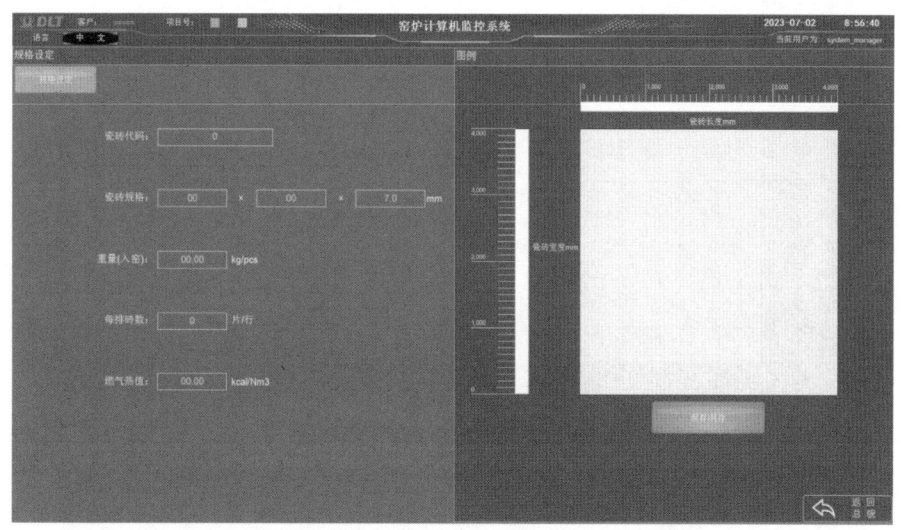

图 2-124　能耗计算基础数据设定

（5）助燃风开度设定

通过对不同烧嘴组的助燃风开度设定，可以实现燃料和助燃风精确控制、按比例燃烧，达到节能降耗的目的，如图 2-125 所示。

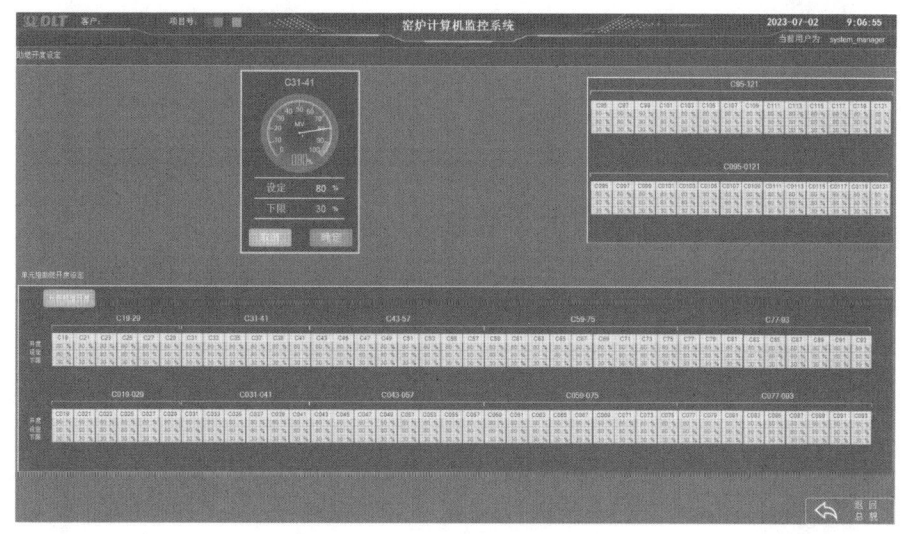

图 2-125　PPC 系统设定

4. 记录

系统能够自动、定时将烧成有关数据存入 SQL（Structured Query Language，结构化查询语言）数据库，可以查询报表、调阅以前的历史数据，便于查找非正常状态出现产品缺陷、故障等的原因，如图 2-126～图 2-129 所示的风机运行频率记录报表、传动运行频率记录报表、烧成温度记录报表和产量能耗记录报表等。

图 2-126　风机运行频率记录报表

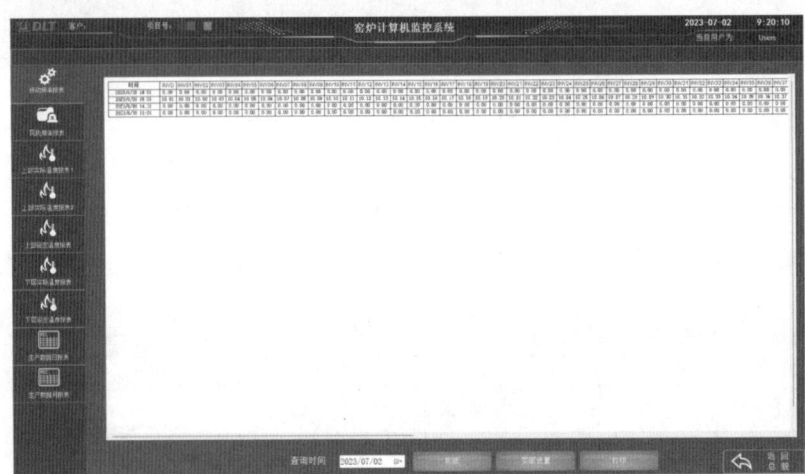

图 2-127　传动运行频率记录报表

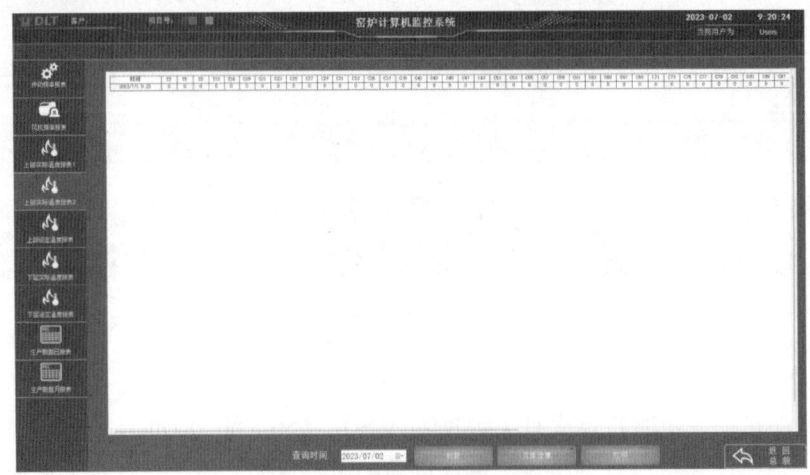

图 2-128　烧成温度记录报表

图 2-129　产量能耗记录报表

2.4.2.3　节能系统

1. DHR（Distributed Heat Recovery，分布式热回收）系统

研发出高效接力回收冷却的余热系统，将窑炉末端热风送到缓冷区、急冷区经过多级接力加热后，回收的热风再分别用于助燃、坯体干燥，节能明显，并实现了近零排放，如图 2-130 所示。

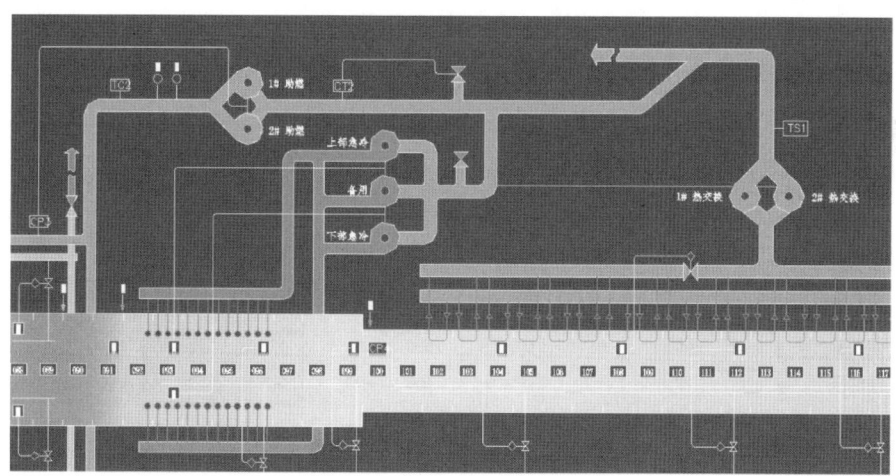

图 2-130　DHR 系统流程图

2. EH（Enhanced Heattransfer，强化热传递）换热系统

通过换热器将窑头排烟的热量传递给干净空气，降温后的烟气送去集中进行环保处理（如脱硫、脱硝等），干净热空气用于窑前干燥、釉线干燥或多层干燥窑前部。通过信息化系统、程序控制，在"空窑"等非常规状态，干净热空气的热量优先用于釉线干燥和窑前干燥器，如图 2-131 所示。

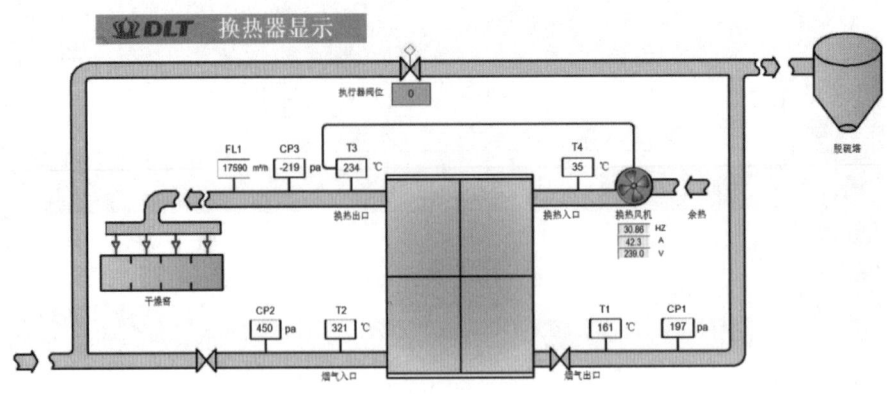

图 2-131　EH 换热系统控制示意

3. PPC（Proportional Process Control，比例过程控制）系统、OCE（Optimal Combustion Efficiency，优化燃烧节能）系统

研究出分区精准控制的燃烧技术和结构，解决了烧嘴风、气配比混乱的问题，使不同温区的每组烧嘴燃烧状态基本一致，气氛、温度更均匀，也更省燃料。不同功率的烧嘴，根据温度曲线进行分区安装，同时在每支烧嘴风、气入口增加节流装置，以保证同一区进入每支烧嘴的风、气量基本一致，从而保持燃烧稳定；按照温度高低对每区燃气电动阀位的范围进行限制（有些区不能开到 100%，也不关到最小点火位），即使窑内温度出现大幅波动，燃气量也不会急剧增减。通过"面对点、点对点"的精准控制，实现了每支烧嘴都能节省燃料，同比可以节约 2%。每一组助燃风单独下管，可以精确控制助燃风的供给量，严格控制空气过剩系数，每组助燃管均从窑炉顶底的中间进入总管，再往两边分，保证两边风的均匀性，如图 2-132 所示。

	第26节		第38节		第50节		第62节		第78节	
比例	11.8		17.9		14.3		18.1		16.8	
燃气流量	35.906	m³/h	23.680	m³/h	14.180	m³/h	11.428	m³/h	9.682	m³/h
助燃流量	421.462	m³/h	425.018	m³/h	203.461	m³/h	206.437	m³/h	162.560	m³/h
燃气压力	0.500	kPa	6.600	kPa	0.500	kPa	1.200	kPa	2.000	kPa
助燃压力	0.900	kPa	1.200	kPa	0.500	kPa	0.600	kPa	0.600	kPa

图 2-132　关键区域烧嘴组风、气流量比等参数

2.4.2.4　系统特点

1. 智能化

智能管理系统，可无缝对接企业管理系统，同时保证数据安全，全面配合企业迈进 5G 数据新时代。系统采用工业自动化集成控制系统，计算机自动采集、计算、分析，无线处理运行数据，实现远程控制需求。智能操控界面如图 2-133、图 2-134 所示。

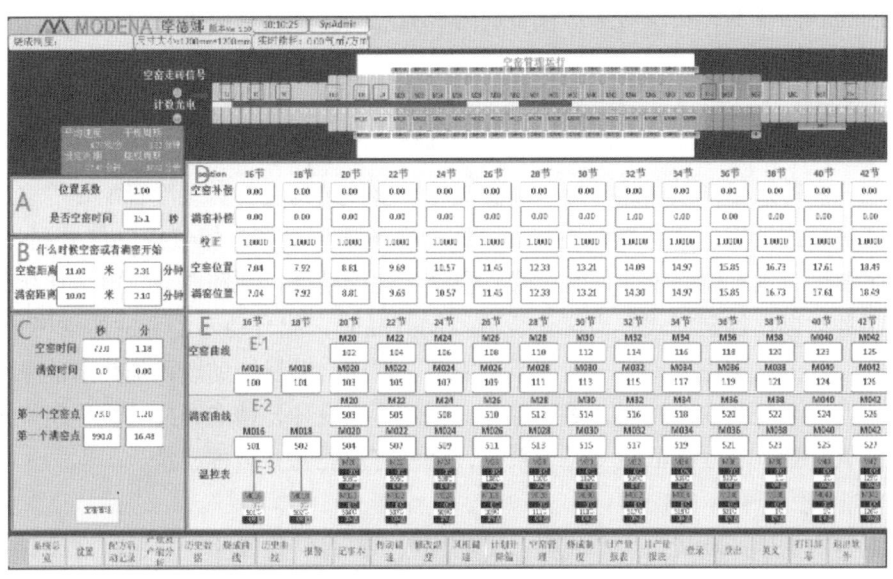

图 2-133　智能操控界面（一）

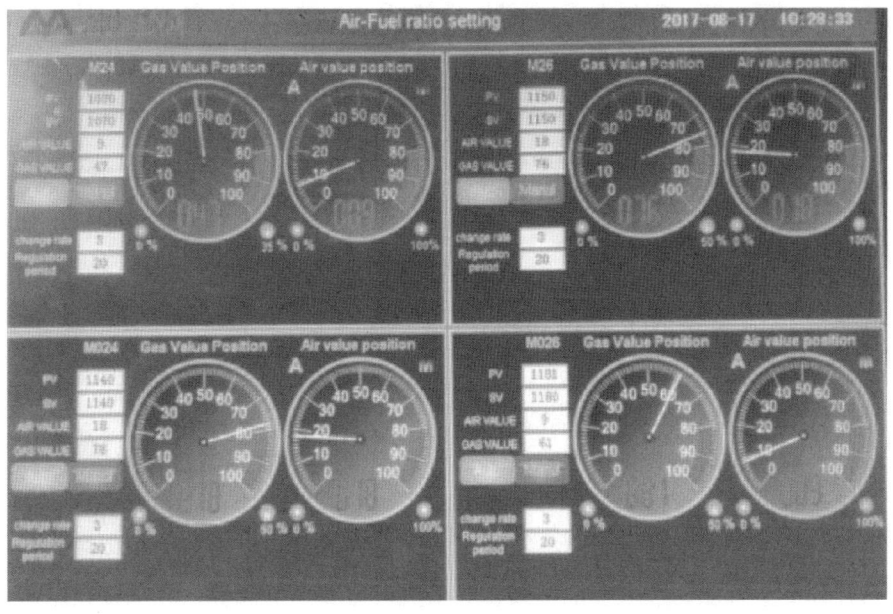

图 2-134　智能操控界面（二）

通过整合先进的自动化控制系统、智能监测和调节设备，提升生产效率、优化质量控制，并推动整个生产流程的智能化升级。通过引入智能传感器和数据分析技术，能动态调节窑炉的风机、传动、温度、压力等运行参数，通过传感器实时反馈，实现数据采集与监视控制同步，从而确保生产过程的稳定性和高效性。在质量控制方面，实时监测产品的质量指标，自动调整生产参数以纠正问题。这种智能化的质量控制方式，不仅大大提高了产品质量的稳定性，还降低了人为因素导致的质量风险。同时通过引入智能调度系统和物联网技术，实现对生产设备的远程监控和管理，从而提高设备的利用率和减少维护成本。

2. 绿色化

生产线配置双余热回收节能系统和全窑升级保温系统，在三带比例、急冷段模块的风量控制、急冷风温度预热的控制、高温缓冷区窑体结构及特殊缓冷管配置等多方位的设计都经过精准计算。在燃烧系统方面，配套电子比调系统，燃气空气信号同步反馈，带助燃风温度自动补偿修正，使每组燃气空气配比能精准控制和调节。电子比例调节器可设定多种空燃比控制模式，当窑炉烧成不同产品时，能自动匹配合适的空燃比控制，对空气和燃气的比例进行动态平衡调节。采用全智能自动反馈助燃风加热节能系统，以确保整个燃烧系统的安全性能，采用综合优化的管路设计，精准调控各烧嘴组烧成氧化带所需的氧气量，有效降低空气过剩系数，降低窑炉能耗和碳排放量。

3. 定制化

根据客户的生产环境、生产流程、工艺特点、产品特性及生产目标，在设计中对生产线进行精心的设计和调整，包括优化设备的结构、改进加热方式、提高温度控制精度、调整设备的工艺参数和优化设备的运行模式等。在切换不同产品生产的过程中，可做到快速精准一键投产，实现智能化运转，同时还充分考虑了设备的耐用性、稳定性和易用性，确保设备在使用过程中能够保持稳定运行，减少故障率，提高生产效率和设备的稳定性。

配套智能空窑管理系统，当空窑时可以实现智能调节窑炉的气氛，不影响产品品质，轻松实现"一键复产"，即使空窑后一片砖进入窑炉烧制，也可以实现正常生产，能最大化实现柔性智能生产。

2.4.3 隧道窑烧成及管控系统

2.4.3.1 超宽隧道窑烧成过程的控制

目前，一般隧道窑多数采用智能仪表 PLC 或计算机控制系统进行烧成过程的控制，包括窑车进出窑，烧成过程的温度、气氛、窑压到烧成出窑的全过程控制。

佛山兴中信工业窑炉设备有限公司的超宽体窑烧成过程采用浙大中控计算机控制系统，包括计算机、智能调节仪、电磁阀、电动执行器和热电偶等，并配置数据采集卡和机内、机外的隔离器件，利用计算机专用工控软件包进行编程开发。温度的正常与否由热电偶来检测，火焰的大小由电动执行器来调节，它们都由计算机和智能调节仪按设定的烧成曲线进行控制。计算机控制系统不仅能实现对窑炉温度的自动控制，还能实现对窑炉各系统的综合控制，并能自动记录、打印及画面语言提示，另外计算机还能根据烧成要求模拟并储存多种烧成制度曲线，同时烧成曲线参数可按需要随时修改。自动控制系统是以隧道窑装置的安全、经济、优化运行为目标的分散控制系统，它紧密结合隧道窑装置的实际运行过程，采用新型的 WEB（网络）化体系结构，突破了传统控制系统的层次模型，在保证系统高度的安全性、稳定性的同时，实现了多种总线兼容和异构系统综合集成的"网络化控制系统",国内外各种 DCS(Distributed Control System,集散控制系统)、PLC 等控制设备,都能成为系统中一个"成员",这些"成员"不仅具有独立服务于对象的处理能力和信息结构,同时又可以共享系统中任何"成员"的过程信息,十分适用于辅助设备较多、需要连续稳定运行的隧道窑控制装置。自动控制系统基于 Web On Field(现场网络)结构的公共通信环境和信息流传送,简化了隧道窑装置自动化的体系结构,增强了过程控制的功能和效率,提高了隧道窑装置自动化的整体性和稳定性,最终节省了隧道窑装置企业为自动化而做出的投资,真正体现了工业基础自动化 WEB 的应用特性,使工业自动化系统真正实现了网络化、智能化、数字化,突破了传统 DCS、PLC 等控制系统的概念和功能,也是企业内过程控制、设备管理的有机统一。

系统站点结构如下:

(1) 现场控制站。系统具有强大的模拟量与开关量处理的能力,并具有高速、可靠、开放的通信网络,具有分散、独立、功能强大的控制站、多功能的协议转换接口、全智能化设计和任意冗余配置的特点。

(2) 操作员站。系统的每台操作站均安装 Windows 操作系统和组态软件实现实时监控、数据管理及报表打印等功能,如图 2-135 所示。操作站提供流程图画面、控制分组、趋势图界面、报警界面显示等功能。

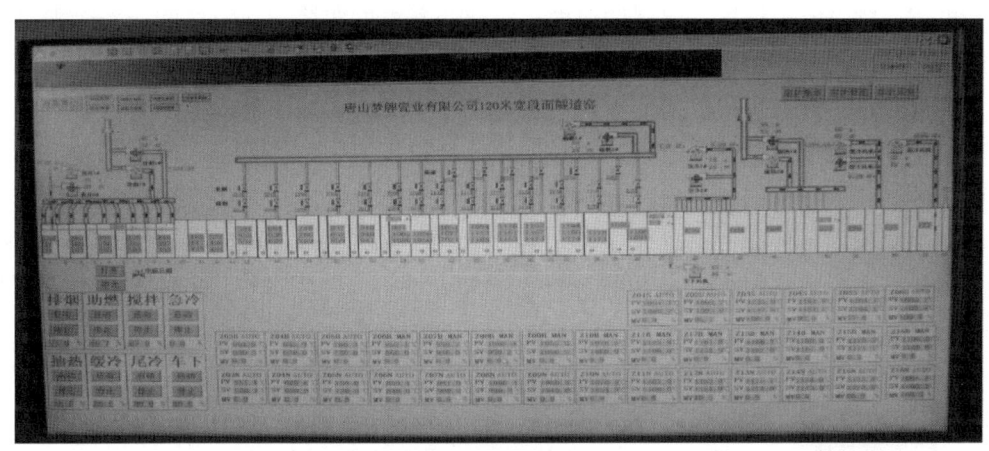

图 2-135　120m 宽断面隧道窑计算机控制系统模拟

(3) 工程师站。系统工程师站可以进行控制组态画面的在线修改,对系统数据库进行管理,并可对现场控制站进行维护。该控制系统具有高度稳定性、高度安全性、良好开放性、强抗干扰性的 DI 输入卡件、IO 通道级的自诊断功能和强大的软件功能。

在超宽隧道窑的设计和实施中采用各种有效的技术措施及计算机自动控制,在卫生陶瓷生产应用中取得了理想的效果,烧成单窑日产量可达 1000t 瓷,单位产品热耗低至 776.36kcal/kg 瓷,与传统隧道窑(单位产品热耗 1200kcal/kg 瓷)相比,节能率可达 35% 以上,节能优势明显。

2.4.3.2　卫生陶瓷隧道窑智能控制系统

索力德自主研发的隧道窑工控系统，采用“工业4.0”云平台数字化控制技术，系统包括温度自动控制、气氛自动调节、通风系统控制、机械运行、安全控制及故障报警、通信等功能。图2-136所示为隧道窑控制屏界面。

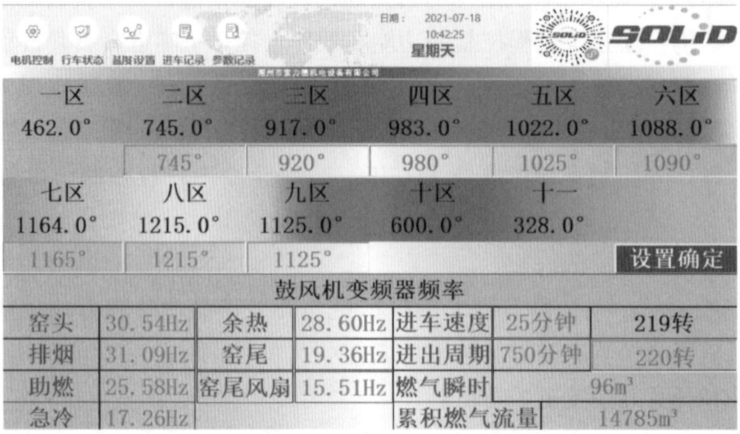

图2-136　隧道窑控制屏界面

在隧道窑中陶瓷烧成三要素包括温度制度、气氛制度、压力制度。在温度制度中，可在控制系统中设置各温区的温度，组成一条温度曲线，各温区配备一个温度控制回路，当出现窑车装载量波动或推车速度变化时，各回路自动控制该温区的烧嘴功率加大或减小，确保烧成温度的准确。在烧嘴功率加大或减小过程中，为保证火焰性质不改变，采用助燃空气与燃气同步控制，既稳定了窑中的气氛，同时由于空气与燃气同步控制，使烧嘴始终处于合理的燃烧状态，燃烧效率高、节能。通风系统的所有风机全部采用变频器调节，满足了窑内压力控制。所有运行数据，包括温度、风机、推车速度、燃气消耗等均实时记录、储存，可供历史查询。记录数据及查询界面如图2-137所示。

更新日期	一区温度	二区温度	二区设置	三区温度	三区设置	四区温度	四区设置	五区温度	五区设置	六区温度
2021-07-16 23:53:15	248.8	544	580	711	820	1033	1030	1138	1150	1192
2021-07-16 23:43:28	245.5	547	580	711	820	1032	1030	1138	1150	1191
2021-07-16 23:33:23	235.7	535	580	683	820	1039	1030	1134	1150	1189
2021-07-16 23:23:34	231	535	580	671	820	1032	1030	1134	1150	1192
2021-07-16 23:13:23	235.1	530	580	664	820	1040	1030	1135	1150	1195
2021-07-16 23:03:21	239.7	523	580	665	820	1036	1030	1139	1150	1199
2021-07-16 22:53:34	239.7	524	580	670	820	1036	1030	1140	1150	1198
2021-07-16 22:43:23	246.3	520	580	683	820	1037	1030	1143	1150	1199
2021-07-16 22:33:12	245.1	519	580	692	820	1038	1030	1142	1150	1199
2021-07-16 22:23:17	248.8	531	580	710	820	1042	1030	1144	1150	1197
2021-07-16 22:13:21	239.2	528	580	708	820	1036	1030	1144	1150	1198

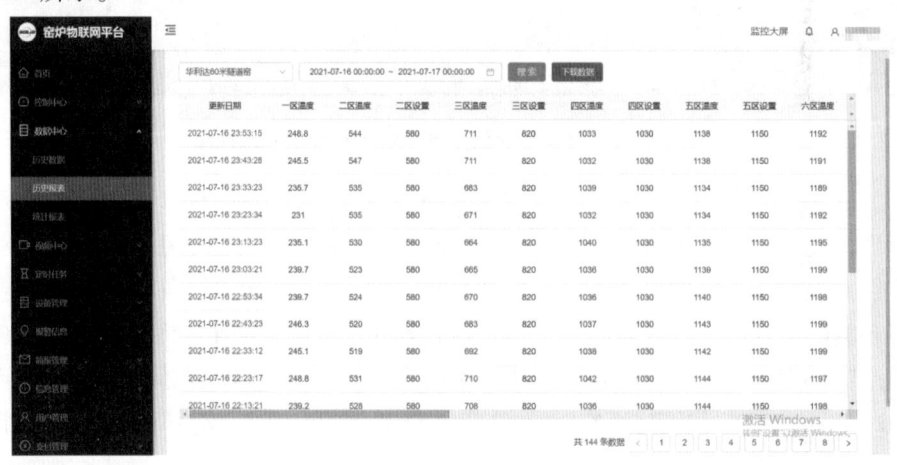

图2-137　记录数据及查询界面

烧成质量跟踪：为生产提供大数据，行车系统全动作循环采用工控机程序自动控制，避免人工推车失误，操作面板如图2-138所示。

控制系统中的数字化通信功能，可通过窑炉物联网平台，再连接至各用户终端及索力德管理员，实现远程实时数据采集、储存、查询，为设备的管理、服务提供优越条件。控制系统模块结构如图2-139所示。

图 2-138　操作面板

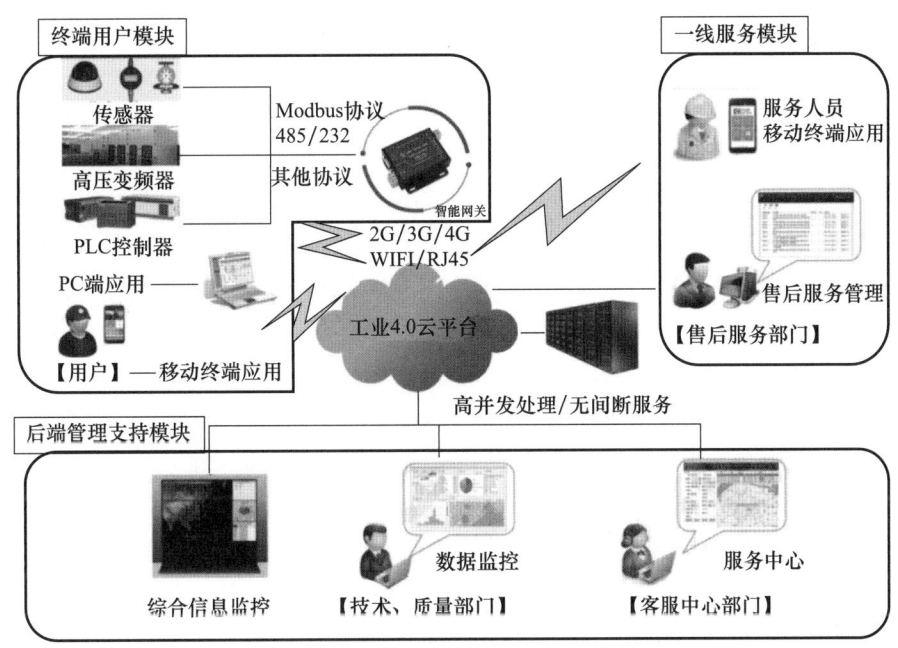

图 2-139　控制系统模块结构

完善的控制功能很大程度降低了对操作人员的依赖及人为带来的不稳定因素。

系统包括数字化云控平台和窑炉工控机两部分，根据陶瓷生产实际需求和窑炉的专业特点开发设计。

1. 控制系统的特点

（1）专业化、针对性强

围绕陶瓷隧道窑的固有特点、专业控制要求、实际数据需求配套设计，解决了通用平台数据量大、实用功能不足的问题。

（2）适应性强

系统由窑炉设计制造单位开发，对窑炉不同的控制方法、不同的产品烧成、不同的使用环境、操作及管理人员都具备全方位适应条件。

（3）实用性强

由于是专业的窑炉控制系统，对窑炉运行中可能影响烧成质量、成本关联指标、安全工作等的主要部分进行细化及提示，简化非专业所需项目。

（4）人性化，可操作性强

操作系统的不同页面、不同栏目汉字（出口窑用英文）显示直观，各控制项目设内置自动反馈循环，减少外部人工控制，简单易懂。

（5）可靠性强

云控平台的应用，经若干次更新后的新版本已使用多年，成熟可靠，现场工控机选用知名品牌PLC搭配触摸屏，可靠耐用。

2. 功能

（1）数字化，远程云控

系统采用现场工控机和云控平台，可远程使用手机或计算机进行数据实时显示和控制、历史数据查询、主要数据自动统计并进行计算和简报信息发送。

（2）工控系统

①温度、气氛控制：按陶瓷产品的不同工艺要求，设置各区段温度，当出现不同装窑密度时，仍可确保区段温度不变。在控温过程中，调节烧嘴功率大小时，空气和燃气同步控制，既稳定了窑内气氛满足产品烧成质量，又确保烧嘴处于良好的燃烧状态，节能。

②通风风机控制：各风机岗位采用变频器控制，按不同需要，对有压力稳定要求时，采用传感器测压后反馈控制，对恒量通风时直接采用变频器调节。

③机械运行：窑车运行窑内、窑外自动循环，对不同推车机构采用不同连接方式，全部采用无级变速慢进快退，相关行车动作按要求设置联锁或互锁，确保行车安全。

④安全保护：对燃气安全工作系统，配备安全自动关闭或自动开启，并与关联风机岗位联锁动作，各风机岗位、窑车运行设故障检测及报警、窑车循环动作超时报警，确保运行安全。

⑤使用过程远程售后服务

由于用户使用人员参差不齐，对于部分用户使用过程出现异常情况，可通过平台查看实时数据，诊断异常原因，指导修改参数，准确、快速解决问题。

⑥窑炉运行数据自动记录、储存、查询，既可为生产管理监督提供帮助，同时，对变换产品结构时可提取历史数据借鉴，对于需改变或创新烧成方法，也可前后数据比对。

⑦每日简报，窑炉运行主要指标、推车数、烧成周期、产量、耗能量、燃气单耗、

每天为一周期，平台自动统计、计算及报送。

3. 窑炉控制系统使用效果

（1）稳定、可靠

一方面，由于功能设计合理，温度、气氛、压力可靠控制，既提高了产品烧成质量，又达到节能目的，带来良好的经济效益；另一方面，成熟的控制系统且可靠运行工作，减少了人为操作失误及故障停机带来的损失，提高了经济效益。

（2）降低使用技术难度，减少对熟练人员的依赖

由于系统简易化、直观、适应于远程服务指导，降低了对操作人员的技术要求，同时，自动化、智能化还可减少用工人数。

（3）管理方便

运行数据的自动采集、记录、储存、查询，既无须操作人员报送数据，又可远程获取准确数据，为日常的生产管理、数据统计提供帮助。有企业建立能管中心时，可将窑炉数据接入能管中心或在线直接传送给上级主管部门。

2.4.3.3 发泡陶瓷隧道窑智能化

（1）发泡陶瓷隧道窑简介

传统发泡陶瓷隧道窑以装载单层为主，产量较低，而德力泰公司设计的隧道窑可装载多层，由穿过耐火保温层直插窑车金属座的碳化硅支柱和主梁、次梁、垫板等组成的、结构坚固稳定的多层装载架来装载产品。在同一窑车上每增加1层则产量可翻倍，因此产量大。

当窑车每次进入窑内烧成后，其耐火保温层接触火面、装载架的温度与坯体一样吸热升温，烧好后降到出窑温度，然后再装粉料入窑烧成，如此不间断循环生产。在同等条件下，装载3层的窑车每次进出消耗的热量比单层少了2/3（单层产品时，窑车自身带出的热量与产品消耗的热量折算为1∶1，装载3层时，窑车耐火保温层厚度、质量、散热量与单层接近，相当于窑车消耗的热量仅为产品的1/3），加之产品因层间距减小，传热效率更高、窑体散热占比减小等因素的影响，单位产品的能耗下降。图2-140为烧成包装后的发泡陶瓷板，图2-141为窑车的3层装载图。

图2-140　烧成包装后的发泡陶瓷板

图 2-141　发泡陶瓷板烧成的 3 层装载图

(2) 自动化、智能化技术

图 2-142 所示为烧发泡陶瓷隧道窑窑车控制示意。

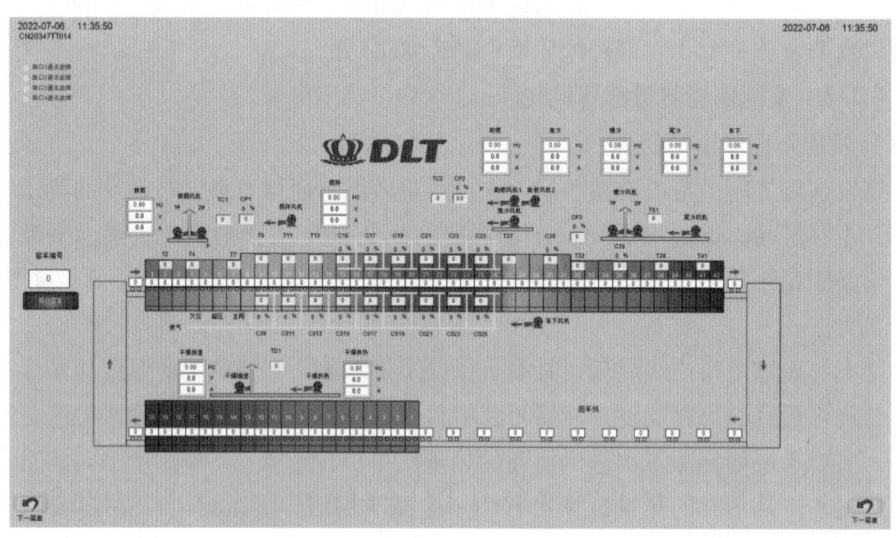

图 2-142　烧发泡陶瓷隧道窑窑车控制示意

①开发出自动装卸结构的技术,实现了发泡陶瓷流水线、自动化生产,效率高且节省人工。

针对面积大的板材,采用同步伺服电机、V 形带结构、移动式布料技术和翻转料斗左右刮平结构,通过设置的路径、时间移动布料,保证线、面的布料量一致,运行平稳、定位精准、布料均匀。

针对发泡造成的不规则大型板材(非机加工件,因布料、温差等因素,高温发泡形成的板材难以保证每边的每点、面为直线状态,会出现凹凸、弧形边等情况),采取多个对夹式结构,通过气缸控制,每对同时动作夹住板材,根据板材尺寸自动张紧,上升后放入自动平移到板材底部的托架上再移走。即使板材尺寸不一,也可确保每个对夹机构夹住板材;由于这个对夹式结构仅需上升和下降一点距离,而板材放到另一个平移式托架上,整个过程非常平稳,几乎不会出现滑落或破损的情况,大大提高了产品合格率，卸板效率也很高。图 2-143 所示为创新多层布料机，图 2-144 所示为卸板机。

图 2-143　创新多层布料机

图 2-144　卸板机

②研制了减少窑头漏风的双窑门结构，节电且窑压稳定

在窑头设有进车置换室和双道窑门，具体由置换室密封框架、1 号窑门、2 号窑门和窑门升降系统组成。当托车将布好粉料（发泡陶瓷板是由粉料经高温熔融、发泡、冷却后形成多孔的板状材料）的窑车送入隧道窑入口后，由行程开关或光电感应开关提供电信号给 2 号窑门控制系统，与窑体相连的 2 号窑门关闭，与外界相通的 1 号窑门打开，托车送入窑车后，1 号门关闭，2 号窑门打开，完成窑车进窑置换，过程中隧道窑入口始终与外界处于封闭状态，避免了窑车进入窑内过程中窑外漏风影响排烟抽力和增

加风机功率，达到节电和稳定窑压的目的。同类窑炉，窑车进入窑头过程中窑压波动较大，造成产品质量不稳定。窑炉实体中窑头特殊密封结构如图 2-145 所示。

图 2-145　窑头特殊密封结构

（3）能源管理预警系统

能源管理预警系统除了自动控制温度、部分风压外，还将一系列传感器、PLC、计算机和传动装置进行集成，可以根据进出量、耗气量自动计算产品的单位能耗，当出现异常状况时，会预警并提醒操作人员及时调整，这样窑炉使用能源更加合理。

能源管理预警系统如图 2-146 所示。

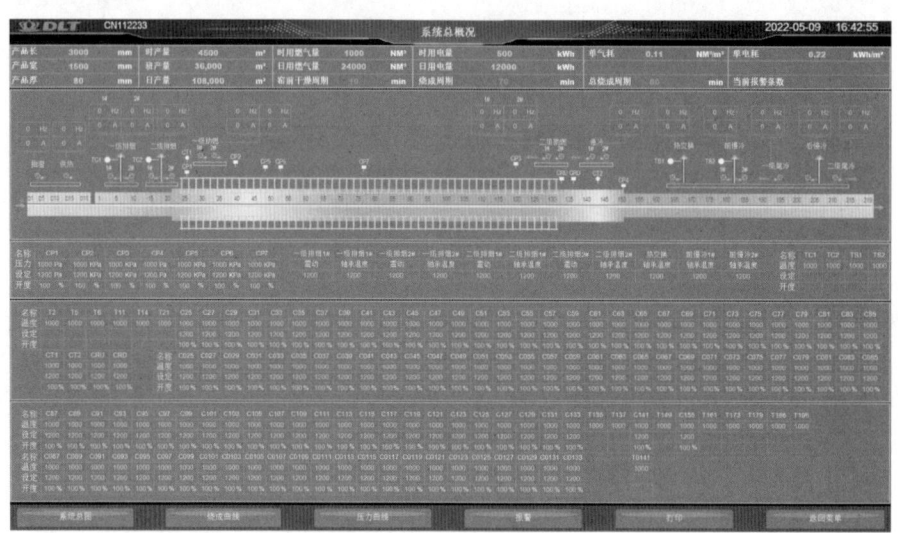

图 2-146　能源管理预警系统

（4）M-App（Mobile Application，移动应用）云控系统

M-App 云控系统可以对窑炉故障、运行状态等进行远程分析和优化，采取方法为：

①远程实时监控生产状况；

②远程实时查看工控系统的大数据分析；

③远程诊断设备运行状况；

④使用大容量储存、性能稳定的工业控制型计算机硬件设备。

M-App 云控系统如图 2-147 所示。

图 2-147　M-App 云控系统

（5）MCG（Message Control Group，消息控制组）手机信使服务系统

MCG 手机信使服务系统可以随时贴心地为用户提供窑炉运行的实时信息，使窑炉管理变得轻松、简单。可以定时接收产量、燃料消耗运行数据；实时接收重要的设备故障报警信息。

MCG 手机信使服务系统如图 2-148 所示。

图 2-148　MCG 手机信使服务系统

2.4.4 梭式窑烧成及管控系统

梭式窑以其烧成工艺灵活，可选择不同温度、不同气氛、适应性强等特点，广受厂家推崇。其可适应大件产品的烧制，如日用陶瓷、卫生洁具、电瓷等；又可针对不同规模产品进行生产，特别是小批量陶瓷产品的生产，对特殊工艺、精品都能适应，可随意启停，无须24h作业，有利于工人的正常休息，更加人性化。

梭式窑在陶瓷生产中占据重要地位，但当前该类型窑炉设备依然比较粗犷，操作系统相对落后，梭式窑多为人工操作，烧制时间、温度可调，具有人为变数，多靠熟练工人凭经验烧窑，存在较多影响因素，降低了陶瓷烧成质量，同时也不利于成批量生产。对此，分析智能化控制系统对提高梭式窑的烧成质量、代替并解放劳动力很有必要。

（1）控制系统

控制系统分工艺控制、操作系统、安全系统、管理系统等多个方面，而且多数控制是从开窑点火到烧成产品出窑一条曲线，而不是一个点，不像连续性隧道窑，如图2-149所示。

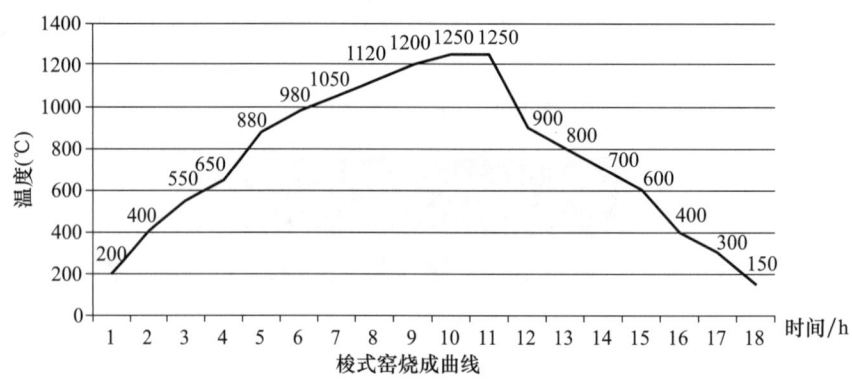

图 2-149 梭式窑随烧成时间变化的温度曲线

由于是烧陶瓷的梭式窑，所以需要突出陶瓷烧成的工艺过程，将工艺控制分温度、压力、气氛控制，满足陶瓷烧成的三大要素。三要素通过 PLC 数据和仪表中数据相结合、自整定生成 PID（Proportional-Integral-Derivative，比例积分微分）参数，精度可以达到 0.1。

操作系统既考虑了本行业从业人员的现状特点，又考虑了不同群体以及人性化，围绕简单、易懂、方便、可靠等因素进行设计。

控制方法采用高速阀位执行器配合空/燃比例阀控制，既能达到快开快闭模拟脉冲功能，又能单独调节大小功率而不互相影响，操作简单、维护方便。操作系统界面如图2-150所示。

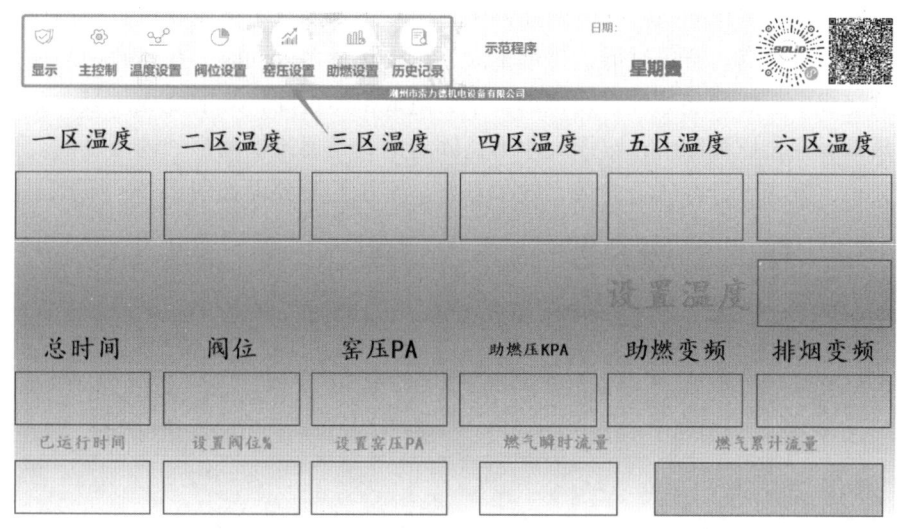

图 2-150　操作系统界面

安全生产是陶瓷企业生产中极为重要的问题，燃气窑炉因其使用燃气，同时烧制温度普遍在几百到上千摄氏度以上，安全问题尤为重要，所以设置了多重保护和报警装置。

管理系统根据生产实际需要，一方面将所有工艺参数数字化，并对数据进行记录存储；另一方面，通过远程管理，将数据接入企业网络管理系统。

陶瓷企业在使用智能管理系统时，事先设置好运行数据，系统启动后窑炉将自动运行，包括加热过程的各种工艺控制，加热结束后自动切断燃气，转入自动降温，降温结束后自行切断电源。烧制过程可在车间无人的环境下进行，管理人员只需要通过远程数据观察，系统可实现自动温差报警、失压报警等各种类型提示功能。选择夜间进行升温烧成，白天进行出窑装卸工作，既能够充分利用时间，又有利于车间人员的工作安排。

（2）系统功能

①温度控制

温度控制是陶瓷烧成中最常见又是最重要的功能，在温度控制中需要克服梭式窑内的温度死角，其关键是将窑内空间网格化，各小区域按同一温度曲线同步跟踪，使窑内温度均匀，缩短烧成时间。由于烧成过程按烧成温度曲线运行，各点都在动态变化中工作，烧嘴功率都在改变，为稳定火焰性质，配备了空/燃比例调节装置、功率执行机构、传感器、温控仪等形成一个闭环控制系统。通过 PID 算法可以使温度得到精准控制。

雅加达洁具公司采用本温度控制系统后，克服了原来自吸式梭式窑烧成中的温差问题，成品率提高 18%，产品质量 A 级产品提高 37%，烧成时间减少 110min，能耗降低 33%，取得了非常好的烧成效果。

②压力控制

压力控制突出窑压，同时还有助燃风压。对于窑压，一方面关系到挥发物和烟气的排出，另一方面起稳定气氛作用。在设计中采用直接检测窑内窑压值进行控制，按不同阶段工艺要求设定窑压曲线。在陶瓷坯体中自由水蒸发期设定窑压较低，高温段窑压较高，还原期窑压更高。窑压过低，排烟量大，带走热量多，同时，在还原期易增加漏风量，影响烧成中必要的还原气氛；排烟量小会造成窑压过高，影响烧成质量，且增加窑壁的散热量。在窑压控制中，窑压大小不是固定的，是通过检测窑炉内温度的变化来改变压力大小，预先设计好压力曲线，效果良好。窑压控制界面如图 2-151 所示。

	1	2	3	4
窑压	−20	−15	−5	0
温度	200.0℃	400.0℃	600.0℃	820.0℃
	5	6	7	8
窑压	10	10	15	15
温度	890.0℃	1000.0℃	1100.0℃	1250.0℃
	9	10	11	12
窑压	20	20	20	20
温度	1250.0℃	1250.0℃	1250.0℃	1260.0℃

图 2-151　窑压控制界面

③气氛控制

烧成气氛是多数陶瓷烧成工艺特有的要求，既关系到产品烧成质量，又关系到烧成能耗，设置不同烧成阶段空气比例，以改变烧成中气氛，不管是氧化烧成还是还原烧成，气氛控制都至关重要。过高空气过剩系数，能耗高，氧化期空气过剩系数不足，不利于陶瓷坯体中有机质的氧化，影响产品的色泽及质量。还原期空气过剩系数过高形成不了还原气氛，所以，选择合理的气氛曲线对提高产品烧成质量、节约能源至关重要。在控制中，按一定的含氧量的模拟量，以改变助燃空气的百分比实现改变空气过剩系数，为更好适应工艺需要，同样以温度为基准搭配空气的百分比去设置气氛曲线。气氛控制阀位设置界面如图 2-152 所示。烧成气氛不合理带来的产品缺陷如图 2-153 所示。

	1	2	3	4	5
阀位	80%	70%	70%	70%	70%
温度	200.0℃	300.0℃	400.0℃	600.0℃	800.0℃
	6	7	7	9	10
阀位	80%	70%	75%	70%	70%
温度	900.0℃	1000.0℃	1050.0℃	1150.0℃	1200.0℃
	11	12	11	14	15
阀位	65%	65%	65%	65%	65%
温度	1230.0℃	1280.0℃	1280.0℃	1300.0℃	1400.0℃

图 2-152　气氛控制阀位设置界面

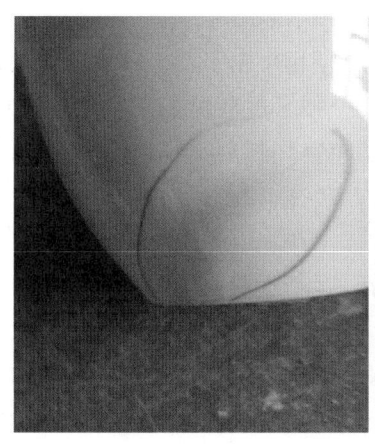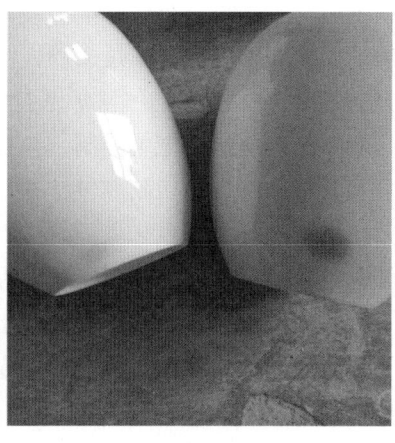

图 2-153 烧成气氛不合理带来的产品缺陷

通过自动控制系统的气氛改变既提高了产品质量，又降低了能耗。景德镇某集团公司通过系统的介入，改变以往对人工操作的依赖性，提高了产品的稳定性，产品质量提高了 23%，烧成时间减少了 70min，能耗降低了 46%。

④操作系统

操作系统界面如图 2-154 所示。系统设计注重简单、易懂、方便、可靠。目前陶瓷行业从业人员中技术素质参差不齐，难以对操作人员有过高的要求，系统中直接在触摸屏操作，界面中有直观数据显示，为避免不慎操作错误，输入结束后需要确认才能生效，非常简单方便。控制系统架构图如图 2-155 所示。

图 2-154 操作系统界面

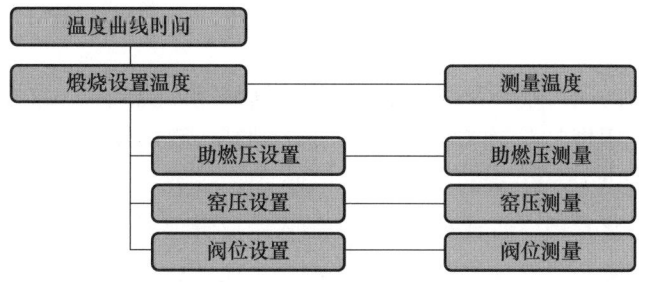

图 2-155 控制系统架构

⑤安全系统

燃气窑炉的安全非常重要，在过去燃气窑炉使用中出了不少事故，广东省针对这个问题出台了强制性地方标准《燃气窑炉系统安全技术规范》（DB44/294—2006），在本系统设计中，对燃气系统层层把关控制，包括助燃、排烟、燃气压力、烧嘴的工作，任何工作数据显示异常，将自动切断燃气，并发出警报。

⑥管理系统

管理系统包括故障显示、数据显示及储存，运行远程监控，由于整体窑炉是多系统控制，且有各种辅助机械设备，当出现系统工作异常或故障时，屏面出现故障提示，对于用户，不管是企业网络、办公室或是相关人员通信设备，都可以实时显示窑炉运行数据，实现了生产建档及数据可查，系统自动记录数据并储存。目前，采取每5min自动记录一次数据。数据自动记录统计报表如图2-156所示。

统计报表

时间	TC1	TC2	TC3	TC SET	KP	CSP	value	UP TIME	time
2018-08-01 14:56:47	1150.5	1146.4	1149.7	1150	15	1.3	40	506	807
2018-08-01 15:01:47	1152.4	1150	1152.8	1153.2	16	1.3	40	511	807
2018-08-01 15:06:47	1157.6	1152	1159.9	1157.2	9	1.3	40	516	807
2018-08-01 15:11:47	1160.4	1158.4	1161.8	1161.2	18	1.2	40	521	807
2018-08-01 15:16:47	1164.5	1161.3	1167.7	1165.2	16	1.3	40	526	807
2018-08-01 15:21:47	1169.1	1164.1	1170.1	1169.2	14	1.2	40	531	807
2018-08-01 15:26:47	1173.6	1169.5	1174.9	1173.2	12	1.3	40	536	807
2018-08-01 15:31:47	1178.8	1175	1179.6	1177.5	12	1.3	40	541	807
2018-08-01 15:36:47	1182.1	1178.5	1184.5	1182	17	1.3	40	546	807
2018-08-01 15:41:47	1185.8	1182.7	1187.1	1186.5	11	1.3	40	551	807
2018-08-01 15:46:47	1192	1186.6	1193.6	1191	6	1.3	40	556	807
2018-08-01 15:51:47	1196.2	1191.6	1194.1	1195.5	21	1.3	40	561	807
2018-08-01 15:56:47	1199.9	1196.9	1204.5	1200	10	1.2	43	566	807
2018-08-01 16:01:47	1202.5	1203.4	1204.7	1203.2	12	1.3	43	571	807
2018-08-01 16:06:47	1206.5	1204.8	1210.7	1207.2	15	1.3		576	807
2018-08-01 16:11:47	1211.9	1210.3	1212.8	1211.2	14	1.3	43	581	807
2018-08-01 16:16:47	1215.7	1213.2	1214.4	1215.2	13	1.2	43	586	807
2018-08-01 16:21:47	1219.1	1218.8	1220.2	1219.2	14	1.2	43	591	807
2018-08-01 16:26:47	1223.7	1222	1223.8	1223.2	14	1.3	43	596	807
2018-08-01 16:31:47	1227.7	1227.6	1228.4	1227.5	11	1.3	43	601	807
2018-08-01 16:36:47	1232.5	1229.5	1236.4	1232	11	1.3	43	606	807
2018-08-01 16:41:47	1237.4	1234.1	1240.7	1236.5	7	1.3	43	611	807

图2-156　数据自动记录统计报表

（3）结论

对于采用陶瓷梭式窑的生产企业来说，智能控制系统实现了远程处理窑炉异常、故障，减轻了售后运营成本，提升了企业产品核心竞争力，推进了窑炉产品的标准化、规范化和稳定性的提升。

智能控制系统简单易操作、可靠、安全性能高，能让企业摆脱对操作工的技术专业性的依赖，一般的操作人员只需要懂操作电子产品即可。通过简单培训，就可以代替原有的专业技术人员进行操作。

突出陶瓷烧成的三要素，智能化控制增强了陶瓷制品烧成的一致性、重复性和稳定性，提高产品烧成质量，在生产中既减少了能源消耗，更加绿色环保，大大地提升了窑炉企业产品核心竞争力。

数字化、无纸化管理，通过网络将窑炉纳入企业管理平台，借助互联网建立智能工厂，大大提升了陶瓷企业的自动化水平，为陶瓷企业“智能化控制”提供有力的支撑。

2.5 抛 光

针对建筑陶瓷企业后工序传统抛光生产线段的问题，以提高陶瓷行业的数字化、信息化水平，促进传统制造业转型升级为目的，结合企业本身具有的工艺装备、技术水平等实际情况，进行集中管控智能抛光线的研发。

集中管控智能抛光线是基于数据采集与监视系统（Supervisory Control and Data Acquisition，SCADA）开发的集中管控陶瓷抛光机、超洁亮机、磨边倒角机、打蜡机等设备，集智能化、信息化、互联技术于一体的陶瓷抛光线，数据库与陶瓷企业的 ERP/MES 集成互联。

主要从以下几方面进行研究：

（1）数字固化操作者的经验数据，实现一键转产整条生产线工艺参数，产品规格调整时自动将整条线的工艺参数全部调整到匹配的数值中，并且可储存调用。

（2）生产管理，用电量、产量自动记录，自动计算单位平方能耗；产量、能耗、磨具消耗报表的生成与打印。

（3）设备管理，各设备工作状态监控，实时报警，历史报警记录。

（4）图形接口控制，操作者能够通过图形接口直接远程操作各设备的启停，抛光机和超洁亮机单个磨头压力调节。

（5）维修保养，各设备润滑保养到期自动提示，并收集记录维修保养数据。

（6）数据展示，把数据库中的信息作可视化呈现，如设备运行时间、停机时间、故障时间图形展示，工作电压、电流及用电量图形展示，班次产量图形展示等。

（7）数据库集成互联，可与企业管理（ERP、MES 等）实现双向交互数据。

（8）采用 AI 专家系统的先进算法技术，提升陶瓷生产标准化程度。AI 专家系统利用各设备控制器的边缘计算，对尺寸检测仪检测的尺寸、对角线数据拟合，进行磨边轮磨耗趋势的算法，对产线运行的参数标准量化，实现数字化作业。并与各设备的控制器集成互联，减少产线联调时间，降低生产成本。

该系统可储存调用多种规格瓷砖深加工的各项工艺参数，实现整线一键转产，大幅提升生产效率，减少对人工经验的依赖，降低人员技能要求；同时可实现报表自动生成、设备状态监控及报警、维护保养提醒等功能，大幅提升陶瓷深加工工序数字化、智能化水平。

2.5.1 抛光机

在抛光机的控制页面中，如图 2-157 所示，分别对参数、操作、磨头进行了分区。而在抛光机设备图片周边，除了当前生产状态栏以外，设计了后设备联锁、主皮带运行以及照明关三个按键，方便用户对设备进行快速操作。在参数模块中，显示了前横梁相关参数、后横梁相关参数、主皮带速度、主皮带延时启动时间、缺砖延时停止时间、进砖线架速度等多个可控参数和自动避让功能、缺砖控制、堵砖超时的开关。对于抛光机设备的操作，集中在对前横梁、后横梁及主皮带的移动进行操作，以及对横梁加油润滑循环次数、间隔时间的调整。在页面的最下方，对整个抛光机20个磨头各自的目数、磨料进行监测，并可以对磨头目数、磨料报警值进行修改。

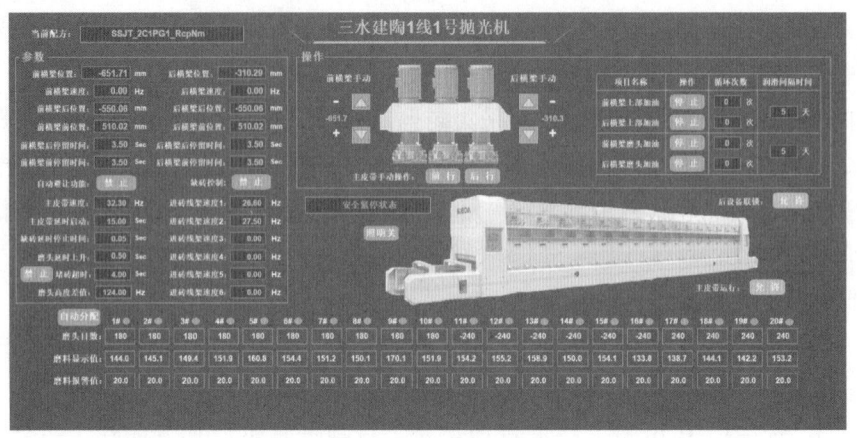

图2-157　抛光机监控页面

2.5.2　超洁亮机

如图2-158所示，在超洁亮机监控页面中，加入了联锁状态输入监视、位置检测、进砖检测的IO（Input and Output，输入与输出）点，方便用户对超洁亮设备的运行状态进行监视。在参数模块中，除可以对传动、缺砖、出砖、磨头磨轮、编码器、前后面板传动等相关参数进行监测控制外，还增加了设备急停、空砖运行状态的提示。磨头模块中，显示了磨头、磨轮组、磨盘的状态和磨轮组故障报警信息，并可对磨头的下降位置、上升位置进行实时调节。

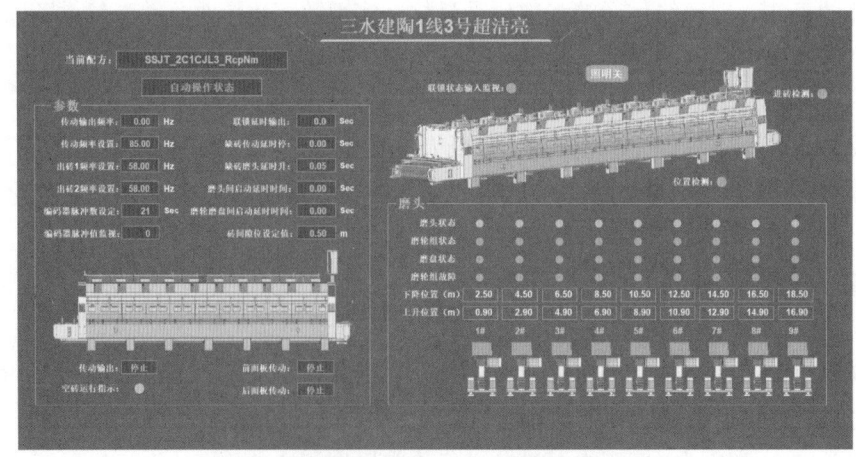

图2-158　超洁亮机监控页面

2.5.3 磨边机

在磨边机监控页面中，除了后设备联锁与主皮带运行的便捷开关以外，加入了对进砖线架运行的控制按键。参数模块中，除了可以调整延时对中参数、倒角延时上升与下降参数、各类速度参数等，还加入了运行、停机、故障以及堵砖超时时间，外加每片砖平方数、进砖数、进砖平方数和瓷砖规格等生产状态信息。除此之外，还有三相电流、电压以及用电量参数，对设备能源使用有一个直观的展示。保养模块中，可以对对中、推砖、调宽、转臂、磨边头、倒角头、活动轮、主传动八大保养项目进行停机操作与润滑间隔时间设置，如图2-159所示。

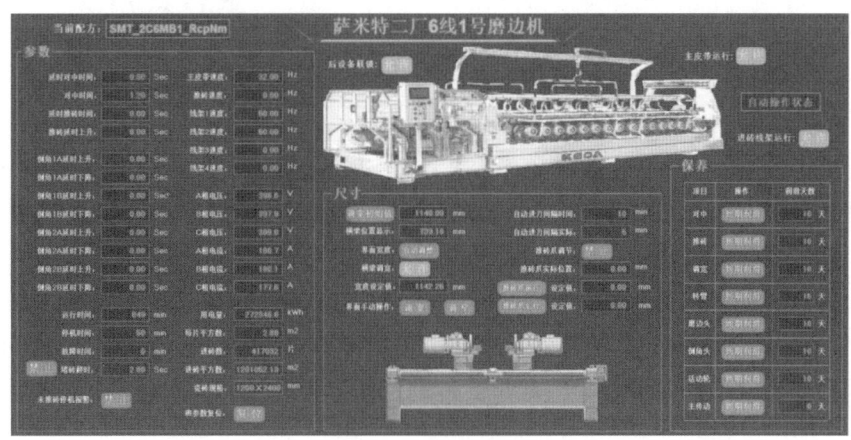

图2-159　磨边机监控页面

尺寸模块中，根据同一生产线上不同工作任务的磨边机进行差异化开发。如图2-160所示，该磨边机只有一条横梁以及一个推砖爪，只需要对该横梁、界面宽度、自动进刀间隔、推砖爪进行显示与操作。而如图2-161所示，磨边机具有两条横梁与两个推砖爪，相对于前者，增加了推砖行程、推砖速度、加速度、减速度等可调节参数，以及推砖爪回零按钮。

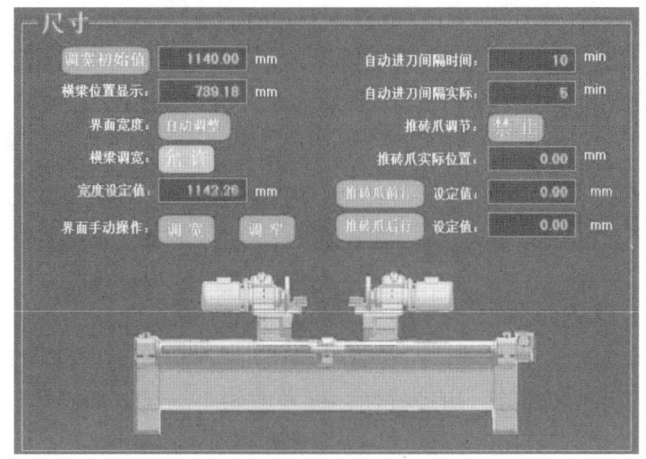

图2-160　磨边机尺寸模块1

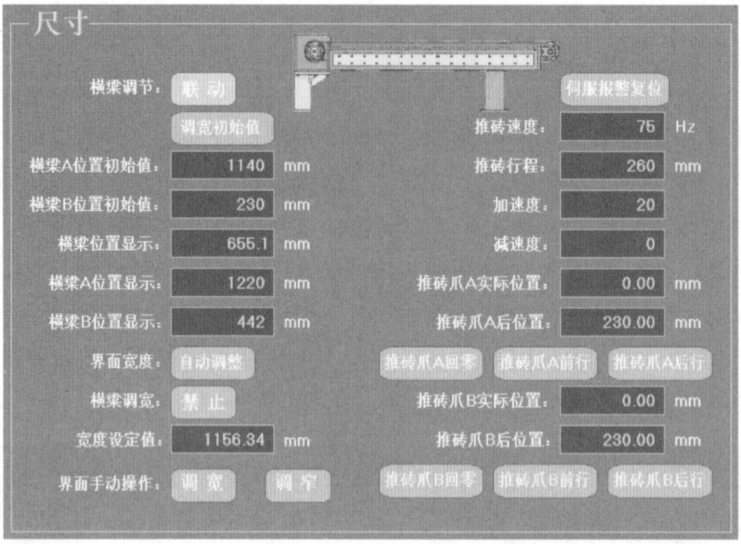

图 2-161 磨边机尺寸模块 2

如图 2-162 所示,磨头控制页面负责控制 14 组磨边机的磨头与磨轮。其中,对刀初始值、磨轮厚度、磨轮更换位置、磨轮 AB 补偿量可以进行实时更改。磨头状态、磨轮耗完报警、磨轮显示值则展示磨头磨轮的实时工作状态。其次,磨轮的更换、磨轮 AB 自动补偿、磨头控制、磨轮控制、磨轮进刀退刀以及磨轮的更换均可以通过点击按钮立刻执行。在页面的右侧,是线架组、传动正转、传动反转、手动推砖的状态与控制按钮。

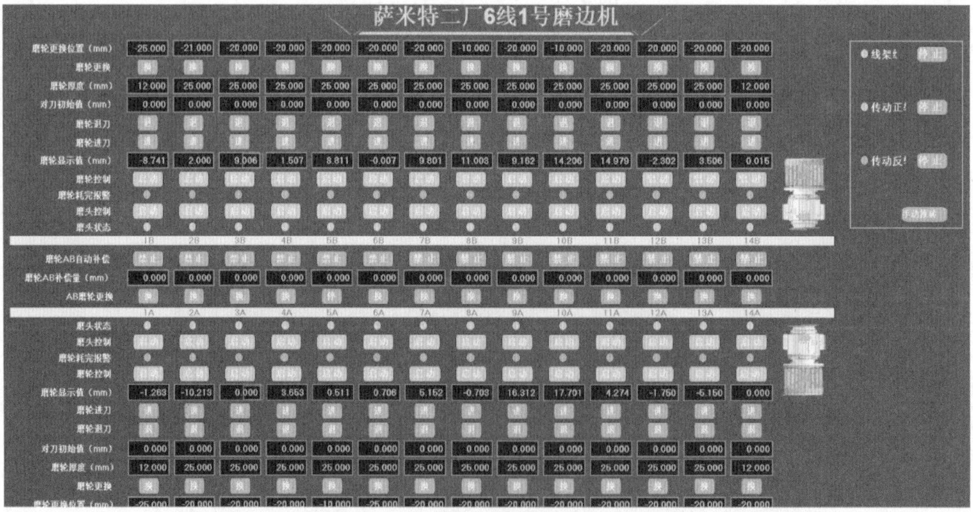

图 2-162 磨边机磨轮控制页面

磨头控制页面也做了差异化开发,如图 2-163 所示,在另一台磨边机控制页面中,增加了气动倒角的状态和控制、启动按钮,以及磨轮手动对刀的操作按钮。

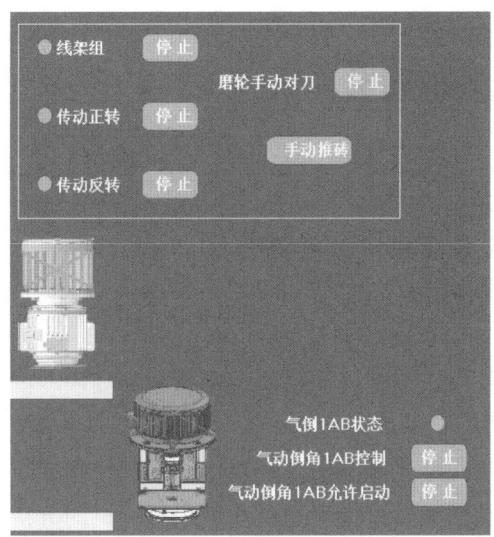

图 2-163　气动倒角控制

2.5.4　打蜡机

如图 2-164 所示，打蜡机控制页面的参数模块与磨头模块和超洁亮机控制页面相似，增加了"空砖停止"按钮。在线架控制模块中，可以对出砖线架、进砖线架、升降、辊棒、测砖出砖延时、测砖进升延时、测砖出升延时等参数进行修改操作。

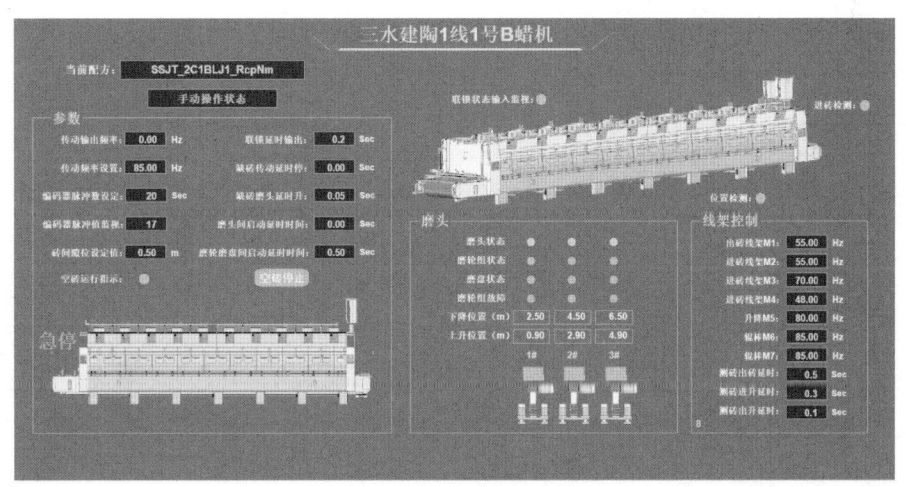

图 2-164　打蜡机监控页面

2.6 品质检测与包装

2.6.1 建筑陶瓷表面缺陷的检测系统

1. 系统组成

完整的机器视觉系统应该包括光源模块、图像采集模块、图像算法检测模块、运动控制模块及自动分拣模块。

简单来说，通过采用线性光源与线扫相机组合的视觉感知方式可以实现高速且连续的成像，根据客户的检测精度要求也可通过改变线扫相机的分辨率来实现匹配，使得与产线运行速度相适应的稳定检测成为可能；在检测系统获取到瓷砖表面图像信息后，通过自研的传统算法+深度学习相结合的检测算法对图像进行预处理、区域分割、缺陷筛选、缺陷分类四个部分处理后，不但可以把缺陷实时检测出来，还可对缺陷进行分类，一旦设备发现在运行的瓷砖表面有缺陷时，设备的主界面上会对缺陷的位置和形态进行同步显示，并配合声光报警装置对生产人员进行提示，如此一来不但减少了生产的损失，还有利于企业进行产品质量的溯源和生产工艺的改进。

通过将机械、电机、光学、机器视觉等相关的理论知识和实际应用相结合，设计并实现陶瓷表面缺陷的机器视觉检测系统。该系统主要由以下几个重要的单元组成：图像采集单元（主要由采集卡、相机、镜头、光源等组成）、运动控制平台（主要由零件传送平台、对中装置、除尘除污机构等组成）、图像处理算法单元（阈值、二值化、霍夫变换、缺陷分类等相关算法模块）、软件界面单元（主要由人际交互界面组成）。该系统的结构示意如图2-165所示。

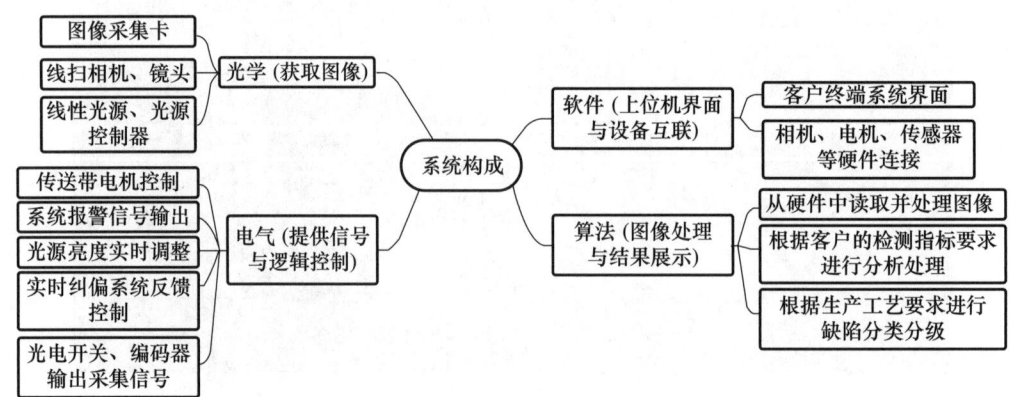

图2-165 系统主要构成

系统的硬件组成包括图像采集部分的工业相机、相机镜头、条形光源、标定板、图像采集卡等，图像处理部分为上位机，运动控制部分包括下位机、输出机构、伺服电机、传感器等,软件组成包括通信模块、实时显示模块、图像处理模块等。如图 2-166 所示,工业相机、上位机、下位机作为三部分的主体,两两联系,各个模块作为沟通三者的"桥梁",构成了一个稳定的整体,采集部分与控制部分通过传感器感知及触发拍摄相联系,采集部分与处理部分通过实时显示模块、图像处理模块相联系,处理部分与控制部分通过接口间的通信模块相联系,待处理完后,由下位机通知输出机构对测得的瓷砖做出反应。

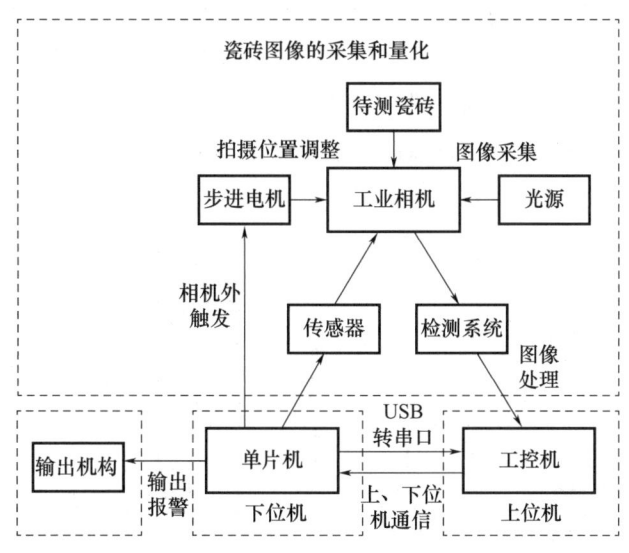

图 2-166 系统各部分关系

各组成部分和硬件在产线上的位置关系如图 2-167 所示。缺陷检测机构就位于储砖机与叠砖机间的传送带上,瓷砖会先经过吹气除尘装置清除表面污渍,然后被对中机构夹持并保证姿态的一致性后被送入本检测设备,线扫相机就位于传送带的正上方,镜头依靠 M 接口与相机连接,相机的末端固定在丝杠上,由丝杠调整其拍摄位置,丝杠的转动依靠 X、Y、Z 三方向的电机控制,光源位于相机正下方且两侧对称,光源倾斜放置,保证光线能覆盖检测的瓷砖,相机镜头位于瓷砖反射光的范围内,触发装置为传感器,记录并传递瓷砖到来的信号,位于传送带的前端,中线的正下方,电机与传感器由下位机控制,图像的处理由上位机控制,相机、上下位机间两两联系。

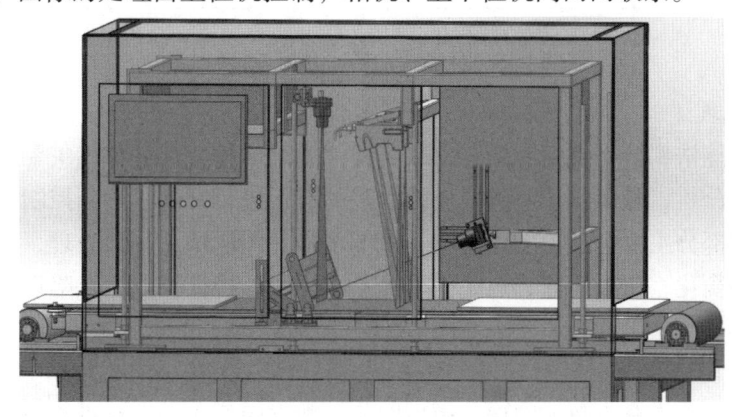

图 2-167 设备剖面视图

2. 检测流程

检测系统以数字图像处理为基础，最终目的是将缺陷轮廓与背景分离开，并找出瓷砖表面各种缺陷的位置坐标以及特性信息。检测流程如图 2-168 所示，共分为图像采集、图像处理、结果判定三个部分，分别对应着图像采集装置、图像处理装置和运动控制装置的动作。系统通电运行，传送带运转，当瓷砖从传送带经过时，传感器探测到信号，通过下位机与上位机的通信模块，将信号传给工控机；工控机与相机间通过实时显示模块显示画面；结合传送带的速度通过延时函数对显示的画面采集图像，并将图像显示在屏幕上，由图像处理模块对其进行图像转换、图像预处理、图像分割、缺陷检测等一系列操作，获得检测结果；出现缺陷时，有缺陷的信号回传给下位机，下位机发出警报，并控制输出机构对瓷砖进行分拣。

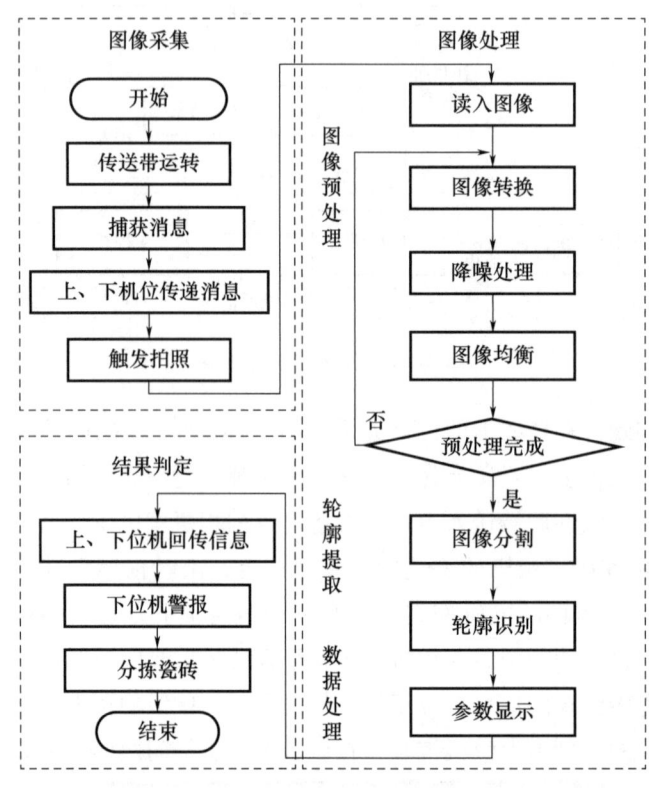

图 2-168 检测流程

3. 技术原理

图像处理算法部分是整个陶瓷零件缺陷检测系统的核心部分，其主要是将采集到的图像信息进行分析，从而实现对陶瓷坯件缺陷的有无进行判断，达到控制产品质量的目的。图像处理部分主要包括：图像滤波、图像增强、图像矫正等预处理，灰度化、二值化、直方图均衡化、膨胀腐蚀、边缘提取等基本操作，特征提取、缺陷识别、特征分类等识别操作。

（1）数字图像简介

图像从连续性上分为数字图像与模拟图像，数字图像用于计算机系统的处理，而模拟图像用于光学系统的处理，前者是离散的，而后者是连续的。图像从运动状态上分为静态图像和动态图像，单张静止的图片构成了静态图像，连续运动的图片构成了动态图像，其分类如图 2-169 所示。

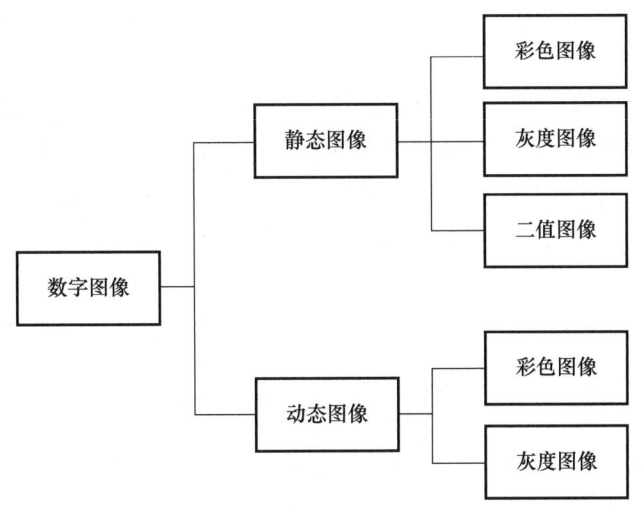

图 2-169　数字图像分类

Red（红）、Green（绿）、Blue（蓝）被称为组成各种色彩的三原色，通常将连续的三种色彩分为 256 级，故由三原色组成的色彩共有 $256 \times 256 \times 256$ 种。如图 2-170 所示，颜色空间为三维模型，三个方向表示 R、G、B 三种色彩，当处于原点时，三原色的值都为 0，此时色彩为黑色；当处于空间模型的任意一个坐标轴线上时，只有一种颜色具有色彩值；当处于任意两条轴线组成的平面上时，具有两种色彩值。

灰度图像的颜色从黑到白，不含其他色彩，对应着 R、G、B 相同时组成的图像，用 Y 表示灰度值。在 R、G、B 颜色空间中，灰度图像代表三维空间中过原点的一条直线，线上对应的三坐标相等，O 点为黑色，255 级时为白色。

（2）图像预处理

在陶瓷表面缺陷检测的过程中，需要经历图像的采集、图像预处理、缺陷检测、区域标记等步骤，每个步骤需要至少一次的处理。图像预处理通常用于消除或降低噪声、提高对比度、图像的平滑或锐化等。

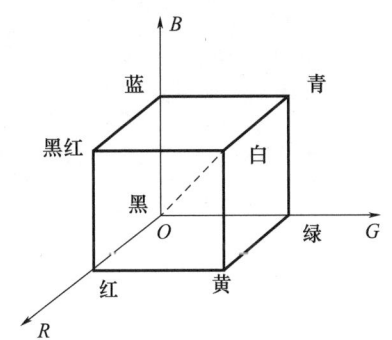

图 2-170　颜色空间模型

对比度为图像中各部分的灰度值差别程度，对比度的大小代表灰度值差距的大小。通常，对比度越小，画面越灰暗，颜色层次越低，轮廓越模糊；对比度越大，画面越清晰，颜色越鲜艳，轮廓越明显。增强对比度就是使灰度值从小到大均有分配，不能集中在一个区域，灰度值较大的像素更亮，灰度值较小的像素更暗。灰度直方图能详细地说明一幅图像的对比度与质量好坏，灰度直方图是关于像素灰度值占比的函数图像，每幅图像都对应其专属的灰度直方图。

图像转换。对灰度处理的图像不需要太多的色彩信息，灰度图像相对于 R、G、B 图像与索引图像，占用内存少、运算速度快、处理更方便，且常用的边缘检测算子或轮廓分割方法是以灰度为基础进行一阶或二阶微分，故先将采集的图像转换成灰度图像，灰度的范围设定为 0~255。

降噪处理。常用的检测方法需要辨识度高的缺陷及轮廓。但是实际拍摄的图像画面，由于缺陷与背景灰度相差较小或者光线反射不均、裂缝退化等原因，使得不能准确提取轮廓信息，当用 Sobel 算子对带有噪声的图片提取轮廓时，高频率的噪声连同边缘信息一同被保留，干扰结果的判断，因此对噪声去除尤为重要。对图像去噪，选择合适的滤波方法，对于均值滤波，使用滤波器与原图像做卷积，将周围的灰度值平均化来消除突变的噪声点，然而把噪声分散到周围领域并不能完全将其去除，反而会使图像模糊。故考虑 3×3 的中值滤波模板，中值滤波则是将范围内的像素值排序，用中间值代替噪声点的像素值，对去除噪声有良好的效果，在反复的试验中发现，对于拍摄的图像，需要三次滤波才能较好地去除噪声，故将图像进行三次中值滤波，图 2-171（a）为转换而成的原始灰度图像，去噪后的图像如图 2-171（b）所示。

图像均衡。瓷砖图像的采集在室内进行，由于砖面缺陷、花纹与背景颜色相近，灰度也相差不大，故采集的图像集中在一小段灰度内，整体或明或暗，对比度较低。图 2-171（c）表示均衡化之后的图像，可以看出，处理后的灰度分布更加均匀，缺陷轮廓与背景对比更加清晰，花纹与背景的反差也变大，有一部分灰度被调整到了更小与更大灰度级，这对后面图像的分离至关重要。

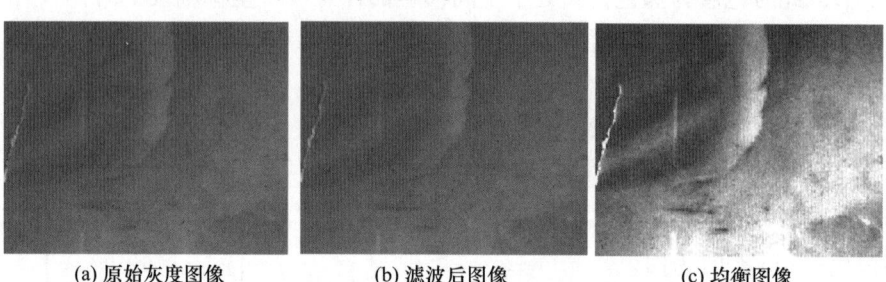

(a) 原始灰度图像　　(b) 滤波后图像　　(c) 均衡图像

图 2-171　图像预处理效果对比

(3) 缺陷检测

缺陷的检测需要图像分割技术，图像的分割是将所需区域边缘与多余背景分离出来的方法。边缘指构成一片区域与外界区域分开的边界，边界技术就是关于边缘或轮廓的检测。在数字图像中，灰度值剧烈变化的像素形成了边缘，边缘有多种类型，如阶梯形边缘、线条形边缘、斜坡形边缘与折线形边缘。阶梯形、线条形边缘与外界区域有明显区分，为缺陷检测的边缘。而区域技术则是直接提取出整个缺陷，直接与其他的区域分离开。

缺陷检测主要使用的是各种边缘检测算子与阈值分割法，区域生长用于轮廓的闭合。由于 Roberts 算子与 Sobel 算子是基于一阶微分的运算，Roberts 对 45°方向上求微分值，在水平、竖直方向表现好，但受噪声影响。Sobel 算子通过加强 4 个方向的权重求差分，对灰度渐变与较多噪声图像效果较好。Canny 算子基于高斯滤波减轻噪声的影响，寻找梯度的方向，最后通过高低阈值递归提取边缘。对瓷砖图像轮廓的提取可知，各算子处理得并不理想，虽然排除了噪声的干扰，但由于瓷砖背景的花纹及浅色砖面与缺陷的轮廓灰度相似，算子不能准确地判断缺陷梯度方向或花纹的边缘方向，且提取的缺陷轮廓由于选取的敏感度阈值的不同差别较大。敏感度阈值较大，虽消去了较多背景灰度，但缺陷的轮廓也遭到破坏，轮廓曲线不完整；敏感度阈值较小，则背景灰度与缺陷轮廓共同保留。转换方向，采用阈值分割法对图像处理，先提取出缺陷与花纹的轮廓，将区域的背景分离出去，进一步通过其他方法完成对边缘的检测。阈值分割法的原理是选取一个合适的阈值 t，比阈值高的灰度值取 1，而比其低的取 0。阈值分割常用的方法是直方图双峰法、最大类间方差法与迭代法。直方图双峰法通过寻找直方图中两座峰的最低值设为阈值，但为了对比度的提高，经过了直方图变换后，图中各灰度的像素数差别不大，不能形成波峰与波谷，也无法找出双峰间的阈值，使得此法无效，故舍去双峰法。最大类间方差法与迭代法同样是寻找合适的阈值，将轮廓与背景最大分割。其中迭代法通过不断迭代，直至开关函数不变时寻找阈值；最大类间方差是通过阈值将前景与背景的类分开，当两类的类间方差与类内方差比值最大时，阈值就是合适的，两种方法都能进一步凸显检测的缺陷。

选用迭代法分割的图像如图 2-172（a）所示，与微分算子相比，迭代法能完整地提取轮廓，裂纹的信息没有发生改变，背景中与缺陷相似的灰度和花纹同样分离了出来，使得提取不完全，符合设计的思路，需要对轮廓与花纹背景进一步地分离。最终检测，进一步对轮廓与花纹背景分离，基于缺陷的特征做最终的检测，使用外接矩形长轴与短轴之比限制。由迭代法获得的图像可以看出裂纹与花纹或灰度相近的背景有巨大的特征差别。裂纹一般狭长且面积较小，而花纹或背景则较"圆润"，分为孤立的点与面积较大的区域，因此使用面积与轴之比排除多余的背景是较好的选择，设定面积值与轴长比值，面积值用于滤去小的点状区域，轴长之比用于滤去大的花纹与背景，通过函数将区域标记，对各区域属性进行标记，最后求得长短轴之比，将小于设定面积值与长短轴比值的区域设为 0 值灰度。轮廓识别的图像如图 2-172（b）所示，从图像看出，此种方法能成功分离出裂纹轮廓、花纹与背景。

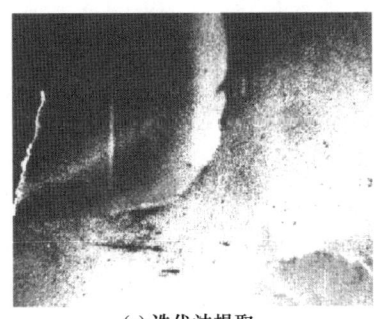 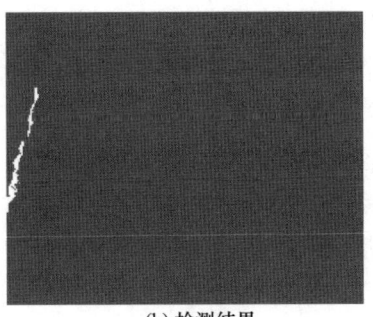

(a) 迭代法提取　　　　　　　　(b) 检测结果

图 2-172　图像分割效果

（4）深度学习

深度学习模型依靠特征提取网络中的权重参数，提取图像的多重特征，不需要研究人员进行复杂的图像分割、特征识别等一系列操作。若干个感知机（Perceptron）的组合，形成了早期的人工神经网（Artificial Neural Network，ANN），然而在引入非线性映射函数之前，感知机并不能解决问题。为提高人工神经网的实用性，在原有两层感知机的基础上加入含有激活函数的隐藏层，非线性激活函数的引入使模型在复杂条件下仍然能够对数据进行准确的分类。在之后的研究中，又提出了反向传播（Back Propagation，BP）算法，进一步提高了人工神经网对训练样本的拟合能力。隐藏层的引入使人工神经网获得了特征提取的能力，然而随着网络层数量的不断提高，模型的分类能力并没有显著增强，甚至会引起性能下降。Yann Le Cun通过研究大脑皮层对视觉信号的感应过程，在多层感知机的基础上提出卷积核与权值共享概念，形成了最初形态的卷积神经网。2012年，AlexNet在视觉挑战赛中获得冠军，使卷积神经网再一次成为研究热点。

基于深度学习的缺陷检测框架需要先对模型进行训练，才可以用于检测包含缺陷的图片。训练过程包含以下几个部分，首先由特征提取网络获取图像特征，再通过非线性映射提高特征的表达能力，最后使用分类器输出检测结果，通过最小化预测结果与标签之间的距离来修改模型内的权重。在模型的预测阶段，首先通过卷积层以及非线性映射提取输入图像的特征，之后将该特征输入分类器得到预测结果，其流程图如图2-173所示。

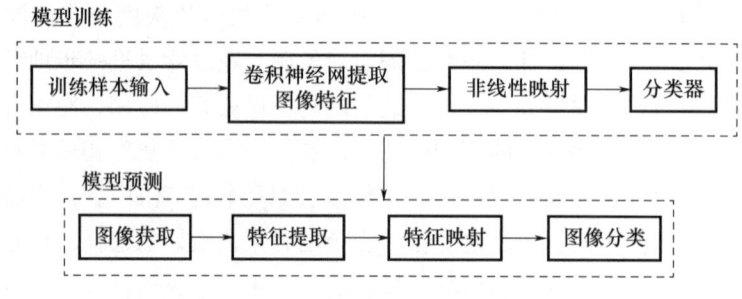

图2-173　深度学习模型训练流程

通过引入深度学习模型，可以极大地提升微弱、相似缺陷的检测能力，应付传统算法在缺陷分类和分级上的不足之处，提升产品的可行性，为陶瓷生产工艺的溯源和改进提供有力支撑。

（5）检测效果

图2-174为南京光衡科技有限公司陶瓷表面缺陷检测系统上位机主界面的效果展示，作为一家机器视觉自动化检测设备的供应商，公司深耕陶瓷行业多年，可以看到上位机连接了系统的主要硬件，如传送带、对中装置、传感器，同时也可以对光源的亮度进行实时调整，自适应产线的速度保持获得图像的比例不变形；同时上位机作为终端媒介，还是与现场终端使用者沟通的桥梁，可以将每一块瓷砖的检测结果，如有无缺陷、缺陷的类型、位置信息、形态特征、良品率等关键信息一一展示出来，可以对生产信息

进行汇总，方便使用者去追溯生产工艺并改进，当前设备可以很好地识别出陶瓷生产过程中所产生的缺陷，如凹釉、釉裂、分层、落白、落脏、釉屎、裂纹、针孔、缺边、缺角、平整度和尺寸等。

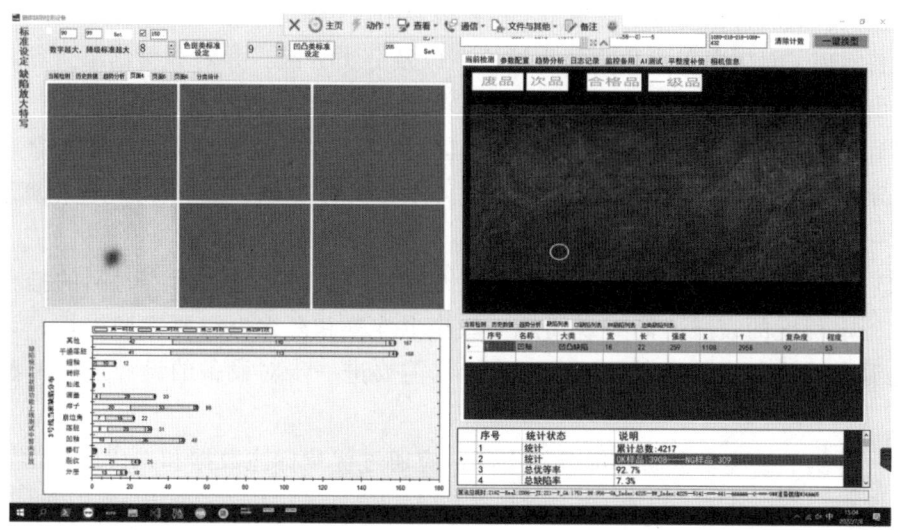

图 2-174　上位机界面

图 2-175 是从线扫相机中获得的数字图像，在经过图像预处理、分割、形态学处理、特征识别、轮廓拟合等多种传统算法算子相结合处理后得到的检测效果，然后结合深度学习模型对所检测出来的缺陷进行二次确认以及分类，排除部分瓷砖表面纹理以及脏污的干扰，最终将检测结果打上标记，并通过上位机显示出来，若有缺陷，设备还会配合声光报警等对使用者进行提示。

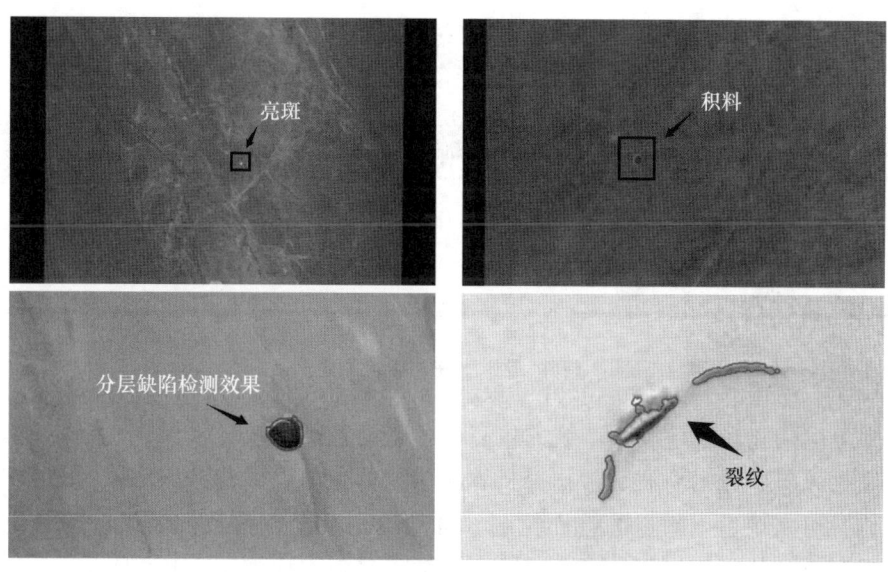

图 2-175　部分缺陷检测效果

4. 总结与优化

当前设备结合了线扫相机和线光源组合的视觉模块，除尘、对中和传送结构组合的机械模块，传统算法＋深度学习组成的处理模块，PLC、传感器、编码器、工控机组成的电气模块，最后将检测结果汇集于上位机模块中进行显示。

设备实现了对陶瓷表面缺陷的有效检测以及分类分级，并对异常结果进行报警提示，发出剔除信号，满足了自动化的检测要求，但同时还应该看到不足：

（1）存在个别缺陷的漏检和误检，究其原因还是在于这些缺陷的成像特征不是很明显，导致算法出现了不稳定的检测，因此可以尝试通过硬件创新升级和优化算子下功夫，进一步提升检出率。

（2）设备还无法真正做到全自动化无人值守的状态，光源随着时间的推移在亮度上有一定程度的衰减，同时现场的一些除尘装置和海绵也需要定期维护，设备内部的光源会因为灰尘导致散热困难，这些都需要进一步对设备的设计进行一些优化升级。

（3）分类的准确率上尚有提升的空间，应通过优化标注数据和迭代深度学习模型进行改进。

2.6.2 卫生陶瓷在线检测系统

注浆成形的卫生陶瓷坯体缺陷主要包括坯脏、棕眼、泥缕、裂缝、缺釉等。广东金马领科智能科技有限公司研发的坐便器装配检测生产线主要由瓷体、马桶盖、安装件、弯管等组成，如图2-176所示。

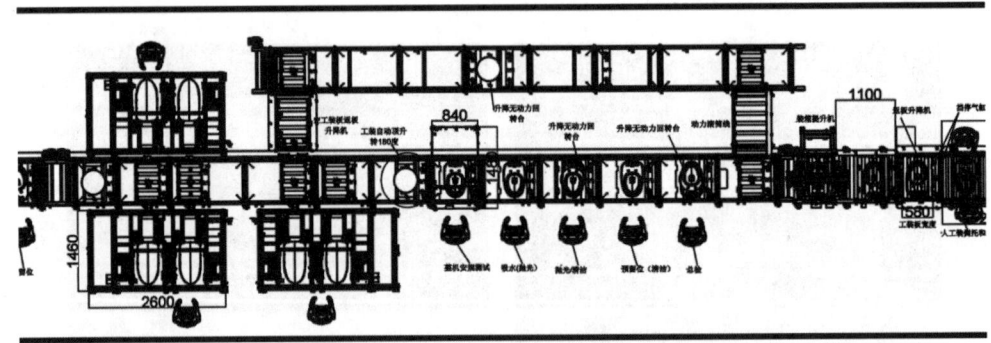

图2-176 卫生陶瓷在线检测生产线

其中卫生陶瓷在线检测生产线的核心设备是集基于热敏、水压、功率、流量等传感器的数据采集、数据滤波、数据分析算法为一体化的在线检测设备，如图2-177所示。该设备可实现卫生陶瓷的自动控制、自动检测及全流程数据测试、网络化通信，实现单设备全功能、网络化的无人检测，其数据采集界面如图2-178所示。

图 2-177　卫生陶瓷检测系统

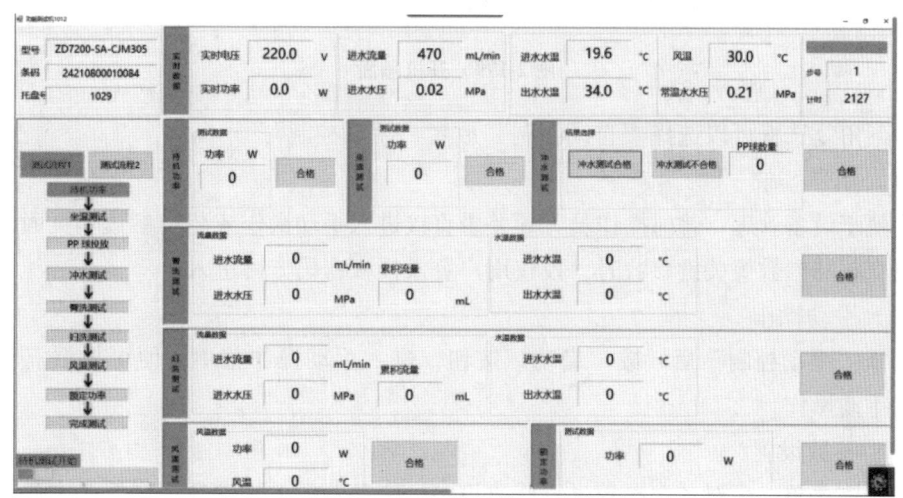

图 2-178　卫生陶瓷检测数据界面

2.6.3　建筑陶瓷的包装及管控系统

下面以多麦智能制造（广东）有限公司的 BZB3000 包装机为例来介绍。

多麦包纸皮型包装机是针对瓷砖放包角装箱要求专门开发的具有自主知识产权的专利产品，能够使用原手工包装材料，具有自动放纸皮、自动打包等功能。

其具有以下优异性能：

（1）机械、气动结构简洁。

（2）机械调整方便，参数设定简洁。

（3）具有输入测试功能。

（4）使用触摸屏，具有人性化、智能化的故障显示及各种提示，使用和维护方便。

（5）具有输入、输出点替换功能，即使 PLC 的某个输入或者输出点烧坏，也可以使用其他空闲点来替换，不需要修改程序。

1. 开机后的操作使用

打开电源后，在显示屏上出现开机画面，如图 2-179 所示。

图 2-179　开机画面

右下角复选框可以选择"自动控制"或者"手动控制"。

（1）用户登录

为便于设备管理，普通操作员无须登录直接进入手动操作或装箱参数等页面，只有需更改变频器参数等关键参数时，授权用户登录授权密码方可进入。

（2）手动操作

选择"手动控制"后，按"启动"按钮，进入手动操作菜单，便可根据需要进行相应的手动操作。

（3）参数设置

进入该菜单，可对各个参数进行修改设定，变频器等关键参数须有授权密码登录后才能看到及更改。

（4）监控画面

进入该菜单，可监控 PLC 各输入、输出点的工作状况，便于维修。

（5）报警信息

进入该菜单，可监控设备的相关报警信息。

2. 手动操作说明

（1）进砖和横移（图 2-180）

当存在进砖前带设备时，系统具有前带对中、进砖前带反转、进砖前带正转功能，用户可根据实际在参数页选择。

左右拍平、前后拍平、前挡砖：该动作是为了将砖拍平整齐。

夹头升降：该动作是将拍平整齐后的砖取起来或者放下。

夹头气缸：该气缸是将拍平整齐的砖夹住。

拍平升砖：该动作是将来砖升离进砖皮带。

横移取砖：该动作是将横移夹头部分横移到取砖位置。

横移放砖：该动作是将横移夹头部分横移到放砖位置。

进砖带进、进砖带退：控制进砖带正转、反转。

定位到取砖位、定位到放砖位：该动作是将横移夹头部分直接横移到取砖位置、放砖位置。

横移手动找原点：该动作将横移夹头部分横移到初始位置，根据该位置对取砖位置和放砖位置参数做设定，例如该位置离取砖位置有100mm，在参数设定界面取砖位置参数设定处写入100数值。

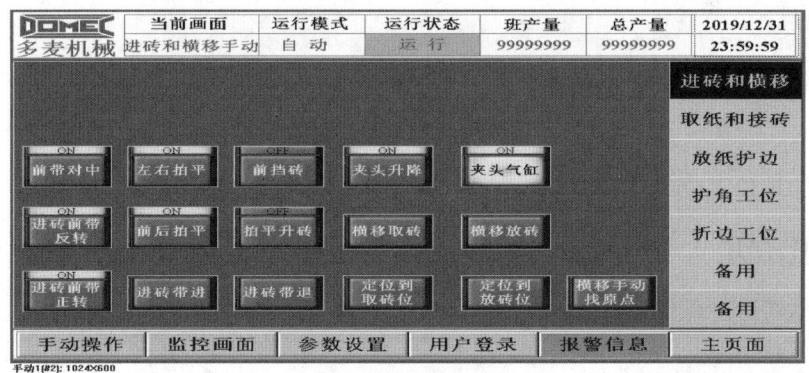

图 2-180　进砖和横移界面

（2）取纸和接砖（图 2-181）

取纸上升、取纸下降：该动作将取纸皮装置上升、下降。

取纸真空：该动作是用取纸皮装置吸取纸皮。

下托纸皮：该动作是将吸取起来的纸皮托住。

取纸正转（取纸）、取纸反转（放纸）：取纸伺服电机正转到取纸皮位置、反转到放纸皮位置。

夹纸气缸：该气缸是将取纸皮装置吸取的纸皮夹住。

定位到取纸位、定位到放纸位、取纸手动找原点：请参考进砖和横移部分。

接砖位升砖：该键可使放砖位处接砖气缸升起。

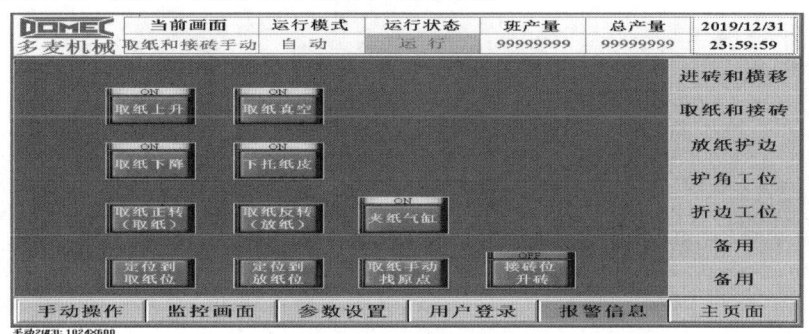

图 2-181　取纸和接砖界面

（3）放纸护边（图2-182）

出砖带定位：该键动作为出砖带按设定距离走一段距离。

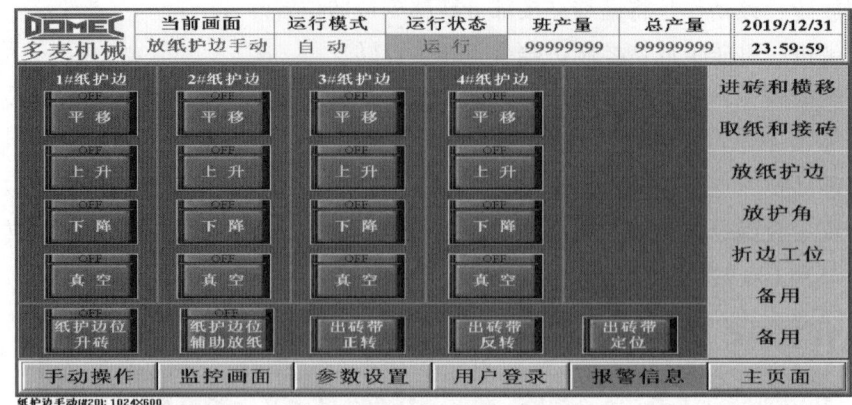

图 2-182　放纸护边界面

（4）放护角工位（图2-183）

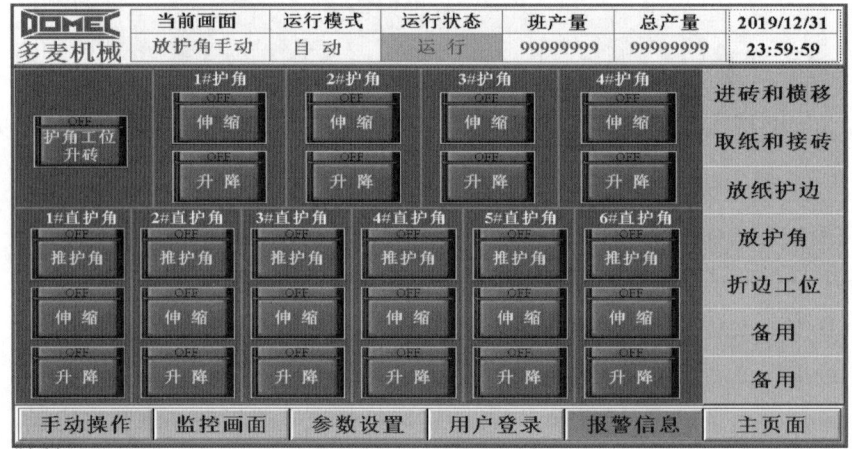

图 2-183　放护角工位界面

（5）折边工位（图2-184）

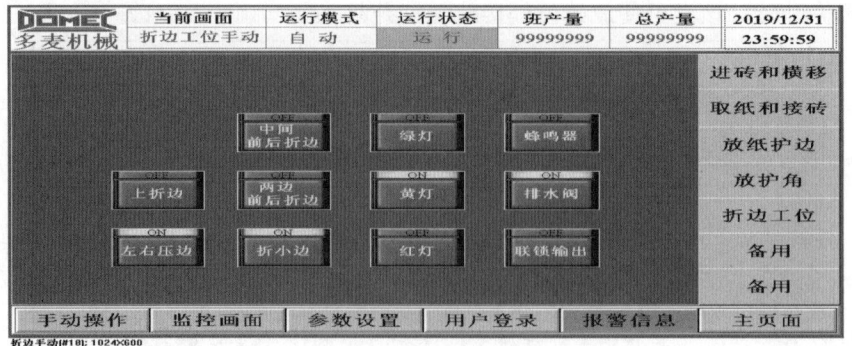

图 2-184　折边工位界面

(6) 快捷操作和复位 (图 2-185)

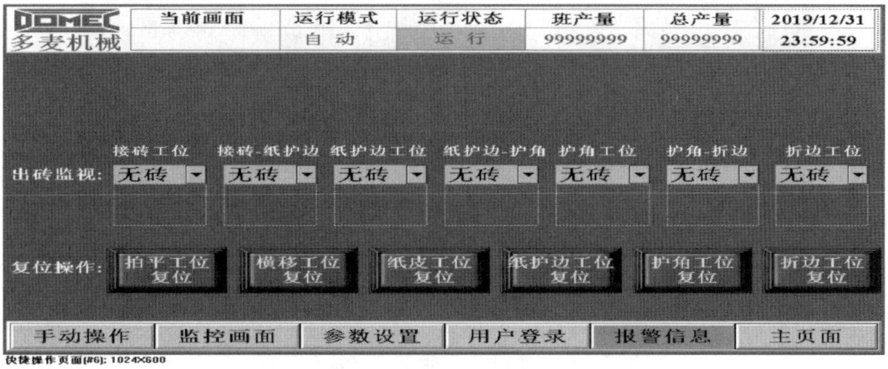

图 2-185　快捷操作和复位界面

3. 监控画面

单击菜单的"监控画面",可监控 PLC 各输入、输出点工作情况。

4. 参数设置界面 (图 2-186)

该界面是横移伺服、取纸皮伺服、出砖带伺服定位位置设定,还可以选择是否放纸护边、是否使用直护角等操作。

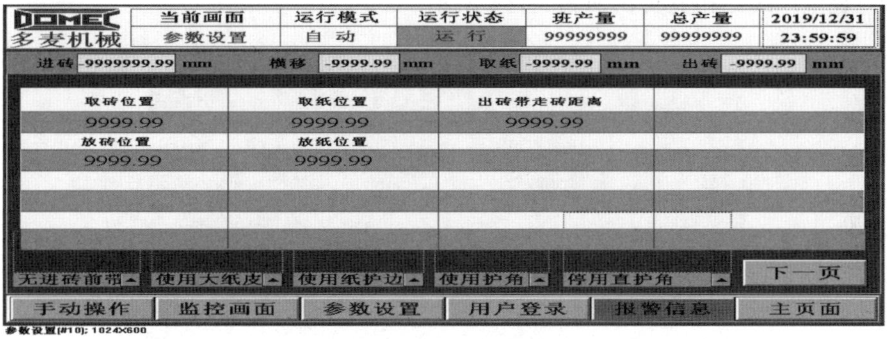

图 2-186　参数设置界面

5. 报警信息

单击菜单的"报警信息",可查看报警信息。

6. 手动控制

单击菜单的"手动控制",可选择手动工作或自动工作模式。

2.6.4　卫生陶瓷的包装及管控系统

针对卫生陶瓷在功能、色彩、配件等的定制化需求,采用各工序模块化组合,组建多规格产品的自动化、柔性化的混线生产技术,可根据订单要求组织生产单元,实现由大规模单一制造向个性化定制生产模式的转变,如图 2-187 所示。

图 2-187 柔性化卫生陶瓷装配生产线

整个柔性化卫生陶瓷装配工艺管控是基于边缘计算服务技术和生产线管控系统，实现对智能马桶组装线从生产订单下发到产品组装完成的生产活动的过程管理和控制。通过对生产加工信息与状态进行实时采集，用于监控、管理控制，实现透明化生产。

卫生陶瓷在装配与检测过程中，其半成品与成品的上下料、输送及后端包装均采用机器人、AGV（Automated Guided Vehicle，自动导引车）与自动对接平台组成的卫生陶瓷自动包装生产线，相关实物如图 2-188 所示。

图 2-188 卫生陶瓷自动包装生产线

2.6.5 建筑卫生陶瓷的防伪标识

2.6.5.1 建筑陶瓷的一砖一码

陶瓷生产工艺环节较多，生产线体较长，在生产中会因设备参数、砖坯质量、人工影响等多方因素造成砖或坯料在生产过程中损耗。生产过程中损耗多少、在哪个环节造成的损耗、损耗原因难以掌握，这也造成在实际生产中，实际生产数量要大于实际需求数量。目前是通过余量方式来解决因各种原因造成的损耗,以保证交货的数量,但同时也造成较大的资源浪费,如预设的余量系数大,而实际生产损耗少,将会产生较多的库存,造成人工、原料、能耗、仓储等成本的浪费,导致生产成本的增加。

为节约生产成本、降低余量系数,可给高质量瓷砖赋予唯一标识码。一方面建设全流程追溯系统,准确了解各生产环节实时损耗情况,从而可降低余量系数、减少库存积压;另一方面建设质量管理系统,掌握各环节损耗原因以及生产不良品的原因。通过对过程数据的记录统计分析,找出造成不良原因所在,有针对性地做解决或改善措施,从而不断提升产品的合格率及成品率,达到增效降本的目的。

通过一砖一码技术还可以追溯全生命周期信息,实现智能化生产管理、仓库管理、营销管理、终端查询等功能,实现产品防伪、溯源、防串等目标。

一砖一码技术首先需要对砖坯赋码和读码,并且砖码在整个产品生命周期都要能被唯一地识别。为了实现生产全过程追溯,可以在压机出砖时对砖坯赋底码,要求底码可以在压机后生产各个工序的进出口等关键位置被清晰地读取,压机后生产工序主要包括干燥、施面釉、喷墨打印、施保护釉、烘干、烧成、下砖、半成品仓储、上砖、磨边、抛光、打蜡、质检分级、包装、成品仓储等,可以通过技术手段实现即使经过刷底浆和高温烧成,底码仍然能被识别。为了实现瓷砖在消费终端也可被追溯,可以在喷墨打印工序对瓷砖表面赋予隐形码,并与底码绑定,即可实现真正意义的全生命周期追溯,在生产环节实现生产全过程追溯管理,在消费环节实现产品防伪、溯源、防串等目标,具有非常重大的意义。下面对赋码和读码装备做简单介绍。

1. 喷码机

以佛山方嘉机电科技有限公司的 F-1970 系列喷码机为例,该喷码机是用于喷印文字(包括点阵以及实体中英文)、图形的高解像喷墨喷码机,装载触摸式高清彩色显示屏,自带编辑功能,支持拼音输入法,无须电脑辅助。采用领先技术的喷头,更稳定,寿命更长。喷印高度范围为 1~72mm,支持图片最大分辨率为 1024×512 像素,喷印效果更加清晰。还支持 90°与 180°字符旋转喷印、随机码喷印、文本数据库喷印、批量条码喷印、二维码赋码喷印等功能。此外,还具有防堵功能,无须插电,长时间防堵,提高了喷码机的工作稳定性,最大喷印速度可达 35m/min。

2. 智能读码器

以杭州海康机器人技术有限公司的 ID5000 系列智能读码器为例,该智能读码器集采集图像、条码识别和输出于一身,可应用于 3C、食药品、电子半导体、汽车零配件、建材等行业。设备利用传感器与光学元件获取被测物的图像,通过设备内置的深度学习读码算法实现条码解析,设备还可通过多种通信方式输出检测结果。

设备可通过 IDMVS 客户端进行图像调试和参数设置。IDMVS 客户端支持在 Windows XP/7/10 32/64bit 操作系统上安装。客户端的相关操作如下:

(1)确认设备可达的情况下,在客户端的"相机连接"栏中选中设备并双击即可成功连接设备。

(2)连接设备后,客户端主界面如图 2-189 所示,各功能模块的介绍详见表 2-6。

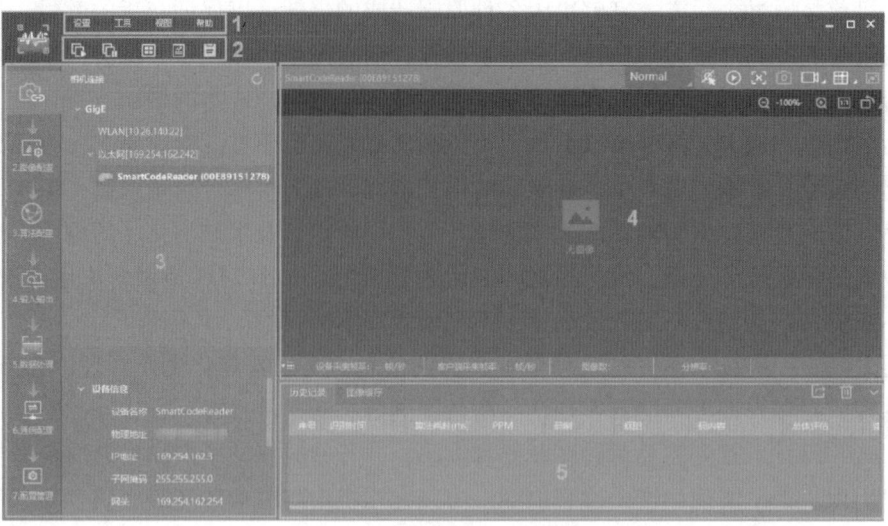

图 2-189　IDMVS 主界面

表 2-6　IDMVS 主界面介绍

序号	名称	功能简述
1	菜单栏	可对客户端基础功能进行设置，还可对设备进行 IP 配置和固件升级等
2	控制工具条	可同时对多台设备批量开始/停止采集，设置客户端的画面布局，统计设备的读码信息、查看设备的日志信息等
3	相机配置	可对设备进行相关操作，包括连接/断开设备、参数设置、IP 地址设置等
4	预览窗口	可实时预览设备当前采集的图像和算法读取的效果，同时还可进行录像、抓图、绘制十字辅助线等
5	历史记录	实时显示客户端当前读取到的条码信息

（3）通过"预览窗口"区域右上角下拉选择设备的运行模式，运行模式分为 Test、Normal 及 Raw 共 3 种。

（4）通过"相机配置"区域对设备进行参数设置，各模块的功能说明见表 2-7。

表 2-7　相机配置区域介绍

序号	模块名称	功能说明
1	相机连接	可对设备进行连接、IP 配置、查看设备或接口信息等
2	图像配置	可对设备的图像、光源和其他相关参数进行设置
3	算法配置	可对设备读码的码制和相关的算法参数进行设置
4	输入输出	可对设备的 I/O 信号相关参数进行设置
5	数据处理	可对设备输出的结果进行过滤规则和相关数据处理进行设置
6	通信配置	可对设备输出结果的通信协议相关内容进行设置
7	配置管理	可对设备的用户参数相关内容进行设置，还可重启设备

（5）通过"预览窗口"区域，可以查看图像和条码识别情况。对于读取到的条码，实时画面中会框选条码，并在左侧显示具体的条码信息，如图 2-190 所示。

图 2-190　设备实时预览

（6）若识别效果不佳，可在"相机配置"区域调节"图像配置"模块的参数，包括曝光时间、增益、伽马以及光源参数。同时对于手动调焦设备，可手动调节设备侧边的调焦旋钮；对于带机械调焦镜头的设备，可通过自动调焦功能来调整图像效果。

（7）对于设备识别的条码信息，"历史记录"区域会显示具体的信息，包括识别时间、算法耗时、码制、码内容、总体评估和读码评分等，如图 2-191 所示。

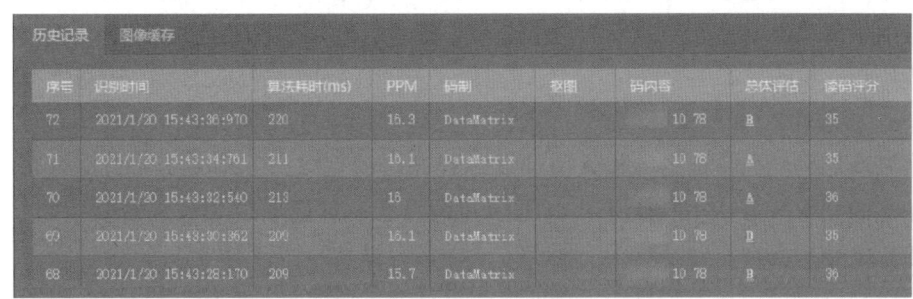

图 2-191　设备历史记录

3. 隐形码技术

隐形码技术是一种基于内容、非密码机制的计算机信息隐藏技术。通过此技术在不影响载体使用价值及生产成本、流程、工艺、产品品质的情况下，嵌入数字化信息。建立数字化全程防伪溯源和智慧营销等体系，高效遏制仿冒产品流通，以此进行智慧生产、智慧分销，保护企业利益、提升品牌价值。其特征如下：

（1）数字信息

数字隐形码是基于图像进行数字处理，产生有别于传统码的、视觉不可见的数字信息。

(2) 信息量大

数字隐形码在信息容量允许的范围内可以设定无限层级个数字信息，且各个层级的数字信息可叠加，故信息容量大。

(3) 唯一性

数字隐形码的数字信息，可以采用对数字信息进行加密、编码机制设定、解码机制设定等诸多手段实现数字信息的安全。数字隐形码在信息容量允许的范围内可以设定无限层级个数字信息，对各个层级的数字信息进行安全性破坏难度极高；且数字隐形码是视觉不可见的，故数字隐形码具有安全唯一性。

(4) 隐蔽性

数字隐形码的数字信息的编码机制及信息内容均可个人自定义，数字隐形码的位置、赋码时间、赋码方式也可个人自定义且赋码过程外人不可知觉，产生的数字隐形码视觉不可见，故数字隐形码具有隐蔽性。

(5) 抗篡改性

数字隐形码的赋码位置、形态在视觉上不可见，故不可篡改；数字隐形码与产品本身是融为一体的，破坏数字隐形码，就会对产品本身品质造成极大破坏，导致无法使用，故数字隐形码不可篡改及破坏。

(6) 传播性

数字信息本身就具有网络传播性，且数字隐形码的数字信息容量大，故数字隐形码具有极大的传播性。

(7) 广泛性

数字隐形码是基于图像处理的一项数字技术，通过印刷、打印生产工艺同时具有图像要素的任何产品都适用；对所有电子文稿、图片、音频和视频类产品也适用，故其具有应用广泛性。

(8) 易用性

数字隐形码的数字信息的植入由计算机程序自动完成，无须人为或借助外部设备，数字信息的读取只需使用智能手机，无须其他设备，且读取过程只需智能手机一步操作，故数字隐形码在空间、时间、使用方法上具有最高易用性。

瓷砖隐形码可以在喷墨打印工序的产品设计图定稿时进行赋码，已赋数字隐形码的定稿产品设计图是直接通过原有喷墨打印设备打印，对产品后续生产工艺不产生任何影响，不改变原生产工艺。

2.6.5.2 追溯系统

系统以产品质量追溯为目的，覆盖原材料入库质检、生产过程关键控制点抽检、成品质检及不合格品处理、客诉处理等业务环节，系统由原材料质量管理、生产过程质量管理、成品质量管理、不合格品处理、客诉管理、送检管理、报表中心、基础数据管理、系统设置等功能模块组成。

在生产中将产品、人员、产线、原料信息、投料信息、检验报告、检测数据及生产过程数据等相关信息做统计分析，实现生产各环节数的可追溯，出现质量事故可全程追溯，生产过程损耗情况可通过质量管理系统倒查原因所在。通过系统可以将生产数据、质检数据记录下来，形成产品质量追溯的数据源头，为供应商管理、新产品研发和产品改进提供数据参考。系统整体架构如图 2-192 所示。

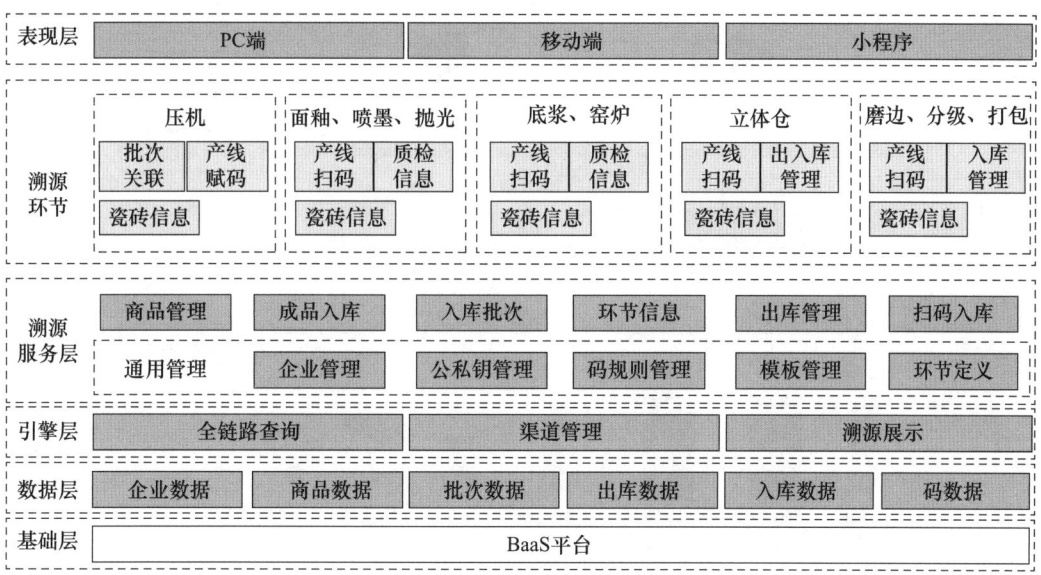

图 2-192 系统整体架构

2.7 仓储及管理系统

2.7.1 智能输送设备及管理系统

目前建筑卫生陶瓷企业已逐步采用智能装卸、码垛机器人和 AGV 组成智能运输系统。该生产技术的应用可通过工业相机识别产品型号，选择合适的包装材料，根据不同型号产品执行不同的包装工序，并通过智能码垛机器人与 AGV 叉车，根据无线 PLC 通信，实现无线对接、无人干预，工作准确率 100%，达到了智能化搬运及运输，生产效率更高，满足每一位消费者需求，让消费者日益变化的需求更快、更好达成。

2.7.2 智能仓储及管理系统

陶瓷薄板大吨位立体仓库系统的组织结构包括接口服务层、作业管理层、监控调度层和设备控制层。图 2-193 为立体仓库系统架构图。

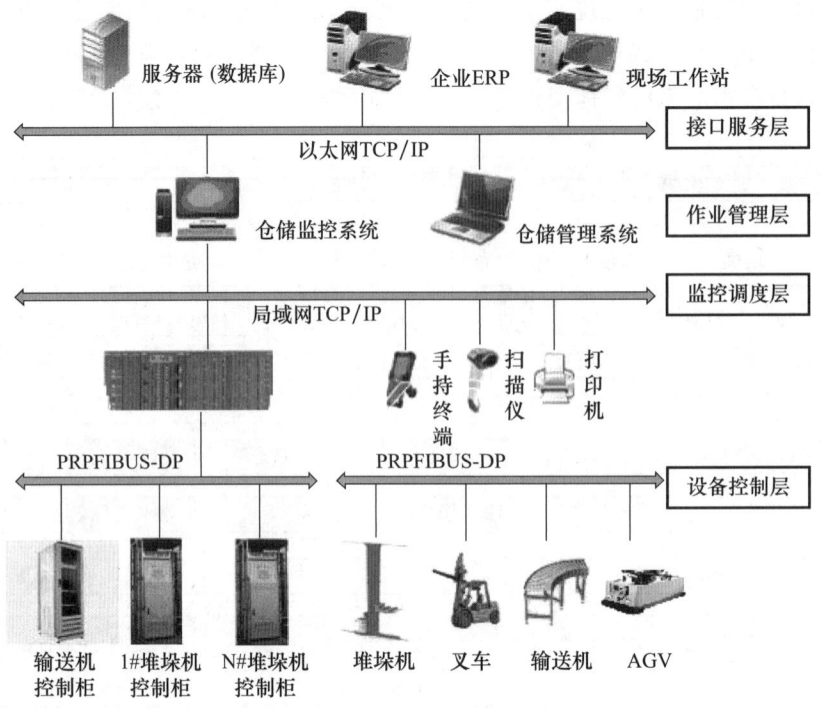

图 2-193　立体仓库系统架构

（1）接口服务层。通过以太网 TCP/IP 接口对接企业数据库、ERP 系统以及其他生产管理系统。

（2）作业管理层。作业管理层是整个系统的指挥中心，指挥着系统中各设备的运行，它是管理仓库瓷砖、库存、出入库任务、订单、账目报表的应用软件系统，对上可以连接生产计划管理（ERP）系统，接收客户订单信息；对下可以连接监控系统，下发出入库货位信息指令。

（3）监控调度层。监控调度层是立体仓库系统的信息枢纽，它负责协调系统各部分的运行，在整个系统中起着承上启下的作用，其主要的功能是：对系统中的各种运作设备的状态实时监视和控制；与上位立体仓库管理层进行通信，共享仓库基本数据库；与下位控制设备进行通信，控制执行设备的运行；接收下层设备反馈的信息，进行处理或向上位管理层传递等。

（4）设备控制层。设备控制层是控制系统最末端的执行层，直接控制机械设备的运行，主要功能是：以可编程控制器（PLC）为中心，通过现场总线通信，接收监控层发来的指令，控制分拣输送设备、出入库输送平台和出入库堆垛机的运行，完成瓷砖的出入库任务。除了全自动控制之外，各设备能够脱离监控系统进行手动控制，主要用于安装调试以及故障维修和检测的特定情况。立体仓库执行设备还包括托盘堆垛机、穿梭车、链条式输送机、垂直升降机、信息识别检测装置等设备。

立体仓库改变了传统仓库的固定货位存放方法，能实现整体货位动态优化分配，从而尽可能提高仓库利用率；能自动为每一块瓷砖选择最优的出入库货位，提高仓库运行效率；能为立体仓库作业全过程提供完整的记录，从而提高出货的效率以及降低错误率；能及时提供板材出入库、库存和报警的信息报表，为企业制订生产计划提供依据。

立体仓库是仓储管理系统的执行部分，立体仓库的建成，大大提高了仓库的单位面积利用率，在合理有效地进行库存控制时，也保证了整个仓储过程的安全运行，节省了大量的人力、物力。例如广东萨米特陶瓷有限公司已建成自动化立体仓库占地约 $1615m^2$，长 122.81m，宽 13.15m，厂房净空间 12m。共有 2132 存位，储存大板砖，可储存规格 3.2m×1.6m、2.4m×1.2m，存放瓷砖面积 16 万 m^2。立体仓库具体实施图如图 2-194 所示。

图 2-194　立体仓库具体实施图

3 建筑卫生陶瓷行业的智能运维

3.1 建筑卫生陶瓷的智能设计

建筑卫生陶瓷个性化定制的智能设计流程如图 3-1 所示。

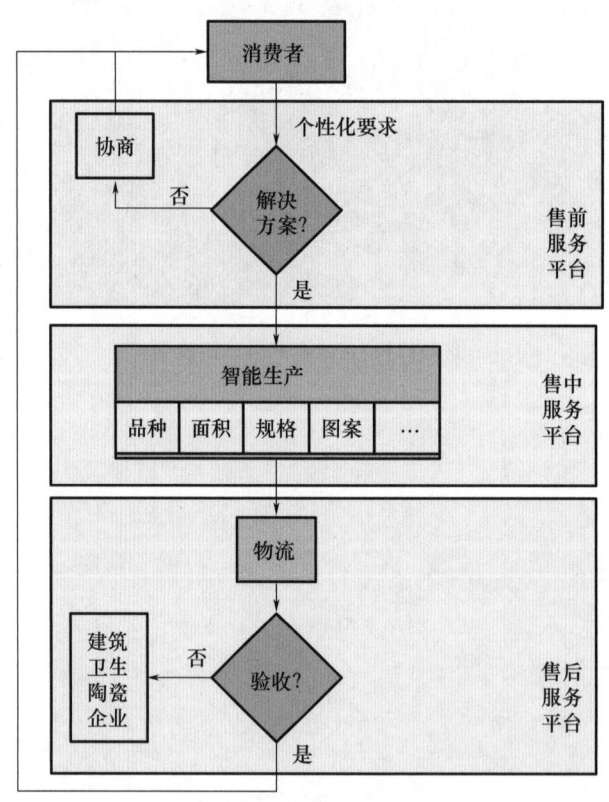

图 3-1 建筑卫生陶瓷个性化定制的智能设计流程

建筑卫生陶瓷的个性化定制平台是一种可以共享的云平台,由专业设计团队与终端用户进行一对一的互动交流服务,并通过智能工厂完成产品生产、仓储、个性化包装、物流运输等环节的服务，最终为顾客提供与众不同的个性化产品。

在建筑卫生陶瓷市场消费升级的背景下，建筑卫生陶瓷的设计端不再只属于企业的设计师，它是个平台，是个渠道，或者是一种创作方式。抛开"设计师说什么就是什么"的传统做法，让每一位消费者都有机会参与设计。

第一种方式：消费者通过线上平台，参与建筑卫生陶瓷产品的设计，选择喜欢的规格尺寸、花面造型、使用功能等，并且参与设计的消费者还可以享受购买优惠限量的初始设计款或大规模定制款。

第二种方式：消费者完全主导自己将购买的建筑卫生陶瓷产品的设计，对喜欢的款式、色彩，甚至名称和logo进行选择，这些完全可以通过建筑卫生陶瓷企业的在线平台予以实现。消费者甚至可以将自己设计的建筑卫生陶瓷成品在企业的平台上展示和销售，消费者由单一角色转变为设计、制造、销售和消费多种角色。

而且，无论哪种方式，均极大地调动了消费者参与产品设计的程度，一方面通过消费者的设计更好地捕捉到消费者的内在需求，另一方面也是通过各类人群在大平台上的设计，丰富了企业的产品设计思路甚至是成熟的设计方案，提高了建筑卫生陶瓷企业的设计水准。最终，在消费端实现"量身定做"和"自主自助式设计"，实现"自我设计、自我制造、自我销售"新商业模式。

3.2 建筑卫生陶瓷的智能物流

建筑卫生陶瓷企业的智能物流不再只是作为一种储存的简单仓库，而是将整个供应链管理理念纳入其中的"大物流"，它强调把相关的业务集成到一条链上，共同运行，共享资源，从而达到整体优化效应。它需要对所储存产品进行生命周期化管理，对产品进行监控，有效地用于生产，提高生产效率。

建筑卫生陶瓷企业的智能物流借助自动搬运设备、自动识别设备、自动分拣设备等装备，以及通过物流计划管理、物流运输管理等管理方式，实现从智能生产的生产线及成品仓库到经销商、到终端消费者的一体化物流，为建筑卫生陶瓷企业带来以下的优势。

1. 便于管理

建筑卫生陶瓷企业的智能物流依托智能技术、自动化技术、网络技术、远程监控技术，提供建筑卫生陶瓷物流过程中货物运输的最优路线进行选择，自动对货物进行跟踪记录、自动存储货物、自动分拣货物类别，方便管理人员对货物的管理进行优化，降低货物运输的成本，提高物流的效率。

2. 提高效率

建筑卫生陶瓷企业智能物流过程不仅包括单个建筑卫生陶瓷企业内部生产过程中的全部物流流程，还包括对配套企业、对客户之间的全部过程。智能物流是对物流过程中货物进行整体系统优化，即把物流过程中的货物装卸、货物运输路线选择、货物存储效率、货物送到顾客的手上等一系列过程进行整合，实现了一体化的系统管理，使得建筑卫生陶瓷产品的物流管理更加高效。

3.3 建筑卫生陶瓷的智能运营

建筑卫生陶瓷企业的智能运营是指以 BOM（Bill of Materials，物料清单）和流程管理为核心的智能运营管理，包括智能研发、智能供应链、智能物流和智能办公等。

建筑卫生陶瓷企业的智能运营是在尽量不改变建筑卫生陶瓷工厂现有的物料清单和生产流程的基础上，将流程式生产和离散式生产进行融合，使用目前先进的智能化技术提升其生产效率并固化建筑卫生陶瓷企业规范，使建筑卫生陶瓷企业实现精益生产和高效管理。建筑卫生陶瓷智能运营系统如图3-2所示。

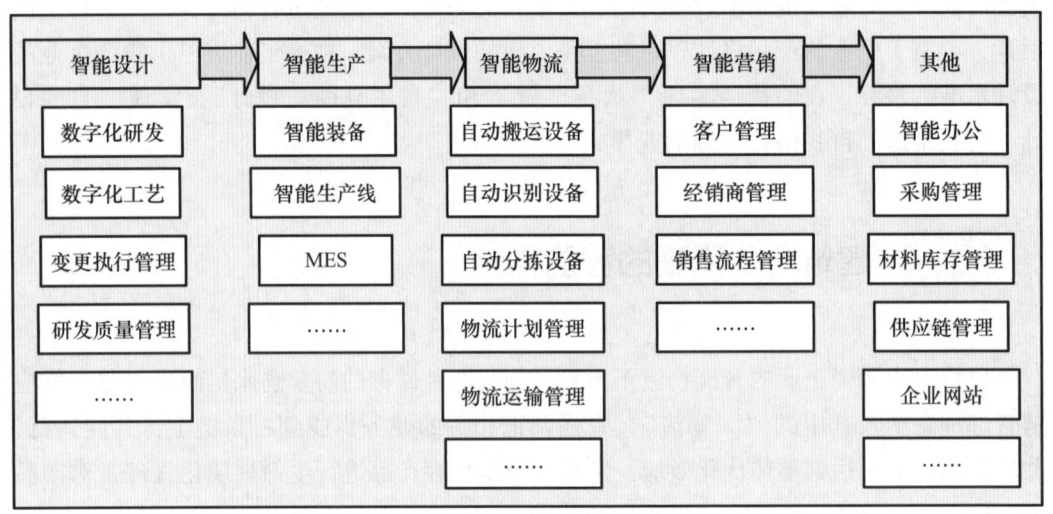

图3-2　建筑卫生陶瓷智能运营系统

建筑卫生陶瓷企业的智能运营服务于建筑卫生陶瓷产品研发人员、设计人员、生产人员、供应商、营销和服务人员、经销商、客户、管理人员，实现智能研发（设计）、智能生产、智能物流、智能营销以及其他，并通过统一的智能运营指挥中心将各信息系统数据挖掘和展示，为建筑卫生陶瓷企业的管理层提供智能决策依据，从而实现建筑卫生陶瓷企业全价值链智能运营一体化管理，如图3-2所示。

3.4 建筑卫生陶瓷的智能决策

决策是管理的核心，科学决策是现代企业管理的核心。企业决策关系到企业运营的生死、兴衰、盈亏。智能决策就是利用计算机帮助或替代人脑对未来做出最优判断。

在建筑卫生陶瓷智能工厂的环境下，将产生大量的产品技术数据、生产经营数据、设备运维数据、产品运维数据、生产工艺知识库和专家系统、决策知识库和专家系统、供应链数据、客户管理数据等。应用大数据等分析工具，对上述信息进行搜索、过滤、存储、建模、分析、处理，为各级决策者提供科学的决策信息，构建建筑卫生陶瓷智能工厂的决策系统。

3.4.1 大数据的建设

大数据是以容量大、类型多、存取速度快、应用价值高为主要特征的数据集合，它正快速发展为对数据巨大、来源分散、格式多样的数据进行采集、存储和关系分析，实现从数据到信息、从信息到知识、从知识到决策的转化，提升企业领导的洞察和决策能力。

大数据的应用是智能制造的核心动力。大数据的建设中包括数据源采集，数据平台、云计算、数据安全等的建设。

3.4.2 智能决策体系

（1）建筑卫生陶瓷企业决策管理

决策管理是建筑卫生陶瓷企业根据组织外部环境和内部条件设定企业的战略目标，为保证目标的正确落实和实现进行谋划，并依靠企业内部能力将这种谋划和决策付诸实施，以及在实施过程中进行控制的一个动态管理过程，如图3-3所示。

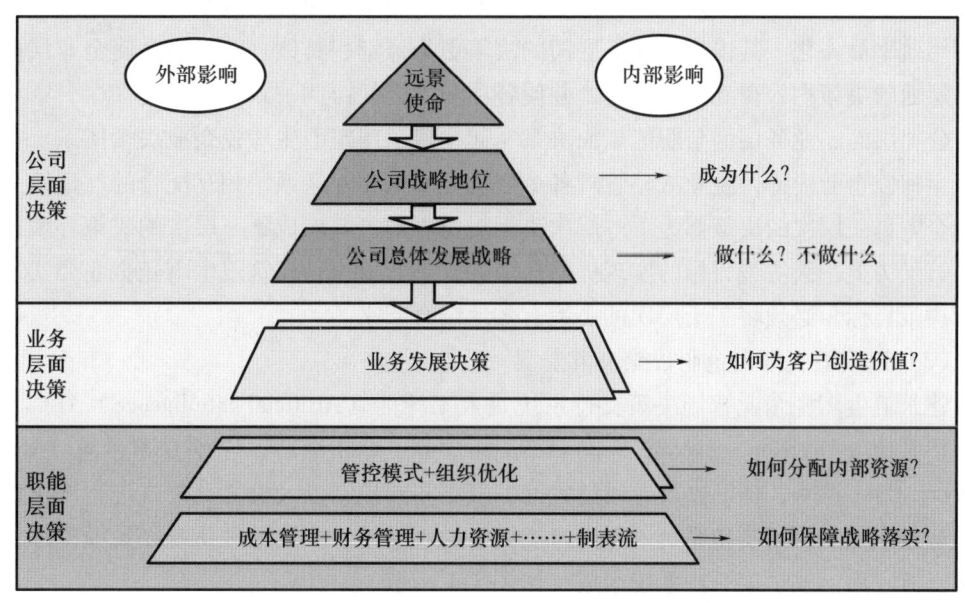

图3-3 建筑卫生陶瓷企业决策管理等级

①企业层面决策

企业层面的决策,是建筑卫生陶瓷企业整体的战略总纲,是确定建筑卫生陶瓷企业未来一段时间的总体发展方向,是协调建筑卫生陶瓷企业下属的各个业务单元和职能部门之间的关系,合理配置企业资源、培育企业核心能力,实现建筑卫生陶瓷企业总体目标的决策。它主要强调两个方面的问题:一是"应该做什么业务",即从建筑卫生陶瓷企业全局出发,根据外部环境的变化及企业的内部条件,确定企业的使命与任务、产品与市场领域;二是"怎样管理这些业务",即在建筑卫生陶瓷企业不同的战略事业单位之间如何分配资源以及采取何种成长方向等,以实现建筑卫生陶瓷企业整体的战略意图。

②业务层面决策

业务层面的决策又称经营单位决策。由于不少建筑卫生陶瓷企业采用的是多品牌策略,也即采用多个品牌为市场提供不同档次和类型的建筑卫生陶瓷产品,不同品牌所面对的外部环境(特别是市场环境)各不相同,建筑卫生陶瓷企业需要对各个品牌的资源支持也不同。业务层面的决策主要回答在确定的经营业务领域内,建筑卫生陶瓷企业如何开展经营活动;在一个具体的、可识别的市场上,建筑卫生陶瓷企业如何构建持续优势等问题。其侧重点在于以下几个方面:贯彻使命、业务发展的机会和威胁分析、业务发展的内在条件分析、业务发展的总体目标和要求等。

③职能层面决策

职能层面的决策是为贯彻、实施和支持公司战略与业务战略而在建筑卫生陶瓷企业特定的职能管理领域制定的活动。职能层面的决策主要回答研发部、生产部、市场部、销售部、财务部、行政部、人力资源部等相关职能部门如何卓有成效地开展工作的问题,重点是提高建筑卫生陶瓷企业内部资源的利用效率,使建筑卫生陶瓷企业内部资源的利用效率最大化。其内容比业务层面的决策更为详细、具体,其作用是使企业层面与业务层面的决策内容得到具体落实,并使各项职能之间协调一致。

公司层面、业务层面与职能层面决策一起构成了建筑卫生陶瓷企业决策体系。在建筑卫生陶瓷企业内部,企业战略管理各个层次之间是相互联系、相互配合的。建筑卫生陶瓷企业每一层次的决策都为下一层次决策提供方向,并构成下一层次的决策环境;每层决策又为上一级决策目标的实现提供保障和支持。所以,建筑卫生陶瓷企业要实现其总体决策目标,必须将三个层次的决策有效地结合起来。

(2)建筑卫生陶瓷企业智能决策模型

建筑卫生陶瓷企业智能决策支持系统是人工智能(Artificial Intelligence,AI)和决策支持系统(Decision-making Support System,DSS)相结合,应用专家系统(Expert System,ES)技术,辅助决策者通过数据、模型和知识,以人机交互方式进行决策的计算机应用系统。决策支持系统一般由自然语言处理系统、问题处理系统以及模型库、数据库、方法库、知识库管理系统组成,如图3-4所示。

建筑卫生陶瓷企业智能决策支持系统的DSS结构是在传统三库DSS的基础上增设知识库与推理机,在人机对话子系统加入自然语言处理系统(Natural Language Processing System,NLPS),与四库之间插入问题处理系统(Problem Process System,PPS)而构成的四库系统结构。

建筑卫生陶瓷智能决策一个关键的挑战其实是要让责任者/审核者接受他们对于决策的所有权,而另一方面领导也要鼓励组织内部逐步接受数字化、智能化转型的深度发展。

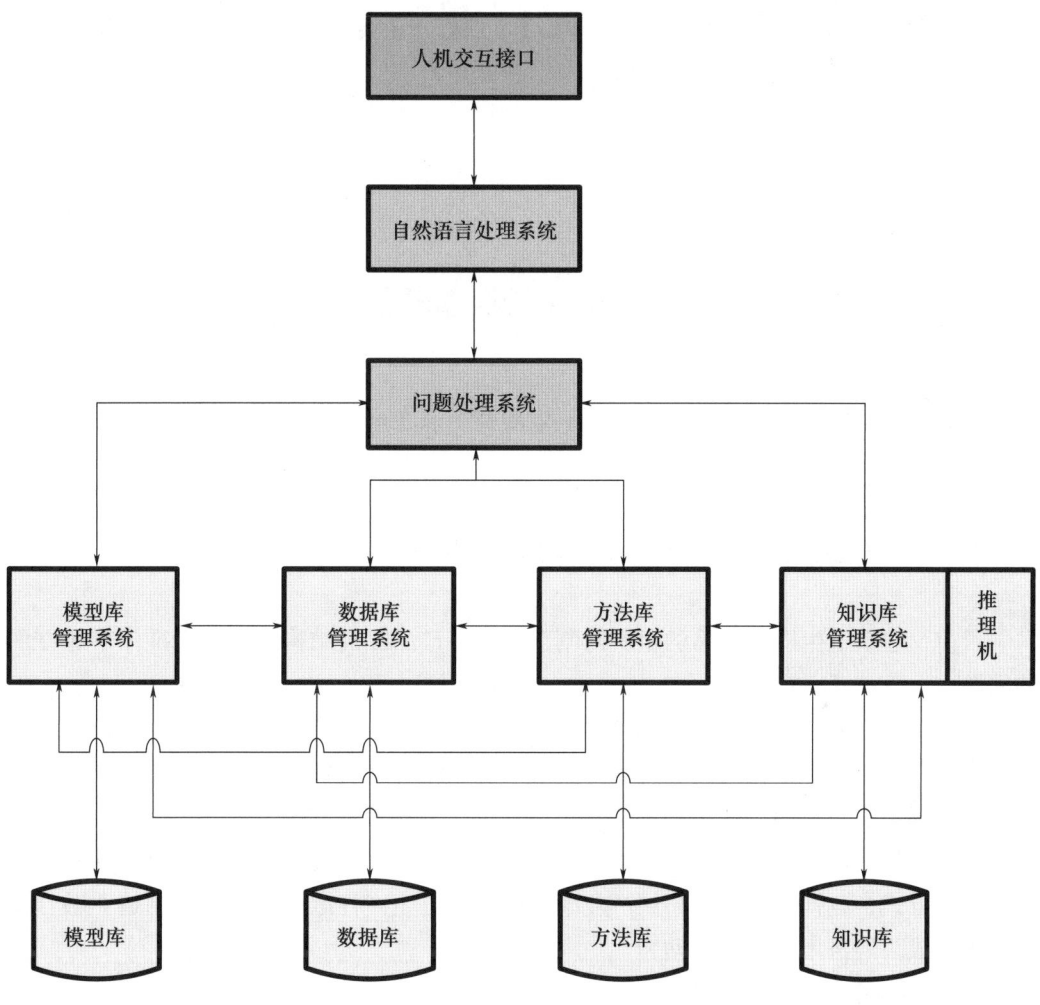

图 3-4　智能决策系统模型

4 建筑卫生陶瓷行业智能制造的痛点及关键技术

4.1 建筑卫生陶瓷行业智能制造的痛点

基于智能制造的背景和视角,建筑卫生陶瓷企业在产品生产与制造、生产技术与装备等方面存在以下问题。

4.1.1 建筑卫生陶瓷产品生产与制造方面

目前,建筑卫生陶瓷产品的生产与制造还存在产品品类结构、产品标准体系等方面的问题。

1. 建筑卫生陶瓷产品的结构性矛盾突出

在消费升级、个性化定制的背景下,建筑卫生陶瓷现有的批量化生产方式,已显得不适应市场需求。我国正处于经济结构转型升级的关键期,建筑卫生陶瓷行业需摆脱增量拓能、以量搏利的发展模式,除了要实现产品创新升级、提质增效外,改变现有的大批量生产方式,延伸产业链、拓展产业附加值,促进生产性服务业与加工制造业融合发展,使之成为经济增长的主要动力。

2. 标准体系建设不全

近年来,国家层面为推进建材行业智能制造的实现,出台了《建材行业智能制造标准体系建设指南(2021版)》,但具体的智能制造设备标准暂未涉及。

同样,我国建筑卫生陶瓷行业为促进优化产业结构,增强技术水平,保障消费者权益,提升行业整体产品质量,推动行业走向国际市场,先后发布了一系列建筑卫生陶瓷相关的国家标准和行业标准。虽然这些标准在引导建筑卫生陶瓷企业提升产品质量的过程中发挥着重要的支撑作用,但截至目前暂没有类似《国家智能制造标准体系建设指南》的建筑卫生陶瓷行业智能制造标准,也没有涉及建筑卫生陶瓷智能制造装备的相关标准。为此,为适应建筑卫生陶瓷智能制造的发展,建筑卫生陶瓷行业在智能制造标准体系及智能装备技术标准等方面需要不断提升和改善。

3. 信息化管理水平弱,导致制造费用间接上升

在管理的方式方法和工具上,相当一部分建筑卫生陶瓷企业仍然靠经验管理,很少利用一些现代管理方法和工具,如 ERP、目标管理法、ABC 分析法、流动计划、JIT(Just In Time,准时制)生产体系、零库存等以及对应的管理软件、系统和配套的硬件装备。在信息处理方面,常常不能实时更新,导致信息时常失真,企业系统反应缓慢,无法及时做出准确的决策。在生产线的衔接上,从原料开发与采购、配方、加工、烧制、装饰、出库,没有形成有机的分工与协作体系,严重影响了建筑卫生陶瓷企业技术、管理、产品质量和效率的提高,导致产品的制造成本在无形中上升。

4.1.2 建筑卫生陶瓷生产技术与装备方面

目前在建筑卫生陶瓷生产技术与装备方面还存在生产数据格式和标准不统一、数据实时采集困难以及无全流程生产数学模型三方面的问题。

1. 生产过程中各生产数据格式和标准不统一

建筑卫生陶瓷企业内普遍存在由于各种数据格式、数据标准不统一而带来的数据入库难、更新难、质量控制难等一系列问题,导致无法对各种数据进行编辑、处理、分析,以致建筑卫生陶瓷产品生产的成本增加和效率下降。

2. 生产过程中生产数据实时采集困难、数据更新慢、信息化低

由于建筑卫生陶瓷产品原料组成复杂、工艺参数多,涉及各生产现场的数据包括物料参数、设备参数及产品产量、质量、能耗等数据,常常采用人工采集、手工输入等方式采集数据,导致数据更新慢、准确率低,无法实现信息化,制约了产能和质量的进一步提高。

3. 无建筑卫生陶瓷的生产数学模型,无法进行全局的工艺优化

由于建筑卫生陶瓷生产原料成分多、无标准化,实时采集生产数据困难,且各生产环节中的数据格式不统一,导致无法构建出建筑卫生陶瓷整个生产环节的数学模型,也没有生产过程的智能分析系统,从而无法进行建筑卫生陶瓷生产的全局工艺的优化。

4.2 建筑卫生陶瓷行业智能制造的关键技术

4.2.1 硬件部分

4.2.1.1 陶瓷智能装备/生产线

基于"云-平台-端"架构下的建筑卫生陶瓷智能生产线的架构如图 4-1 所示。

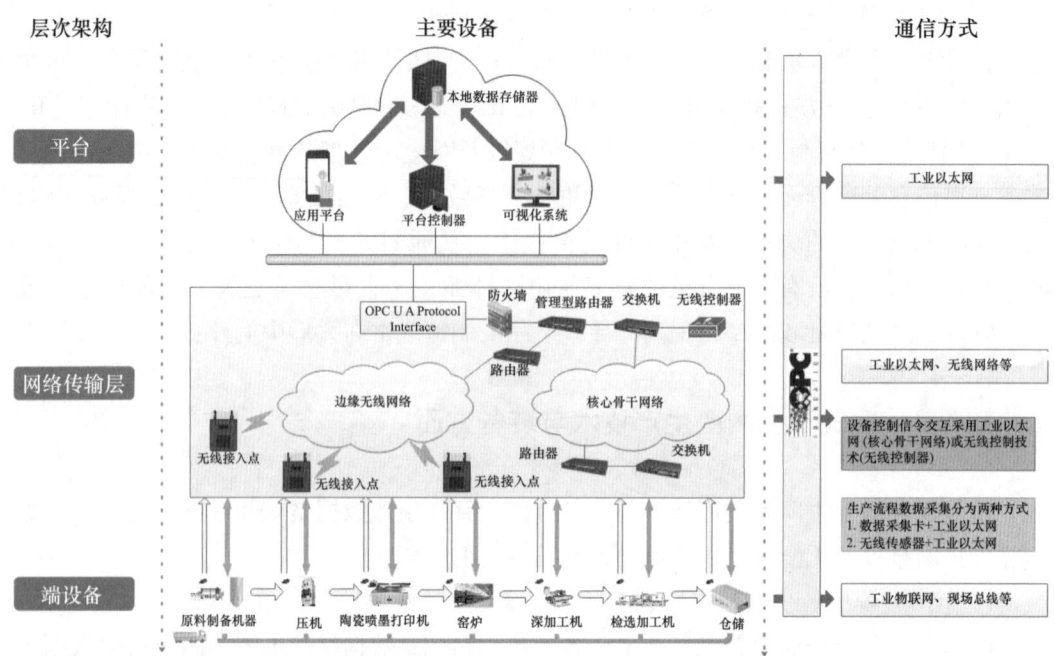

图 4-1 "云-平台-端"架构下的建筑卫生陶瓷智能生产线

在"云-平台-端"建筑卫生陶瓷智能生产系统中,"端"智能设备在陶瓷生产环节中具有能获取和上传数据功能且自我处理的功能,通过远程服务对本"端"智能设备进行生产工艺参数查询、监测及故障预判、诊断、排除等处理。其数学模型如图 4-2 所示。

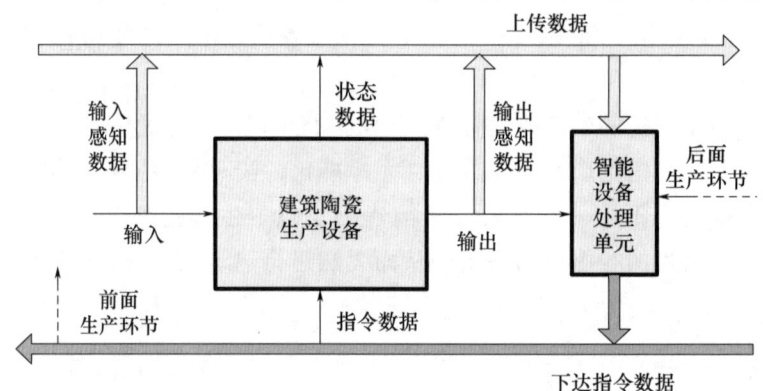

图 4-2 "端"智能设备的数学模型

"端"智能设备包括以下 4 个部分:

(1) 建筑卫生陶瓷生产装备升级为数字化、可进行计算机远程控制的设备;

(2) 具有感知进出物料状态和装备自身状态的传感器;

(3) 基于边缘计算,采用闭环控制系统,可通过感知进出物料状态和装备自身的状态进行自我、实时地分析处理;

(4) 将生产过程数据上传至本地平台,并接收下达指令后对生产装备进行工艺参数的调整。

将所有的"端"智能设备通过有线现场总线扩展至工业以太网和无线接口,将各生产环节物料和装备的实际参数动态、实时上报至平台,经平台分析、处理、决策后下达相应的指令至各"端"智能设备,从而形成建筑卫生陶瓷智能生产线,以达到建筑卫生陶瓷的数字化、柔性化、智能化生产的要求,实现智能化生产管理,进一步减小资源消耗率,提升资源利用率,实现更智能化的运营。

4.2.1.2 智能网络架构

1. 智能网络架构标准

建筑卫生陶瓷生产过程数据处理涉及的数据量大、类型多并且传输方式多样,必须通过智能网络技术进行传输。

基于综合标准化工作方法以及标准化的需求分析,构建了建筑卫生陶瓷智能网络架构标准体系,如图 4-3 所示。

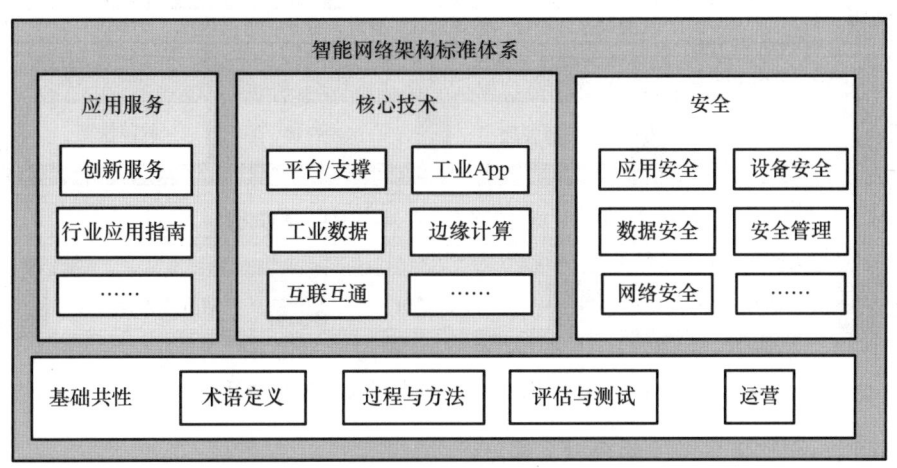

图 4-3　建筑卫生陶瓷智能网络架构标准体系

(1) 基础共性:用于统一智能网络平台的术语、相关概念,帮助各方认识和理解智能网络平台,为其他各部分标准的制定提供支撑,包括术语定义、过程与方法、评估与测试、运营等。

(2) 核心技术:用于规范智能网络平台的设计、开发和实现,指导技术研发、测试验证等,包括互联互通、工业 App、工业数据、边缘计算、平台支撑等技术要求。

(3) 安全:用于提升智能网络平台的安全防护能力,规范智能网络平台的安全管理,包括数据安全、网络安全、设备安全、应用安全以及安全管理等。

(4) 应用服务:用于指导不同应用场景、不同行业,制定应用软件开发和使用标准,为行业提供导则,包括创新服务、行业应用指南等。

2. 建筑卫生陶瓷智能网络架构支撑体系

建筑卫生陶瓷智能网络架构平台涉及建筑卫生陶瓷智能制造系统生命周期的所有环节,是面向建筑卫生陶瓷制造数字化、智能化、网络化需求,构建基于海量数据采集、汇聚、分析的服务体系，支撑建筑卫生陶瓷制造资源泛在连接、弹性供给、高效配置的工业云平台，包括边缘、平台、应用三大核心层级之间数据传输。

图4-4显示出建筑卫生陶瓷智能制造系统中，智能网络架构保障智能使能技术的实现。

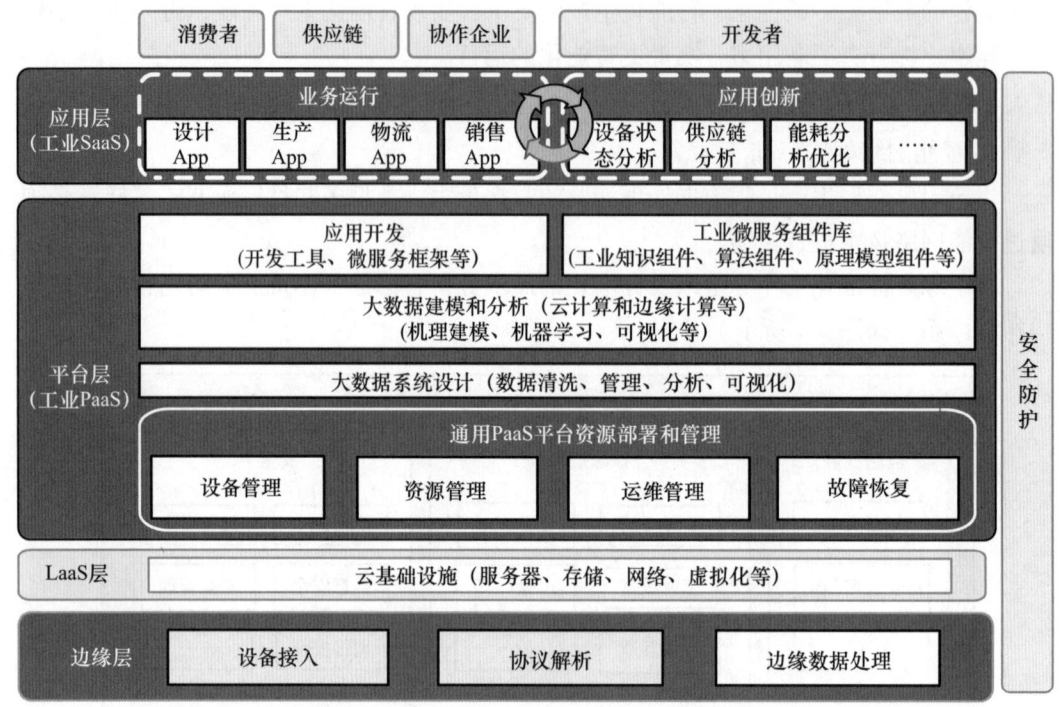

图4-4　建筑卫生陶瓷智能网络架构支撑体系

智能网络架构体系中主要有以下部分。

（1）数据集成与边缘处理技术

①设备接入：基于工业以太网、工业总线等工业通信协议，以太网、光纤等通用协议，3G/4G、NB-IOT等无线协议，将工业现场设备接入到平台边缘层。

②协议转换：一方面运用协议解析、中间件等技术兼容ModBus（一种串行通信协议）、OPC（OLE for Process Control，用于过程控制的对象链接和嵌入）、CAN（Controller Area Network，控制单元区域网络）、Profibus（Process Field Bus，过程现场总线）等各类工业通信协议和软件通信接口，实现数据格式转换和统一。另一方面利用HTTP（Hyper Text Transfer Protocol，超文本传输协议）、MQTT（Message Queue Transfering Transport，消息队列遥测传输）等方式从边缘侧将采集到的设计传输到云端，实现数据的远程接入。

（2）IaaS（Infrastructure as a Service，将基础设施作为服务）技术

基于虚拟化、分布式存储、并行计算、负载调度等技术，实现网络、计算、存储等计算机资源的池化管理，根据需求进行弹性分配，并确保资源使用的安全与隔离，为用户提供完善的云基础设施服务。

(3) 安全防护

①数据接入安全：通过工业防火墙技术、工业网闸技术、加密隧道传输技术，防止数据泄露、被侦听或篡改，保障数据在源头和传输过程中的安全。

②平台安全：通过平台入侵实时检测、网络安全防御系统、恶意代码防护、网站威胁防护、网页防篡改等技术实现智能网络平台的代码安全、应用安全、数据安全、网站安全。

③访问安全：通过建立统一的访问机制，限制用户的访问权限和所能使用的计算资源和网络资源，实现对大数据云平台重要资源的访问控制和管理，防止非法访问。

建筑卫生陶瓷智能制造系统中的网络传输系统如图4-5所示。

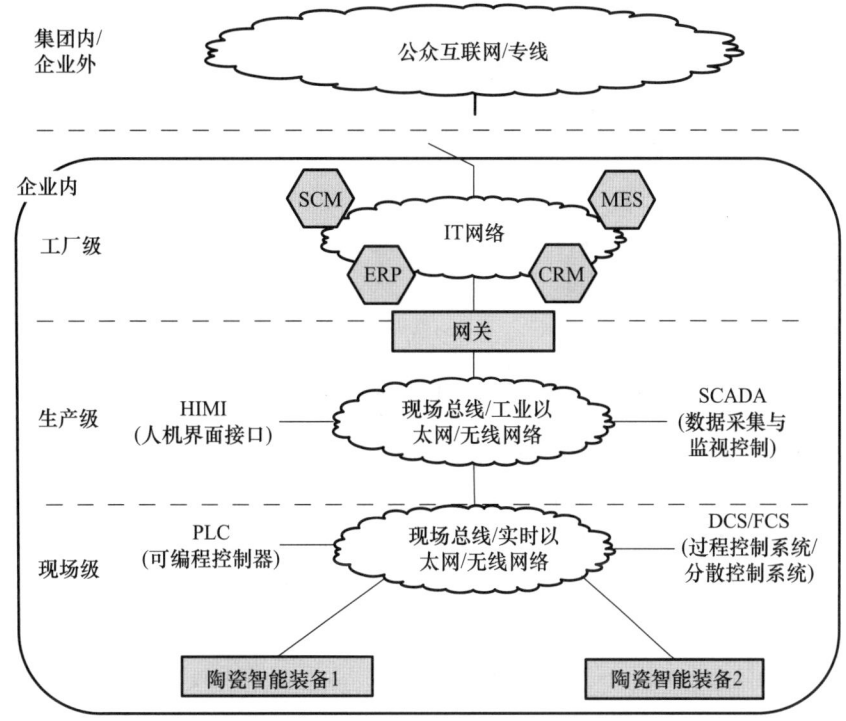

图4-5　建筑卫生陶瓷智能制造系统中的网络传输系统

(4) 建筑卫生陶瓷智能工厂可视化

由于各种传感器和摄像头需要被应用于监控建筑卫生陶瓷工厂的生产过程，从而达到对生产数据和生产过程状态信息的实时监控。建筑卫生陶瓷智能工厂提供手机等终端的远程接入功能，建筑卫生陶瓷企业相关人员可以通过终端与服务器的远程交互实现对大数据的访问以及对智能工厂的监控等，如图4-6所示。

根据传统工厂现有网络特点，充分保护其现有基础网络投资，打造有线无线融合的一体化泛在网络，通过LTE（Long Term Evolution，长期演进，是一种高速无线通信技术）系统实现各种业务的统一承载。由于LTE技术能更好地满足智能工厂的无线通信技术要求，包括广覆盖和深覆盖能力，可有效实现整厂覆盖，减少投资和维护成本。高带宽和多业务支持可为智能工厂的新业务开展提供长期有效支撑，如办公、安防以及视频监控等。高安全和高可靠特性可有效保障数据安全和设备的可靠运行。

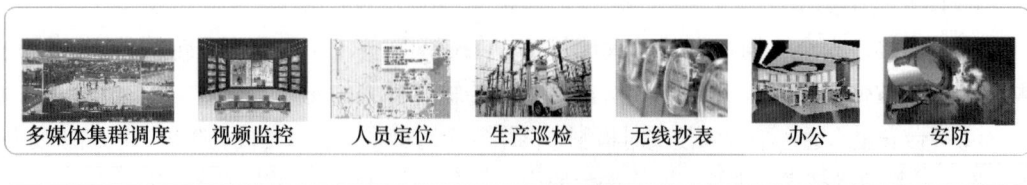
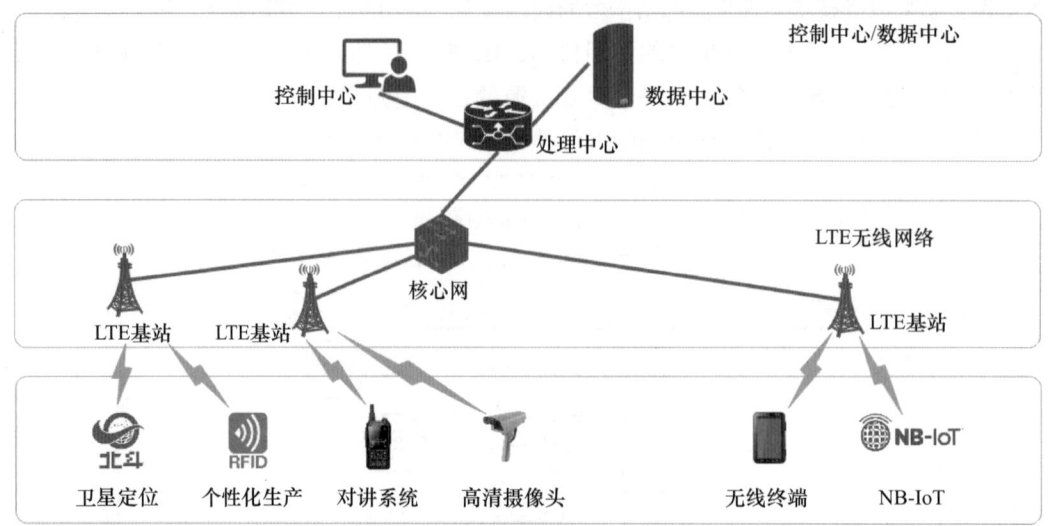

图 4-6　建筑卫生陶瓷智能工厂可视化控制

为实现可视化、实时化、智能化的生产和管理要求，在信息通信、生产协作、智能管理等领域打造世界一流智能工厂的基础设施，完成工厂 LTE 无线宽带网络、调度系统、视频会议系统、视频监控系统、存储、巡检终端等设备的布局。

①无线视频调度：控制中心指挥人员和站场作业人员能够进行多方视频通话，实现生产调度和应急处理。

②无线视频监控：对于不便部署有线网络的厂区，安装无线摄像机，实现远程安防监控和生产管理。

③无线定位：通过智能终端、定位系统和 GIS（Geographic Information System，地理信息系统）地图，实时跟踪人员位置信息，保障安全生产。

4.2.1.3　各类数据采集传感器

数据采集方式的突破直接改变着大数据应用的场景，数据采集方式有传感器和 RFID 技术。

1. 传感器

传感器是一种检测装置，能感受到被测量的信息，并能将检测感受到的信息，按一定规律变换成为电信号或其他所需形式的信息输出，以满足信息的传输、处理、存储、显示、记录和控制等要求。在建筑卫生陶瓷生产车间中布置许多的传感节点，24h 监控整个建筑卫生陶瓷生产过程，属于数据采集的底层环节。

2. RFID 技术

RFID（Radio Frequency Identification，射频识别）技术是一种非接触式的自动识别

技术，通过射频信号自动识别目标对象并获取相关的数据信息。利用射频方式进行非接触双向通信，达到识别目的并交换数据。RFID 技术可识别高速运动物体并可同时识别多个标签，操作快捷方便。

RFID 技术解决了物品信息与互联网实现自动连接的问题，结合后续的大数据挖掘工作，能发挥其强大的威力。

4.2.2 软件部分

4.2.2.1 陶瓷智能生产管控系统

建筑卫生陶瓷智能生产系统在信息物理系统和标准规范的支持下，由智能装备/生产线、智能物料仓储系统和智能制造执行系统等组成，如图 4-7 所示。

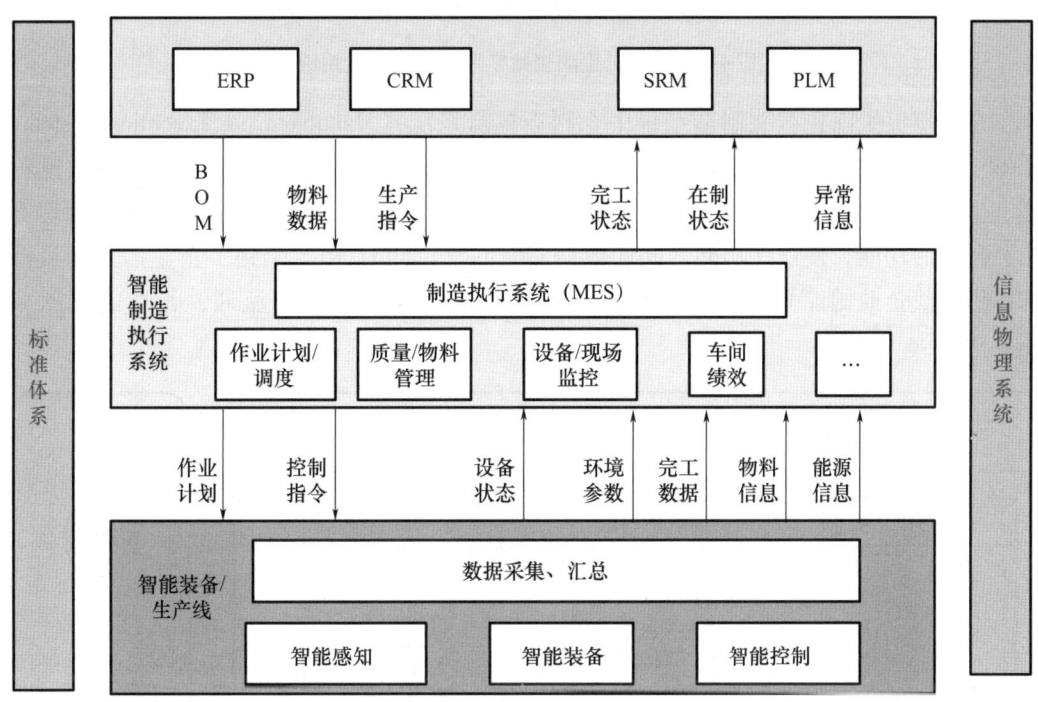

图 4-7 建筑卫生陶瓷智能生产系统的总体框架

同时，将构建与实际建筑卫生陶瓷智能生产相一致的数字孪生虚拟制造系统，如图 4-8 所示。

在虚拟制造中，根据设计的产品要求，进行产品工艺设计及产品虚拟制造，并将此过程通过"可视化与中控"进行展现；在实际制造中，将建筑卫生陶瓷每个生产环节中的生产参数和产品参数进行实时检测、监控图像，并将采集信号传输至控制终端和"可视化与中控"部分。一方面将生产参数和产品参数进行可视化显示；另一方面进行综合检验、评价、分析及决策，使得生产每个环节均为闭环、数字化控制，从而保证生产每个环节的产品都是合格的，以保证最终产品的合格。

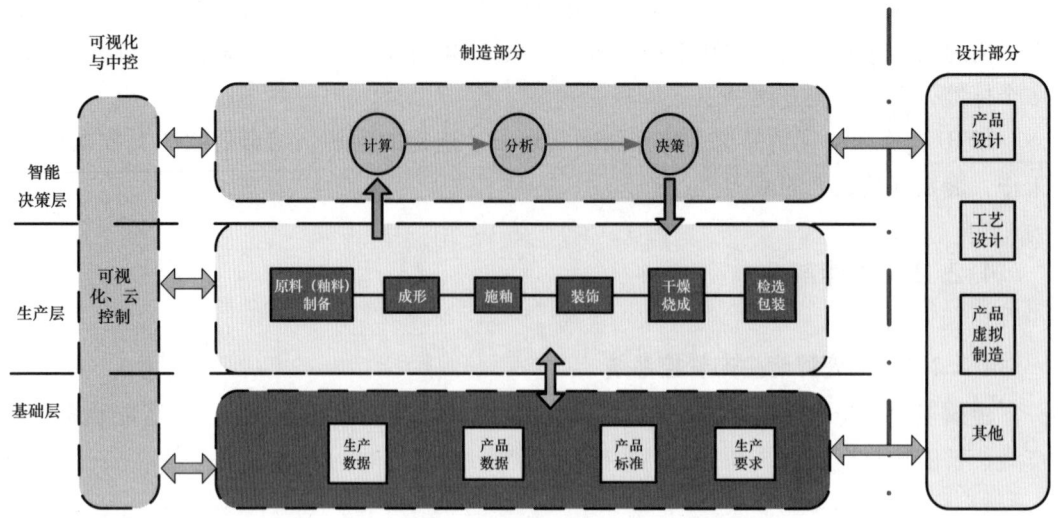

图 4-8　建筑卫生陶瓷数字孪生虚拟制造系统

在建筑卫生陶瓷智能制造系统中，制造执行系统（Manufacturing Execution System，MES）是建筑卫生陶瓷智能生产的核心系统。MES 集成了生产运营管理、产品质量管理、生产实时管控、生产动态调度、生产效能分析、物料管理、设备管理和文档管理等相互独立的功能，使这些功能之间的数据实时共享，同时 MES 起到了企业信息连接器的作用，使企业的计划管理层与执行控制层之间实现了数据的流通，其功能框图如图 4-9 所示。

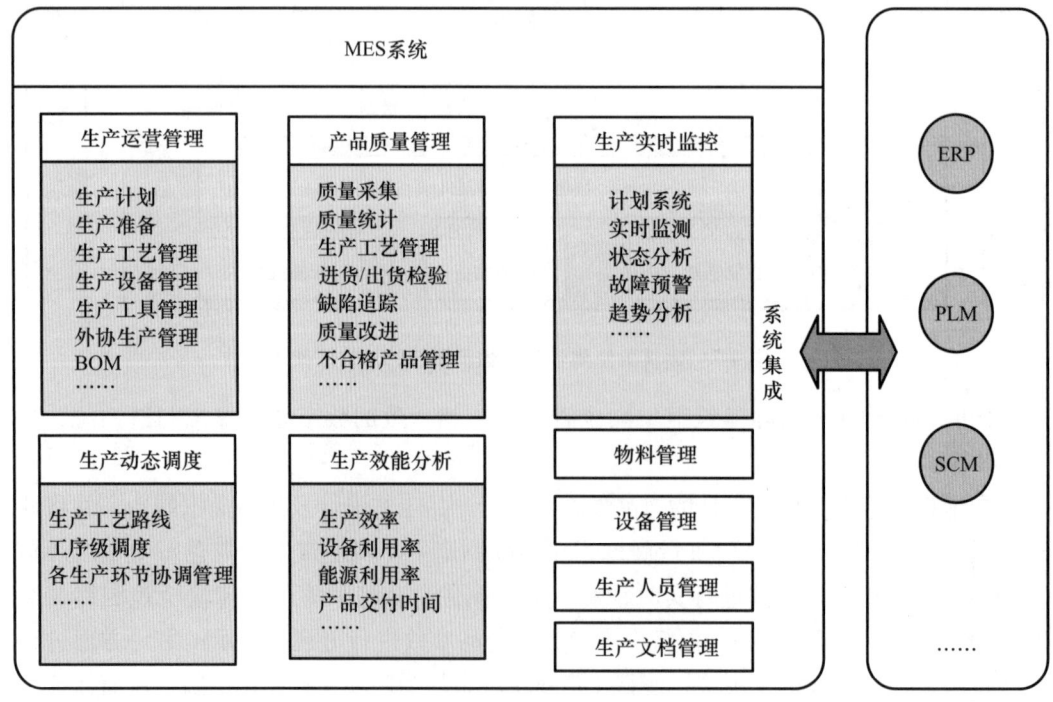

图 4-9　MES 系统的功能框图

MES 具有以下功能：

（1）对生产过程中用到的各种原料、中间过程产品、出厂销售产品等不同类型的物料信息进行统一的维护管理的功能。

（2）能够统一管理生产企业中的班组、班次和倒班信息，采用直观方式自行定义排班策略，并能够根据此策略进行批量的排班记录生成。

（3）对工艺参数、主要设备系统工艺标定、原（物）料更换进行定时记录的功能。

（4）具有生产计划、生产会议、生产交接班、生产运行记录的管理功能。

（5）具有生产统计的功能，并提供生产日报、生产月报、生产年报、综合报表的功能。

4.2.2.2 大数据

1. 大数据 IT 架构

大数据（Big Data）又称为巨量资料，是指规模庞大且复杂、以至于很难用现有数据库管理工具或数据处理应用来处理的数据集。需要新处理模式才能具有更强的决策力、洞察力和流程优化能力的海量、高增长率和多样化的信息资产。

大数据技术的战略意义不在于掌握庞大的数据信息，而在于对这些含有意义的数据进行专业化处理。建筑卫生陶瓷智能制造大数据 IT 架构以建筑卫生陶瓷智能制造过程的业务需求为导向，基于建筑卫生陶瓷智能制造系统的业务架构，规划建筑卫生陶瓷工业数据、技术和应用（平台）架构，以搭建面向建筑卫生陶瓷多业务领域、贯通多组织和应用层次的大数据 IT 架构，如图 4-10 所示。

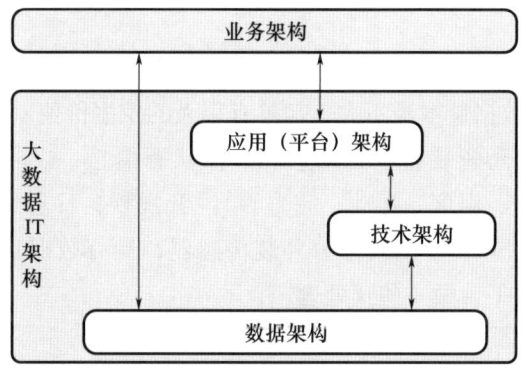

图 4-10　建筑卫生陶瓷智能制造大数据 IT 架构

建筑卫生陶瓷智能制造大数据应用的目标是构建建筑卫生陶瓷生产全流程、全环节和全生命周期的数据链。大数据在实际应用中主要涉及数据源、数据收集/预处理/信息集成、数据处理与数据管理、典型应用场景等四个层次，如图 4-11 所示。

2. 建筑卫生陶瓷企业大数据的类型

建筑卫生陶瓷工厂在智能化过程中，每个环节都会引入大量的数据，这些数据主要分为以下两类。

一类是建筑卫生陶瓷的生产管理数据，以结构化的 SQL 数据为主，如产品属性、

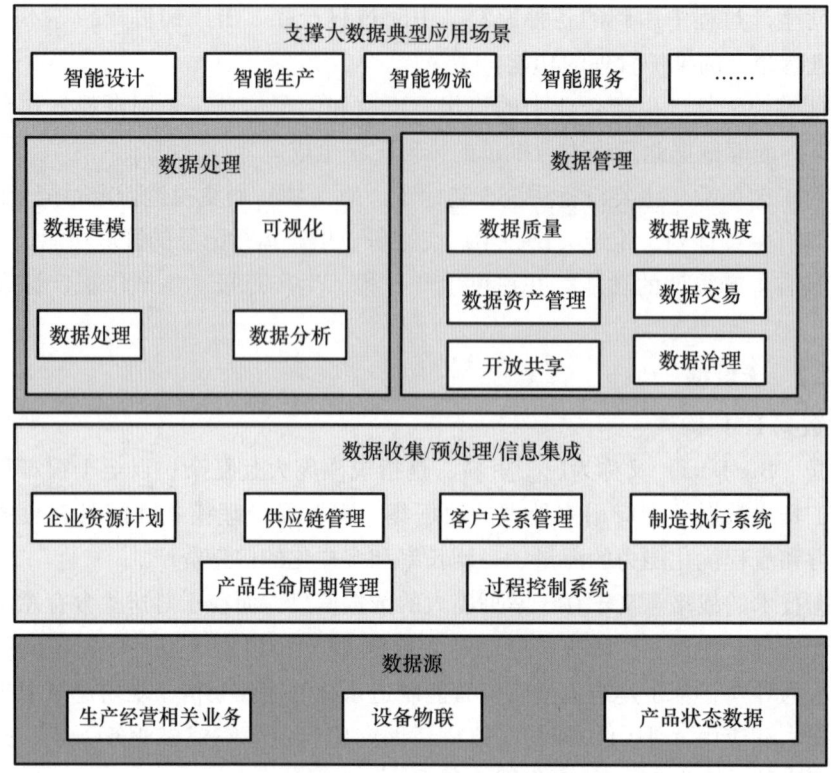

图 4-11　建筑卫生陶瓷智能制造大数据架构

生产、采购、订单、服务等数据。这类数据一般来自建筑卫生陶瓷企业的 ERP、SCM、PLM 及 MES 等系统，数据量本身不大，却具有很大的挖掘价值。

另一类是建筑卫生陶瓷装备状态信息和产品状态信息，以非结构化、流式数据居多，如设备工况（压力、温度、振动、应力等）、音视频、日志文本等数据。这类数据一般采集于设备 PLC、SCADA 以及部分外装传感器，具有数据量大、采集频率高，需要结合边缘计算在本地平台做一些预处理。

具体数据类型有：

（1）产品 BOM

BOM 主要分 EBOM（Engineering Bill of Materials，产品设计清单）和 MBOM（Manufacturing Bill of Materials，产品制造清单）两种。EBOM 体现建筑卫生陶瓷产品组成结构，可用来生成建筑卫生陶瓷产品物料需求计划。MBOM 体现建筑卫生陶瓷产品的制造过程，可用来生成作业计划，指导建筑卫生陶瓷实际生产作业。

EBOM 来源于 PDM 的 EBOM 树，导入方式可分为紧密集成和非紧密集成两种。紧密集成型的 EBOM 数据直接与 MES 对接，利用集成接口导入所需数据，使用简便，但开发量大，两个系统间互相影响，如果以后系统升级可能会影响集成。非紧密集成型的 EBOM 数据由 PDM 中导出生成中间文件，再导入 MES 生成 BOM 树，两个系统间无任何直接的数据交换，开发相对容易；即使以后系统升级，只要导入导出的数据格式不变，对系统运行就不会有影响。

PDM 中可以建立单独的 MBOM 树（有些甚至还有计划 BOM、采购 BOM、工艺 BOM 等），与 EBOM 使用同一套图纸和工艺文件，只是节点的组成结构不同，这样就保证了 EBOM 和 MBOM 数据源的唯一性。在其他系统中建立 MBOM 要涉及数据的同步维护问题，耗费人力且容易出错。

（2）财务数据

财务数据可导入 MES 核算生产成本。从很多建筑卫生陶瓷企业实施信息化项目的经验看，数据对项目成功与否影响很大，因此在项目建设之初就对数据进行规划和准备十分必要。

（3）工艺文件

建筑卫生陶瓷企业一般工艺流程比较固定，数量也少，可在 MES 中直接创建。

工艺流程中的工序名称一般要求标准化，这样系统可以按照工序自动派工、核算评估工序产能及对工序进行属性定义。

（4）生产计划和库存数据

生产计划一般在 ERP 中产生，通过集成接口导入到 MES 执行，完成状态再返回 ERP。如没有 ERP，也可在 MES 中直接生成生产计划。MES 可与物资库存管理系统集成，计划产生时自动读取库存数据扣除可用数量，同时可指导现场作业配料。

（5）物料清单

物料清单可由 MBOM 自动生成、在工艺文件中导入或以物料清单文件形式导入。

（6）生产工艺等技术文件

出于降低成本以及技术、工艺的需要，所有技术文件均在 MES 中读取，此时需要把文件导入 MES。

（7）订货数据

订货数据一般来自销售部门，可以由 CRM 系统导入 MES，也可手工输入。

3. 大数据平台

建筑卫生陶瓷大数据平台（也称工业大数据平台、云平台）不仅涵盖了 IT 网络架构和云计算基础架构等基础设施，专家库、知识库、业务需求库等资源，及安全、隐私等管理功能，还包含大数据实际应用的三个方面，即数据提供方、数据服务消费方和数据服务合作方，如图 4-12 所示。

智能工厂的首要条件就是各环节（各工序）数据（传感器数据）的互联、互通和共享。为了实现此目的，定义一个既能够代表智能制造发展方向，又符合陶瓷生产企业需求的数据统一化标准平台至关重要。如此可以破除因各厂家设备接口、数据标准不一致，无法真正实现互联、互通的现状。

本书结合建筑卫生陶瓷行业的特点，同时兼顾当前其他主流工业智能行业的发展趋势和现状，提出了一种三层次的数据标准化通用平台（框架），如图 4-13 所示，为后续建筑卫生陶瓷行业的标准化之路提供指导。

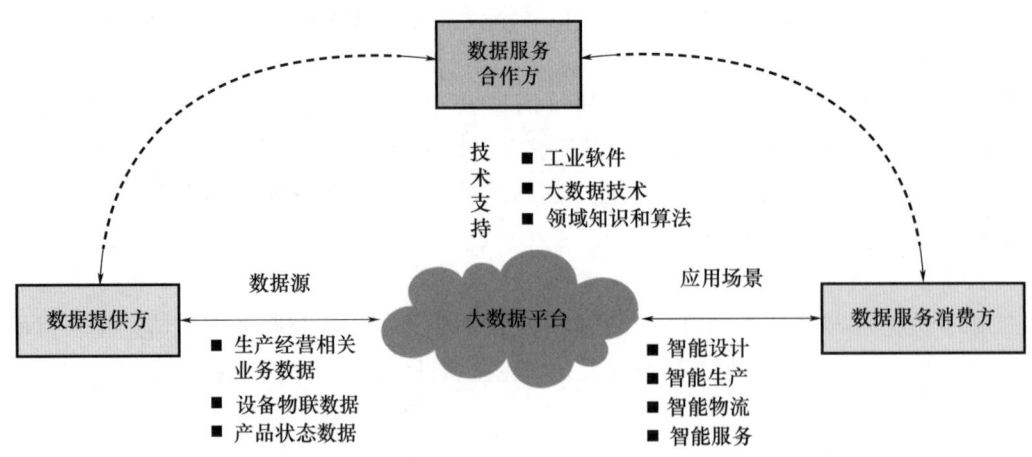

图 4-12　建筑卫生陶瓷大数据平台架构

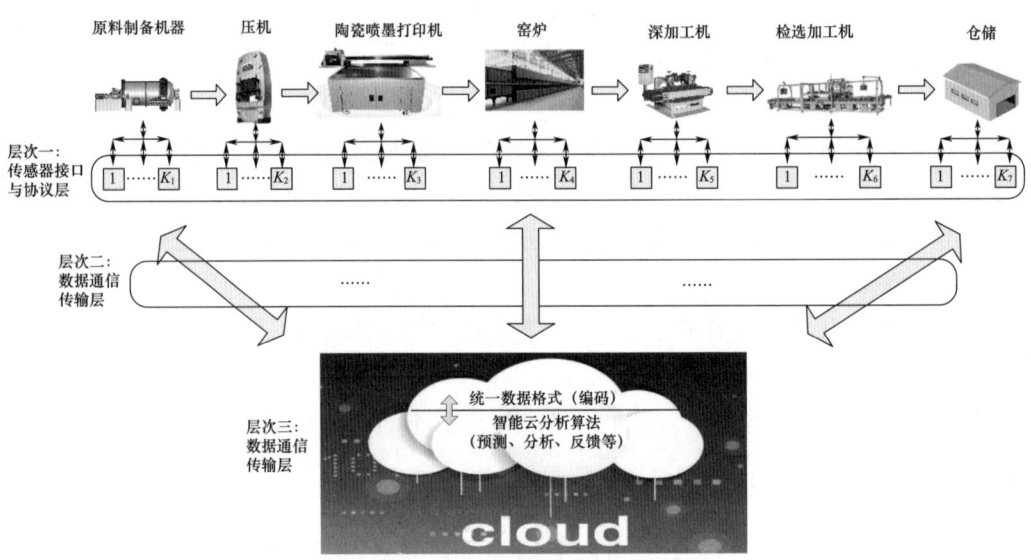

图 4-13　智能工厂的数据标准化平台

建筑卫生陶瓷智能工厂数据可以按照以下三个层次流转：

（1）层次一：对接设备的接口及其相关协议；

（2）层次二：基于数据的网络通信传输标准；

（3）层次三：基于网络云端的统一数据格式（编码），以便实现数据的共享和互通。

4.2.2.3　云计算

云计算（Cloud Computing）是一种基于 Internet 的计算，是并行计算、分布式计算和网格计算的发展，也是虚拟化、效用计算、将基础设施作为服务 IaaS（Infrastructure as a Service）、将平台作为服务 PaaS（Platform as a Service）和将软件作为服务 SaaS（Software as a Service）等概念混合演进并跃升的结果。

云计算是融合了网络存储、虚拟化、负载均衡等技术的新兴产物。它将原本需要由个人计算机和私有数据中心执行的任务,转移给具备专业存储和计算技术的大型计算中心来完成,实现了计算机软件、硬件等计算资源的充分共享。企业或个人不再需要花费大量费用在基础设施的购买上,更不需要花费精力对软硬件进行安装、配置和维护,这些都将由云计算服务商(Cloud Service Provider,CSP)提供相应的服务。云计算服务商拥有大数据存储能力和计算资源,被视为外包信息服务的最佳选择。

本书提出的云计算是一种用于建筑卫生陶瓷企业自身的计算模型,它将计算任务分布在建筑卫生陶瓷企业内大量计算机或服务器所构成的资源池上,使得建筑卫生陶瓷企业能够将资源切换到需要的应用上,并根据需求访问计算机和存储系统。图4-14为云计算的技术框架。

在云计算环境下,软件技术、架构将发生显著变化。一是所开发的软件必须与云相适应,能够与以虚拟化为核心的云平台有机结合,适应运算能力、存储能力的动态变化;二是要能够满足大量用户的使用,包括数据存储结构、处理能力;三是要互联网化,基于互联网提供软件的应用;四是安全性要求更高,可以抗攻击,并能保护私有信息;五是可在移动终端、手机、网络计算机等各种环境下工作。

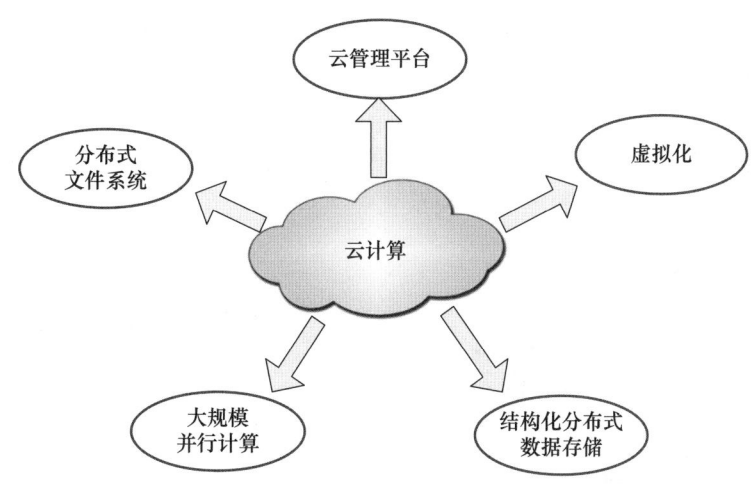

图4-14 云计算的技术框架

说明:

(1)云管理平台:实现对于云计算平台资源的管理、硬件及应用系统的性能和故障监控。

(2)分布式文件系统:可扩展的支持海量数据的分布式文件系统,用于大型的、分布式的、对大量数据进行访问的应用。它运行于廉价的普通硬件上,提供容错功能(通常保留数据的3份拷贝),典型技术为GFS(Google File System,Google文件系统)、HDFS(Hadoop Distributed File System,Hadoop分布式文件系统)、KFS(Kosmos Distributed File System,Kosmos分布式文件系统)以及中国移动提出的Hyper DFS(Hyper分布式文件系统)。

（3）大规模并行计算：在分布式并行环境中将一个任务分解成更多份细粒度的子任务，这些子任务在空闲的处理节点之间被调度和快速处理之后，最终通过特定的规则进行合并生成最终的结果，典型技术为 Map Reduce（一种处理和生成大数据集的程序模型）。

（4）结构化分布式数据存储：类似文件系统采用数据库来存储结构化数据，云计算也需要采用特殊技术实现结构化数据存储，典型技术为 Big Table、Dynamo 以及中国移动提出的 Huge Table。

（5）虚拟化：即资源的抽象化，实现单一物理资源的多个逻辑表示，或者多个物理资源的单一逻辑表示。

通过构建不同的数学模型，利用大数据平台的数据进行计算、分析、决策的技术，一可实现建筑卫生陶瓷生产的全局工艺优化，进一步节省能源消耗率，提升资源利用率，实现建筑卫生陶瓷智能工厂更智能化的运营；二可系统性分析由条件监控传感器（例如生产要求变更、湿度、温度等）采集自装备和产品的数据，并进行动态生产控制，满足个性化生产需要；三可对整个供应链的上游、下游提供精准的服务；四可为企业上层提供精确的决策依据。

4.2.2.4 边缘计算

边缘计算是指在靠近物或数据源头的网络边缘侧，融合网络、计算、存储、应用核心能力的开放平台，就近提供边缘智能服务，以满足企业数字化在实时业务、数据优化、安全与隐私管理等方面的关键需求。

建筑卫生陶瓷智能制造模型中拥有大量的端设备，需要构建边缘计算模型进行实时分析、处理、决策，其架构如图 4-15 所示。

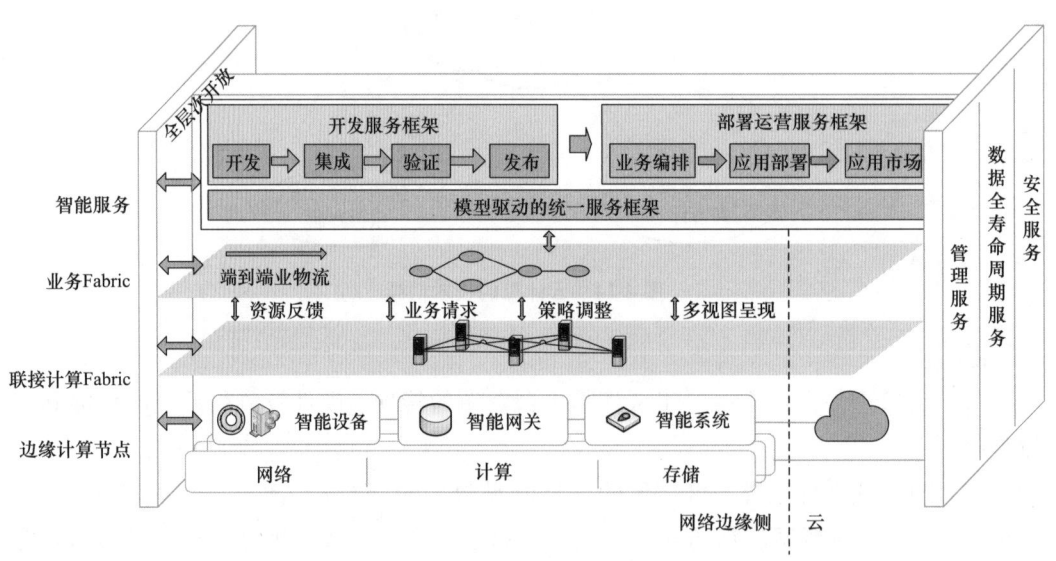

图 4-15　建筑卫生陶瓷智能制造系统中边缘计算的架构

从建筑卫生陶瓷智能制造系统中边缘计算架构的横向层次来看，具有如下特点：

（1）智能服务基于模型驱动的统一服务框架，通过开发服务框架和部署运营服务

框架实现开发与部署智能协同,能够实现软件开发接口一致和部署运营自动化;

(2) 智能业务编排通过业务 Fabric 定义端到端业务流,实现业务敏捷;

(3) 联接计算(Connectivity and Computing Fabric,CCF)实现架构极简,对业务屏蔽边缘智能分布式架构的复杂性;实现 OICT(Operational,Information and Communication Technology,运营信息通信技术)基础设施部署运营自动化和可视化,支撑边缘计算资源服务与行业业务需求的智能协同;

(4) 智能边缘计算(Edge Computing Node,ECN)兼容多种异构联接,支持实时处理与响应,提供软硬一体化安全等;

(5) 边缘计算架构在每层提供了模型化的开放接口,实现了架构的全层次开放。

建筑卫生陶瓷智能制造系统中边缘计算架构通过纵向管理服务、数据全生命周期服务、安全服务,实现业务的全流程、全生命周期的智能服务。

4.2.2.5 云计算与边缘计算

云计算与边缘计算是建筑卫生陶瓷企业数字化、智能化转型的两大重要支撑,两者在网络、业务、应用、智能等方面的协同将有助于支撑行业数字化转型更广泛的场景与更大的价值创造,边缘计算与云计算协同点见表 4-1。

表 4-1 边缘计算与云计算协同点

协同点	边缘计算	云计算
网络数据聚合	(TSN + OPC UA)	数据分析
业务	Agent	业务编排
应用	微应用	应用生命周期管理
智能	分布式推理	集中式训练

云计算适用于非实时、长周期数据、业务决策场景,而边缘计算在实时性、短周期数据、本地决策等场景方面有不可替代的作用。在建筑卫生陶瓷智能制造系统中,边缘计算与云计算的关系如图 4-16 所示。

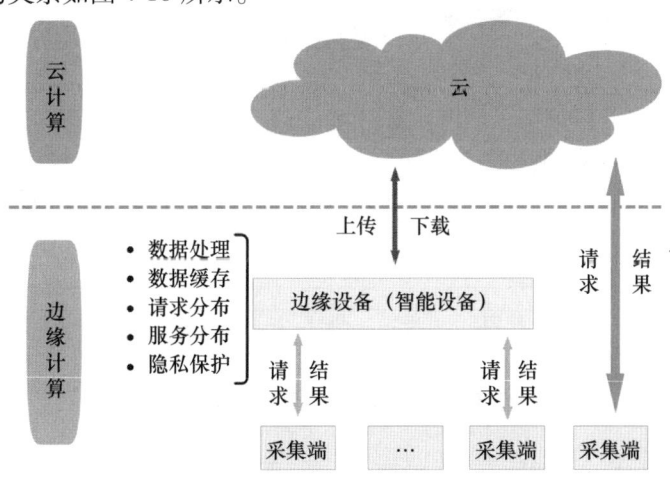

图 4-16 云计算与边缘计算的关系图

1. 边缘计算与云计算互为补充

边缘计算作为物联网的"神经末梢",提供了计算服务需求较快的响应速度,直接在边缘设备或边缘服务器中进行数据处理。云计算作为物联网的"大脑",会将大量边缘计算无法处理的数据进行存储和处理,同时会对数据进行整理和分析,并反馈到终端设备,增强局部边缘计算能力。

2. 边缘计算与云计算协同发展

在边缘设备上进行计算和分析的方式有助于降低关键应用的延迟、降低对云的依赖,能够及时地处理物联网生成的大量数据;同时结合云计算特点对物联网产生的数据进行存储和自主学习,使物联网设备不断更新升级。

4.2.2.6 智能分析算法

结合人工智能的发展趋势,根据自身对建筑卫生陶瓷行业的理解,给出几种有利于陶瓷智能工厂发展的智能化方向,以指导智能技术在建筑卫生陶瓷行业的应用,为真正的智能工厂的建设提供一些技术思路。

1. 智能数据分析和隐状态挖掘技术

借助隐马尔科夫链等数据分析工具挖掘这些数据后面是否存在更重要的隐藏状态,可帮助提高预测准确度,并指导后续在何处增加传感器,把隐藏状态显性化,并指导在相应的位置增加传感器,提高预测精度。

以窑炉为例,当依托目前传感器数据无法准确预测产品状态时(或是预测不准确时),可以考虑在设备和传感器之间建立一个隐马尔科夫模型,如图4-17所示。借助维特比算法等分析出其后隐状态的排布状态,将"隐藏状态"定义为设备的真实状态;"观察状态"为对应传感器给出的数据,设置"隐藏状态"数量超过"观察状态"数量,以便挖掘到更多当前传感器之外的隐藏变量,并借此帮助指导确定哪些环节需要增加传感器,协助后续完成准确预测模型的设计。

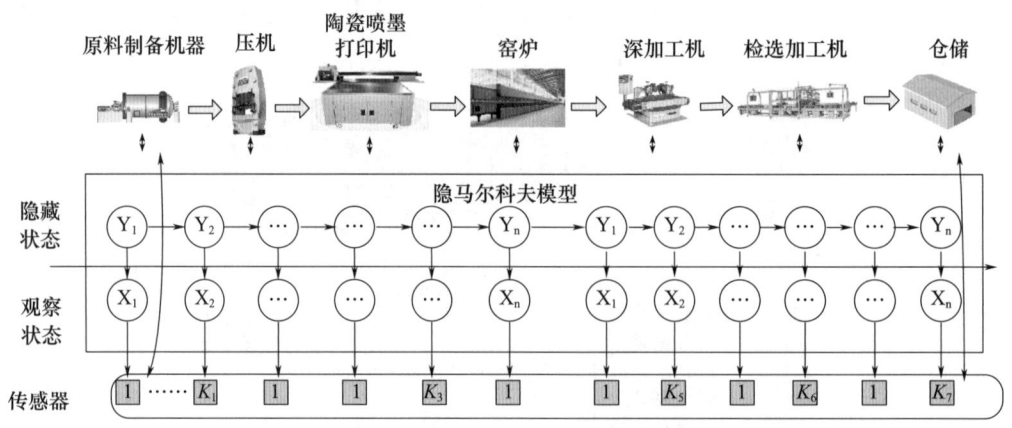

图4-17 隐藏状态挖掘模块示意图

2. 智能预测技术

有时直接利用传感器在线监控每个环节产品状态的难度较大,本书设计出一种智能预测技术，即给出一种能够根据已获得的生产线前端传感器数据准确预测后续某个环节的产品状态和质量，以便实现每个状态的虚拟监控。

以窑炉烧成为例，如图4-18所示。目前对窑炉前端实时监控坯体质量的难度较大，所以可借助原料的生产数据、压机成形等进窑坯体的各种类型大数据来准确预测当前的坯体状态，以取代真正的坯体在线检测环节。如此一方面可以实现检测的功能，另一方面，提前的预测也为后端处理预留了充分的时间，保证了实时性。

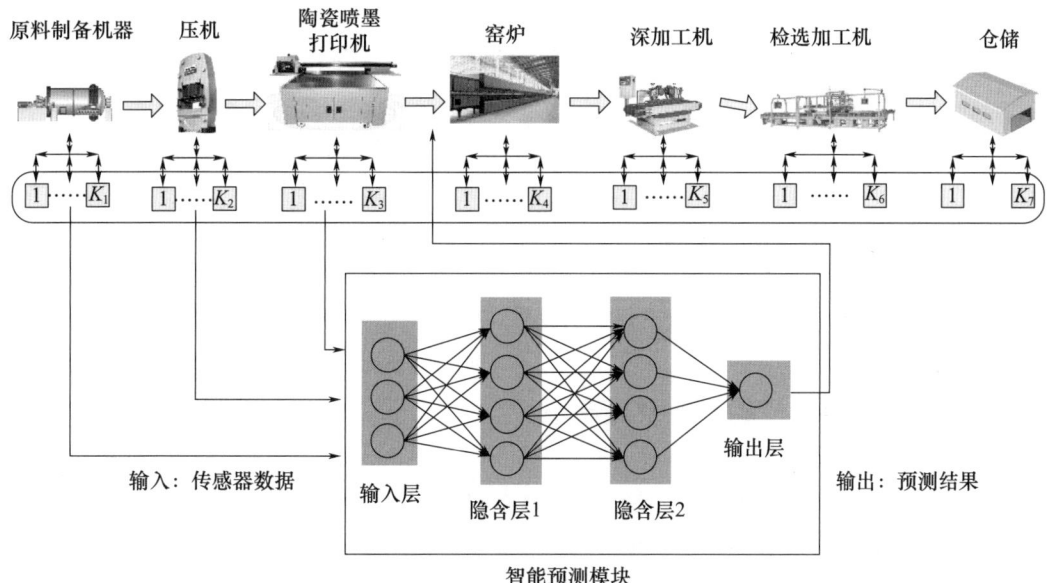

图 4-18　智能预测模块示意图

5 建筑卫生陶瓷智能工厂的解决方案

5.1 智能工厂概述

5.1.1 智能工厂的产生及概念

2005年,"智能工厂计划"由欧盟、德国联邦教育与研究部等部门和机构共同发起,参与者包括佛劳恩霍夫(Fraunhofer)协会以及西门子(Siemens)、博世(Bosch)、费斯托(Festo)、菲尼克斯(Phoenix)等知名企业。计划中的"智能工厂"是一个独立的制造演示验证与研究平台,创新的信息和通信技术在一个现实的工业生产环境中进行测试和开发,功能电气组件柔性联网,无线通信技术系统在系统内和全部控制层级中运行,可以一件或批量生产定制化的产品。"智能工厂计划"旨在将工厂自动化与复杂的信息技术集成,日常生活中的电子设备将在工业中拓展产线的加工方法,让未来工厂的运行变得更柔性和更高效。

自2009年,IBM公司发布"智能地球"的构思理念后,IBM一直利用其技术推动这个理念的落地,因此也不断涌现出"智能交通""智能能源""智能建筑""智能工厂"等概念。"智能工厂"是IBM"智能地球"理念在制造业的实际应用结果。

智能工厂是现代工厂信息化发展的新阶段,是在数字化工厂的基础上,利用物联网的技术和设备监控技术加强信息管理和服务,清楚掌握产销流程,提高生产过程的可控性,减少生产线上人工的干预,即时正确地采集生产线数据,以及合理地编排生产计划与生产进度,并加上绿色智能的手段和智能系统等新兴技术于一体,构建一个高效节能的、绿色环保的、环境舒适的人性化工厂。

从上述智能工厂的内涵可以看出,智能工厂凝结了三大方面的智能结晶:首先是数字工厂,其次是利用物联网等新型技术,最后是加上绿色制造手段。

"智能工厂"概念已在国际上被广泛接受,美国通用电气(GE)公司提出"工业互联网"的概念,中国科技自动化联盟提出"智能工厂1.0"的概念。无论是"智能工厂计划""工业互联网",还是"智能工厂1.0",都旨在利用新型技术推动工业智能化,从而构建一个绿色的、个性化的工厂。

5.1.2 智能工厂制造模式的演进

智能工厂技术与系统作为新型的制造系统,为制造商及其供应商提供了一个制造信息平台,使企业能够对整个制造过程进行设计规划、模拟仿真和管理,并将制造信息及时地与相关部门、供应商共享,从而实现虚拟制造和并行应用,保障生产的顺利进行。现代工厂从数字化工厂发展到智能工厂,制造模式经历了从数字制造到智能制造的演进。

1. 数字化工厂与数字制造

数字化工厂是以产品全生命周期的相关数据为基础,在计算机虚拟环境中,对整个生产过程进行仿真、评估和优化,并进一步扩展到整个产品生命周期的新型生产组织方式。数字化工厂主要解决产品设计和产品制造之间的"鸿沟",实现产品生命周期中的设计、制造、装配、物流等各个方面的功能,降低设计到生产制造之间的不确定性,在虚拟环境下将生产制造过程压缩和提前,并得以评估与检验,从而缩短产品设计到生产的转化的时间,并且提高产品的可靠性与成功率。

数字制造是在数字化技术和制造技术融合的背景下,并在虚拟现实、计算机网络、快速原型、数据库和多媒体等技术的支持下,根据用户需求,迅速收集相关的资源和信息,对产品信息、工艺信息和资源信息进行分析、规划和重组,实现产品设计、功能仿真和原型制造,进而快速生产出达到用户要求性能的产品的整个制造过程。数字制造技术是产品创新和制造技术创新的共性使能技术,其将"制造"和"创造"融合起来,对传统制造业的改造升级、提升产业整体竞争力具有重要促进作用。

2. 智能制造

智能制造是人工智能技术与先进制造技术相融合的技术,贯穿于设计、生产、管理和服务等制造业的各个环节。

3. 智能工厂的综合

数字制造技术是智能制造的基础技术,数字制造技术与众多的智能化方法结合起来就形成了智能制造技术。智能制造整合智能装备和物联网、服务网,体现对信息流、物质流和能量流的全面集成。智能制造基于数字制造技术,利用"知识处理""智能优化"和"智能数控加工"等方法,稳定、高效、高质量生产出理想的产品。智能制造是制造技术发展的前景。制造业由能量驱动型转变为信息驱动型,要求制造系统不但要具备柔性,而且要表现出某种智能,以应对大量复杂信息的处理以及瞬息万变、竞争激烈的市场环境。智能制造作为一种制造模式,集信息化、集成化和智能化于一身,并具有不断向纵深发展的先进制造系统,也是一种由智能机器和人类专家共同组成的人机一体化系统。

智能工厂是由许多智能制造装备构成的,是数字制造和智能制造的综合,既体现信息流、能量流、物流的全面集成，又体现装备生命周期和企业价值链的结合。在智能工厂中，信息自上而下和自下而上贯穿，从部件到组件再到系统进行全域能效管理；能源和资源消耗控制在最佳水平，实现环境友好、资源节约型生产；覆盖制造全生命周期，从最初设计到制造、销售和使用，产品生命周期的集成将大大减少研发迭代次数和周期；以更灵活的生产方式、更高的运营效率、极高的质量以及合理的成本和最小的环境代价生产智能化产品。

5.1.3 智能工厂的主要特征

智能工厂的发展是智能工业发展的新方向，特征体现在制造生产上，如下所述。

（1）系统具有自主能力：可采集与理解外界及自身的信息，并据此分析判断及规划自身行为。

（2）整体可视技术的实践：结合信号处理、推理预测、仿真及多媒体技术，将实境扩增展示现实的设计与制造过程。

（3）协调、重组及扩充特性：系统中各组件可依据工作任务，自行组成最佳系统。

（4）自我学习及维护能力：通过系统自我学习功能，在制造过程中落实资料库补充、更新及自动执行故障诊断，并具备对故障排除与维护，或通知系统执行的能力。

（5）人机共存的系统：人机之间具备互相协调合作关系，各自在不同层次之间相辅相成。

5.1.4 智能工厂的主要实现技术

1. 无线感测器

无线感测器将是未来实现智能工厂的重要利器，智能感测是基本构成要素，但如果要让制造流程有智能判断的能力，仪器、仪表、感测器等控制系统的基本构成要素，仍是关注焦点。仪器仪表的智能化，主要是以微处理器和人工智能技术的发展与应用为主，包括运用神经网络、遗传演算法、进化计算、混沌控制等智能技术，使仪器仪表实现高速、高效、多功能、高机动灵活等性能。

如专家控制系统（Expert Control System，ECS）就是一种具有大量的专门知识与经验的程式系统。它运用人工智能技术和计算机技术，根据某领域一个或多个专家提供的知识和经验，进行推理和判断，模拟人类专家的决策过程，解决那些需要人类专家才能解决好的复杂问题。

此外，模糊控制器（Fuzzy Controller，FC），也称模糊逻辑控制器（Fuzzy Logic Controller，FLC），也是智能工厂相关技术的关注焦点。由于模糊控制技术具有处理不确定性、不精确性和模糊信息的能力，对无法建造数学模型的被控过程能进行有效的控制，能解决一些用常规控制方法不能解决的问题，也让模糊控制在工业控制领域得到了广泛的应用。

2. 控制系统网络化

随着工厂制造流程连接的嵌入式设备越来越多，通过云端架构部署控制系统，无疑是当今最重要的趋势之一。

在工业自动化领域，随着应用和服务向云端运算转移，资料和运算位置的主要模式都已经被改变了，由此也给嵌入式设备领域带来颠覆性变革。如随着嵌入式产品和许多工业自动化领域的典型IT元件，如制造执行系统（Manufacturing Execution System，MES）及生产计划系统（Production Planning System，PPS）的智能化，连线程度日渐提高，云端运算将可提供更完整的系统和服务，生产设备将不再是过去单一而独立的个体，但将孤立的嵌入式设备接入工厂制造流程，甚至是云端，其实具有高度的颠覆性，必定会对工厂制造流程产生重大的影响。一旦完成连线，一切的制造规则都可能会改变。包括体系结构、控制方法以及人机协作方法等，都会因为控制系统网络化而产生变化，如控制与通信的耦合、时间延迟、信息调度方法、分散式控制方式与故障诊断等，都使得自动控制理论在网络环境下的控制方法和演算法需要不断创新。

此外，由于影像、语音信号等大资料量、高速率传输对网络频宽的要求，对控制系统网络化更构成严峻的挑战。因为工业生产流程不容许一点点差错，网络传递的封包信息不能有一点点漏失，而且网络上传递的信息非常多样化，哪些资料应该先传（如设备故障信息），哪些资料可以晚点传（如电子邮件），都要靠控制系统的智能能力进行适当的判断才能得以实现。

5.1.5 智能工厂的发展

智能工厂概念的核心是工业化和信息化的高度融合。智能工厂是在数字化工厂的基础上，利用物联网技术和设备监控技术来加强信息管理和服务的。未来将通过大数据分析平台将云计算中由大型工业机器产生的数据转化为实时信息（云端智能工厂），并融合绿色智能的手段和智能系统等新型技术，构架一个高效节能、绿色环保、环境舒适的个性化工厂。

智能工厂的发展方向大致有三个方面。

1. 生产管控可视化

由于智能工厂的先进性和高度的集成性，在产品生产过程中，包括原材料的管控，均可通过可视化技术直接实时展示在控制者眼前。此外，生产管控的现状也可实时掌握，减少因系统故障造成的偏差。而生产中的相关数据均可保留在数据库中，让管理者得以有完整信息进行后续分析规划。管理者可以依据生产系统的现况规划生产设备的维护，也可以根据信息的整合建立产品生产的智能组合。

2. 系统监控全方位

通过物联网，以传感器做链接，使制造设备具有感知能力，系统可进行识别、分析、推理、决策及控制。这类制造设备，可以说是先进制造技术、信息技术和智能技术的深度结合。当然，此类系统绝不只是在工厂内安装一个软件系统而已，其主要是通过系统平台累积知识的能力，来建立设备信息及反馈的数据库。从订单开始，到产品制造完成、生产入库的生产信息，都可以在数据库中一目了然，在遇到异常生产状况时，控制者也可迅速反应，以促进更有效的工厂运转与生产。

3. 智能制造绿色化

在制造绿色化方面，除了在制造上利用环保材料、关注污染等问题外，还要与上下游企业合作，从资源、材料、设计、制造、废弃物回收到再利用处理，应用绿色生产工艺，以形成绿色产品生命周期管理的循环；更可通过绿色碳排放计算等应用，将制造绿色化延伸至绿色供应链的协同管理、绿色生产管理与智能环境监控等，协助上下游与客户之间共同创造符合环保的绿色产品。

5.1.6 智能工厂的体系构成

智能工厂是实现智能制造的基础与前提，将以"大数据云平台"为基础，保证在标准统一、数据共享、信息安全等的规范下，在信息物理融合系统的支持下，构建智能生产、智能运营、智能服务、智能决策四大系统。通过企业信息门户实现与供应商、客户、合作伙伴的横向集成，企业内部的纵向集成，从而实现生产的智能化。智能工厂的体系构成如图 5-1 所示。

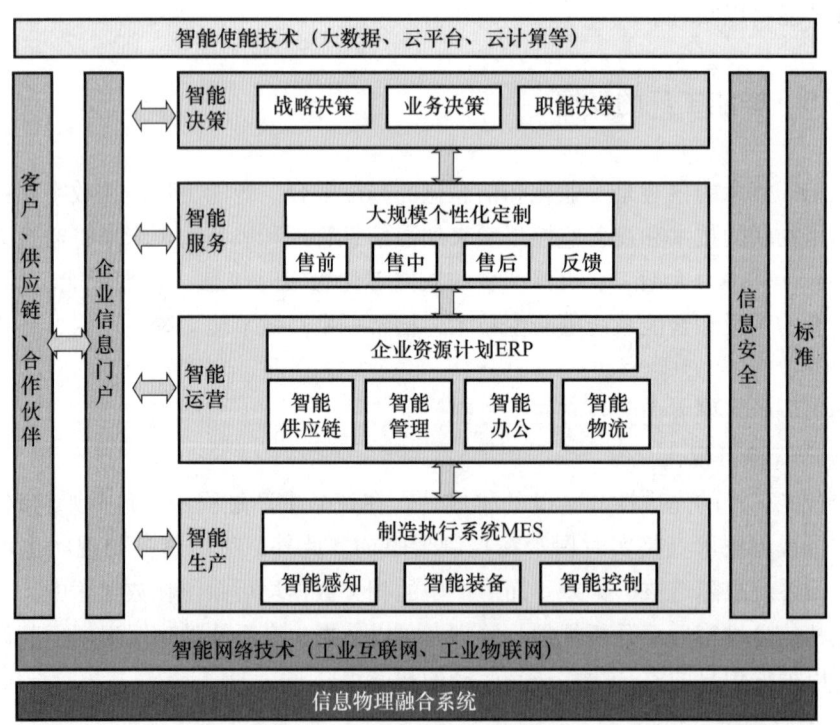

图 5-1 智能工厂的体系构成

智能制造使能技术就是通过该技术的创新，来推动智能制造的创新链下游的产品开发、产业化等环节的实现，包括大数据、云计算等技术。

智能网络架构基于通信网络架构，将各种不同的硬件设备进行连接，实现数据的传递，达到智能制造需要的效果，包括工业互联网、工业物联网等技术。

信息物理融合系统是智能工厂物互联的基础。通过物联网、服务网，将企业设施、设备、组织、人进行互联互通，集计算机、通信系统、感知系统、控制系统为一体，实现对生产物理世界的安全、可靠、实时、协同感知和控制。其特征是：环境感知性、自愈性、异构性、开放性、可控性、移动性、融合性和安全性。

5.1.7 智能工厂的架构

（1）企业信息系统架构

企业信息系统架构反映一个企业的信息系统中各个组成部分之间的关系，以及信息系统与相关业务、相关技术之间的关系。ISA-95 是企业系统与控制系统集成国际标准（the International Standard for the Integration of Enterprise and Control System），由美国仪表协会（Instrument Society of America，ISA）制定，定义了企业商业系统和控制系统之间的集成，将企业信息系统架构划分为不同的层次，并且定义了不同层次所代表的功能，如图 5-2 所示。

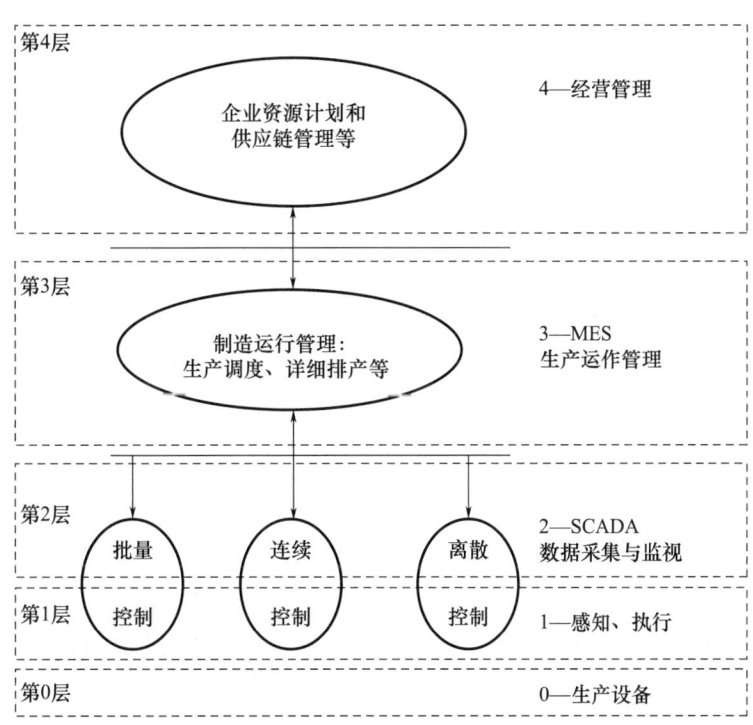

图 5-2　企业信息系统架构

第0层：定义实际生产制造过程，代表生产设备（如数控机床、工业机器人、成套生产线等）。

第1层：定义生产流程的感知和执行活动，代表各种传感器、变送器和执行器等，时间范围为秒、毫秒、微秒。

第2层：定义生产流程的监视和控制活动，代表各种控制系统和数据采集与监视系统（Supervisory Control and Data Acquisition，SCADA），时间范围为小时、分、秒。

第3层：定义生产期望产品的制造运行管理活动，包括生产调度、详细排产、优化生产过程、维护运行和其他辅助过程，时间范围为日、班次、小时、分。

第4层：定义管理工厂或车间所需的业务相关活动，包括建立基本的工厂/车间生产计划，资源使用、运输、物流、库存等的管理，时间范围为月、周、日。

智能工厂要求各层级网络的集成和互联，打破原有的业务流程与过程控制流程相脱节的局面，使得分布于各生产制造环节的控制系统不再是信息孤岛，而是从底层（第1层）贯穿至控制级（第2层）和管理级（第3层）。

（2）智能工厂的架构

根据ISA-95，智能工厂的架构在组成上主要分为企业层、管理层和集成自动化系统三大部分，如图5-3所示。在企业层对产品研发和制造准备进行统一管控，与ERP进行集成，建立统一的顶层研发制造管理系统。管理层、操作层、控制层、现场层通过工业网络（工业总线、工业以太网、4G/5G无线技术）进行组网，实现从生产管理到工业互联网底层的网络链接，满足管理生产过程、监控生产现场执行、采集生产设备和物料数据的业务要求。

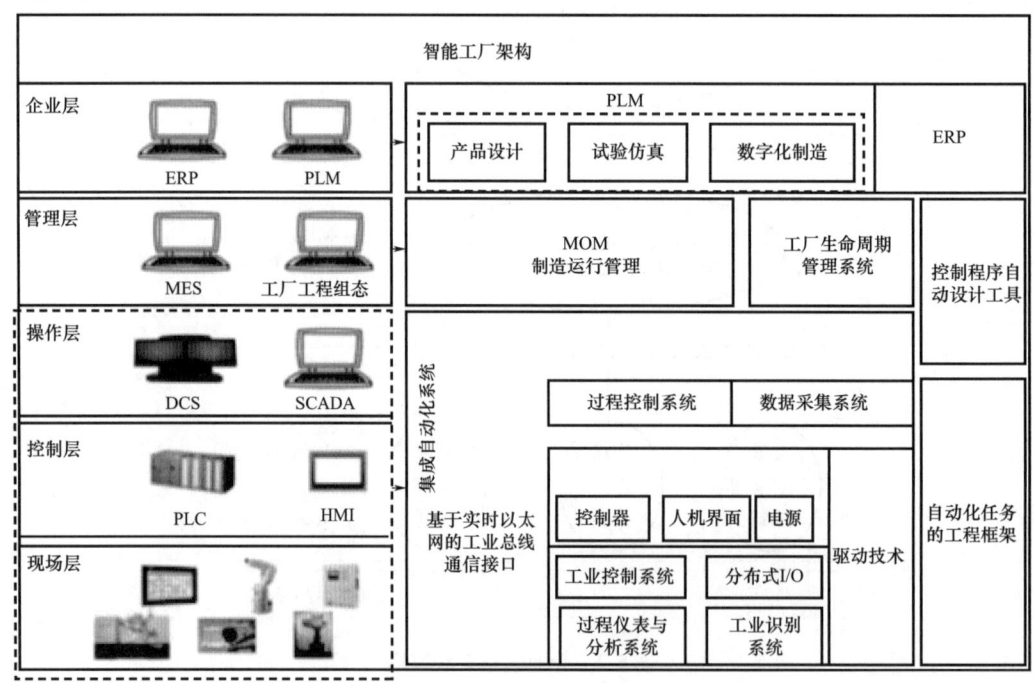

图5-3 智能工厂的架构

5.2 建筑卫生陶瓷智能工厂的解决方案

5.2.1 智能工厂方案的主要内容

1. 基于现场管理的数字化和智能化升级

基于现场管理的数字化和智能化升级的主要内容如图5-4所示。
主要实现以下几方面的内容。
（1）全面实现数据采集
①主要节点产量及设备状态自动统计；
②设备信息及工艺参数智能监控，主要设备包括：地磅→球磨→喷雾塔→压制→干燥→施釉→喷墨→窑炉→加工→检测→包装等。
（2）能源/环境/安全三级数字化监控体系
①实现水、电、天然气、煤等从工厂（1级）→车间（2级）→机台、产线级（3级）的能源和碳排放监测；
②实现所有废气排放口的实时在线监测；
③实现所有生产安全相关的报警，如燃气泄漏、大型设备安全故障预警等。
（3）质量监控、追溯及分析全面数字化
①原料进仓检测、制造过程性能参数监测、产品品质检测；
②采用一物一码，实现生产工艺和产品质量溯源，所涉及的码包括：喷墨隐形码→激光码→箱码→托码；
③导入"精益+六西格玛质量管控体系"。
（4）关键工序的在线检测智能化
①粉料水分在线检测；
②产品尺寸、平整度和表面缺陷在线智能检测；
③原辅料的化学成分在线检测与智能配料系统等。
（5）基于5G的工业环网和IoT（Internet of Things，物联网）。
（6）主要工序全面实现一键智能换产，包括球磨、制粉、压机、施釉线、喷墨、干燥、烧成、加工设备、分级检测、包装机器人等。
（7）国家二级标识体系下的产品追溯与防伪防串及资产管理全面数字化。

2. 基于运营管理的数字化和智能化升级

（1）基于订单评价模型的订单管理数字化
①实现订单评价数字模型，实现快速订单分配和评审，量化和简化订单处理流程，减少单证等订单处理人员；

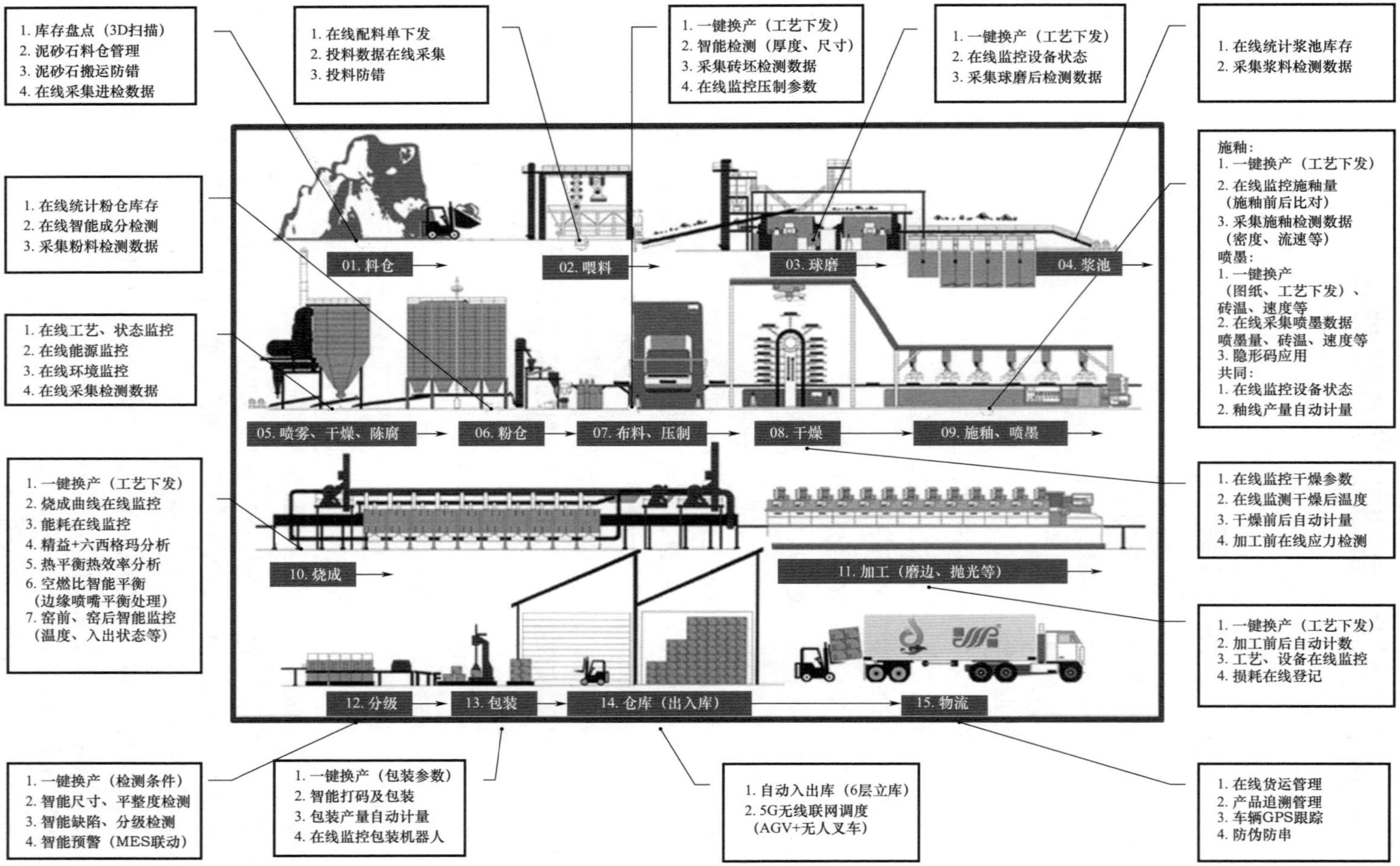

图5-4 基于现场管理的数字化和智能化升级

②实现一键从订单→计划→生产→仓储→交付的全面跟踪。

(2) 建立工艺管理的标准化、数字化

①工艺的标准化、数字化，可传承和优化；

②工艺标准稳定化，降低调整率，降低试产和换产成本；

③建立警戒和监测基准，监控执行情况；

④多层权限，提高工艺配方保密性；

⑤版本管理和流程控制，提高严谨性；

⑥一键继承，快速建立工艺标准；

⑦材料成本及 BOM 自动生成；

⑧一键生产产品工艺的数字档案；

⑨工艺及参数标准化，打好一键换产的基础。

3. 基于排产模型的智能柔性计划排产

(1) 订单⟷计划⟷生产的在线数字协同；

(2) 总部→基地→机台的三级联动计划体系；

(3) 实现基于约束理论排产模型的产线智能柔性排产（快速插单和换产）；

(4) 辅助计划人员，大幅提高计划制订效率。

4. 全面生产管理的数字化运营

(1) 全面实现原料车间（含球釉）、压制、釉线、烧成、加工包装等的生产执行管理；

(2) 实现生产计划在线下发（机台、产线级）；

(3) 工艺电子作业指导在线下发，过程监控；

(4) 各工序产量自动统计、损耗在线登记等；

(5) 实现换产、中试管理流程化、数字化；

(6) 各工序 MES 终端数字化业务处理，包括：球磨、制釉（含球釉）、压制、干燥、施釉、喷墨、烧成、加工、分级、打码、包装等。

5. 全面质量管理的数字化运营

(1) 建立全面的各检验项的检验标准数字化；

(2) 进检、制成检、产品检的流程标准化和管理数字化，实时在线检索检测数据，在线统计分析、异常反馈；

(3) 导入"精益+六西格玛质量管控体系"；

(4) 基于国家物联网标识的隐形+激光打码技术的质量追溯体系。

6. 全面设备及资产管理的数字化运营

(1) 实现设备点巡检管理、预防维护计划管理，建立维护及故障知识库，实现设备故障管理、停机管理，实现全员 TPM（Total Productive Maintenance，全面生产维护）的数字化管理（设备综合效率精准统计、故障或停机原因分析及改善）；

(2) 以高端智能装备为主的生产，设备固定资产尤为重要，基于国家物联网标识，全面实现资产管理数字化。

7. 全面的能源、环境监控数字化运营

(1) 能源及环境监控的三级管理数字化运营；

(2) 在线能耗、环境监控及统计分析，包括流量分析、损耗分析、峰谷平分析、单耗分析等。

5.2.2 智能工厂的平台架构

根据陶瓷企业的实际情况，整体平台架构如图5-5所示。首先搭建六合一的一体化协同平台，将销售订单、排产、工艺、生产执行、采购、仓储物流六大业务板块在统一平台上架构，实现销售、生产、供应等计划的一体化，工艺和生产等执行的一体化，采购、物流等供应链与生产的一体化协同管理，该平台是纵向到底、横向到边、可模块化部署的一体化协同平台。

基于一体化协同平台，利用接口技术和数据采集平台，实现了系统平台与陶机设备的深度集成，将采集上来的产品、设备、工艺、能耗等数据，应用于订单管理模型、排产模型、工艺模型等管理模型中去，形成行业的数据驱动模型，指导企业的生产运营管理，形成行业数据分析，优化管理决策。

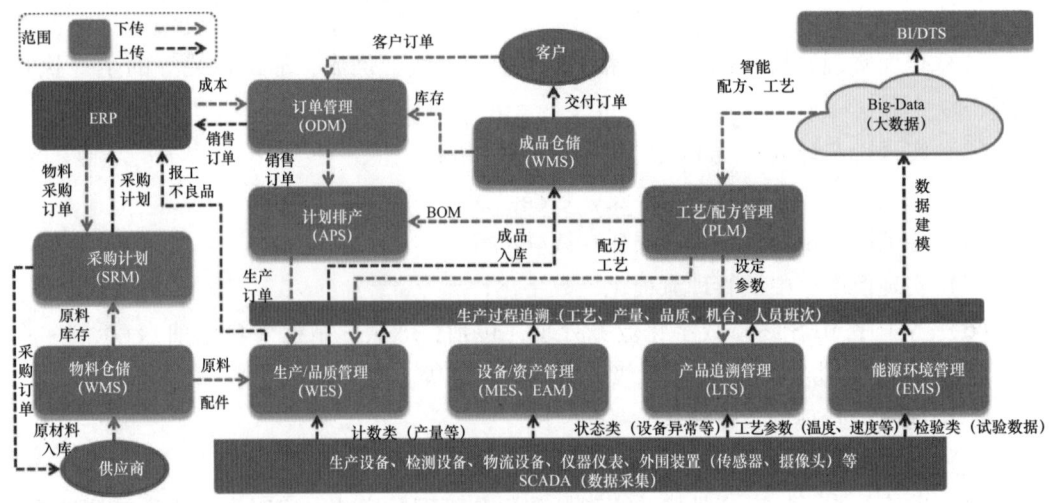

图5-5　整体平台架构

1. 数字化订单管理（Order Management，ODM）

数字化订单管理是现代管理思想、最佳商业实践与信息技术的融合，围绕"客户中心"设计企业的订单管理的战略、流程、组织，提高企业核心竞争力，提高客户交付价值和忠诚度，进而实现企业收入的增长与效率的提高。其特点在于，以陶瓷客户为中心，赋予订单驱动的新型核心价值体系，导入接单、评估、下单的管理平台，突出订单评审的商业智能，为陶瓷企业提供决策支持，提高企业订单管控运行效率，优化企业的市场增值链，提供拓展市场空间的有效业务模式。

陶瓷企业在订单管理业务的现状及问题：

(1) 客户需求的交货期与个性化要求不够明确，产生交付异常。

(2) 大部分陶瓷企业都是以当前库存作为订单交付依据，产生重复排产，增加隐性库存。

(3) 下单时对现场实际情况缺乏了解，与各部门间的沟通管理成本较高。

(4) 缺乏科学的转产及利润评估，成本估算及产品定价困难。

(5) 销售与计划、生产制造、仓储物流间的业务没有形成有效关联性，订单跟踪难。

(6) 对于客户的个性化需求，各部门间需要反复沟通协调。

基于上述现状及问题，解决方案如下：

(1) 建立客户需求管理体系，明确交货期与个性化需求，降低与客户的沟通成本，避免交货期异常。

(2) 建立订单评审的算法和模型，如动态库存评估模型、利润评估模型、转产评估模型等，使得订单评估和下单更加科学、快速、合理。动态库存评估模型，可有效减少重复排产，有助于降低隐性库存，释放库存；利润评估及转产评估模型，可更加精确地对每个订单进行成本估算。

(3) 对客户的个性化需求进行量化评估，有助于问题沟通前置化。

(4) 规范订单下单流程，对各数据的准确性、可靠性一致处理，使得订单能更准确地转化为发货订单、加工订单、排产订单。

(5) 在 ODM 中，通过需求订单→价格规范→订单评估→销售订单等一系列录入、评估等数据操作处理，形成完善、准确、可靠的订单数据，以作为后续的排产、加工、发货、交付依据。

(6) 集成基础信息管理、包装管理、价格管理、发货管理等一系列相关管理功能，一站式解决订单管理和后续流程连接问题。

(7) 与 ERP、MES、WMS、CRM 高度集成，从客户需求、需求评估、下单、计划排产、生产制造、产品入库、发货交付等流程，实现订单一键跟踪。

ODM 数字化订单管理的模型如图 5-6 所示。

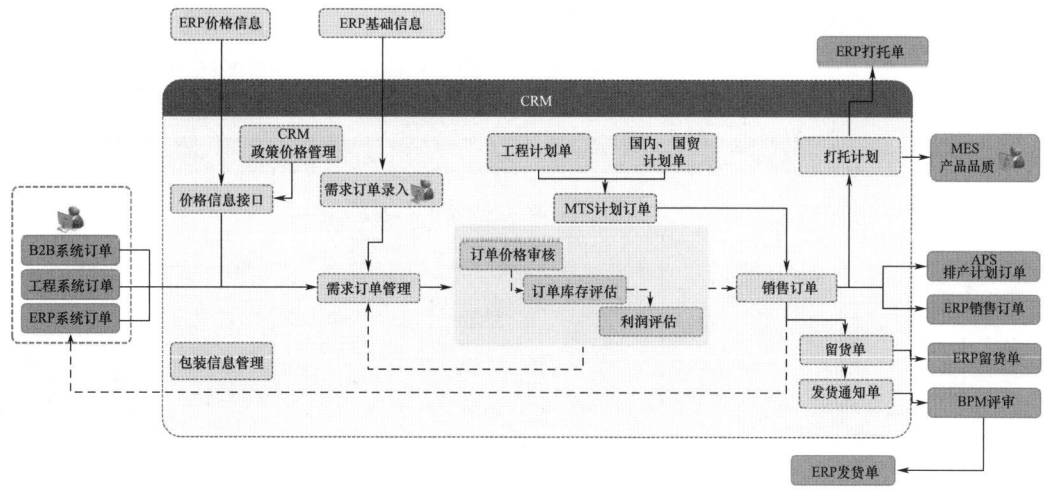

图 5-6　ODM 数字化订单管理的模型

2. 智能柔性计划排产（APS）

智能柔性计划排产（APS）是利用约束理论、作业研究、遗传算法及限制条件满足技术等先进的管理规划技术，在有限资源下，追求供给与需求间的平衡规划。同时利用信息的存储与分析能力，以最短的期限，达到最有效的规划。其特点在于，根据各客户需求订单及销售预测计划，通过排产模型，提炼出最优化的总部生产指导计划，生成能够落实到生产现场的生产订单，并基于排产模型和算法制订各基地生产计划、加工计划等，指导车间生产以及物料需求规划。

陶瓷企业计划排产管理业务的现状及问题：

（1）客户交期及个性化要求不明确，计划排产难以有效控制。

（2）基本是经验式管理，无科学的排产模型，计划排产准确率低。

（3）基本没有信息化的数据反馈，上与销售、下与现场沟通管理成本高。

（4）有些产能分析不充分，导致计划与实际产能情况不符。

（5）手动跟踪计划执行情况，数据滞后及准确性差，计划误差大。

（6）手动跟踪 OEM（Original Equipment Manufacturer，原始设备制造商，也称为定点生产，俗称代工生产）进度，数据滞后且准确性差，制订 OEM 计划准确性差。

基于上述现状及问题，解决方案如下：

（1）在销售订单管理时明确交货期和特殊要求，需求明确管理前置化。

（2）建立排产模型和算法，科学排产后进行微调，大幅提高计划准确性和效率。

（3）建立数据反馈机制，实时与销售、生产、库房交互，提高计划时效性。

（4）实时提供订单（上）与生产（下）数据，计划调整及时准确。

（5）提供可视化一键计划跟踪界面，快速了解计划执行情况。

（6）OEM 计划管理，实时了解 OEM 厂商生产进度，有助于准确制订 OEM 计划。

（7）适用多品种、多工序、多订单、小批量的生产特点。

（8）完善的计划排产流程和支持多种生产方式。

（9）与 ERP、MES、ODM 等系统高度集成，在每个决策点提供判断所需的数据。

智能柔性计划排产（APS）管理的模型如图 5-7 所示。

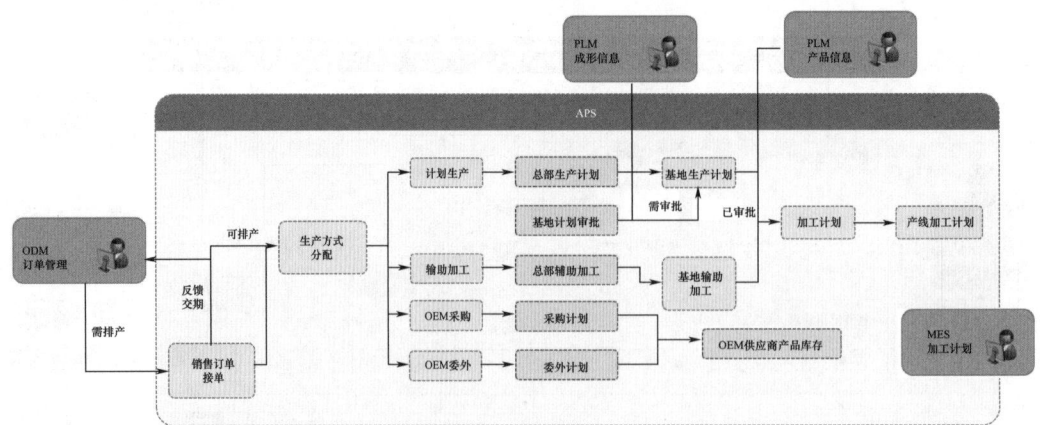

图 5-7 智能柔性计划排产（APS）管理的模型

3. 数字化工艺标准及分析管理（PLM）

数字化工艺标准及分析管理（PLM）是企业内部支持产品全生命周期的创建、管理、分发和应用的一系列应用解决方案，能够集成与产品相关的流程、应用系统和信息。其特点在于，面向陶瓷行业的特点，以数据仓库、文档、内容管理、工作流为核心功能，为客户提供陶瓷工艺管理、工序工艺管理、产品路线管理以及工艺分析等应用功能。

陶瓷企业在工艺管理业务的现状及问题：

（1）工艺标准化及数字化程度低，主要靠经验，难以传承。
（2）前、中、后工艺调整频繁，试产成本高，质量稳定性差。
（3）难以监控工艺标准对比实际情况，无法及时分析和预警。
（4）批次色差严重、质量稳定性不高，优等率难以提高。
（5）手工制订，严谨性和保密性差，版本及流程控制差。
（6）工艺制订效率低、材料成本无科学计算，成本控制较难。

基于上述现状及问题，解决方案如下：

（1）建立工艺管理的标准化、数字化体系，得以传承和优化改进。
（2）工艺标准的稳定化，有助于降低调整频率，降低试产及换产成本。
（3）建立警戒及监测基准，实时监控实际情况，快速反应和采取措施。
（4）通过工艺分析，优化工艺，有助于降低批次质量不一致或色差，提高优等率。
（5）多层权限控制提高保密性，版本及流程控制提高严谨性。
（6）一键继承、内置算法，材料成本及 BOM 自动化生成。
（7）规范的产品标准，可寻的历史数据，缩短翻阅纸质档案的时间，完善的产品档案卡和产品生命周期管理以及版本信息，方便技术人员查阅、分析、比对。
（8）直观的数据对比分析，有效地总结最优的生产标准，推陈出新，降低研发、生产成本。
（9）编码体系完善，工序级别制造 BOM，有助于工厂精细地管理物料信息。
（10）产品开发过程体系化，指导产品生产过程流程化、规范化，提高生产效率。

数字化工艺标准及分析管理（PLM）的模型如图 5-8 所示。

4. 数字化生产运营管理（MES）

系统起到传递信息以优化生产制造活动的作用，在生产过程中，借助实时精确的信息、MES 引导、发起、响应、报告生产活动，做出快速响应以应对变化，减少无附加值的生产活动，提高操作及流程的效率，通过现场终端与 ERP/MES 的无缝连接，让整个工厂内部的生产运营信息快速、即时、自动地传输到工厂内部现场的任何工作站点或机器设备，通过利用现场终端的数据采集、人机交互、机机互联将信息即时反馈到数据中心，实现工厂内部信息的即时流通。

根据 APS（Advanced Planning System，高级计划系统）的主生产计划，制订车间计划任务，对生产执行过程、质量管理过程、设备管理过程、能耗情况等进行实时监控和反馈，大幅提高沟通效率，实现生产无纸化，并建立标准化、流程化、数字化现场管理体系。

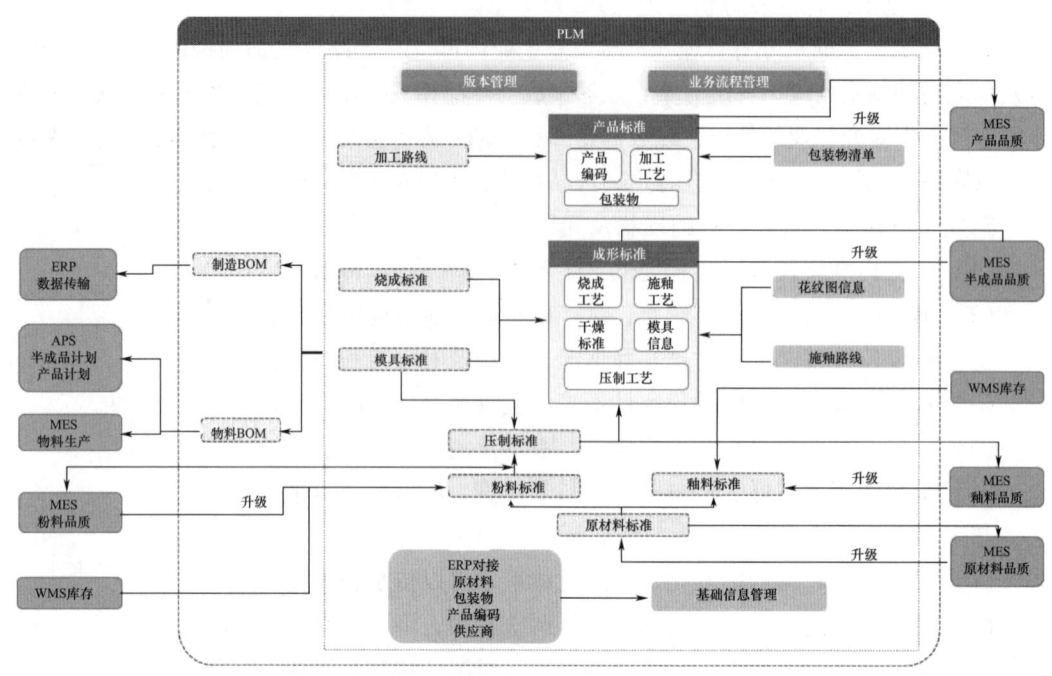

图 5-8　数字化工艺标准及分析管理（PLM）的模型

陶瓷企业生产管理业务的现状及问题：

（1）手工简单制订车间生产任务，主计划的变更无法及时反馈到现场。

（2）生产车间基本是经验式管理，生产执行过程难以掌控和调度。

（3）质量检测数据及结果手工记账，无法及时分析及反馈，跟踪难。

（4）设备综合效率（OEE）低，备件消耗严重，故障率及开动率数据不准。

（5）出现问题时，各业务部门之间相互推诿，管理沟通成本高。

（6）能耗数据手工记账，准确性和实时性差，能耗分析和监控能力差。

基于上述现状及问题，生产管理方面解决方案如下：

（1）从设备控制系统中采集关键数据，并下达设备运作和控制的关键指令。

（2）实现人、机、料、法、环、测的全面管理，达成生产现场透明化、有序化、智能化。

（3）连接企业的 APS 系统，接收相关订单信息，并实时反馈结果。

（4）实现车间无纸化，规范和指导车间标准化作业。

（5）通过条码、RFID 等设备进行防错、防伪管理。

（6）与 PLM 高度集成，产品生产信息全程追溯。

（7）构建集中的生产调度中心。

MES 生产管理的模型如图 5-9 所示。

MES 生产管理业务场景如图 5-10 所示。

质量管理方面解决方案如下：

5 建筑卫生陶瓷智能工厂的解决方案

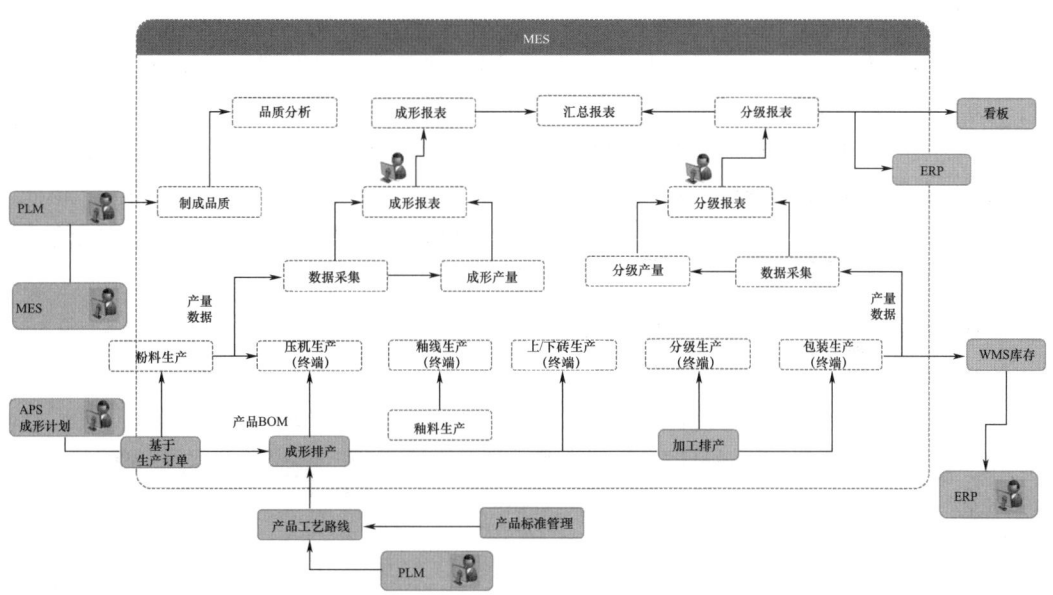

图 5-9 MES 生产管理的模型

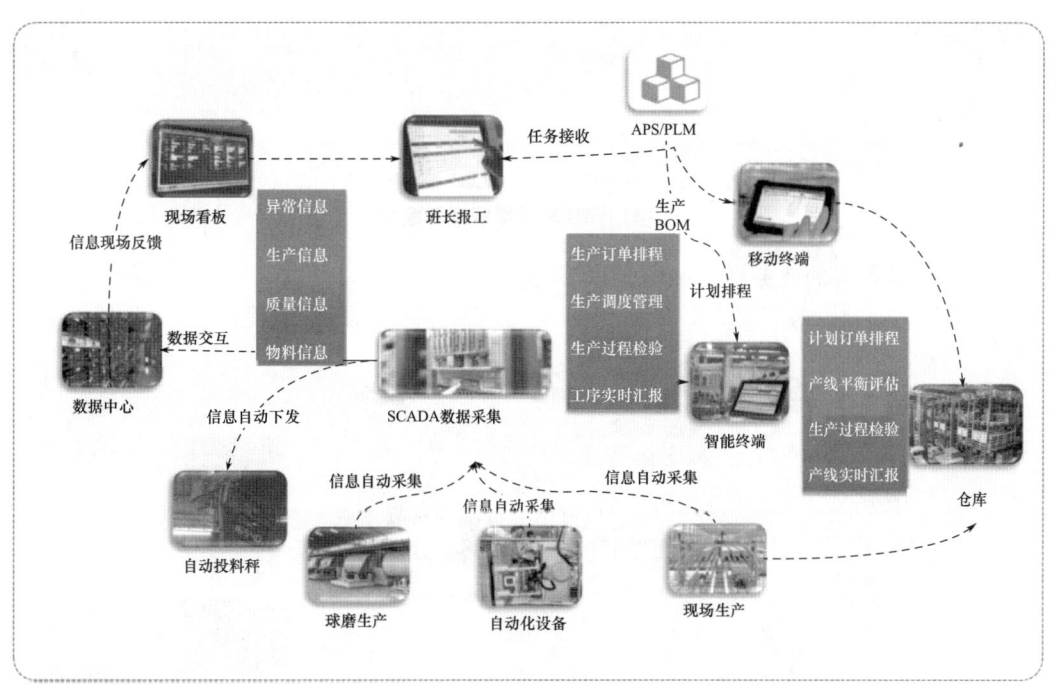

图 5-10 MES 生产管理业务场景

严格根据标准把控原材料的入库，确保原材料的质量，控制原材料成本；跟踪制造过程中每个工序的质量指标，发现质量指标偏移及时调整，确保生产工艺的准确与完整；划分成品的质量级别，确保可以让产品以最优的品质入库。

（1）检验登记与标准实时对比，自动判断检验是否合格。不合格触发报警，通知生产相关人员。

（2）与设备联动，获取设备工艺参数，并有针对性地做出各项统计分析。

（3）实现统计报表的自动生成，简化统计工作量并提升统计准确性。

（4）实现原材料进检、在制品的制成检、产品的成品检的量化项目标准及判定标准，以及 IQC（Incoming Quality Control，进料检验）、PQC（Producing Quality Control，过程质量控制）、OQC（Outgoing Quality Control，出货品质稽核）的标准化流程和全面数字化质量监控和反馈体系。

MES 质量管理的模型如图 5-11 所示。

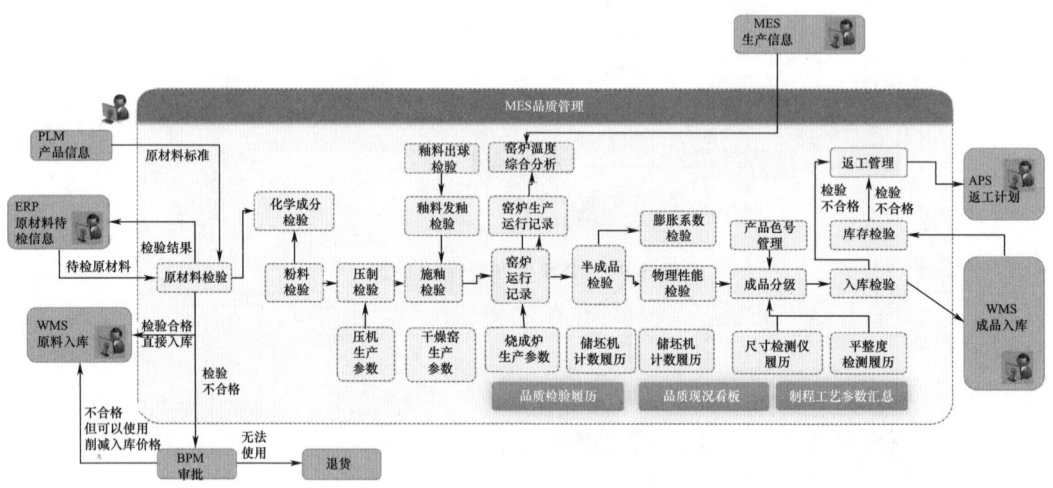

图 5-11　MES 质量管理的模型

MES 质量管理的业务场景如图 5-12 所示。

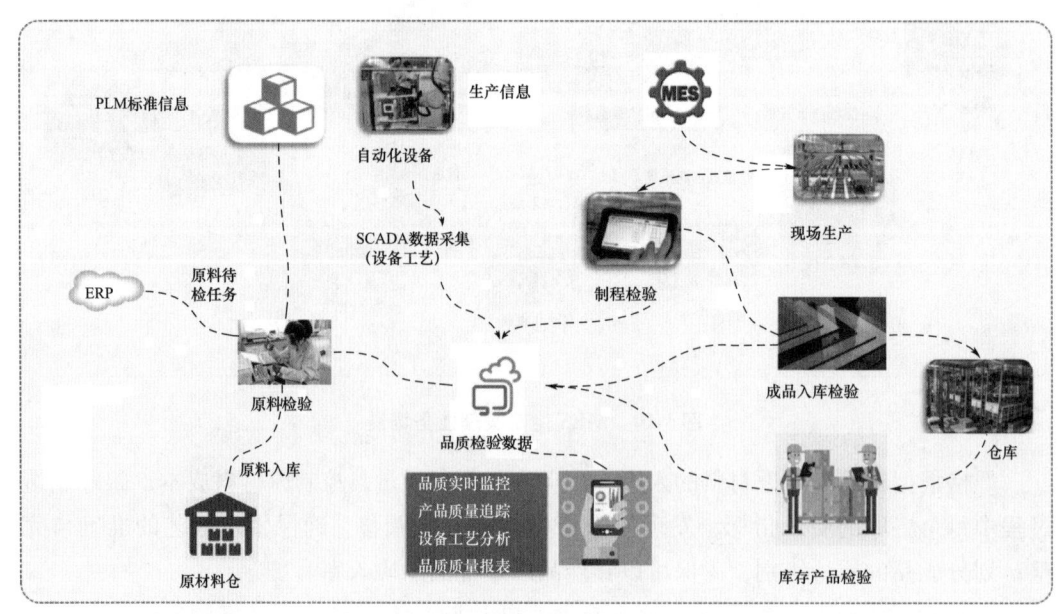

图 5-12　MES 质量管理的业务场景

设备管理方面解决方案如下：

设备管理包含了设备基础信息、停机故障基础信息、设备 BOM、设备保全管理（作业计划流程管理）、设备故障管理（故障申请、故障解决）、综合统计分析（保全履历查看、故障停机履历查看、保全费用分析、故障详情分析等），是一套全方位、多维度的设备管理系统。

（1）设备全生命周期管理，完善的设备保全功能和流程体系有效地降低了设备故障率。

（2）支持多种类型终端包括 Pad、手机、移动终端、HMI（Human Machine Interface，人机界面）等多渠道信息推送，保全人员可以实时知道当前设备状态，使用方便。

（3）多维度分析统计以及异常报警看板和报表，支持移动设备以及计算机跨平台展示。

（4）全面导入设备 TPM 全员保全管理的精益管理思想。

MES 质量管理的模型如图 5-13 所示。

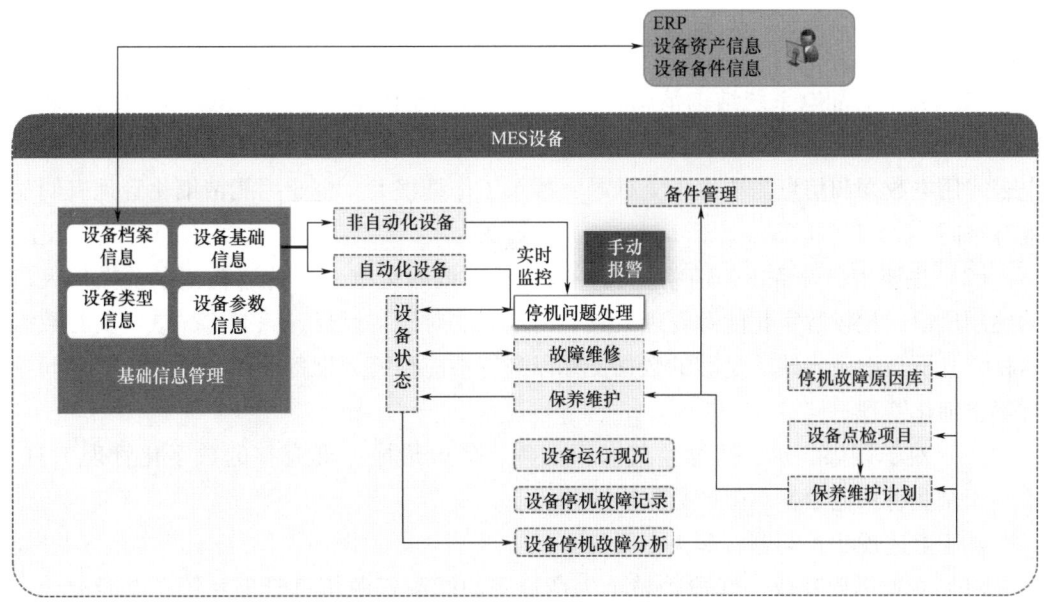

图 5-13　MES 质量管理的模型

MES 设备管理的业务场景如图 5-14 所示。

5. 能源管理系统（Energy Management System，EMS）

建筑卫生陶瓷行业是用能大户，能源成本是陶瓷企业的主要成本构成之一。通过对电、燃气、水、煤的使用量进行采集、处理，并与产量做出能耗分析，使管理人对能源成本、使用量趋势有准确的掌握；增加能源监控、能源统计、能源费用分析、高能耗设备管理等手段，将节能计划任务分解到各生产车间，使节能工作责任明确，提升节能效率；同时利用数字化和智能 AI 技术，推动能源利用优化，实现节能降耗，为设备安全运行提供有力保障，助力企业安全生产。

陶瓷企业能源管理业务的现状及问题：

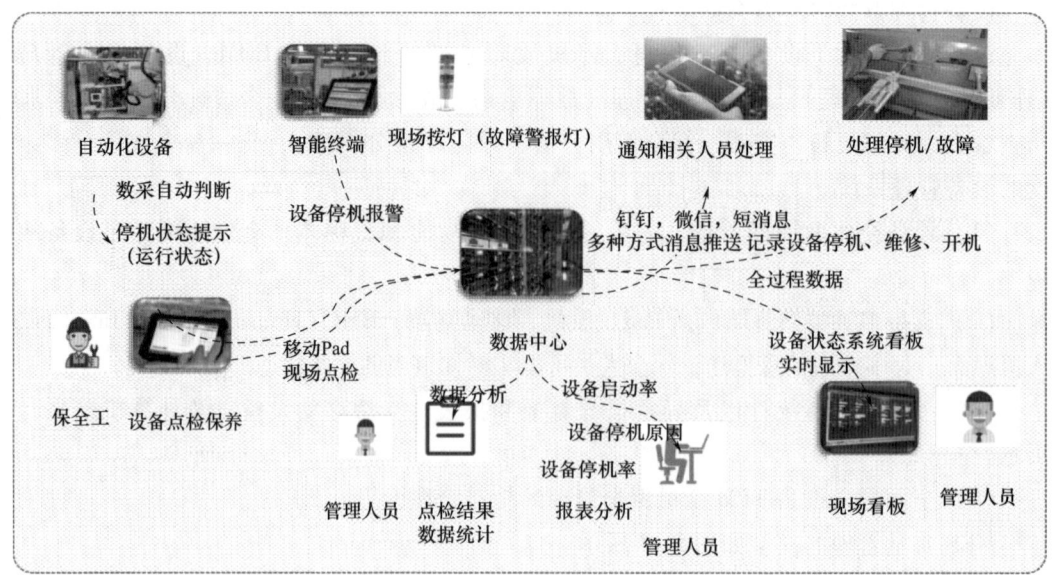

图 5-14　MES 设备管理的业务场景

（1）大部分配电系统结构清晰，有一定数字化建设基础，每个低压进线已安装智能采集终端，但尚未部署企业自用的数字化管理平台工具，各馈线柜主要负荷装有机械电表，用电数据和信息需要靠人工抄录，抄录工作量很大，企业用能精细化管理有明显提升空间。

（2）主要生产设备、公辅系统设备运行状况依靠运维人员的巡检记录及操作人员的使用反馈，相较数字化能源管理工具，由于无法对设备运行、耗能情况进行实时数据监视、分析、记录，缺乏足够的数据支撑以进行事前预警、设备单耗分析、节能空间挖掘等精细化管理。

（3）对于用煤、水、压缩空气和天然气，尚未形成一套完整的数字化管理工具，不利于企业将用能数据与生产数据快速挂钩。

基于上述现状及问题，解决方案如下：

（1）企业需要建成一套覆盖整个生产过程的能源资源信息管理系统；以能源计量为基础，建设企业能源管理系统，满足企业能源指标控制与管理，提升能源管理水平，降本增效。

（2）支持多协议、多接口能源数据采集。

（3）可针对不同管理节点，设定能源的使用统计算法，最小化能源统计的颗粒度。

（4）结合 MES 产量数据自动计算出班、日、月产品单耗（水、电、气等）。

（5）支持监控看板、计算机、移动设备等多平台查看能耗信息和分析图表。

（6）利用数字化和智能 AI 技术，推动能源利用优化，实现节能降耗，为设备安全运行提供有力保障，助力企业安全生产。

综合能源管控数字化平台架构如图 5-15 所示。

能源数据采集物联网方案：

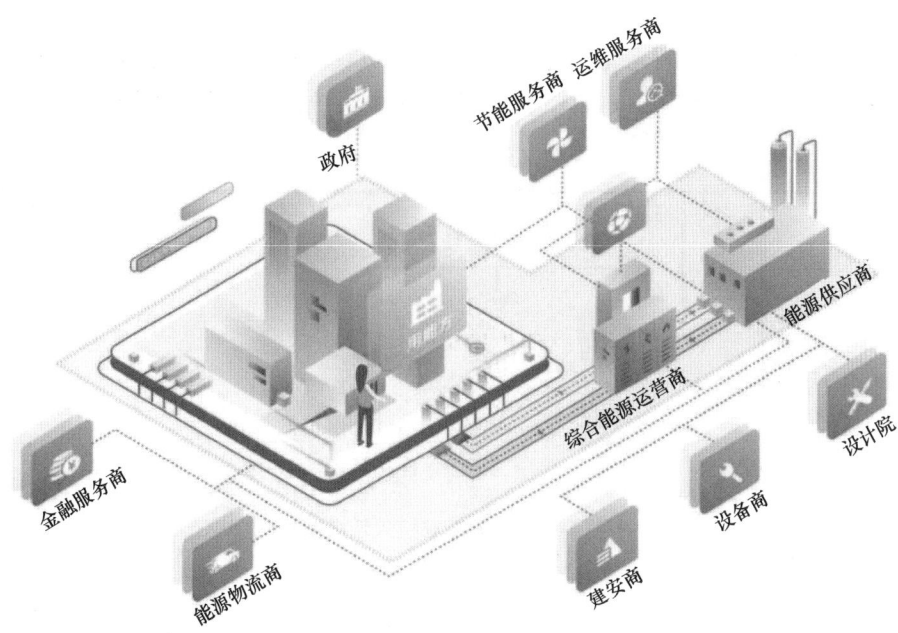

图 5-15 综合能源管控数字化平台架构

需要接入的对象包括多功能智能电表、流量计、机械水表、空气压缩机本体控制器以及温湿度传感器等硬件采集设备。整体的物联系统架构，底层采用 RS485 有线或 LoRa 无线连接，接入 4G 网关后，通过 4G 信号上传至能源网平台，客户通过计算机、手机联网即可查看所有的物联数据和使用分析报告。物联系统框架图如图 5-16 所示。

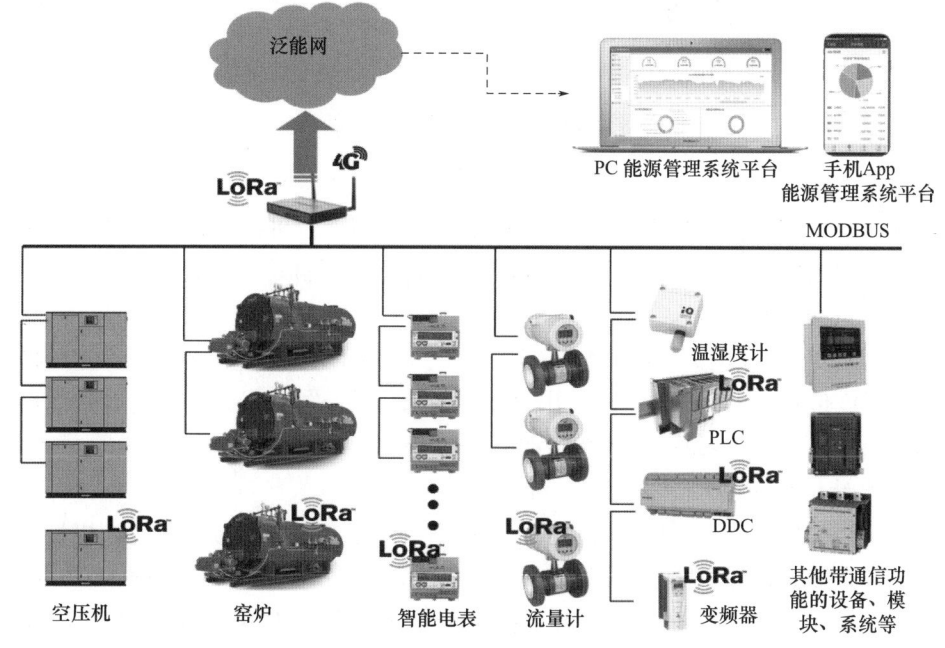

图 5-16 物联系统框架图

（1）配电系统接入

对已有的智能电表，可考虑通过 RS485 进行物联，实现电表数据采集。对机械电表，采用新增智能电表和 LoRa 方式进行物联。配电系统接入示意图如图 5-17 所示。

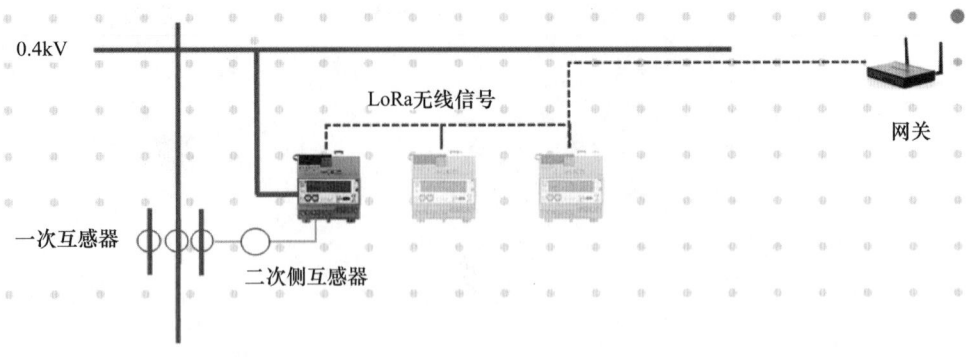

图 5-17　配电系统接入示意图

（2）天然气表接入

天然气总表可通过加装图像识别采集器采集天然气的用气量，并上传到云平台。干燥炉、烧成窑炉等天然气用能设备分表，可通过 RS485 将用气数据上传到能源平台。天然气表接入示意图如图 5-18 所示。

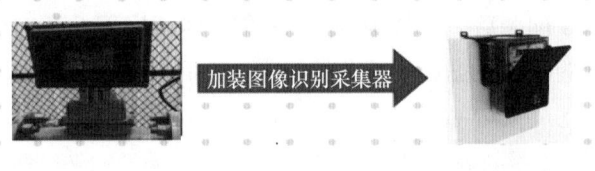

图 5-18　天然气表接入示意图

（3）燃煤计量接入

在水煤浆煤粉喂料口电子秤有 RS232C 通信端口与上位机通信；水煤浆出口有电磁流量计，可利用现有积算仪或加装智能积算仪，进行联网自动采集数据。

（4）空气压缩系统接入

在空压站安装 4G 网关，RS485 通信接入空压机本体控制器数据，每台空压机进气口增加温湿度传感器 1 只，在空压机出气管道新增压缩空气流量计，通过 RS485 硬线接入 4G 网关。空气压缩系统接入示意图如图 5-19 所示。

（5）水计量系统接入

用水主要包括生产用水和生活用水，企业现场计量水表为机械水表时，机械水表采用加装视频直读方式，识别水表读数，利用 NB-Iot（Narrow Band Internet of Things，窄带物联网）技术上传能源平台，或者更换智能水表，采用 RS485 有线或 LoRa 无线连接，接入 4G 网关后，上传到能源平台。水计量系统接入示意图如图 5-20 所示。

下面是数字化能源平台的三种展示方案。

5 建筑卫生陶瓷智能工厂的解决方案

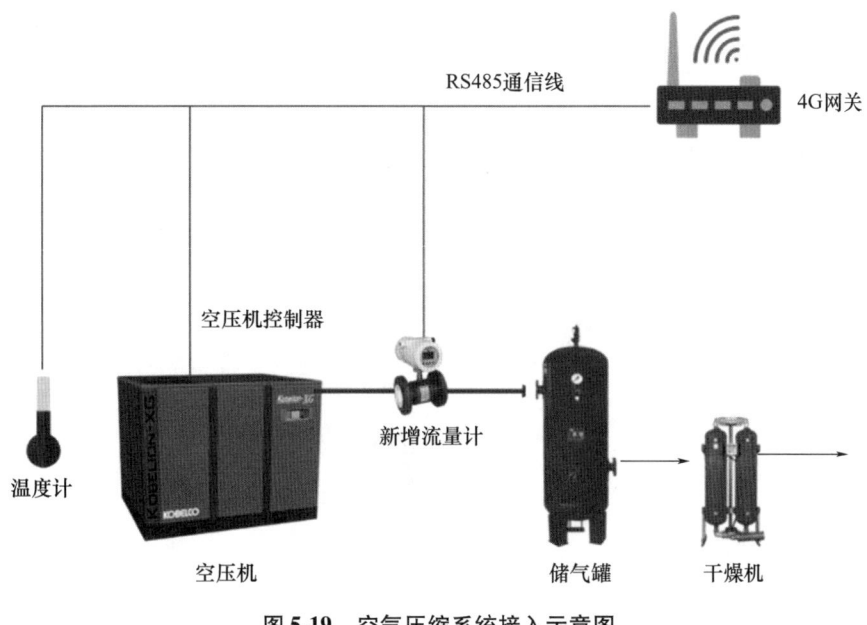

图 5-19 空气压缩系统接入示意图

图 5-20 水计量系统接入示意图

(1) App 移动端（图 5-21）

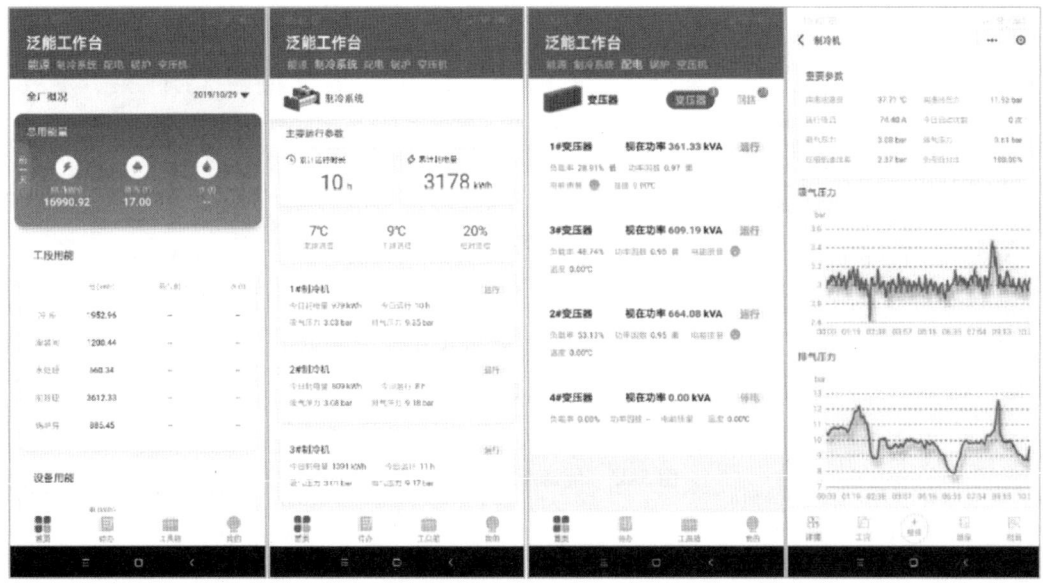

图 5-21 能源平台：App 移动端

（2）PC 端

如图 5-22 ~ 图 5-25 所示。

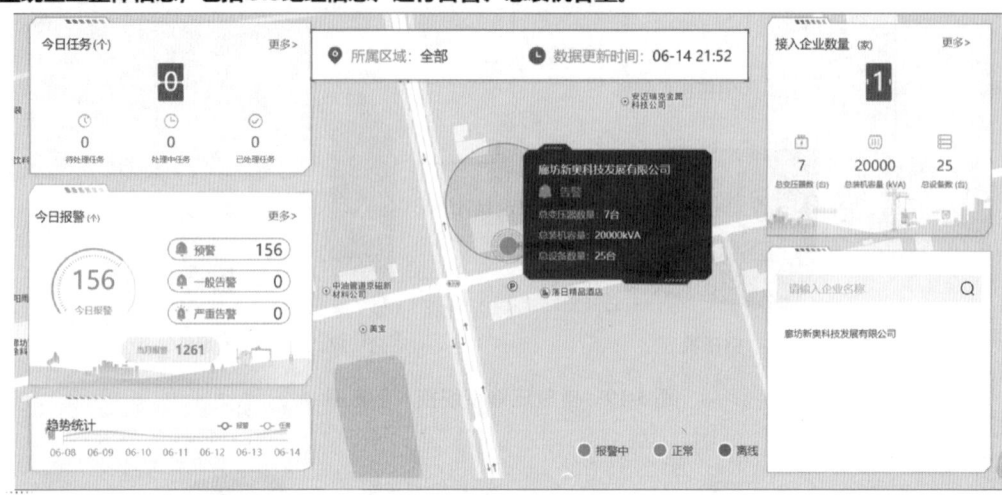

图 5-22　能源平台：GIS 总览

图 5-23　能源平台：企业概况

一次接线图

显示企业配电系统一次主接线图，对每个配电回路实时运行数据和开关通断状态进行监测

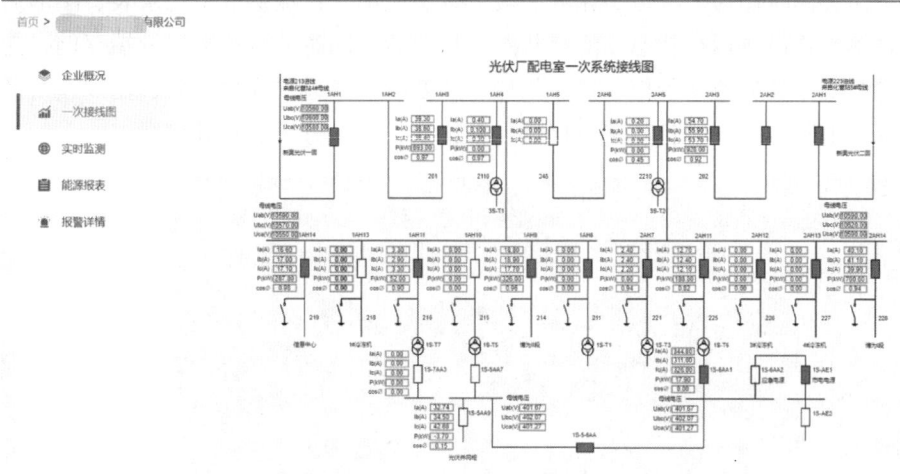

图 5-24　能源平台：一次接线图

实时监测

以企业每个配电回路作为监测单元，对用电信息进行监测，可回溯历史数据及曲线

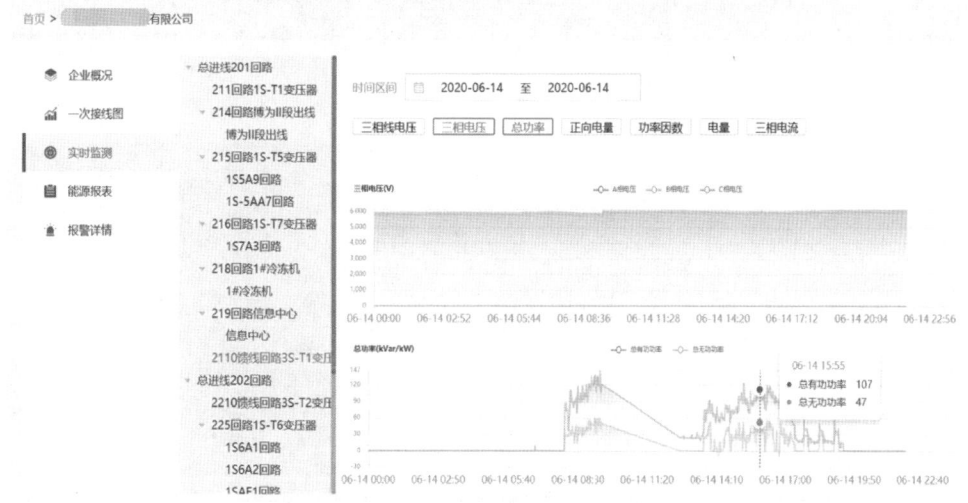

图 5-25　能源平台：实时监测

（3）大屏端

如图 5-26、图 5-27 所示。

智能化的能源数字化平台的未来价值主要体现在：

（1）员工价值创造：区别于传统的能源管理模式，员工每日巡检抄表耗时、耗力，获得的点检记录却往往被束之高阁并最终被遗弃，未能形成数字资产且产生价值。而基于智能在线设备监测和云存储技术，替代传统的人力点检抄表，不但减轻一线员工的工作强度，减少/避免无谓的、重复的、繁杂的每日抄表巡检工作，让员工从事更有价值的创造性工作，同时作为一种数字化的手段，智能能源平台提供电子记录表、图形曲线等分析工具等，让设备运行状态、能耗状态一目了然。同时，所有数据云端存储，能够为客户提供源源不断的数字价值创造。例如，短期的设备运维优化建议、能效经济运行建议，长远的如新、改、扩建厂房时提供设备选型、需求分析等基础数据。

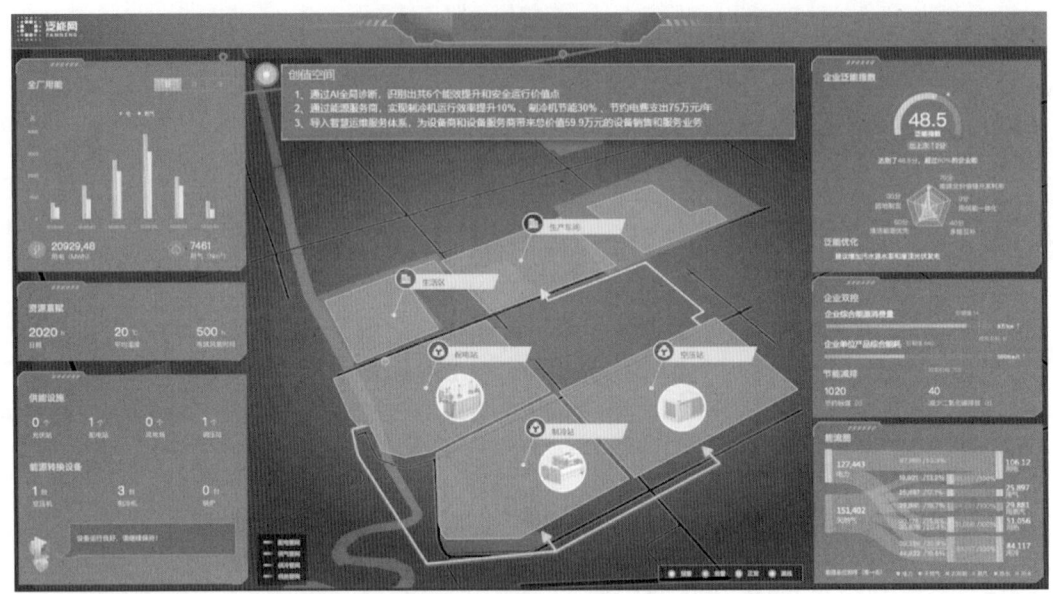

图 5-26　能源平台：大屏端 1

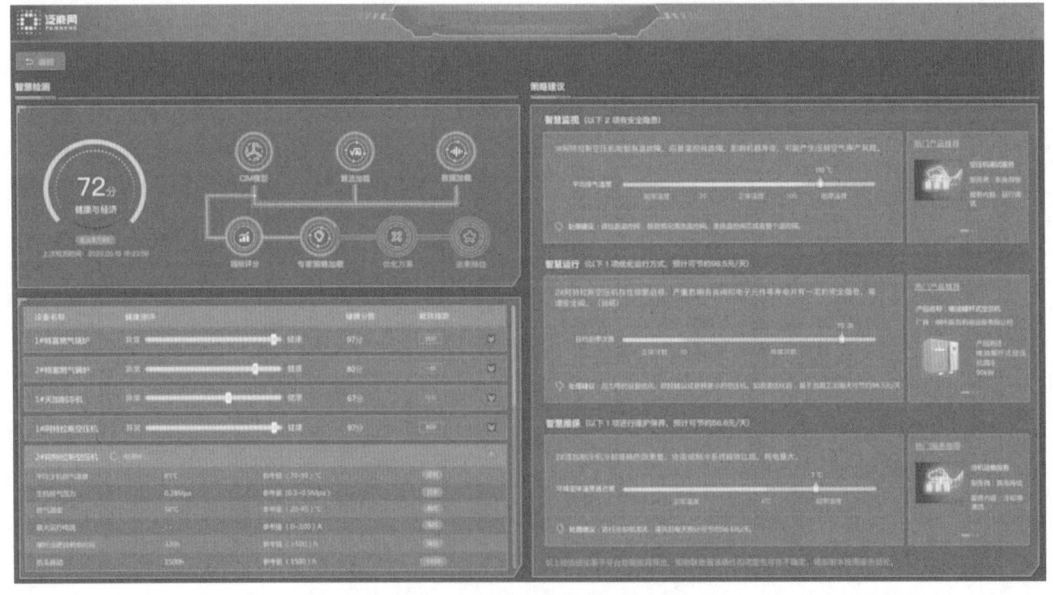

图 5-27　能源平台：大屏端 2

（2）能源价值创造：专门针对传统的高耗能设备，如空压机、空调、锅炉、风机水泵等设备开发了几百项的 AI 智能算法，基于企业大数据的积累和 AI 智能算法的实现，提供设备运行的经济性分析，提供翔实有据的设备经济性运行建议。例如，变压器的经济运行、中央空调系统经济运行、锅炉经济运行等，让我们的高耗能设备的节能变得更省心、更智能，也更简单。

（3）运维价值创造：区别于传统的运维模式，改被动运维为主动运维，通过设备参数的细微变化和趋势，提供预约点运维提醒和到点提醒，有关运维的计划、工单、记录可以存储在线上，便于后期追溯和评估。同时基于企业大数据的积累和 AI 智能算法的实现，提供设备运维的经济性分析建议，充分平衡运维成本和运维带来的经济收益，提供最佳的经济运维保养建议。

（4）管理价值创造：传统线下能耗分析简单、颗粒度大，及时性、可靠性难以保证，呈现方式不直观，难以验证，难以追踪。智能化能源平台提供在线的能耗分析，在准确、全面、实时的数据基础上生成能耗报告，提供各类图形化的分析报告，能耗状况一目了然。传统的能源管理，因缺乏持续的数据支持，往往能耗对标困难或者无法对标。基于大数据云平台，提供横向和纵向，以及不同维度的、不同时间段的能耗对标，让企业能耗水平和发展趋势更清晰、更简明。还提供定制式的能耗报表，切合客户实际需求，直接生成报表，用于建立健全企业内部能源目标责任制。

（5）数字价值创造：为企业的经营决策提供价值创新，通常在涉及一些能耗设备的决策时，企业通常需要专人、部门或第三方进行评估，而此时往往缺乏各类基础数据，无法准确评估或难以评估。基于大数据的应用，充分展现了企业数字资产的价值，可提供关于能源系统的各类定制式的经营决策分析报告。简单的如空压机变频项目是否值得投资，复杂的如新建厂房的能源配置决策等。

（6）安全价值创造：通过监测变压器、用电回路的电流、功率等，分析负荷率，有助于及早发现用电异常及隐患，助力企业用电安全。

5.2.3 智能工厂的监控及数据采集方案

SCADA（Supervisory Control and Data Acquisition）系统，即数据采集与监视系统，是基于计算机、通信和控制技术发展起来的一种数据采集与控制系统，是数据化管道的基础。它可以对现场的运行设备进行监视和控制，实现数据采集、设备控制、测量、参数调节以及各类信号报警等各项功能。

基于陶瓷行业的工艺流程，包括地磅、球磨、喷雾干燥、压机、干燥窑、干燥窑出入计数、储坯机、烧成窑、烧成窑出入计数、下砖机、上砖机、抛光、检测、分级、包装、码垛、出入库等，实现全面数据采集，提取的数据应用于各类业务支撑和分析以及数字孪生系统。

数字化层级图如图 5-28 所示。

SCADA 系统架构图如图 5-29 所示。

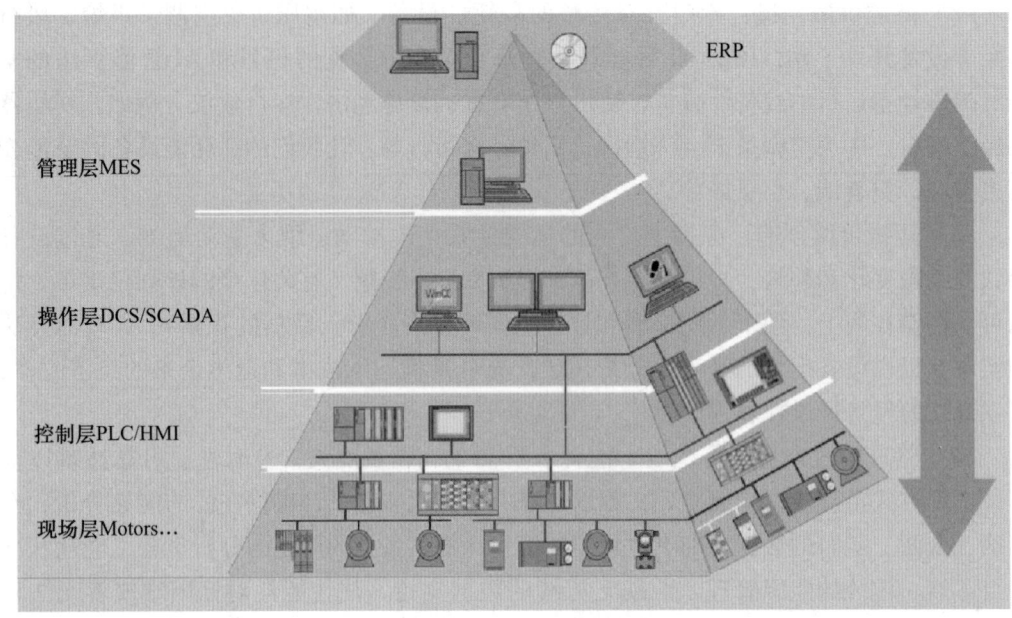

图 5-28　数字化层级图

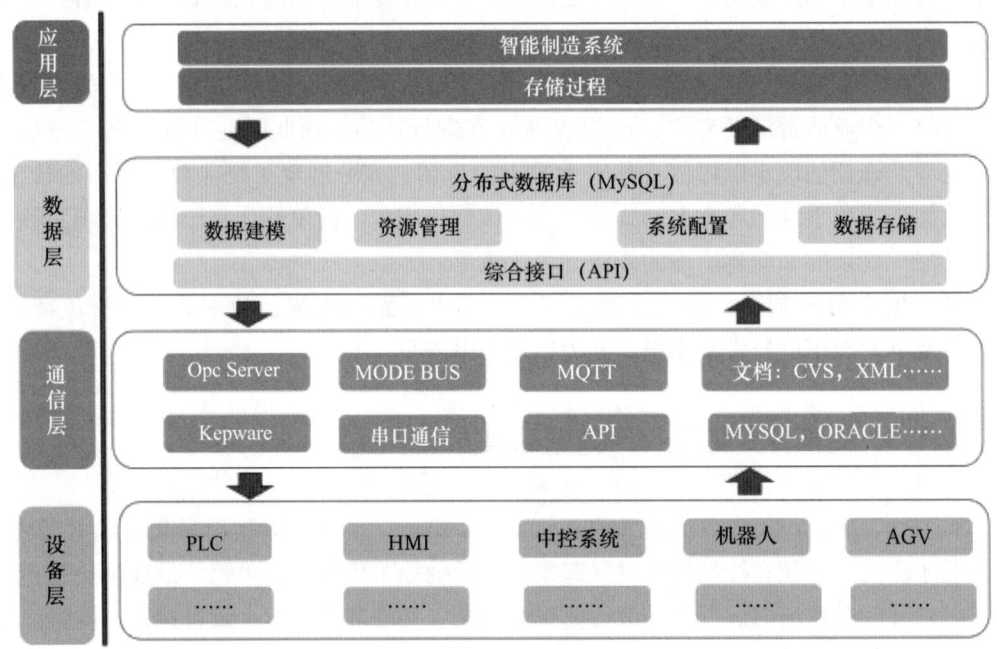

图 5-29　SCADA 系统架构图

陶瓷企业车间一般分为原材料车间、成形车间、干燥窑车间、釉线车间、烧成车间、加工车间（抛光磨边等）、机电车间、环保车间、工艺车间等。

1. 原材料车间 SCADA

原材料车间由浆池、浆池搅拌机、喂料机、球磨机、抽浆振筛系统、除铁设备、喷雾塔、喷雾塔除尘器、粉箱、压机送粉平台等组成。

(1) 浆池、浆池搅拌机、喂料机、抽浆振筛系统、除铁设备的数据采集。

SCADA 采集系统架构图如图 5-30 所示。

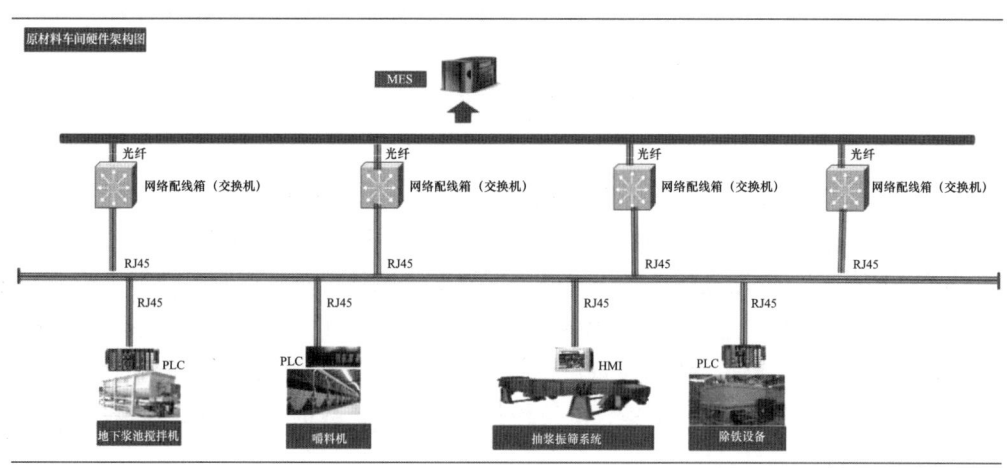

图 5-30　SCADA 采集系统架构图

数据采集条件：

①所要采集对象已接入到 PLC 或 HMI 中，以变量地址形式存在。

②提供准确的采集对象变量地址类型（设备厂商提供）。

③提供 PLC 或 HMI 通信协议（如：S7 协议或 Modbus TCP 协议等）。

数据采集方案：

通过 PLC 以太网通信模块、HMI 以太网接口或增加 PLC 扩展以太网通信模块采用静态 IP 方式将设备进行联网，SCADA 系统通过 OPC 或通信协议对设备数据内容进行解析，依据设备厂商提供的寄存器变量地址，对生产所需数据进行实时采集。

数据采集内容：

①浆池：浆池的规格、容量、池当时液位高度、浆料浓度、浆料名称、筛余（筛目）、细度、密度、流速等数据。

②浆池搅拌机：规格、电动机型号、减速机型号、主轴直径、叶轮直径、转速、电流、电压、功率、设备启停状态、设备报警信息、用电量等数据。

③喂料机：喂料机号、规格、额定质量、主辅电机功率、容积、皮带宽度、最大加料质量、产品编号、配方代码、配方名称、投料开始时间、投料结束时间、各原料实际质量、辅料实际质量、色料质量、实际入球质量（干料计）、主辅电机功率、电流、电压、轴温、设备启停状态、设备报警信息、用电量等数据。

④抽浆振筛系统：型号、筛面规格、层数、筛孔尺寸、进料粒度、处理能力、电机功率、电机型号、偏心轴转速、双振幅、筛面倾斜角度、抽浆量、电机电流、电压、转速、轴温、设备启停状态、设备报警信息、用电量等数据。

⑤除铁设备：型号、磁场强度、有效产量、设备功率、当前产量、含铁量、设备启停状态、设备报警信息、用电量、用水量等数据。

(2) 球磨机的数据采集

数据采集条件：

①所要采集对象已接入到 PLC 控制系统中，以变量地址形式存在或保存于实时数据库中或提供 Modbus TCP 变量地址。

②提供准确的采集对象变量地址类型（设备厂商提供）。

数据采集方案：

通过 PLC 以太网通信模块、工控系统以太网接口或增加 PLC 扩展以太网通信模块采用静态 IP 方式将设备进行联网，SCADA 系统通过 OPC 或 PLC 通信协议对 PLC 设备数据内容进行解析，依据设备厂商提供的寄存器变量地址，对生产所需数据进行及时采集，下发粉料配方及工艺数据、检验标准等数据；通过工控系统实时数据或 Modbus TCP 协议与控制系统通信，依据设备厂商提供的数据表结构定义或 Modbus TCP 变量地址，对生产所需数据进行及时采集，下发粉料配方、工艺数据、检验标准等数据。

数据采集内容：

球号、主辅电机功率、容积、皮带宽度、加料质量、产品编号、配方代码、配方名称、各原料实际质量、配料实际质量、色料质量、实际入球质量（干料计）、送入球磨机号、球磨石各规格配比、加入水总量、总球磨时间、加球石量、规格、浆池号、一次开机时间、泥浆水分、细度、密度、流速、需加时、浆料名称、筛余（筛目）、细度、皮带速度、球磨机电压、球磨机电流、球磨机电机温度、转速、故障报警、搅拌机功率、搅拌时间、搅拌电机电流、搅拌机电压、转速、启停状态、电机振动数据、耗电量、用水量等数据。

(3) 喷雾干燥塔的数据采集

数据采集内容：

①喷雾塔

浆料名称、中转浆池号、泥浆水分、泥浆流速、输送浆料质量、泥浆黏度、喷雾干燥塔型号、最大内径、高度、喷枪数量、雾化器孔径、柱塞泵型号、工作压力、供浆量、热风炉型号、螺杆泵频率、助燃机频率、除尘设备型号、除尘粉尘最大颗粒、喷枪雾化量、泥浆用量、粉料产量、柱塞泵、热风炉/助燃机频率、喷雾塔炉膛温度、塔顶温度、塔中温度、塔出口温度、启停状态、粉料水分、颗粒度各目百分比、制粉产量、粉料容量、传输下工序仓号、电、煤、气用量等数据。

②喷雾塔除尘器

除尘器类型、除尘器型号、除尘器规格、处理风量、总过滤面积、过滤风速、室数、滤袋规格、除尘布袋数量、设备运行阻力、允许烟气温度、粉尘口排放浓度、除尘效率、实际处理风量、风速、烟气温度、粉尘口排放浓度等数据。

③粉箱

粉箱编号、型号、规格、容量、粉料名称、对应仓号、储存量、用量比例、陈腐时间、陈腐温度、使用量、粉料水分、颗粒度各目数百分比。

④压机送粉平台

粉料名称、对应仓号、对应产品编码、压机机台、送粉量、送粉时长、粉料水分、颗粒度各目数百分比。

2. 成形车间 SCADA

成形车间包括压机、料车、介砖机、烂砖检测机等。

数据采集内容：

①压机

机台号、规格型号、最大压制尺寸、栅格品种、布料器品种、运行参数、皮带宽度、模具底纹、内宽、产品规格、粉料代码、产品编码、压制速度、压力、压强、产量、损耗、尺寸、质量、电机电流、电机电压、除尘器量、设备启停状态、设备报警信息、坯体质量、厚度（AB 边、BC 边、DC 边、AD 边、中间厚度，A、B、C、D 角厚度）、抗折强度、压机用电量、除尘器耗电量等。

②料车

设备编号、规格型号、有效布料宽度、最大喂料行程、瓷砖规格尺寸、喂料频率、压缩空气气压、排气量、外形尺寸、总功率、总质量、设备启停状态、设备报警信息等数据。

③介砖机

设备编号、规格型号、刀片直径、加工宽度、加工厚度、外形尺寸、设备启停状态、设备报警信息等数据。

④烂砖检测机

设备编号、规格型号、烂砖项目、烂砖数量、设备启停状态、设备报警信息等数据。

3. 干燥窑车间 SCADA

干燥窑车间由宽体多层干燥窑、窄体多层干燥窑、干燥入口平台、干燥出口平台、换热降温系统等组成。

数据采集条件：

①所有采集对象在 HMI 或 PLC 中以变量地址形式存在。

②提供准确的采集对象变量地址及类型。

③PLC 或 HMI 支持以太网通信，并提供相关协议。

④PLC 或 HMI 支持标准协议（如 Modbus TCP 协议等）。

⑤数据下发 PLC 或 HMI 时，建好缓冲区（PLC 缓冲领域或 HMI 缓冲领域）。

数据采集内容：

①干燥窑

产品名称、规格、干燥周期、干燥温度（上温、下温）、排烟口温度及流量、干燥窑层数、长度、宽度、干燥窑序号、传动电流、风机频率电流、干燥输出热风流量、空窑报警、设备启停状态、设备报警信息、坯体表面温度、坯体含水率、抗折强度、用气量、用电量、热耗量等数据。

②干燥窑出、入口

入口坯体温度、出口坯体温度、入口产量计数、出口产量计数等数据。

③换热降温系统

热收集量、输出能量、耗电量。

4. 釉线车间 SCADA

釉线车间由干燥器、摆动式喷釉机、数码喷釉机、自动调密度配釉机、喷釉自动清洗机、喷墨前冷干机、喷墨机、窑前存坯机、干粒机、泵釉系统等组成。

数据采集内容：

①干燥器

设备编号、规格型号、入口处数量检测、温度检测、干燥器热耗、干燥器电耗、干燥器温度、电流、处理风量、釉线干燥温度、干燥时间、速度、主电机功率、电流、设备启动状态、设备报警状态、用电量等数据。

②摆动式喷釉机

设备编号、规格型号、产品高度、釉层厚度、喷釉量和速度、电机、电流、设备状态信息（主电机功率、设备启动状态、设备报警状态）等数据。

③数码喷釉机

设备编号、规格型号、施釉量盘规格、电机频率、平带速度、抛坯设备参数、产品高度、釉层厚度、喷釉量和速度、电压、电流、喷水量、左中右施釉量、主电机功率、设备启动状态、设备报警状态、用电量等数据。

④自动调密度配釉机

设备编号、规格型号、生产能力、周长、施釉产品规格、淋釉带控制速度、坯托数量、主电机功率、电流、设备启动状态、设备报警状态、用电量等数据。

⑤喷釉自动清洗机

设备编号、规格型号、喷釉量、速度、电机、电流、主电机功率、设备启动状态、设备报警状态、用电量等数据。

⑥喷墨前冷干机

设备编号、规格型号、额定功率、处理量、进气量、进气压力、冷却水温、砖面温度、主电机功率、电流、设备启动状态、设备报警状态、用电量等数据。

⑦喷墨机

产品名称、规格、砖面温度、含水率、打印图片编号、墨水用量、速度、施釉房温度、湿度、喷墨机参数、各段输送带电机频率、平带速度、抛坯设备参数、含水量、流速、密度、含水率、温度、砖面有无残留、有无拉线、有无缩釉、有无磨去砖边、有无凹釉等数据。

⑧窑前存坯机

设备编号、规格型号、进入数量、存坯数量、层数、空闲层数、电机功率、电流、设备启动状态、设备报警状态、用电量等数据。

⑨干粒机

设备编号、规格型号、布干粒质量、速度、电机功率、电流、设备启动状态、设备报警状态、用电量等数据。

⑩泵釉系统

设备编号、规格型号、釉料规格、泵釉量、编号、流量、压力、转速、电机功率、法兰直径、泵功率、电流、温度、设备启动状态、设备报警状态、用电量等数据。

5. 烧成车间 SCADA

烧成车间由窑炉（含窑前干燥）、窑炉入口平台、窑炉出口平台等组成。

数据采集条件：

（1）所有采集对象在控制系统或 PLC 中以变量地址形式存在。

（2）提供准确的采集对象变量地址及类型。

（3）PLC 或 HMI 支持以太网通信，并提供相关协议。

（4）厂商提供窑炉控制系统的数据库访问权限和表结构定义。

数据采集方案：

窑炉出入口平台通过 PLC 以太网通信模块或增加 PLC 扩展以太网通信模块、窑炉设备通过窑炉控制系统工控机以太网接口采用静态 IP 方式将设备进行联网，SCADA 系统通过 OPC 或通信协议对窑炉出入口平台设备数据内容进行解析，依据设备厂商提供的寄存器变量地址，对生产所需数据进行及时采集，窑炉数据的采集与下发则通过窑炉控制系统的实时数据库系统，在设备厂家提供访问权限以及表结构定义的条件下对窑炉过程数据进行数据采集，以及下发窑炉工艺参数和计划。

数据采集内容：

①窑炉

产品名称、规格、储坯时间、单排进窑规格及数量、预热带温度、氧化带上下温、烧成带上下温、冷却带温度、风机（一次排烟、二次排烟、一级助燃、二级助燃、热交换、抽热、冷却）电流、电压和频率、烧成周期、首段变频、入窑次数、速度、风机轴承温度、零压位、窑炉用气压力、传动频率、空窑状态、产量、窑炉长度、内宽、报警信息、启停状态、砖坯入窑含水率、砖坯入窑温度、出窑温度、用气量、用电量等数据。

②窑炉入、出口平台

窑炉入口砖坯温度、窑炉出口砖坯温度、窑炉入口产量、窑炉出口产量。

6. 加工车间 SCADA

加工车间由半成品 AGV 运输车、抛光机、超洁亮机、磨边机、拣返砖下砖机、尺寸检测机、平整度检测机、打蜡机、贴膜机、打码机、读码机、下砖机器人、成品 AGV 叉车、自动存坯系统等组成。

数据采集条件：

①半成品 AGV 运输车通过 5G 连接 AGV 运输车的调度系统，以数据库方式交互数据 AGV 数据调度系统，开放外部系统的数据交互用的数据库权限以及表结构开放。

②下砖机器人需要购入板卡插入机器人主板中，板卡支持以太网通信并提供标准协议（如 Modbus TCP 协议等），采集对象以及管理项目必须在机器人的板卡中体现或在控制系统中体现。

③抛光磨边线的抛光机、超洁机、磨边机、打蜡机等通过群控系统时时通信，以数据库交互方式采集生产关联数据以及下发数据实现数据采集，群控系统需要开放数据库权限以及相关权限才能实现时时采集目的。

④尺寸检测、平整度检测以及自动存坯系统通过 PLC 或 HMI 实现数据采集，所有采集对象在 HMI 或 PLC 中以变量地址形式存在，厂商提供准确的采集对象变量地址及类型 PLC 支持以太网通信，并提供相关协议 HMI 支持标准协议（如 Modbus TCP 协议等）。

数据采集方案：

磨边抛光设备科达群控系统工控机以太网接口采用静态 IP 方式将设备联网，并以 SQL Server 数据库交互方式采集生产过程中产生的实时数据并下发产品加工工艺标准。贴膜机、打码机、读码机等设备通过连接该设备的 HMI 以太网接口，配置静态 IP，并以 Modbus TCP 协议与 SCADA 服务器进行通信，采集生产所需数据。AGV、无人叉车通过 5G 网关方式，经由移动专网［下沉的 UPF（User Plane Function，用户平面功能）］连接企业局域网，配置静态 IP，将调度系统与 SCADA 系统进行联网，通过数据库交互方式，采集生产所需数据。机器人设备增加支持标准协议的通信板卡，通过 5G 以太网方式配置静态 IP，经由移动专网（下沉的 UPF）连接企业局域网，与 SCADA 系统进行联网，通过 Modbus TCP 协议采集生产所需数据。

数据采集内容：

①抛光机

产品名称、设备编号、规格型号、单边磨轮数、粗抛光机头数、精抛光机头数、电机功率、上砖数、出砖数、损耗数、粗抛光电流、精抛光电流、精抛磨头计数、下压压力、抛光线速度、精抛光压力、抛光盘转速、成品变形度、粗磨边产品对角线差、精磨边成品对角线、下内压力、产量、抛刷磨损情况、报警系统、启停状态、用电量等数据。

②超洁亮机

设备编号、规格型号、功率、输送速度、纳米材料型号、用量、磨头电流、电机电流、电压、速度、产量、光泽度、报警系统、启停状态、用电量、除尘器电耗等数据。

③磨边机

设备编号、规格型号、功率、输送速度、耗水量、规格型号、磨头电流、电机电流、电压、速度、产量、精磨边摆尾、精磨边成品倒角宽、成品厚度、磨头磨损情况、磨头更换记录、报警系统、启停状态、用电量、耗水量等数据。

④栋返砖下砖机

设备编号、规格型号、功率、输送速度、电机电流、电压、速度、产量、报警系统、启停状态等数据。

⑤尺寸检测机

设备编号、规格型号、功率、对角线关、R 边尺寸、S 边尺寸、T 边尺寸、U 边尺寸、V 边尺寸、W 边尺寸、边尺不良量、对角尺寸不良量、优等数量、总产量、皮带速度、报警系统、启停状态等数据。

⑥平整度检测机

设备编号、规格型号、功率、奔角、勾角、单边落差、四边落差、D凸降级、D凹降级、A^-优等、B类优等、C^+优等量、优等数量、生产总量、偏差量（A＋A－B＋B－C＋C－D＋D－E＋E－F＋F－）、报警系统、启停状态等数据。

⑦打蜡机

设备编号、规格型号、功率、输送速度、蜡盘尺寸、用量、电机电流、电压、速度、产量、报警系统、启停状态等数据。

⑧贴膜机

设备编号、规格型号、功率、输送速度、尺寸、电机电流、电压、贴膜速度、产量、报警系统、启停状态等数据。

⑨打码机

设备编号、规格型号、功率、输送速度、打码内容、速度、耗材用量、打码数量、报警系统、启停状态等数据。

⑩读码机

设备编号、规格型号、读头参数、条码信息、箱码、托码、报警系统、启停状态等数据。

⑪下砖机器人

设备编号、规格型号、产品规格、下砖总数量、班别数量、每砖架数量、砖架托数、平米数、报警系统、启停状态、用电量等数据。

⑫成品AGV叉车

设备编号、规格型号、搬运车订单号、搬运车号、搬运数量、报警系统、启停状态等数据。

⑬自动存坯系统

设备编号、规格型号、进入的砖总数量、班别数量、规格级别数量、报警系统、启停状态等数据。

5.2.4 智能工厂的工业网络方案

智能工厂的工业网络作为数字化的基础，以保障生产为第一要素，应具备稳定、可靠、安全等特性。网络作为承载企业信息化的基础，信息化上线后要求能够保证数据传输的及时和完整。复杂现场环境以及移动通信在满足高速率、高安全的同时应满足高性价比的应用需求。信息系统上线后将实现无纸化生产，所有生产信息都将来源于信息系统，因此必须保障物理链路、设备的稳定。此外，对于数据的安全，应当尽可能地降低人为因素（有意、无意）、病毒、黑客攻击等的发生概率。

1. 工业网络设计原则

（1）网络高可用性和自愈能力：快速的自愈能力，迅速排除单点连接故障以确保持续工作;简易且灵活的冗余网络规划。

(2) 实时网络监控:强力网管平台,用以监督网络状态并确保最佳的工作效率以及最短的系统停机时间。

(3) 先进的网络管理和安全性:无缝集成工业自动化网络;安全的跨网数据传输。

2. 智能工厂整体网络拓扑图

智能工厂整体网络拓扑图如图 5-31 所示。

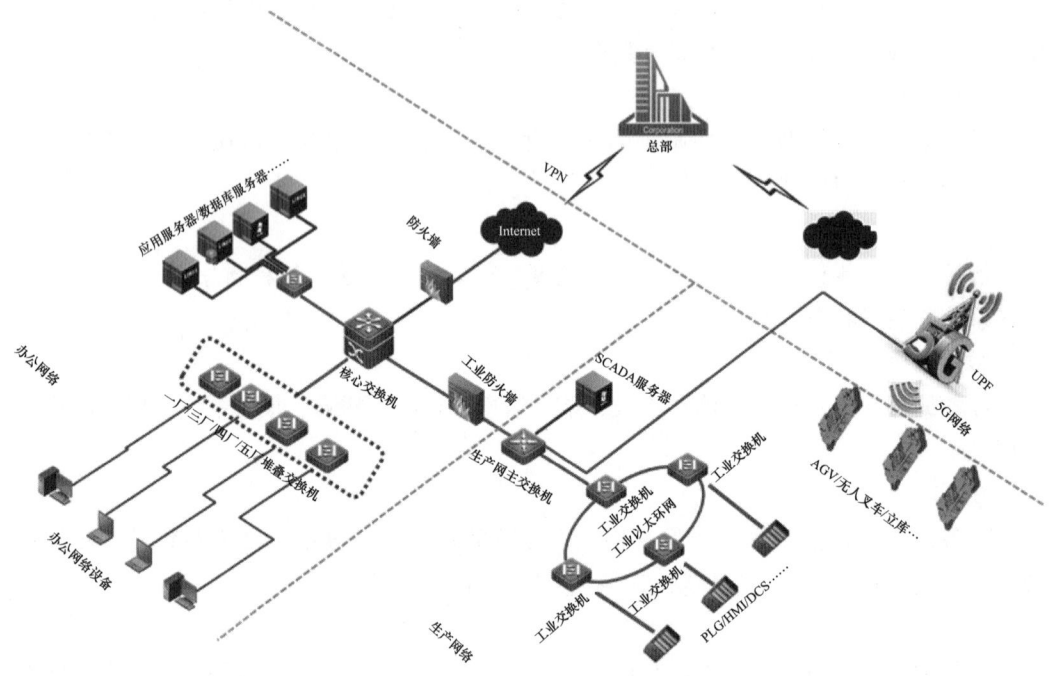

图 5-31　智能工厂整体网络拓扑图

3. 工业网络整体架构

整体网络架构建议从网络应用出发,以保障生产为第一前提对网络进行物理分离,将网络划分为生产网、办公网、监控网。

(1) 生产网服务于 MEC、工业控制、生产系统,建议采用双核心架构。

(2) 办公网通过防火墙接入外网、专线连接总部,用于 OA、ERP 等系统,设有上网行为、上网审计等网络监管策略。

(3) 监控网服务于视频(安防)监控系统、门禁控制系统等厂区管理。

4. 有线网络:生产网络

为保障生产,生产网络应满足高可用性、快速自愈等能力,因此生产网络建议采用工业以太环网架构,环网交换机采用光纤连接。环网结构有自身的优点,比如有冗余性、可靠性、快速自愈等优点。环网上的某一路链路断开,不会影响网络上数据的转发,因此,在很多工业通信领域引入了环网交换机。光纤环网交换机可以组建环形网络,每台环网交换机上有两个用于组环的端口,环网交换机之间通过手拉手形式构成了环形的网络拓扑。环网交换机采用了特殊技术如 RPR(Resilient Packet Ring,弹性分组环)、RRPP(Rapid

Ring Protection Protocol,快速环网保护协议)等,避免了广播风暴的产生,同时又实现了环形网络的可靠性,图 5-32 所示为有线网络,图 5-33 为工业以太环网架构。工业级设备厂商有德国的赫思曼和我国台湾的摩莎 MOXA、广州的光桥 OBCC 等。

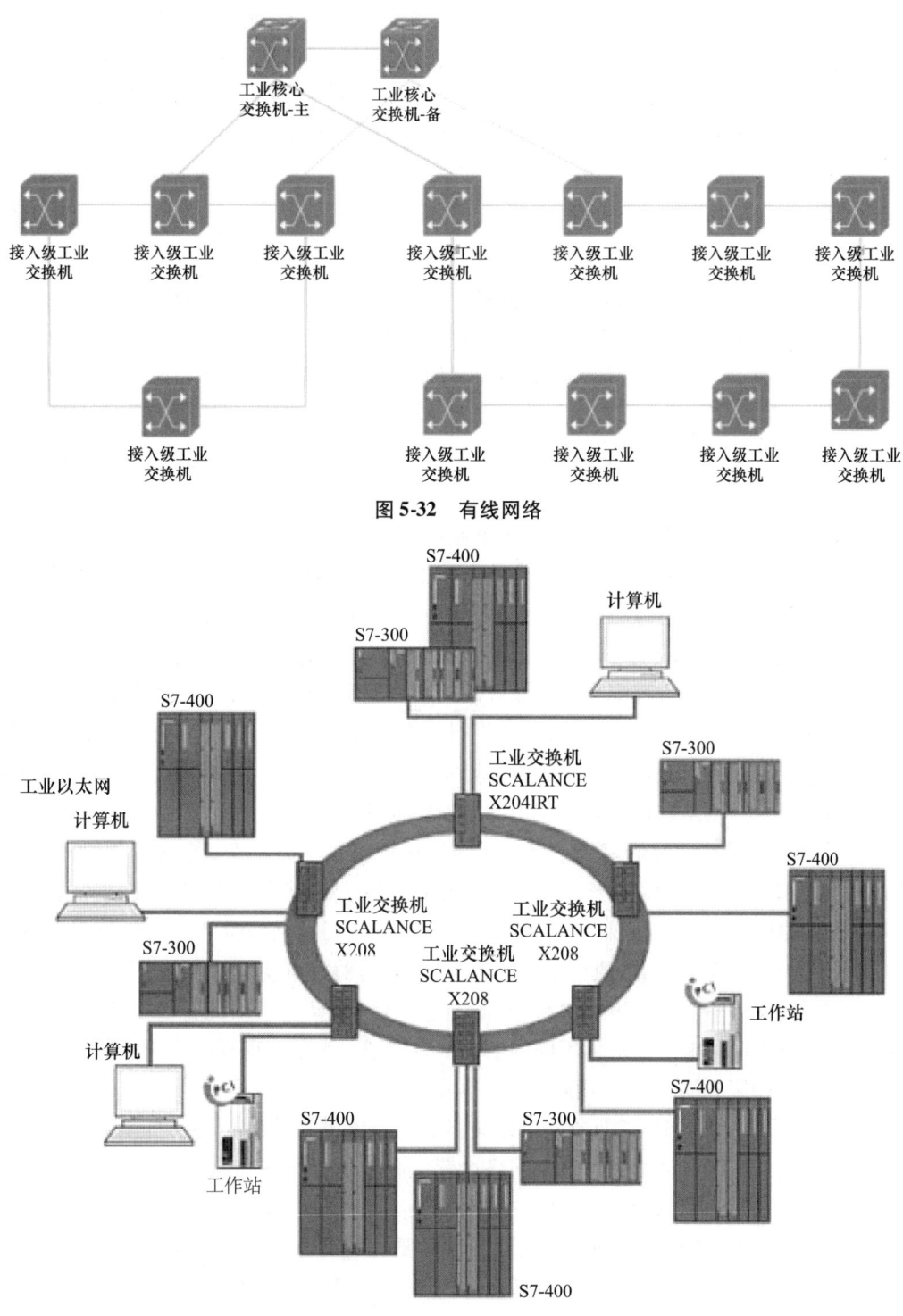

图 5-32 有线网络

图 5-33 工业以太环网架构

5. 无线网络：工业 5G

2020 年国家相继发文，大力推动"工业互联网"发展，在国家 5G 新基建政策的大力推动下，5G 行业专网成为各行业领域关注的焦点。5G 专网全方位满足各行业需求。

（1）降成本需求：随着行业信息化程度不断提高，满足网络互联需求的通信网络成本越来越高。在行业业务对网络升级的需求不断增强的同时，通信网络系统需保障兼容性和扩展性，网络设备成本、网络建设成本、网络运营运维成本以及原有网络的改造成本（硬件和软件）等，直接提高了网络的整体成本。因此，通过 5G 行业专网支持灵活、差异化的部署策略，充分利用或者结合中国移动，通过网络共建共维、通信资源共享、业务本地化处理以及运营商的规模性效益等能力，有效降低行业客户的通信网络成本。

（2）多样性业务需求：陶瓷生产管理、厂区管理、工艺等不同业务对于网络的需求不同，视频、VR、视频检测等相关业务要求高吞吐量，AGV、机械臂、自动码垛吊机等要求网络具有超低的传输时延和极高的可靠性，监控、诊断等业务需要网络具备海量接入能力。同时为了保障行业应用的业务连续性，网络覆盖能力、确定性时延以及灵活的业务部署等需满足更高的性能要求。因此，5G 行业虚拟专网需满足多样化的业务需求。

（3）高安全需求：行业数据安全在企业运营中起到举足轻重的地位，涉及企业机密性和安全性要求较高的核心业务要求数据不出园区，网络提出了强隔离以及本地化部署的需求。5G 行业专网一方面需要为行业用户提供可靠的通信设备和完善的安全保障机制，在承载行业用户的核心业务数据的基础上，也可以承载公网业务数据，行业用户的核心业务数据在传输过程中与其他业务数据实现逻辑严格隔离，完成数据的本地化处理，以此保证核心业务数据不出园区。5G 行业专网需提供完备的鉴别服务、访问控制服务、数据保密服务、数据完整性服务、可审查性服务以及高可靠性的通信设施，全方位保障行业客户的网络、数据以及应用等方面安全可靠。

（4）融合需求：涉及的陶瓷设备、系统、应用场景十分复杂，行业应用的多样性导致各类应用场景对于网络的需求也不完全相同，为了更合理地规划使用网络，并有效利用各种网络的优势，5G 行业专网可以灵活地充分与现有网络融合，构建与现有系统［如：制造企业生产过程制造执行系统（MES）、数据采集与监视系统（SCADA）、企业资源计划（ERP）等］互联互通并深度融合的异构网络架构。因此，5G 网络为行业用户提供可根据不同的业务需求、不同的融合网络类型，满足与现有用户企业诸如私有云和共有云等云端服务的融合部署的多种类型需求。

（5）自运维需求：5G 行业专网可以向行业用户提供简单而必要的自运营和自运维能力，满足网络资源灵活配置、自主网络运营、业务变更调整等需求，在 5G 网络逐渐完善和能力开放后，可以为客户提供三方面服务：

①可管理能力，即 5G 行业专网需要开放必要的网络监控和管理接口，实现用户的自配置和自管理，如告警、巡检、诊断、维护（远程/多地）、升级等；

②可扩展能力，即 5G 行业专网需要开放必要配置接口，支持用户的自调整，用户

可以根据自身需求的改变，在一定条件下动态调整网络，如用户新建、删除、用户权限变更、业务变更、网络微扩容等；

③交叉运维能力，即当行业用户缺乏5G通信设备维护能力时，支持运营商与行业用户共同运维，只要运营商通过用户的安防申请，就可以完成相关网络的运维工作。

根据企业对网络建设及业务承载方面的需求，5G行业专网网络架构设计需要遵循以下网络设计原则：

（1）通信网络成本降低原则：设计5G专网网络架构充分考虑现有中国移动5G网络资源情况，结合企业生产、应用与产业链融合，实现网络、设备、终端等资源优化使用，同时为企业提供服务，降低通信网络成本。

（2）多域多类业务承载原则：规划设计的5G行业专网网络架构考虑同时覆盖行业用户的广域和局域业务，并保障区间业务连续性和本地业务的疏导。同时考虑客户后续应用，如通过网络切片、边缘计算等方式为不同类型业务配置相应的网络服务体系，提供不同的服务等级协议（SLA）保障，实现多类业务同时按需承载。

（3）数据安全保障原则：设计5G行业虚拟专网网络架构考虑数据安全保障，一方面，通过用户面功能（UPF）等网络分流手段和切片安全隔离等措施来保障企业公网业务和内部应用、不同业务之间安全隔离传输，同时满足企业核心业务本地化部署的需求，保障企业核心业务数据不出园区；另一方面，5G行业虚拟专网需将本身网络的认证鉴权、数据加密、数据完整性等安全手段与行业业务安全融合，形成统一的数据安全保障措施。

（4）与现有系统深度融合原则：进行5G行业专网网络架构时需要在保证数据安全前提下与企业现有信息网、控制网充分融合，打通园区全域数据，与企业互联网深度结合，满足企业互联网转型需求。

（5）自主运营运维原则：考虑后期企业自运维需求，5G行业专网通过建立对外能力开放平台，将5G网络的配置管理、用户开户、网络监测、网络能力调用等网络运维能力集中统一提供给行业用户，行业用户可以通过平台实现对网络的自主运营和运维的能力。

依托5G网络可分为生产网、办公网、设备网三套计算机网络，三套网络物理隔离，独立设计。

（1）网络架构建议

采用三网的组网方案，实现安全隔离，确保网络的整体安全。图5-34为三网的组网方案。

①部署UPF：主要适用企业对流量不出园区、时延指标有需求，但终端状态及分流需求相对固定，无网络能力调用需求、无自管自维需求；

②部署UPF+MEP：主要适用于企业存在网络能力调用、网络及平台自管自维、业务规则制定等需求，也可在MEP承载部分企业应用和企业系统，实现业务和网络更好的联动，企业具备一定的网络及平台管理能力。

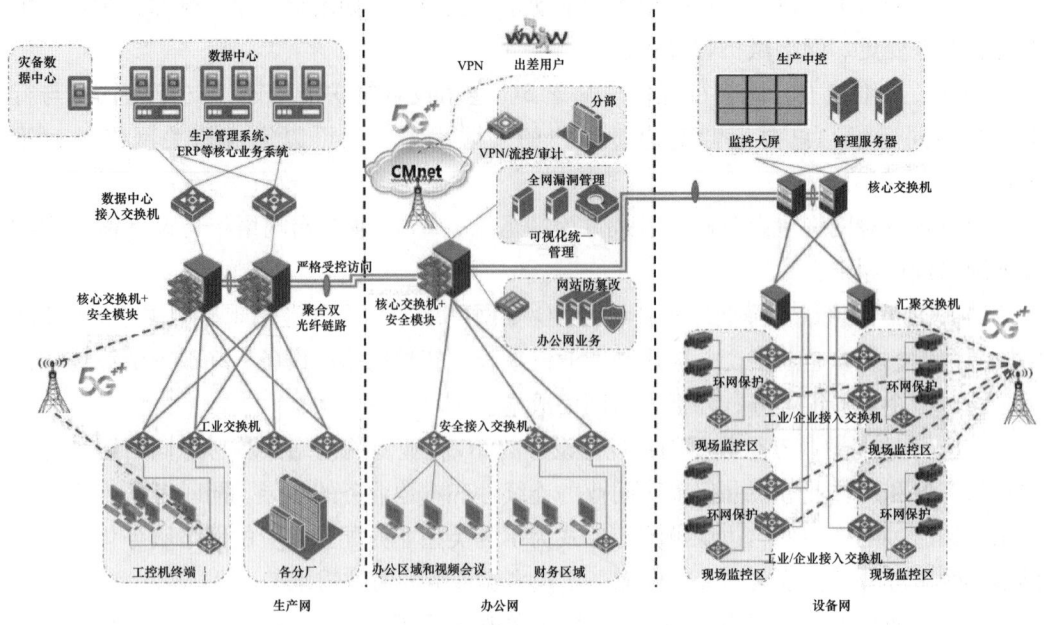

图 5-34 三网的组网方案

(2) 生产网组网架构 (图 5-35)

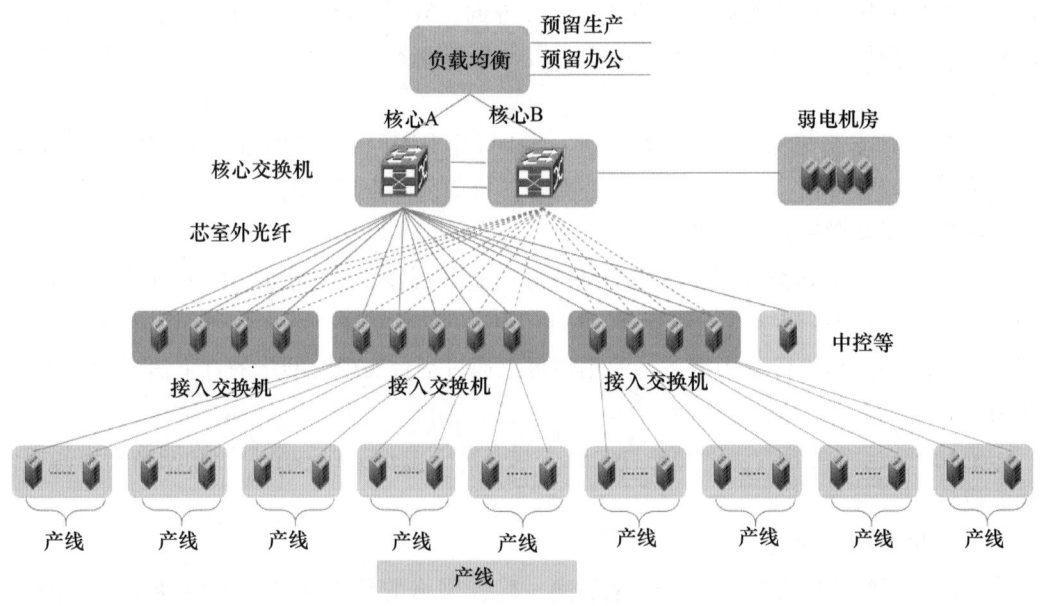

图 5-35 生产网组网架构

(3) 5G 网络架构

5G 工业专网基于 5G 标准的网络架构进行实现,包含边缘计算、网络切片、运维管理等能力,如图 5-36 所示。

从应用场景、地理位置、服务范围等角度,5G 工业专网、局域专网,在厂区内实现 5G 网络的业务闭环,满足行业核心业务不出园区的需求;广域专网解决厂区与总部、分公司之间的互联，提供给客户稳定、专用的端到端资源，通过 VPN（Virtual Private Network，虚拟私人网络）或物理切片等方式实现不同业务的安全承载。

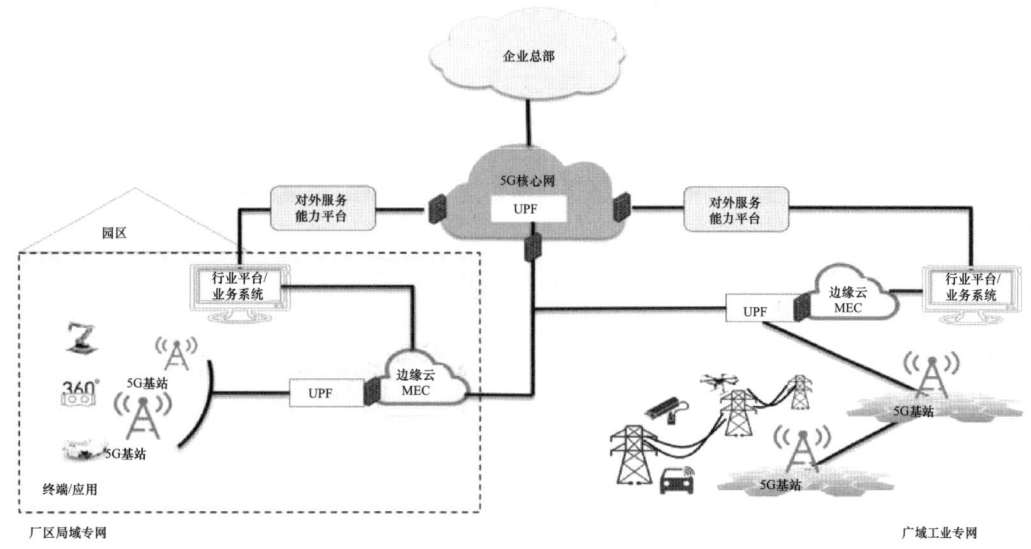

图 5-36　5G 网络架构

①5G 工业专网提供两种重要的技术。

网络切片，通过网络切片能力，可以构建端到端的 5G 网络，并且可以实现跨地域的专网服务，保障专网资源和公众网络的逻辑隔离甚至物理隔离。

边缘计算，通过边缘计算能力，在工厂内构建独享或部分独享的网络资源，可以更好地保障专网资源和质量。

②局域专网内，如图 5-36 所示，由基站、UPF、边缘云、行业平台、5G 专网服务管理平台等部分组成。局域网中的各类业务平台可部署于厂区的边缘计算平台，也可以是企业自有的业务平台，以承载厂区的各类行业平台或应用，如数据采集平台、协同研发平台、行业视觉平台等。厂区型专网的运维，可以借助能力开放、切片管理、综合网管等技术或系统构建 5G 工业专网、企业自服务管理平台，以实现智能化管理，满足企业自主监测、管理、配置虚拟专网的需求。

③广域工业专网内，如图 5-36 所示，实现企业总部和分公司的跨域专网，由运营商网络、企业云平台、5G 虚拟专网企业自服务管理平台等部分组成。跨地域专网的流量在中国移动开通的专用切片资源内传输，提供专网服务，如 AGV、工业控制、虚拟现实（VR）类应用，其可以通过切片专网和平台，在任何地点实现切片专网内的互访。广域虚拟专网的业务平台一般部署于集中云位置，也可以根据特定需要在特定位置的网络边缘计算平台部署子系统。

（4）5G 工业专网应用架构

MEC 服务为企业提供多边接入，打造工业互联网的"近端计算服务"，通过工业专网，实现厂区 PORTAL（门户网站）自运维、本地分流技术、边缘计算。MEC 服务将应用程序托管从集中式数据中心下沉到网络边缘，更接近应用程序生成的数据，在靠近企业的网络边缘提供 IT 和云计算的能力，并利用网络能力开放获得高带宽、低延迟、近端部署优势，从而产生新的业务和收入的机会，创造出商业、企业应用的新模式，如图 5-37 所示。

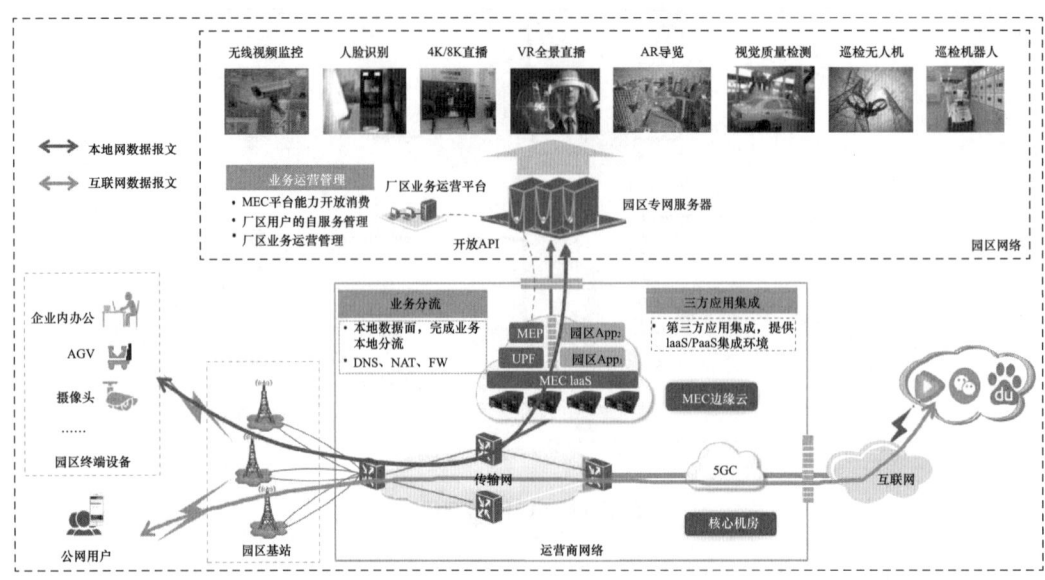

图 5-37 5G 工业专网应用架构

（5）5G 工业专网逻辑架构

5G 工业专网的首要原则是保障核心业务不出园区，因此在网络部署方面，UPF 下沉的网络架构保障企业行业数据流不出园区、网络控制信令不出园区，如有必要将 5G 核心网元（控制面+用户面）整体下沉到园区。图 5-38 为 5G 工业专网逻辑架构。

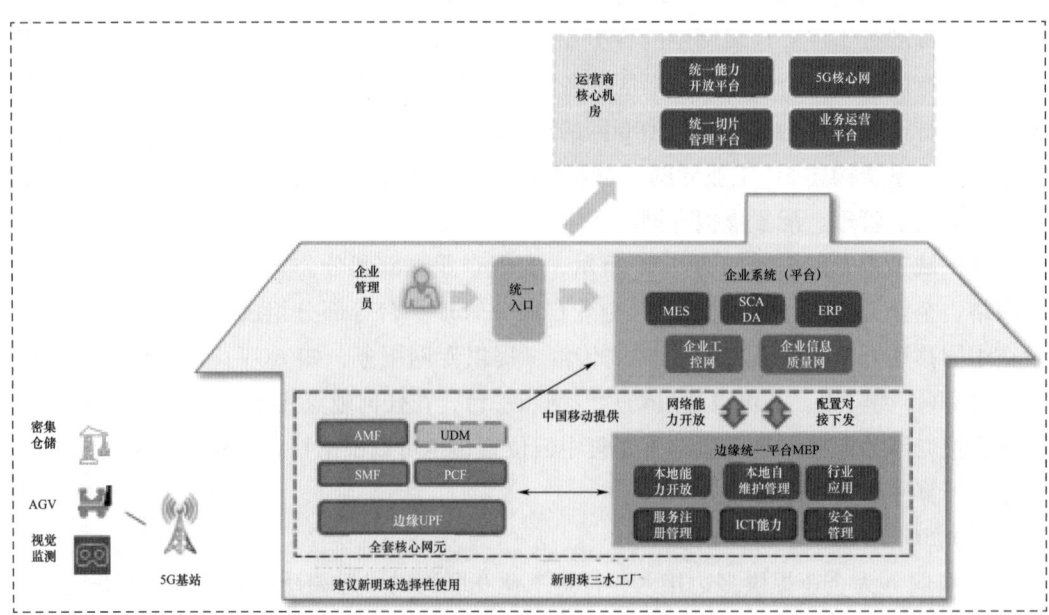

图 5-38 5G 工业专网逻辑架构

UPF 下沉到园区，为低时延、大带宽业务提供更好的业务体验保障，UPF 与多接入边缘平台（MEP）一起在企业部署，MEP 也可以作为企业应用和企业系统的承载平台，进一步实现业务和网络联动。面向园区 5G 工业虚拟专网可以保障企业业务的本地化处理和企业的自管自维。

核心网下沉方案是将 5G 轻量级核心网的控制面 AMF/SMF 等网元及用户面网元 UPF 都下沉到企业内部，实现业务建立等控制指令及核心业务数据流都在企业园区内部，提供更好的数据及业务隔离性。下沉方案业务安全保障级别最高，但是需要承担 5G 核心网的整体费用，总体投资较大，5G 核心网对企业自身的网络维护、管理能力要求也很高，建议企业按照应用需求优先选择 UPF 下沉方案。

（6）5G 关键技术应用

5G 关键技术包括业务分流技术、统一运营运维技术等。

①业务分流技术

UPF 下沉到企业内部，可以采用 DNN（Data Network Name，数据网络标识）、ULCL（Uplink Classifier，上行分流器）UPF、LADN（Local Area Data Network，本地数据网络服务区）三种本地分流技术来实现公网业务和行业业务的分流，满足行业业务的安全隔离需求。

数据网络标识 DNN：企业终端签约特殊 DNN，网络侧根据 DNN 为企业本地专用 UPF 提供本地出口服务。

上行分流器 ULCL UPF：终端可不签约特殊 DNN，网络侧基于终端所在的位置区选择本地的 ULCL UPF 为终端提供服务，UPF 通过流量 DPI 解析等方式来将业务流量按需送至本地企业侧或 MEP。

本地数据网络服务区 LADN：企业终端签约 LADN 服务，网络侧根据签约信息和终端所在的位置选择本地的 LADN UPF，由 LADN UPF 为终端提供本地流量出口服务。

②统一运营运维技术

企业能够利用 5G 部署的一体机提供的统一对外能力服务平台或者基于已有平台界面开发，从而实现对于网络能力开放、切片管理、资源配置管理等的一点接入。通过统一界面，在本地层面，企业可以访问到 MEP，进行 UPF 分流规则配置、本地网络能力调用、网络自维护管理等操作；通过 5G 公网，企业还可以访问到开放平台、切片管理平台等进行网络差异化的订购和定制。

5.2.5 生产数据化运营管理平台

下面以广州博依特智能信息科技有限公司的生产数据化运营管理平台为例进行介绍。

5.2.5.1 基础数据

基础数据模块主要是帮助企业完成一些操作的基础数据的配置，主要功能模块有：班次配置、排班管理、物料类别配置、物料信息配置、设备模型、工艺配方配置、供应商配置、能源价格、产能配置、生产任务模板配置等。

（1）班次配置：登录企业连接应用平台进入基础数据菜单下的班次、班组、排班配置页面，如图 5-39 所示。

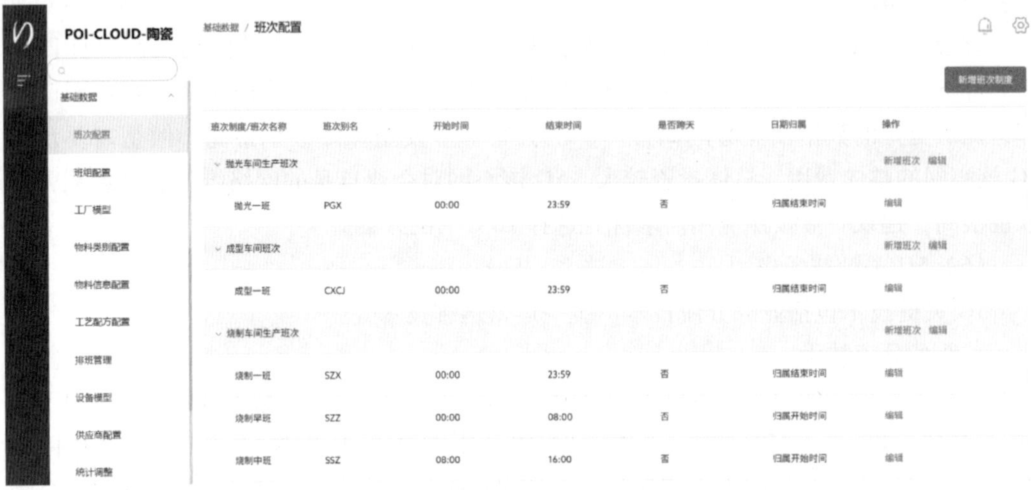

图 5-39　班次、班组、排班配置页面

（2）排班管理：进入排班管理页面，选择需要配置的班次制度及班组名称，将班次、班组关联起来进行排班，如图 5-40 所示。

图 5-40　排班管理

（3）物料类别配置：物料类别配置主要是配置成品、半成品、辅料、原料、备件的类别，以及产品和半成品配方、工艺模板的配置，如图 5-41 所示。

（4）物料信息配置：物料信息配置可以通过单条增加和批量导入的方式添加成品、粉料、浆料、釉料等物料信息，如图 5-42 所示。

（5）设备模型：设备模型用于创建设备的物理部位，并将备件关联到设备的物理部位，用于维修、工艺备件分析时选择，如图 5-43 所示。

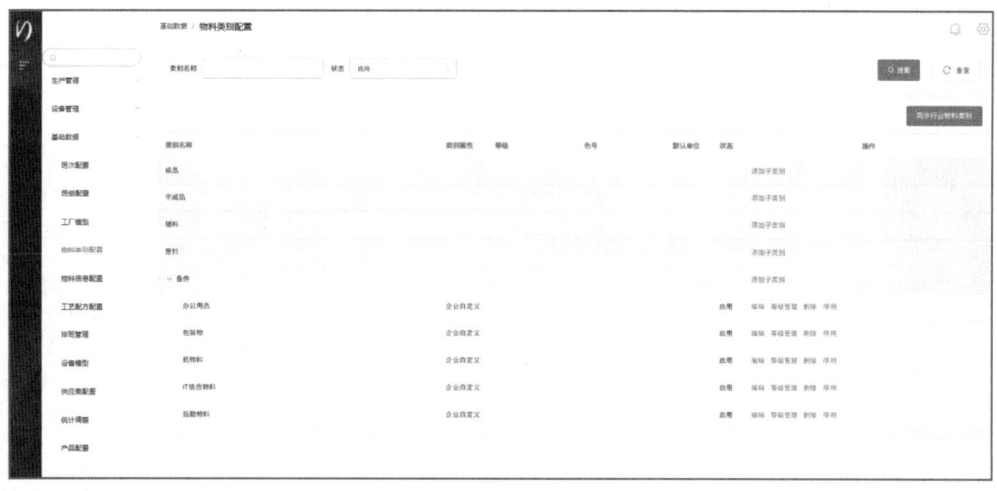

图 5-41 物料类别配置图

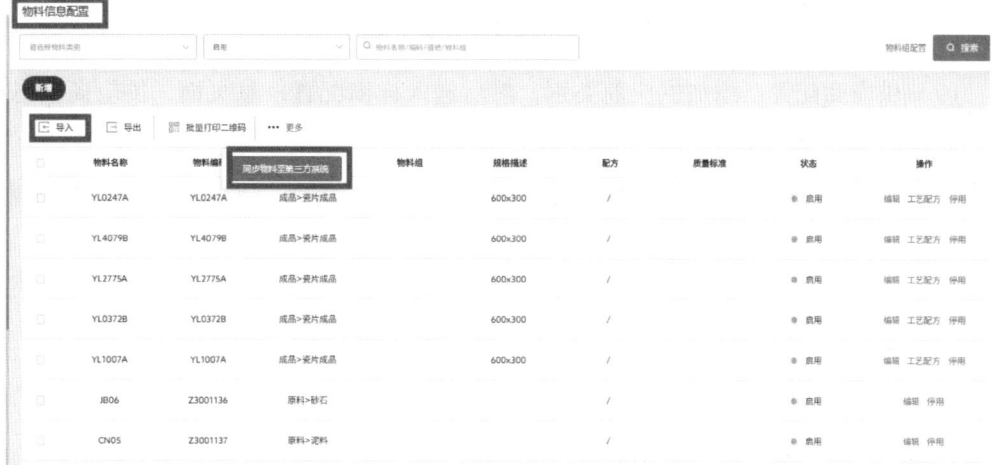

图 5-42 物料信息配置图

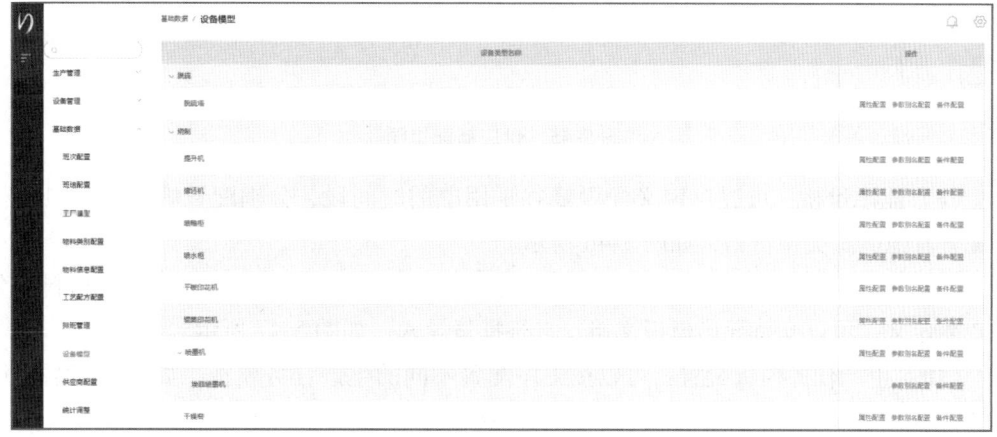

图 5-43 设备模型图

（6）工艺配方配置：进入基础数据菜单下的工艺配方配置页面，选择需配置工艺配方的物料类别及物料，在配方配置页面，填写配方名称、版本号、基准量等数值，如图 5-44 所示。

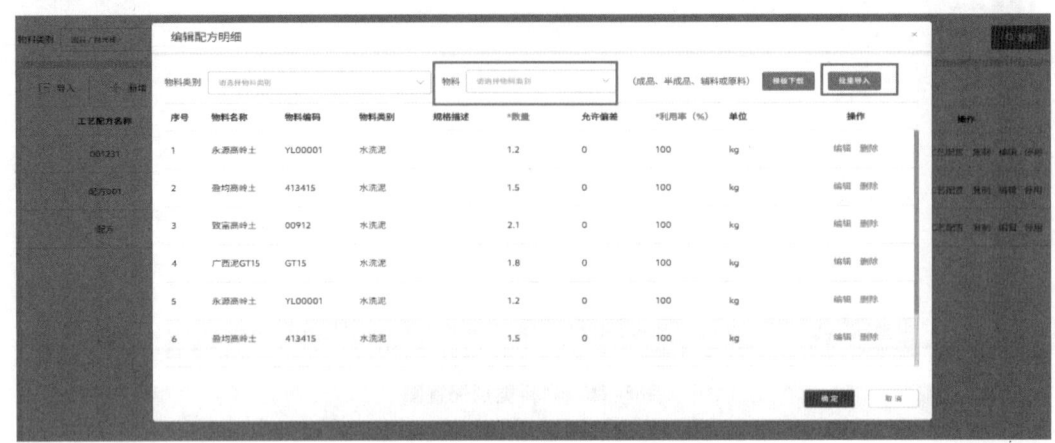

图 5-44　工艺配方配置页面图

（7）供应商配置：添加供应商类别，然后进入详细配置信息页面，供应商信息可以关联原料、辅料、设备、备品备件，如图 5-45 所示。

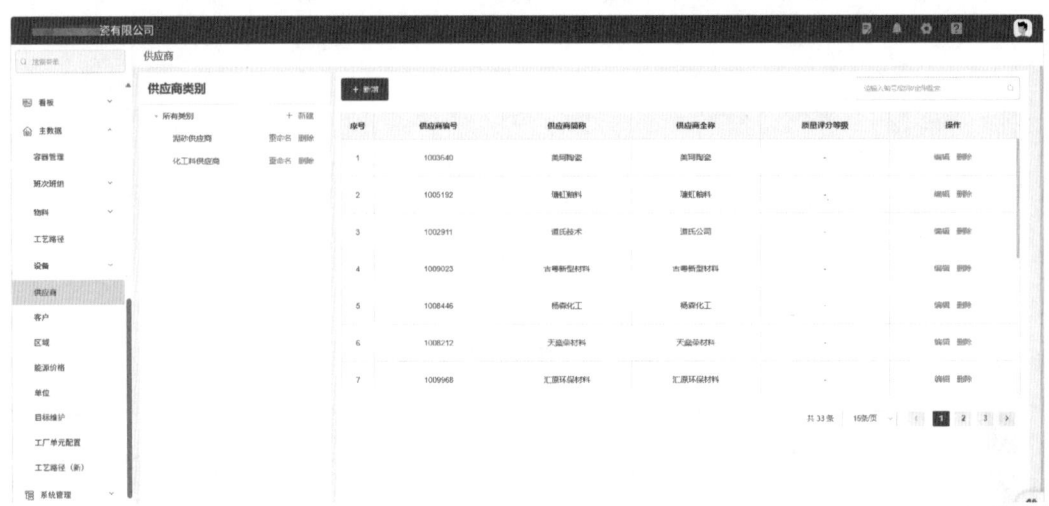

图 5-45　供应商配置图

（8）能源价格：可以自定义配置峰谷平用电的时间段，分别配置峰谷平的电价格及配置其他能源类型价格，如图 5-46 所示。

（9）产能配置：单击"新增"进入产能配置流程，选择工厂单元、产出物料、分钟产能定义，可以支持导出模板文档，自行批量导入，如图 5-47 所示。

（10）生产任务模板配置：可以按工序配置不同的生产任务模板，如间歇球磨生产任务模板、成形车间生产任务模板，如图 5-48 所示。

图 5-46　能源价格

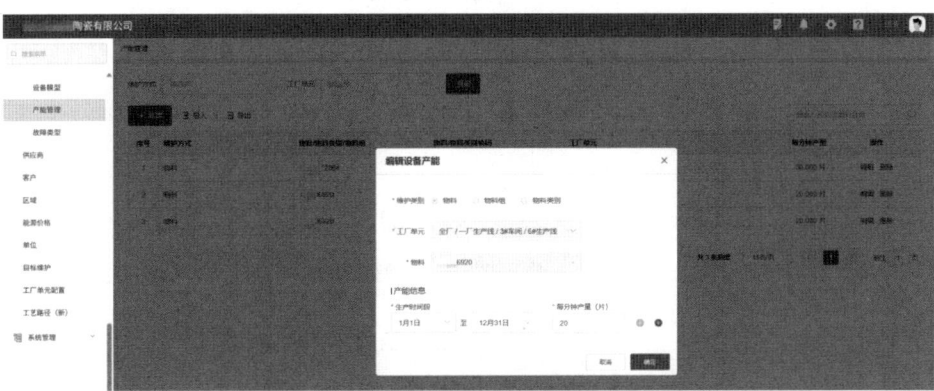

图 5-47　产能配置流程

图 5-48　配置生产任务模板

5.2.5.2 生产管理

生产管理模块主要是帮助企业完成生产任务的创建、执行及管理闭环，完成生产业务流程的线上化、数字化。生产管理模块按生产工艺流程特点拆分原料车间配方生产管理、粉料生产管理、成形车间生产管理、中试生产管理，主要模块有生产任务、生产执行、生产进度、生产完工、生产统计、生产分析。

1. 生产管理业务流程（图 5-49）

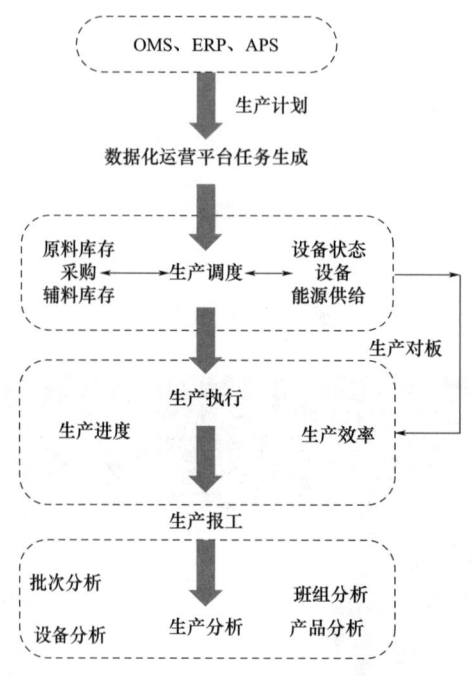

图 5-49　生产管理业务流程

2. 生产任务创建

进入生产管理菜单下的生产任务页面，如图 5-50 所示。

图 5-50　生产任务页面

选择任务模板后，单击"新增"按钮，进入新增生产任务页面，选择需要新增生产任务的生产线，填写任务号、产出物料、配方、数量及任务周期，如图 5-51 所示。

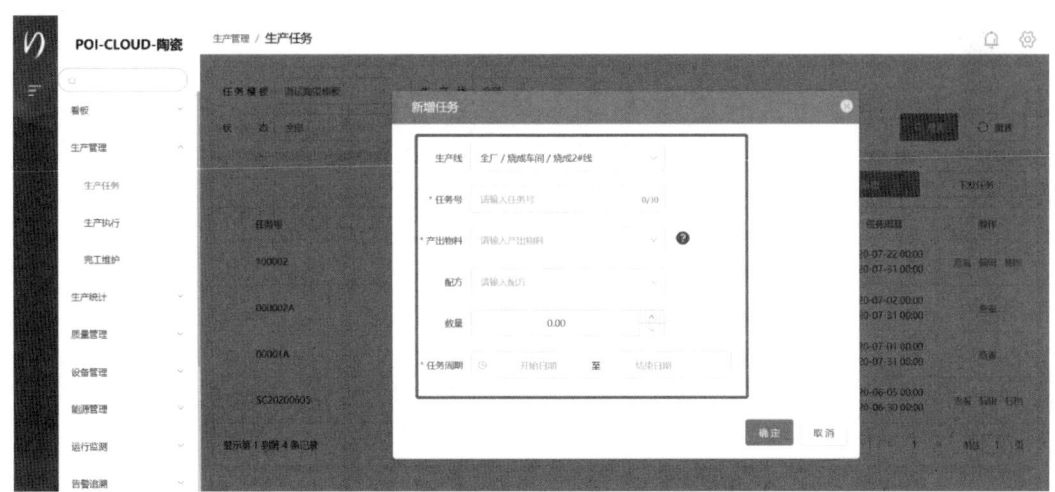

图 5-51　生产任务

3. 生产执行

（1）下发任务：进入生产管理菜单下的生产任务页面，选择要执行的任务，选择后单击"下发任务"按钮，任务成功下发后可至任务执行页面查看，如图 5-52 所示。

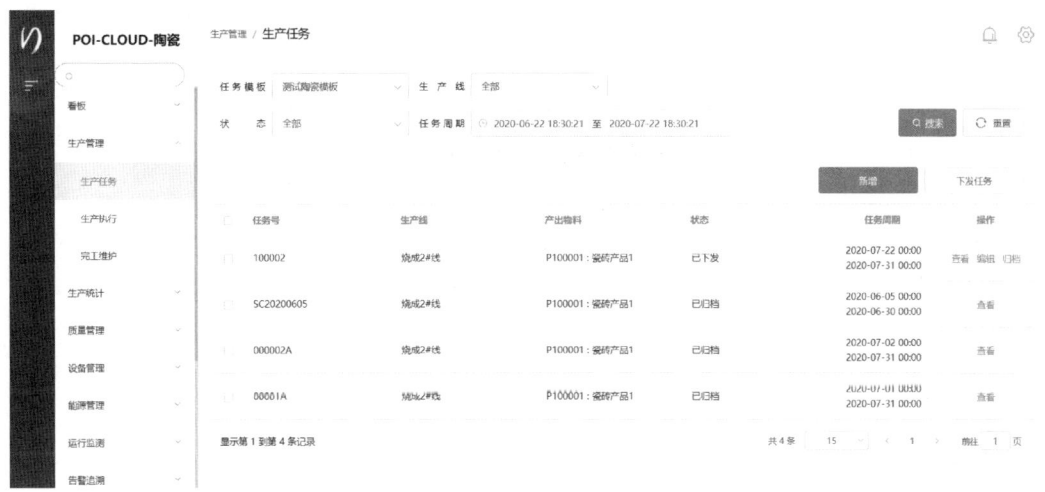

图 5-52　生产任务执行页面

（2）生产执行：进入生产执行页面，选择生产工序下的生产任务，单击"任务开始"后，生产任务会下发到对应的工厂单元，在工厂单元进行投料、报工、退料、完工退回等操作，如图 5-53 所示。

4. 生产进度

任务执行后，根据任务周期和任务目标产量，结合当前完成产量实时计算批次生产进度，为订单交期风险评估以及计划排程进行数据支撑，如图 5-54 所示。

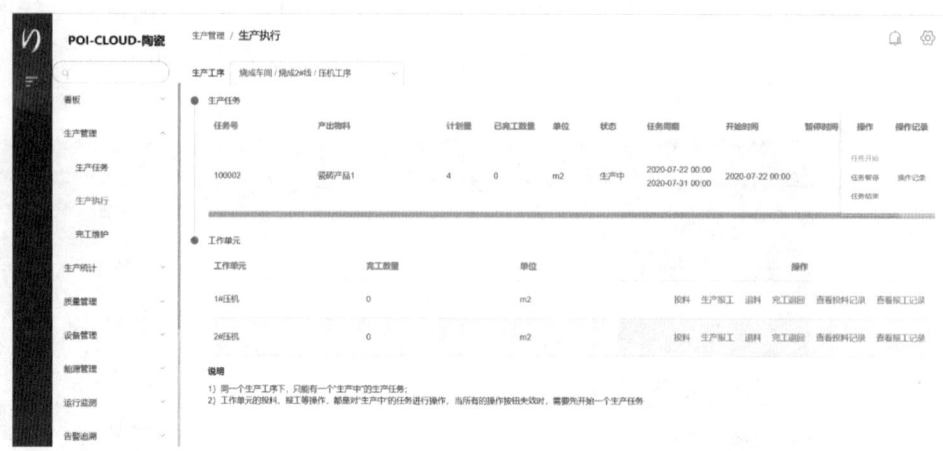

图 5-53　生产执行情况查询

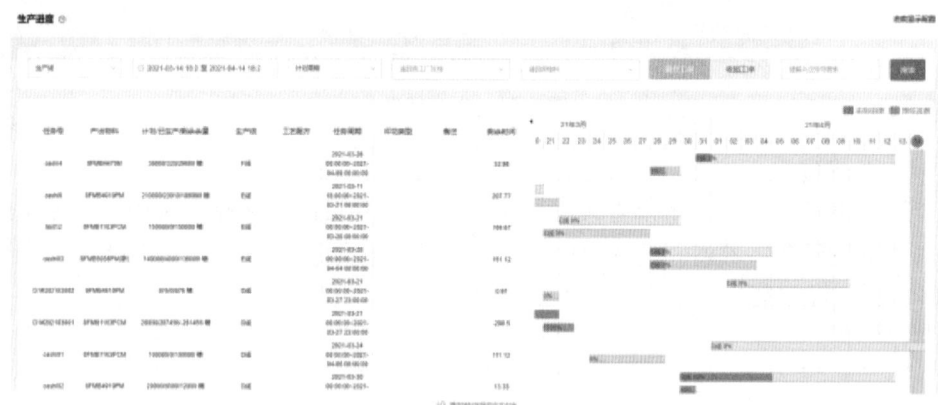

图 5-54　生产进度查询

5. 生产完工

进入生产管理菜单下的完工维护页面，选择任务模板及生产线进入完工录入表单，选择对应的工作单元、日期等信息，完成完工录入，支持导出当前完工维护数据，如图 5-55 所示。

图 5-55　完工维护页面

6. 生产统计

通过生产任务执行，形成以批次、班组、日期为周期的浆料、粉料、生坯、成品产量、质量、损耗、物耗、能耗、单耗统计指标，如图 5-56、图 5-57 所示。

图 5-56　球磨生产批次统计

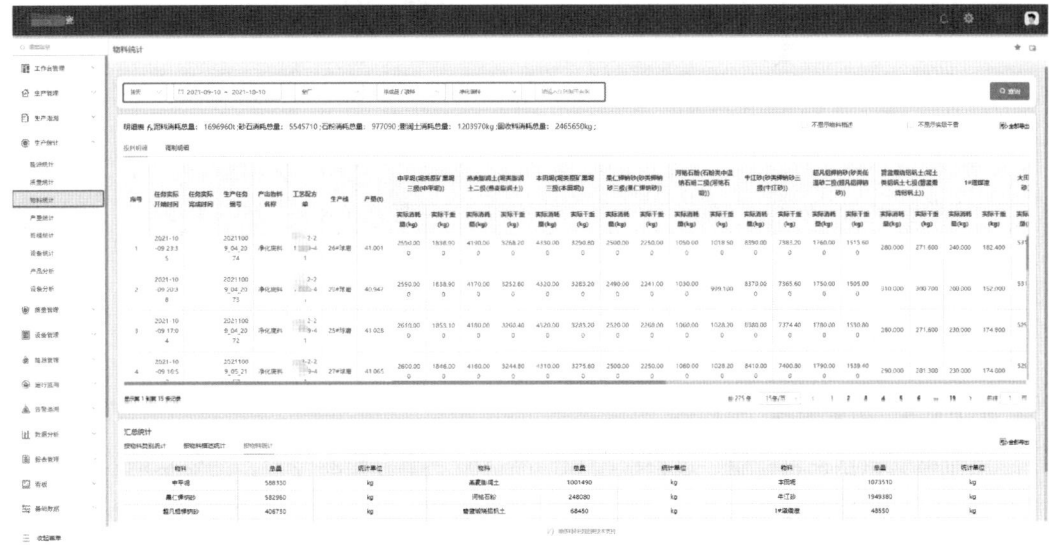

图 5-57　粉料生产批次统计

7. 生产批次分析

通过生产批次信息，关联产品配方、工艺标准、过程质量、生产工艺数据进行分析，有助于生产质量偏差定位、工艺优化，如图 5-58 所示。

8. 无效生产分析

通过对设备模型与生产过程建模，采集生产过程无效生产判断信号，自动统计设备非计划停机时长、空窑、空载、空开等无效生产数据，形成可以追溯、定位无效生产原因的数据基础，帮助生产效率提升改善，如图5-59所示。

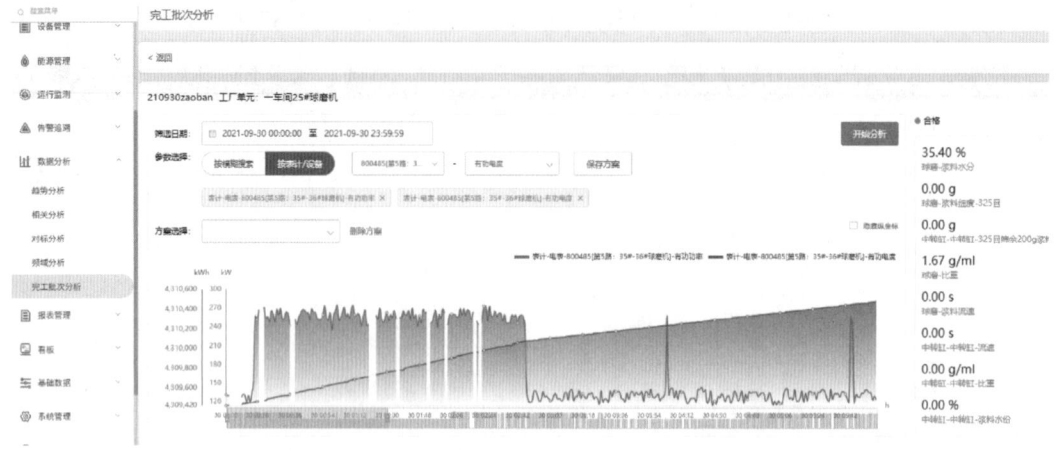

图5-58　生产批次分析

图5-59　无效生产分析

5.2.5.3　质量管理

质量检验包括来料检验、过程检验和产品检验三个方面的检验，主要功能模块包括来料检验、来料检验标准、过程检验、产品检验标准、测量单位配置、来料检验配置、产品检验配置、质检任务、物料信息配置、物料类别配置。

来料检验配置流程如图5-60所示。

1. 测量单位配置

测量单位配置是对定量检测的项目单位进行统一管理，新增测量单位的类型，选中测量单位的类别，在右侧单击"添加单位"，在弹框中按类别增加测量单位，如图5-61所示。

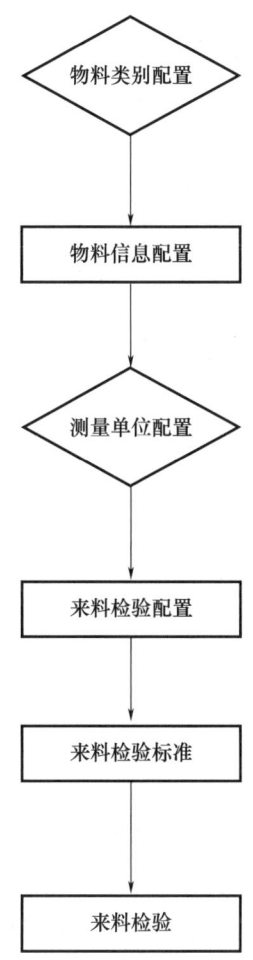

图 5-60　来料检验配置流程

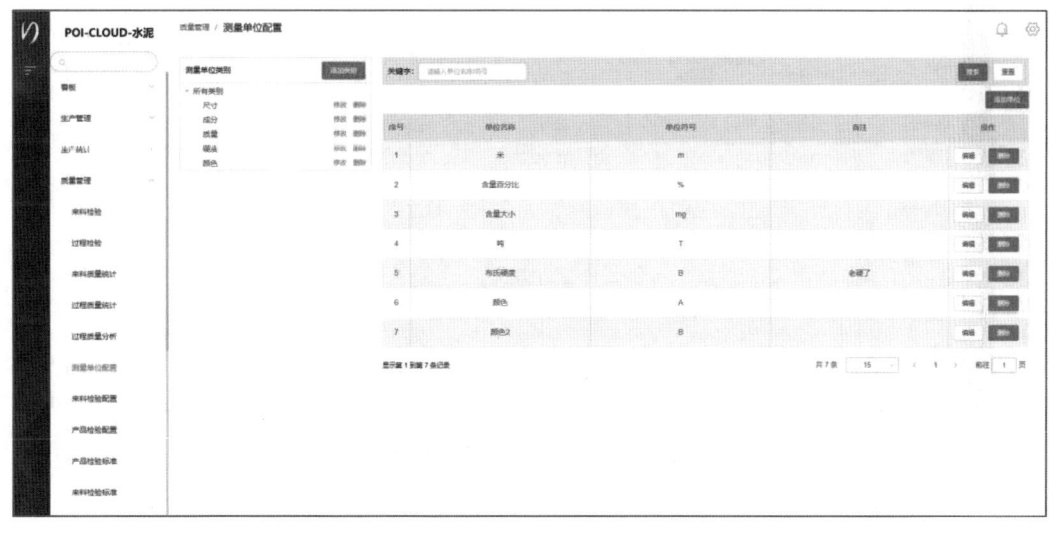

图 5-61　测量单位配置

2. 来料检验配置

来料检验配置是对来料需要检验的内容进行配置。页面分"检验项目"和"检验模板"。"检验项目"用来配置检验的定量项目和定性项目；检验模板是整合整体的检验内容。

（1）检验项目：检验项目分为定量项目和定性项目两种。

定量项目：在"定量项目"，单击"添加类别"，增加"定量检验项目的类别"，选中定量检验项目类别的名称，在右侧单击"添加项目"，在弹框中填写检验项目的名称，选择单位，增加定量检验的内容，如图5-62所示。

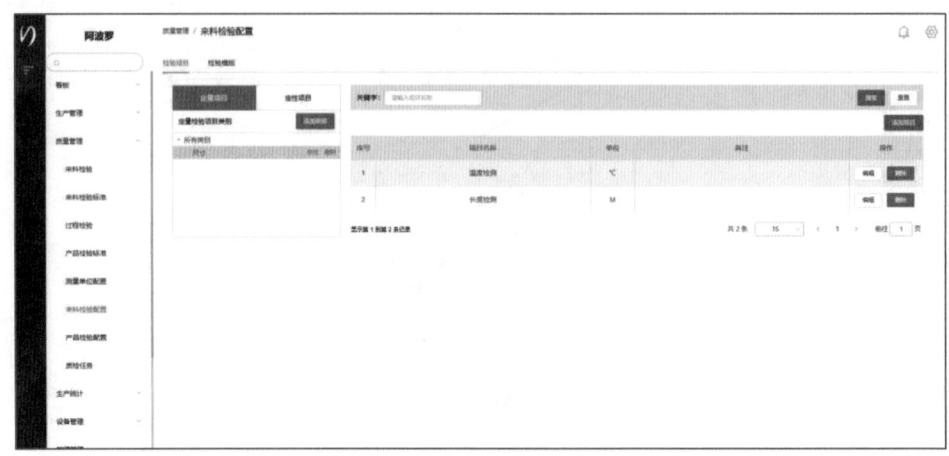

图5-62 定量检验项目的类别

定性项目：在"定性项目"，单击"添加类别"，增加定性检验项目的类别名称，选中定性检验项目类别的名称，在右侧单击"添加项目"，在弹框中填写检验项目的名称、控件类型，增加定性检验的内容，如图5-63所示。

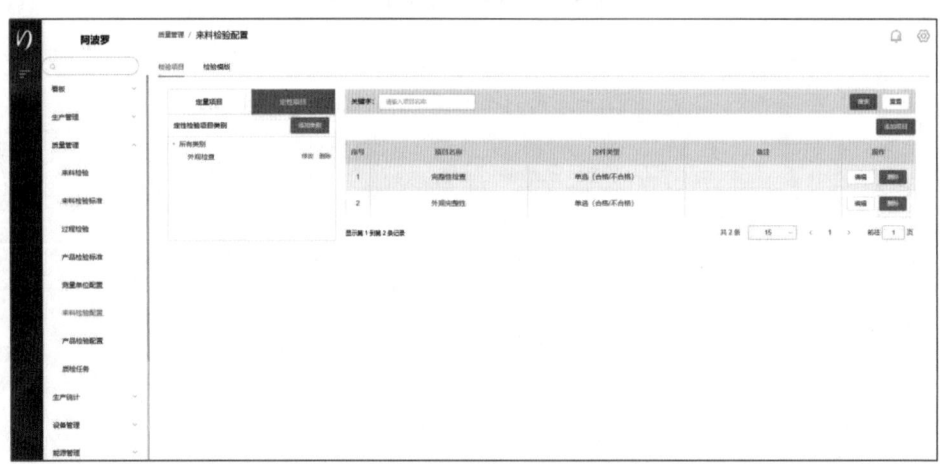

图5-63 增加定性检验项目的类别名称

（2）检验模板

检验模板是整合定量检测项目和定性检测项目，形成一个完整的来料检验清单。选中来料检验模板的名称，在右侧的"基本信息""定量检验项目"和"定性检验项目"列表中通过单击"编辑"来进行检验，如图5-64所示。

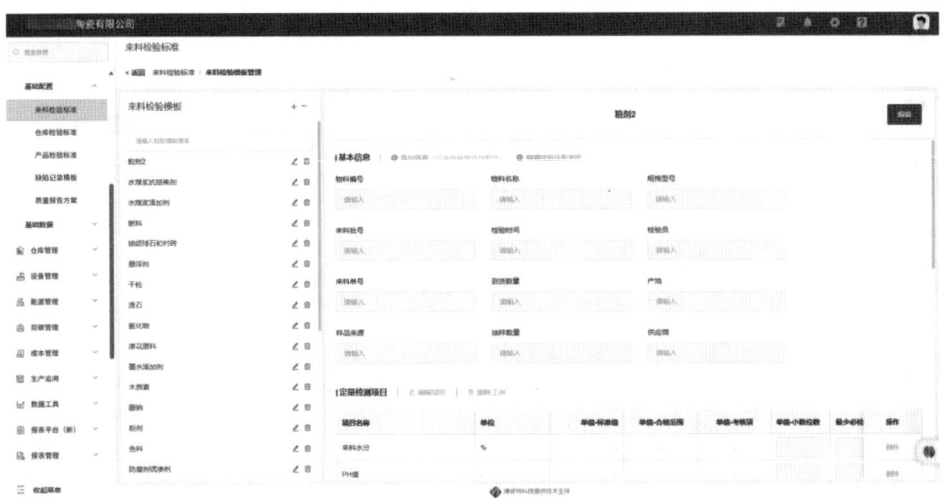

图 5-64　检验内容编辑

3. 检验标准

检验标准是对检验模板中的定量和定性项目的检验标准进行配置，检验模板中新增的模板会自动同步到检验标准列表，如图5-65所示。

图 5-65　来料检验标准列表

4. 来料检验

应用检验标准对来料进行检测并记录结果，系统会根据检验标准和录入的质检数据，自动判断该物料检验项目的合格性，形成来料检验记录，如图5-66所示。

5. 质量统计与分析

（1）质量统计：可进行来料质检、制成检验、完工成品检验的统计，统计维度可按照产品（物料）、产线、工序、检验项目等维度进行统计；详细项可按照分类查询以及检验项目查询；统计数据支持导出功能，如图5-67所示。

图5-66 来料质量检验并记录结果

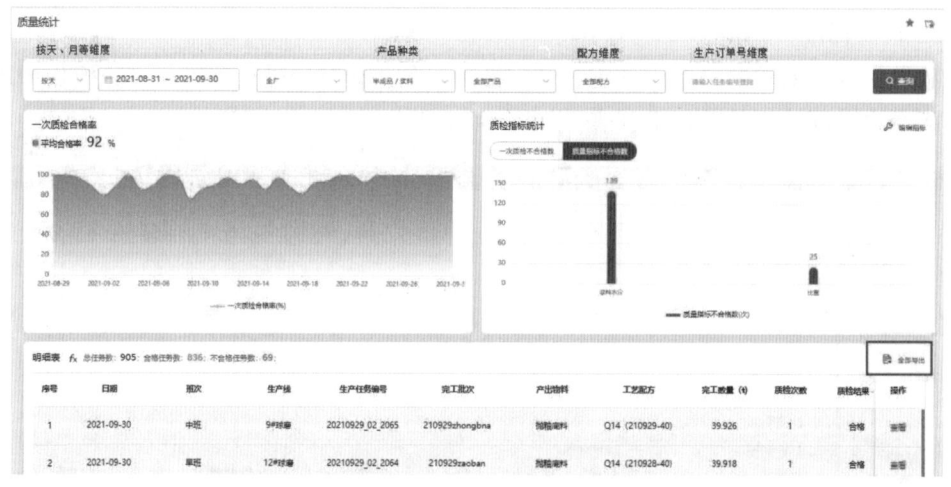

图5-67 质量统计

（2）质量分析：对来料质检、制成检验、完工成品检验的质量趋势分析，针对不同的产品分析其质量控制的稳定性以及与工艺、工况的关联关系。展示图形可以按次数、日箱、月箱等维度对质量稳定性进行分析，为质量稳定、质量提高提供数据支撑，如图5-68、图5-69所示。

5.2.5.4 设备管理

设备管理用于企业的设备信息管理以及日常业务（点检、维修、保养和检修）的执行统计和分析，通过收集的业务数据和统计分析，帮助企业规范设备管理，加强设备的点检、保养质量，提高设备维修、检修的效率，降低设备维修费用，保障设备稳定运行。设备管理涉及两个应用端（PC、App），如图5-70所示。

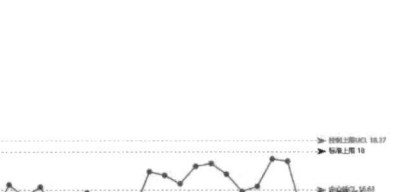

5 建筑卫生陶瓷智能工厂的解决方案

图 5-68 质量控制图分析

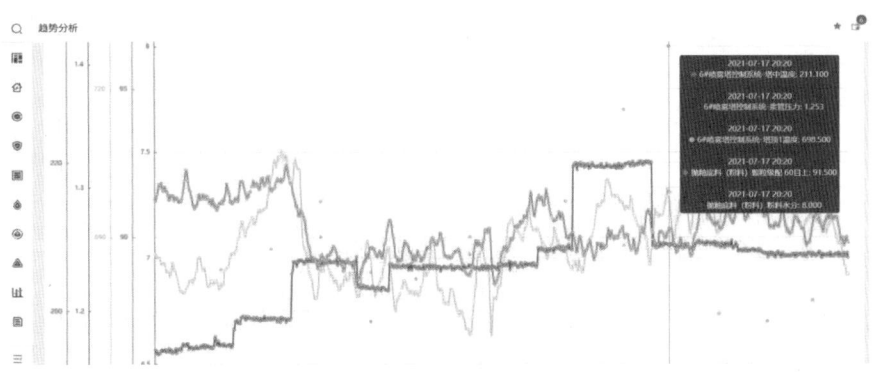

图 5-69 质量相关性分析

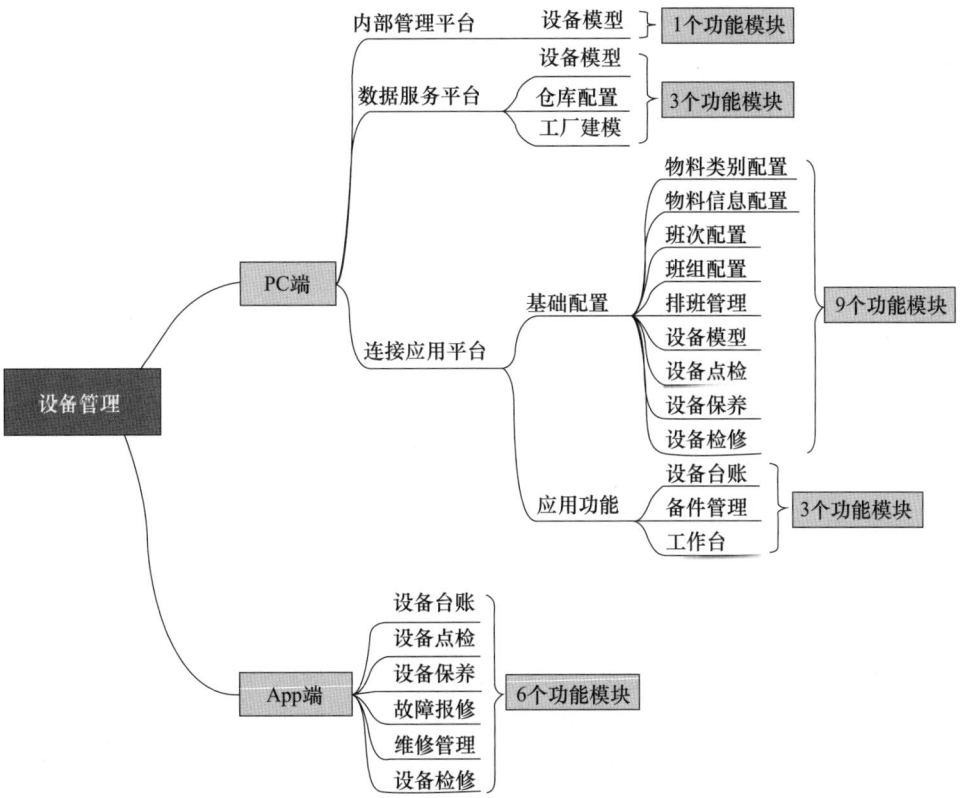

图 5-70 设备管理架构

1. 设备台账

设备台账浏览：查看设备台账，如图 5-71 所示。

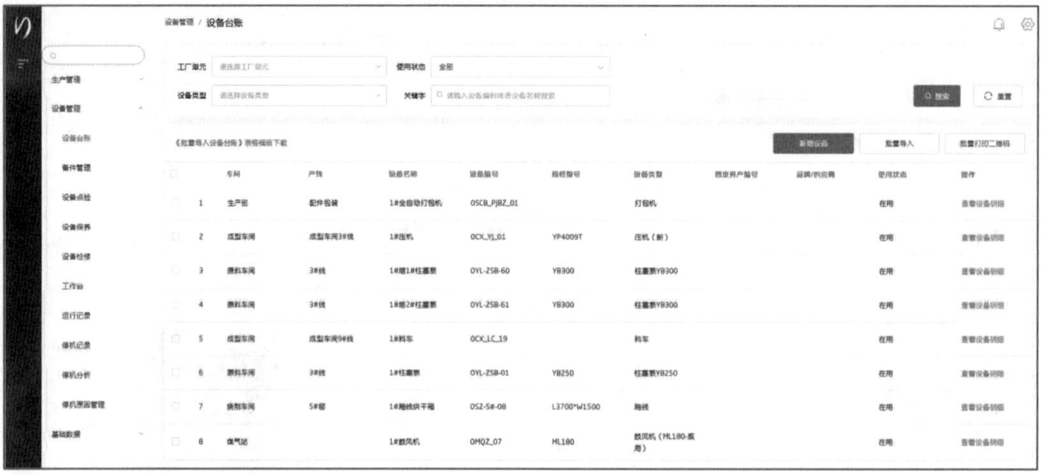

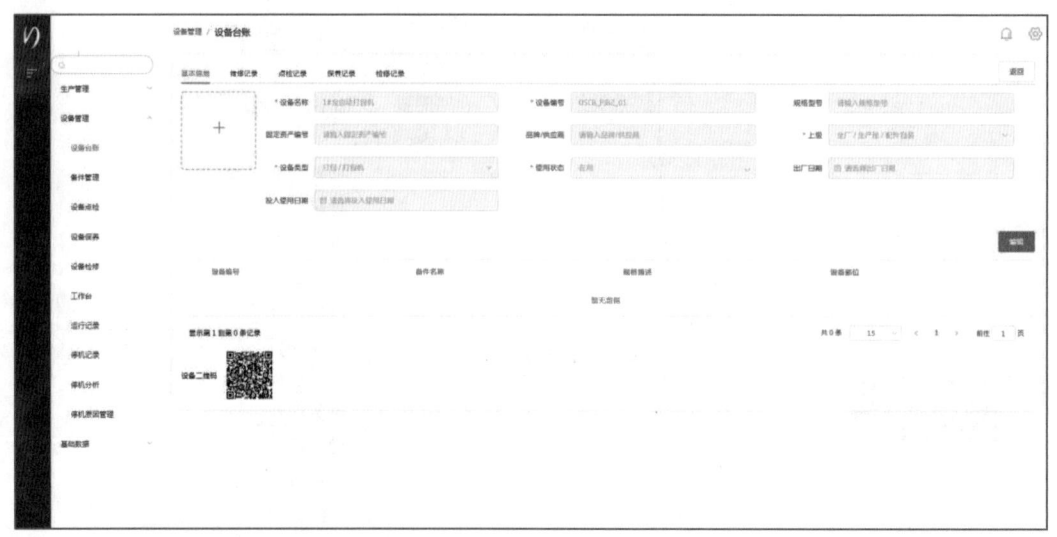

图 5-71　设备台账

单击"新增设备"，填写相应的信息，单台增加新设备；可一次性导入多台设备；单击"查看设备明细"，可查看该设备的详细信息，设备明细包括设备的基本信息、维修记录、点检记录、保养记录、检修记录，如图 5-72 所示。

图 5-72　设备基本信息

①维修记录：可以查看该设备的历史维修信息；
②点检记录：可以查看该设备的历史点检信息；
③保养记录：可以查看该设备的历史保养信息；
④检修记录：可以查看该设备的历史检修信息。

2. 设备点检

（1）设备点检配置流程（图5-73）

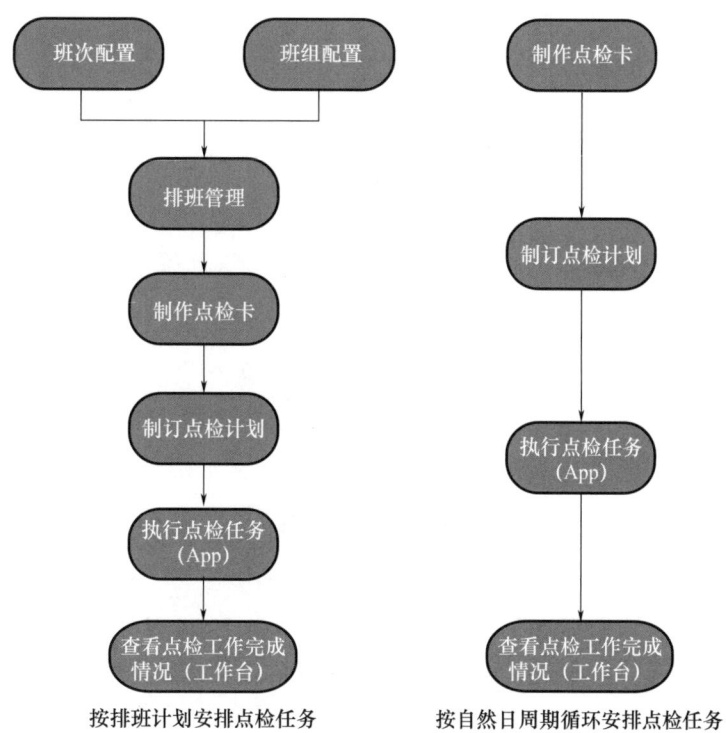

图 5-73　设备点检配置流程

（2）设备点检计划

点检卡：用来配置各设备的点检部位和点检内容，单击"新增"，在弹框中填写点检卡名称和点检项目，可批量导入设备点检项目，如图5-74所示。

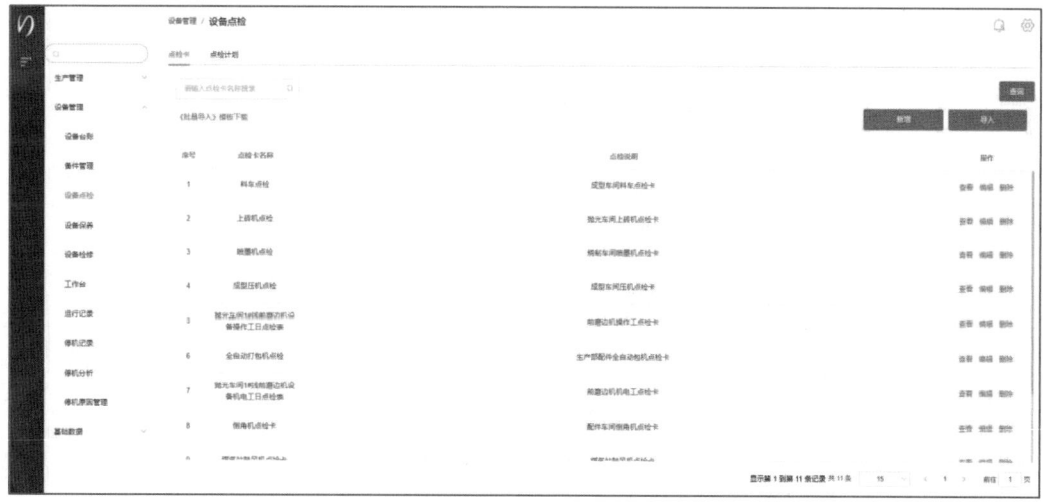

图 5-74　设备点检计划

点检计划：用来配置设备的点检计划，配置后系统会根据点检计划自动推送点检任务。点检计划有两种制订方式：按自然日（不需要排班信息）和按班次（需要排班信息），如图 5-75 所示。

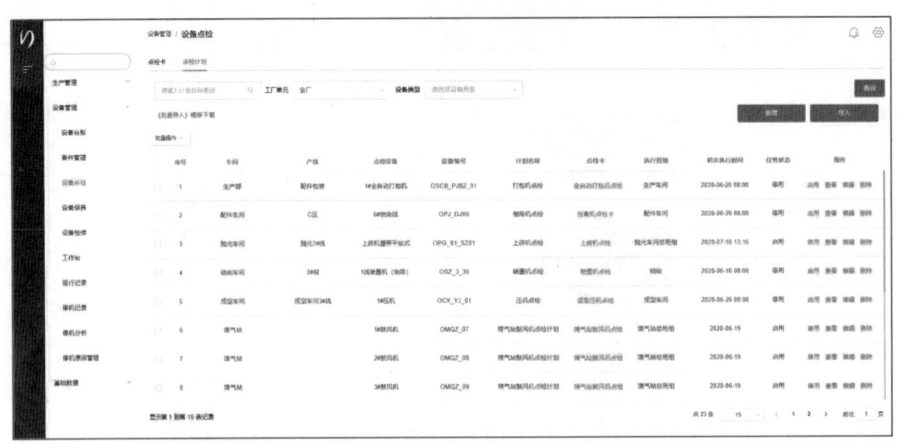

图 5-75　点检计划

（3）设备点检（App）

设备点检模块，查看所在班组下的点检任务（当日/昨日），选择需点检的设备，扫码点检→扫码页面→扫描设备二维码→扫码成功→点检指标→核实实际设备的状况→发现异常，若发现异常，则选择该指标将状态改为异常→可填写异常记录→核查完毕后，单击"提交"→完成点检，如图 5-76 所示。

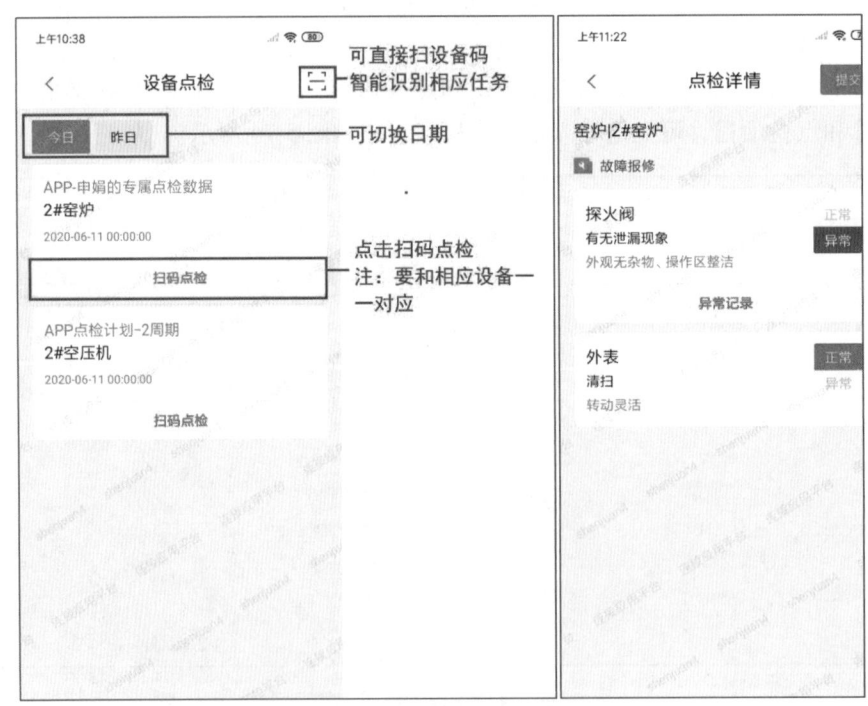

图 5-76　设备点检模块

（4）点检任务查看

在 PC 端可以查看点检任务的执行情况，如图 5-77 所示。

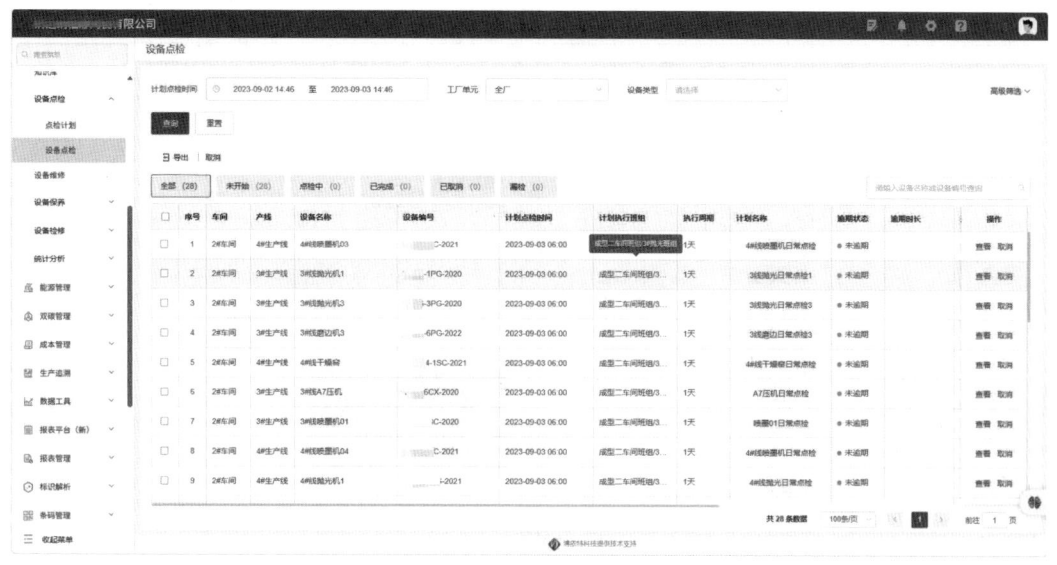

图 5-77　点检任务查看

3. 设备维修

设备维修包括备件配置、故障报修、维修管理、任务查看四部分。

（1）备件配置

设备维修配置流程如图 5-78 所示。

（2）故障报修（App）

单击"新增"→输入报修信息→单击"提交"，即可生成一个新的报修单，状态为"待受理"，该单的信息在未受理状态仍可进行编辑修改再提交，或者进行"催单"&"撤销工单"的操作；当该报修单被受理后，单据状态会变成"维修中"，该类型保修单不可编辑或撤回；当该保修单被修理完成后，单据状态会变成"已完成"，报修用户可以对其进行评价操作，如图 5-79 所示。

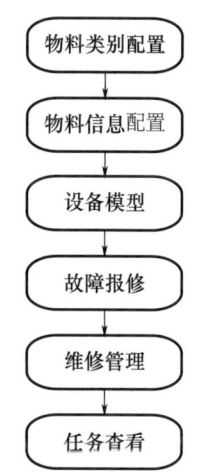

图 5-78　设备维修配置流程

（3）维修管理（App）

维修管理是对故障报修的内容进行维修的管理模块，"维修工单"里面展示用户所在维修班组下的所有工单，可进行接单操作；"维修任务"展示该用户接单的所有任务，可以进行"开始维修"或"退回"操作；开始维修后，用户可以查看故障详情或可以进行"维修完成"操作，用户可以先结束维修，再进行结果填报的操作，如图 5-80所示。

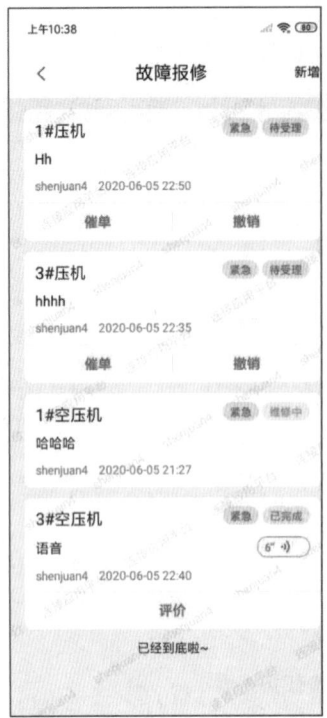

图 5-79　故障报修

图 5-80　维修管理

(4) 任务查看

在 PC 端可以查看维修任务完成情况，对于未受理的维修任务，单击"去安排"，可直接指派人员接收该维修任务，查看该维修任务的详细记录，如图 5-81 所示。

图 5-81　维修任务查看

4. 设备保养

设备保养包括制订保养计划、执行保养任务和任务查看三部分。

（1）制订保养计划

设备保养配置流程如图 5-82 所示。

（2）执行设备保养任务（图 5-83）

保养周期可按"按自然日"和"按运行时长"两类来制订计划。

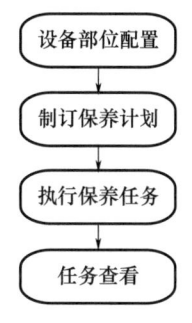

图 5-82　设备保养配置流程

按自然日：以设定的自然日为周期循环推送任务。

按运行时长：按系统记录的设备运行时长为周期循环推送任务。

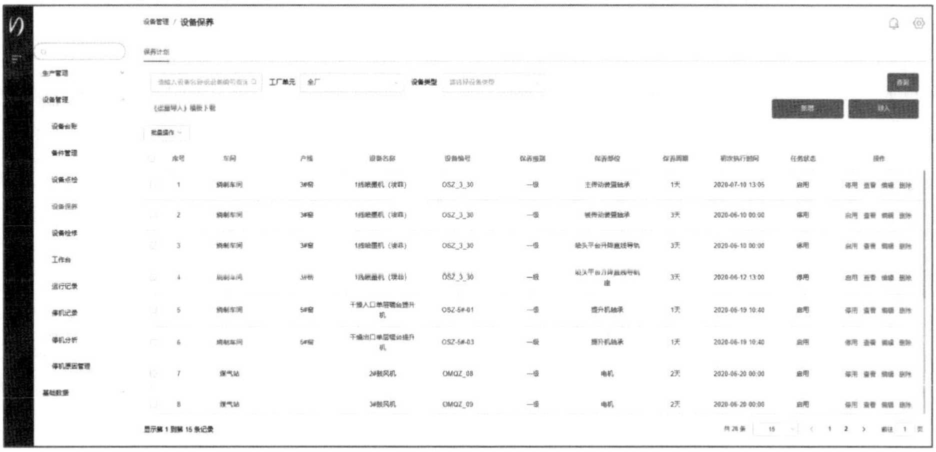

图 5-83　设备保养

查看所在当前用户下的所有保养任务，可以选择开始执行，也可以扫码执行保养任务；在进行保养过程中，可以对该设备进行"设备保养"操作，如图 5-84 所示。

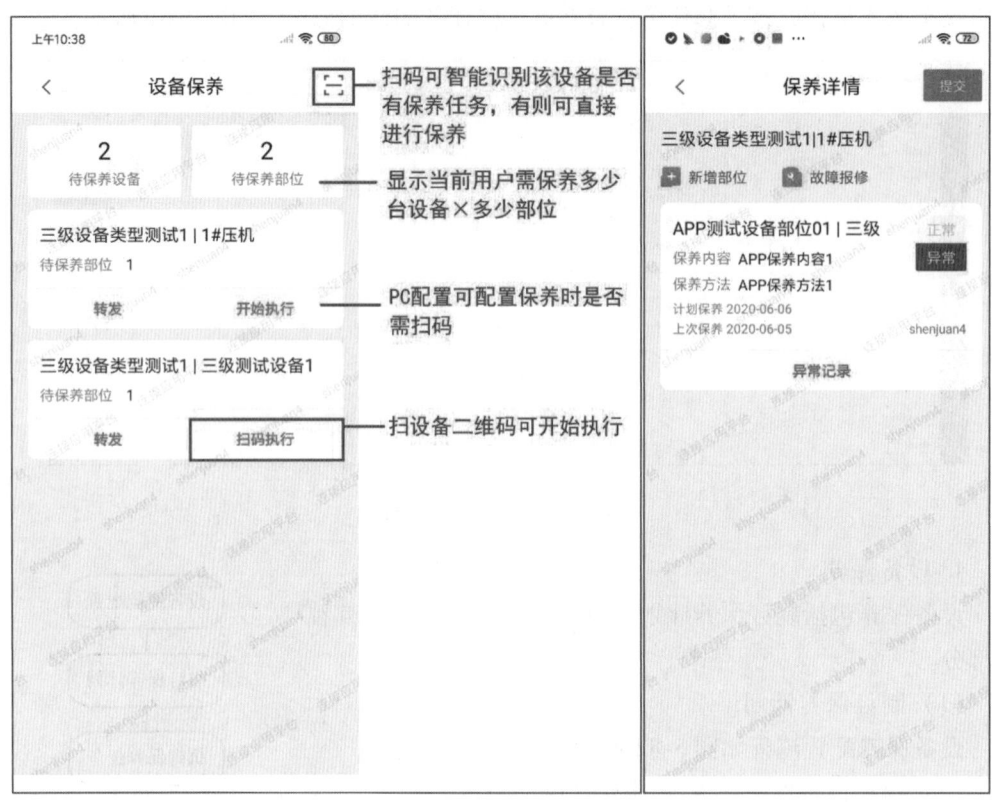

图 5-84　设备保养（App）

（3）任务查看

在 PC 端可以查看保养任务的完成情况，如图 5-85 所示。

图 5-85　设备保养任务查看

5. 设备运维分析

设备运维分析包括任务统计分析、维修统计分析、设备运行分析、备件统计分析。

（1）任务统计分析：对点巡检执行任务进行统计，形成已完成、未完成任务数据，并把未完成任务定位到人，形成设备点巡检闭环管理，如图 5-86 所示。

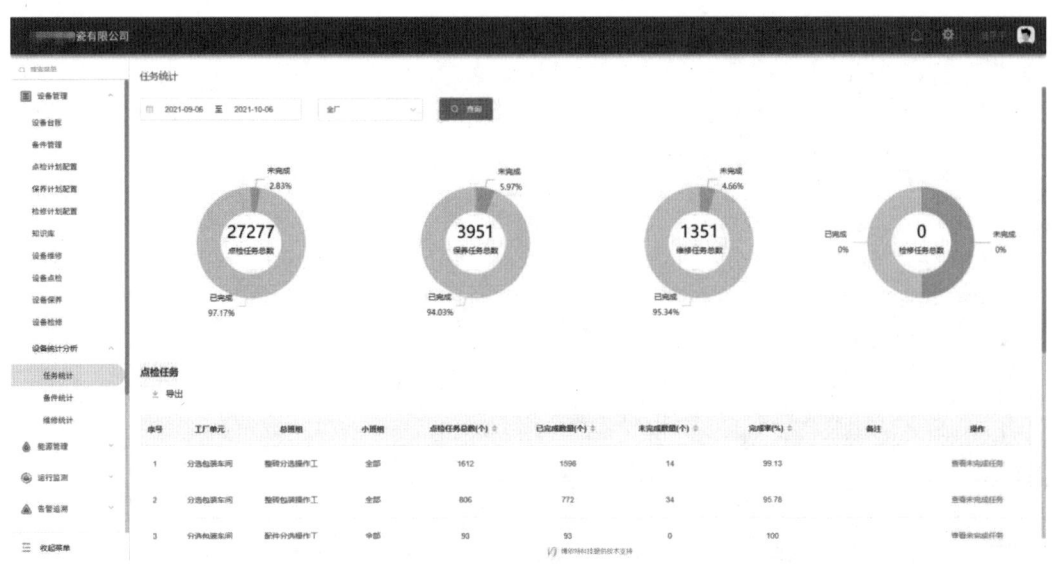

图 5-86 任务统计分析

（2）维修统计分析：根据维修任务，对设备故障进行分类，形成设备故障类型发生次数统计排名、设备维修时长排名等数据，为设备维护、技术改造提供数据支撑，如图 5-87 所示。

图 5-87 维修统计分析

(3) 设备运行分析：配置好工厂模型及设备运行状态，系统自动判断形成窑炉运行空窑时长、空窑率、设备综合利用率统计（OEE）、无效生产统计、各种状态发生次数、有效开机率、小时产量、设备可用率、运行时长、告警次数、告警时长等指标，如图 5-88 所示。

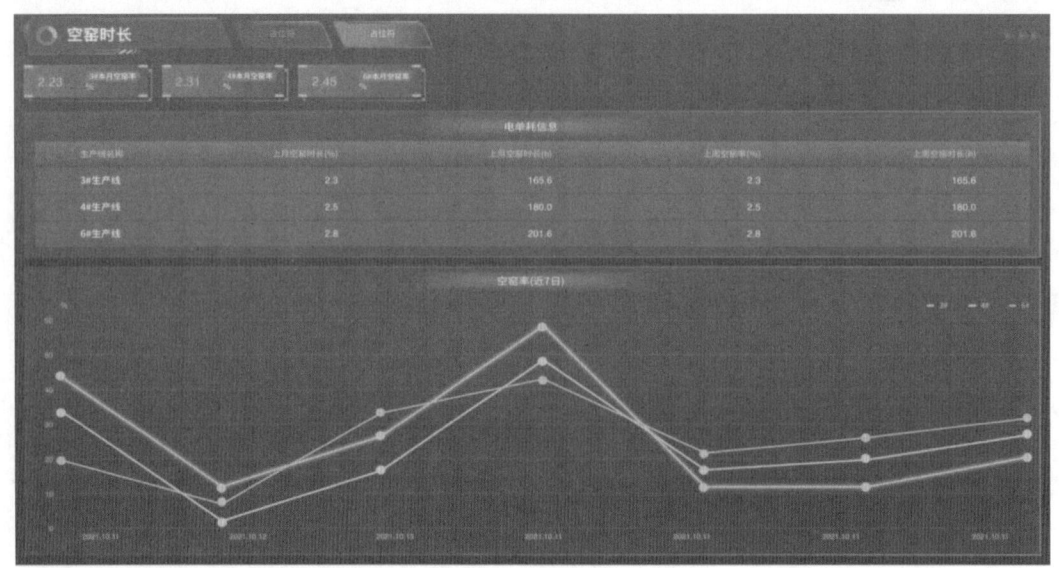

图 5-88　设备运行分析

(4) 备件统计分析：通过工艺备件、工艺寿命、工艺参数关联分析，找出影响工艺备件寿命的因子，辅助工艺人员进行工艺参数优化以及为采购部门提供备件选择数据支撑，寿命到期通过 PC 端或者 App 推送告警信息，如图 5-89 所示。

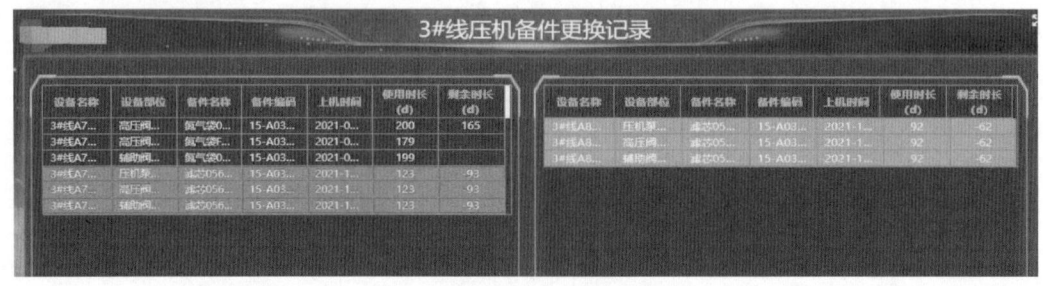

图 5-89　工艺备件寿命管理

5.2.5.5　能源管理

能源管理主要是帮助企业从能源购入、转换、利用效率等不同维度分析企业能耗，帮助企业优化能耗结构与能源成本。能源管理主要模块包括：能效分析、企业能耗概览、能源流向、峰谷分析、能源平衡、能源质量、用电分析、容需分析、数据分析。

1. 能效分析

登录数据服务平台进入企业配置页面，单击"管理"后进入配置页面，在基本信息配置页面，单击添加能源类型，区域对应的是每个工厂单元，如图5-90所示。

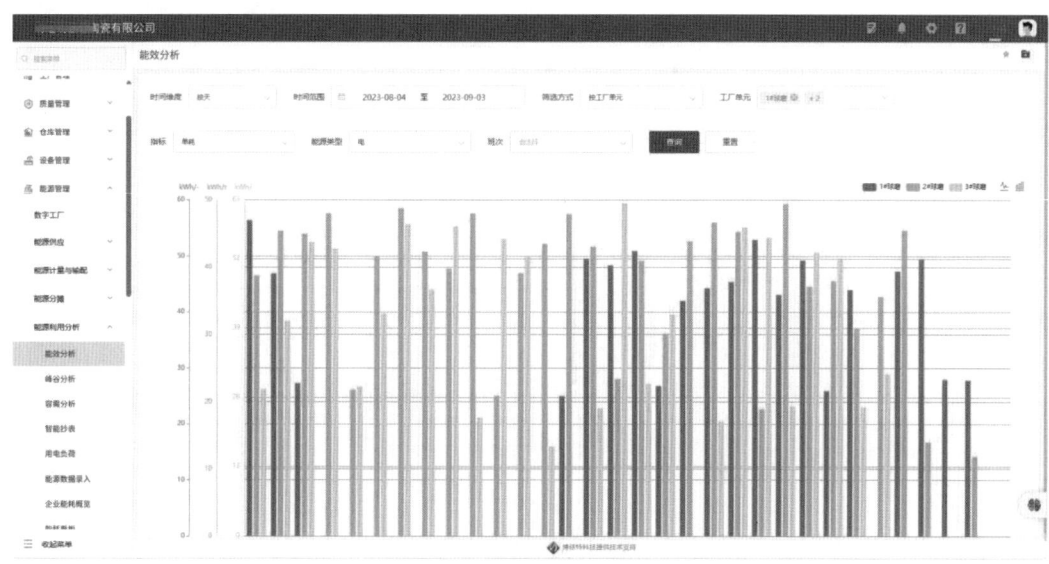

图 5-90　选择对应的条件

2. 企业能耗概览

登录数据化运营平台能源管理，进入企业综合能耗页，展示当前企业配置的能源类型的消耗情况和占比情况，以时间维度来划分能源消耗情况，如图5-91所示。

图 5-91　企业能耗概览

3. 能源流向

通过选择一个时间区间和所配置的能源种类来查看工厂一段时间内各个工作单元的能源消耗，如图5-92所示。

图 5-92　能源流向

4. 峰谷分析

选择一个时间区间里面的一个时间频率生成峰谷用电图表，工厂单元选择所配置的设备，如图 5-93 所示。

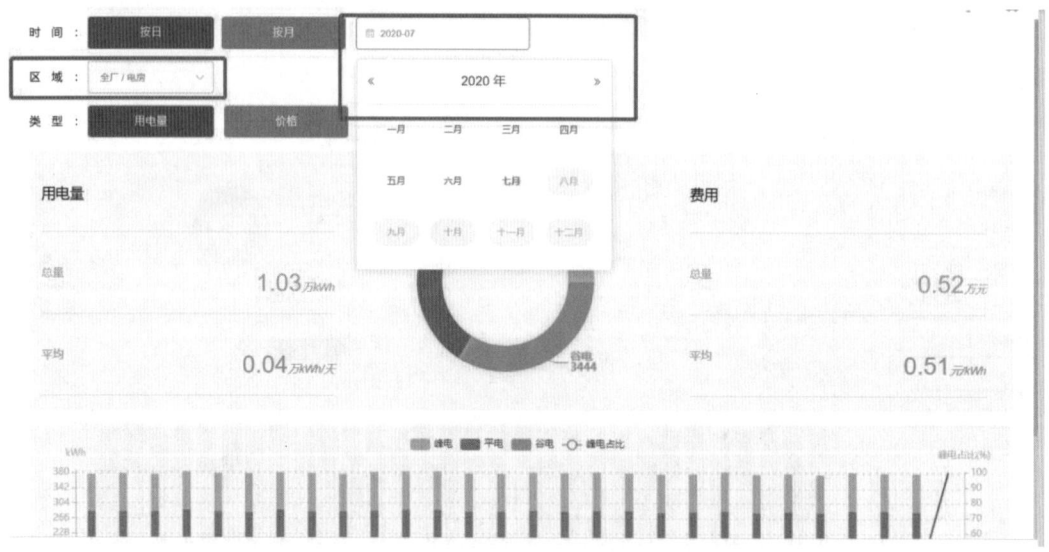

图 5-93　峰谷分析

5. 能源平衡

登录企业应用平台，时间按照日和月来设置横坐标，表计分组只选全厂，展示能源在使用过程中的耗损量和耗损率，如图 5-94 所示。

6. 能源质量

登录企业应用平台，选择相应的仪表计量的相应指标（纵坐标）查看时间段（横坐标），如图 5-95 所示。

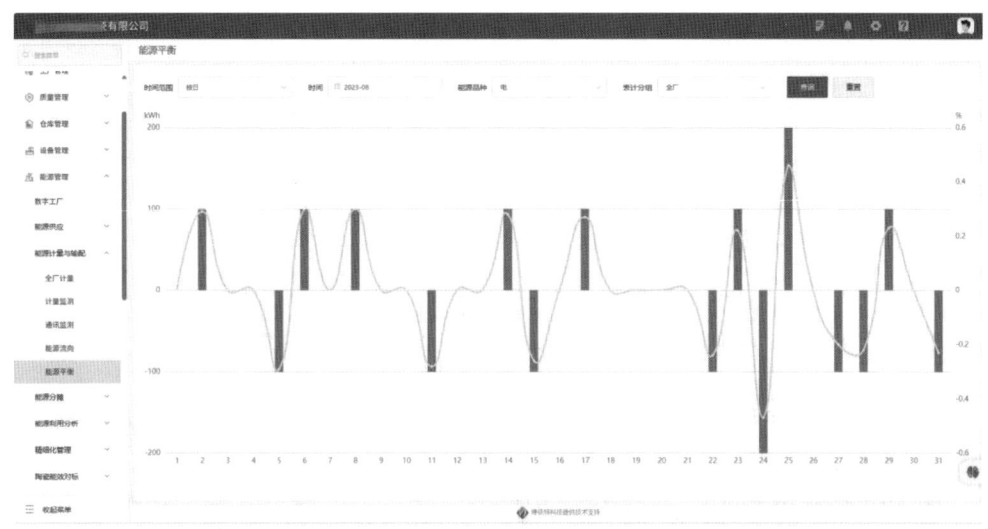

图 5-94　能源在使用过程中的耗损量和耗损率

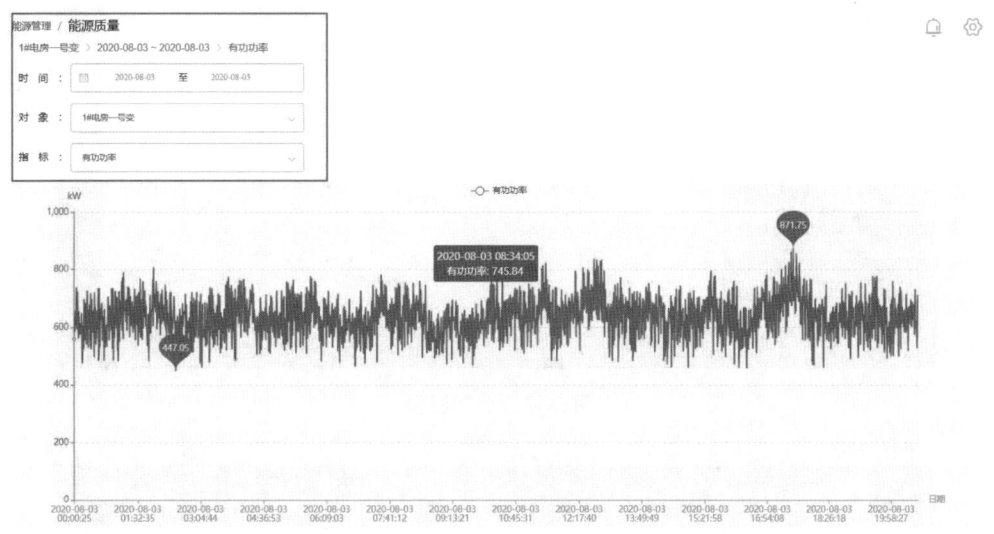

图 5-95　能源质量

7. 用电分析

选择电力资源不同的指标，查看不同表计在一段时间内的最大值、最小值和平均值，如图 5-96 所示。

8. 容需分析

（1）配置分组：在数据服务平台单击"分组配置"，根据配置的表计组合成分组，如图 5-97 所示。

（2）输入相应的经济参数进行效益分析及计算，如图 5-98 所示。

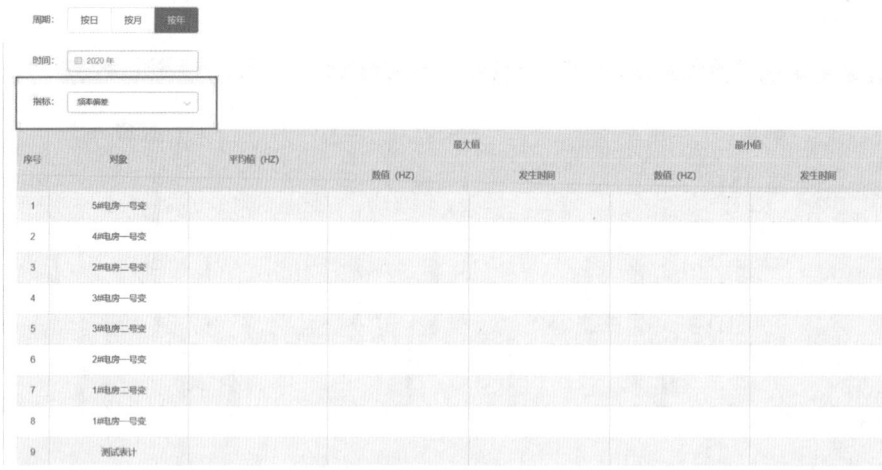

图 5-96　用电分析

图 5-97　分组配置

图 5-98　容需经济效益分析及计算

9. 数据分析

通过与生产工艺、生产质量、设备运行工况数据关联，结合能效水平波动情况进行原因分析，用数据工具找出能耗异常的根本原因（如设备运行效率低、工艺控制不稳定、质量不稳定、生产人员经验不足等），从而找到节能降耗、工艺节能的潜力，数据分析包括趋势分析、相关性分析、频域分析、工艺分析等多维数据分析应用，如图5-99所示。

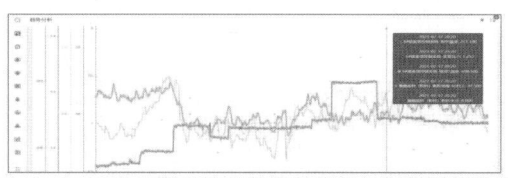
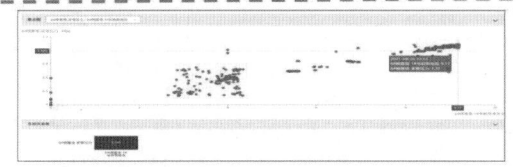
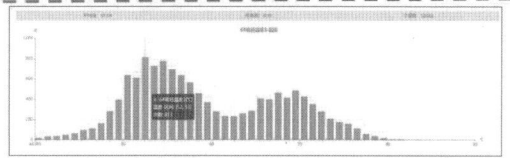

图5-99　数据分析

5.2.5.6　数字工厂

数字工厂功能模块提供陶瓷行业丰富的设备图库、指标表格组件、视频组件、数据源组件等可拖拉的高自主配置性的组件，并进行可视化指标及工艺监视的配置。用户可根据实际需要自主进行相关设备看板、质量看板、工艺监测看板、关键指标等内容的可视化配置，如图5-100所示。

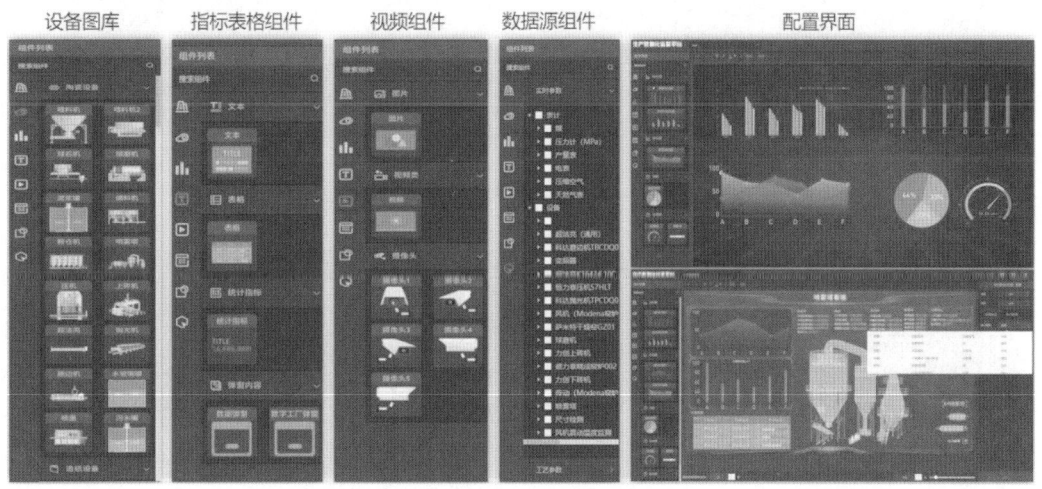

图5-100　数字工厂组件库

通过组件库可以按角色、岗位分级、分区域地进行"千人千面"个性化看板配置，实时透明可视化地展示关注的指标、设备状况、设备定期保养及点巡检状况预警，提高工作效率与便利性，如图 5-101～图 5-104 所示。

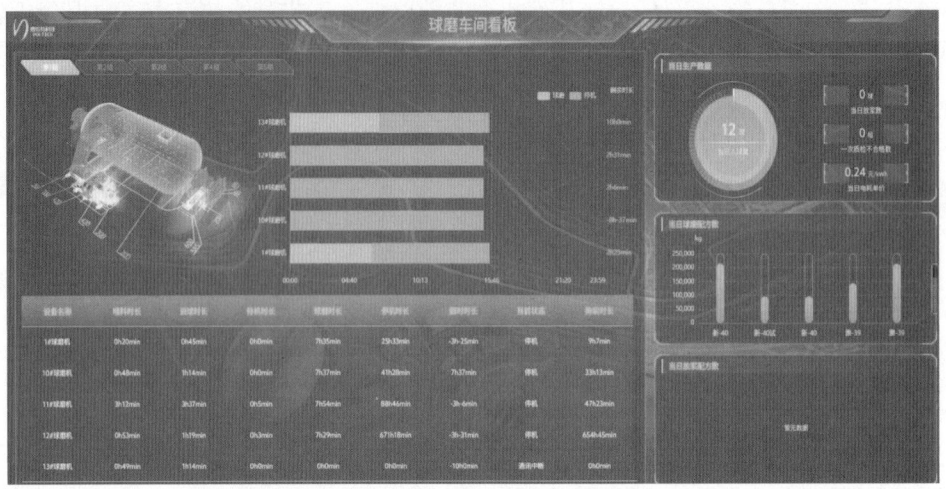

图 5-101 球磨生产可视化图

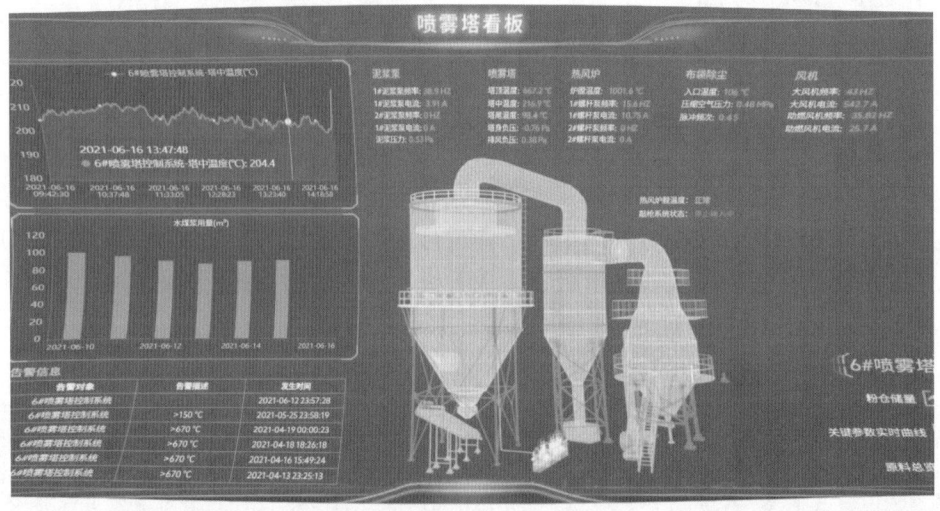

图 5-102 喷雾制粉生产可视化图

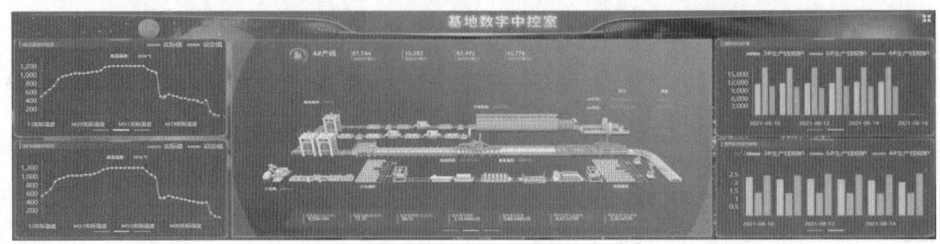

图 5-103 成形车间生产可视化图

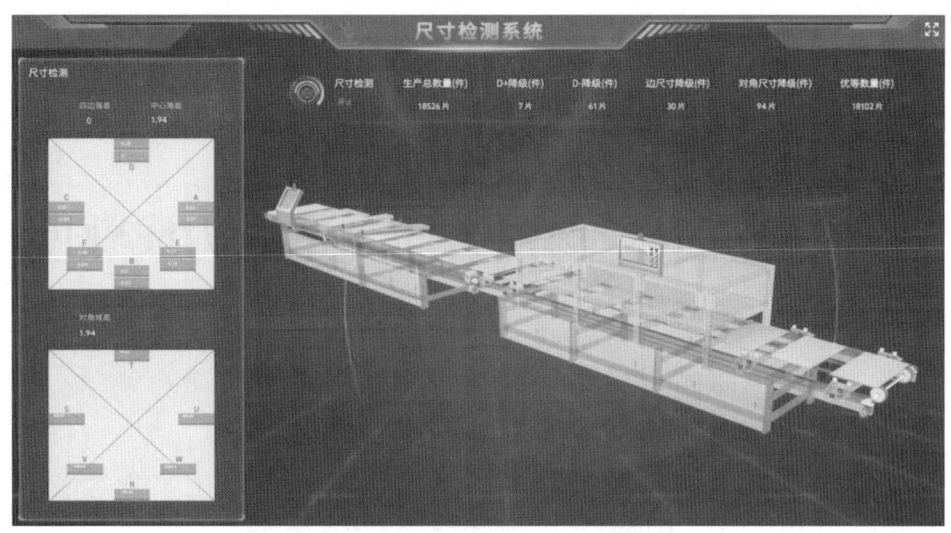

图 5-104 尺寸检测机生产可视化图

6 建筑卫生陶瓷智能制造能力成熟度

6.1 建筑卫生陶瓷智能制造体系评估系统

建筑卫生陶瓷智能制造是基于新一代信息通信技术与智能制造技术深度融合，贯穿于设计、生产、物流、销售、管理等制造活动的各个环节，具有自感知、自学习、自决策、自执行、自适应等功能的新型生产方式。

建筑卫生陶瓷智能制造体系是非常庞大的系统工程，涉及管理及软件系统、硬件系统等，下面将根据实际状况制作建筑卫生陶瓷企业的智能制造管理体系评估规范，为企业推进智能制造体系前、中、后期提供评估。

6.1.1 建筑卫生陶瓷智能制造的架构

建筑卫生陶瓷智能制造的架构从生命周期、系统层级和智能特征三个维度对智能制造所涉及的活动、装备、特征等内容进行描述，主要用于明确智能制造的标准化需求、对象和范围，指导建筑卫生陶瓷智能制造标准体系建设。建筑卫生陶瓷智能制造的架构如图6-1所示。

1. 生命周期

生命周期是指从建筑卫生陶瓷产品原型研发开始到产品至市场终端的各个阶段，包括设计、生产、物流、销售等一系列相互联系的价值创造活动。生命周期的各项活动可进行迭代优化，具有可持续性发展等特点。

(1) 设计是指根据建筑卫生陶瓷企业的所有约束条件以及所选择的技术对建筑卫生陶瓷产品的需求进行设计、研制等的研发活动过程；

(2) 生产是指通过劳动创造所需要的物质资料的过程；

(3) 物流是指建筑卫生陶瓷产品从供应地向接收地的实体流动过程；

(4) 销售是指建筑卫生陶瓷产品从企业转移到客户手中的经营活动过程。

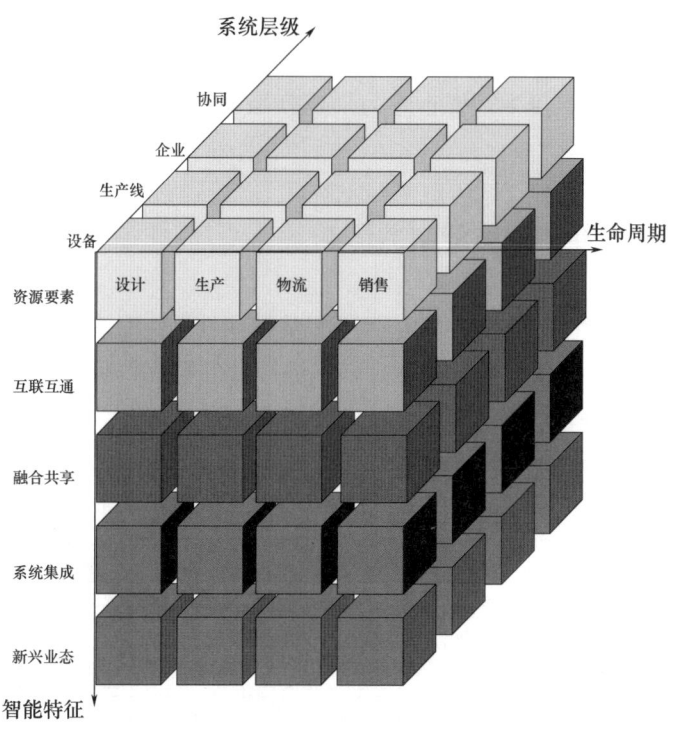

图 6-1 建筑卫生陶瓷智能制造的架构

2. 系统层级

系统层级是指与建筑卫生陶瓷企业生产活动相关的组织结构的层级划分，包括设备层、生产线层、企业层和协同层。

（1）设备层是指建筑卫生陶瓷企业利用传感器、仪器仪表、机械设备或装置等，实现陶瓷生产流程并感知和操控陶瓷生产工艺参数的层级；

（2）生产线层是用于生产线内处理信息、实现监测和控制物理流程，实现面向生产管理的层级；

（3）企业层是实现面向建筑卫生陶瓷企业经营管理的层级；

（4）协同层是建筑卫生陶瓷企业实现其内部和外部信息互联和共享过程的层级。

3. 智能特征

智能特征是指基于新一代信息通信技术使制造活动具有自感知、自学习、自决策、自执行、自适应等一个或多个功能的层级划分，包括资源要素、互联互通、融合共享、系统集成和新兴业态五层智能化要求。

（1）资源要素是指建筑卫生陶瓷企业对生产时所需要使用的资源或工具进行数字化过程的层级；

（2）互联互通是指通过有线、无线等通信技术，实现装备之间、装备与控制系统之间、建筑卫生陶瓷企业之间相互连接功能的层级；

（3）融合共享是指在互联互通的基础上，利用云计算、大数据等新一代信息通信技术，在保障信息安全的前提下，实现信息协同共享的层级；

(4) 系统集成是指建筑卫生陶瓷企业实现智能装备到智能生产单元、智能生产线、智能车间、智能工厂，乃至智能制造系统集成过程的层级；

(5) 新兴业态是建筑卫生陶瓷企业为形成新型产业形态进行企业间价值链整合的层级。

6.1.2 建筑卫生陶瓷智能制造体系

建筑卫生陶瓷智能制造体系结构包括"A 基础共性""B 关键技术""C 建筑卫生陶瓷标准"三个部分，主要反映智能制造体系各部分的组成关系。建筑卫生陶瓷企业智能制造体系结构如图 6-2 所示。

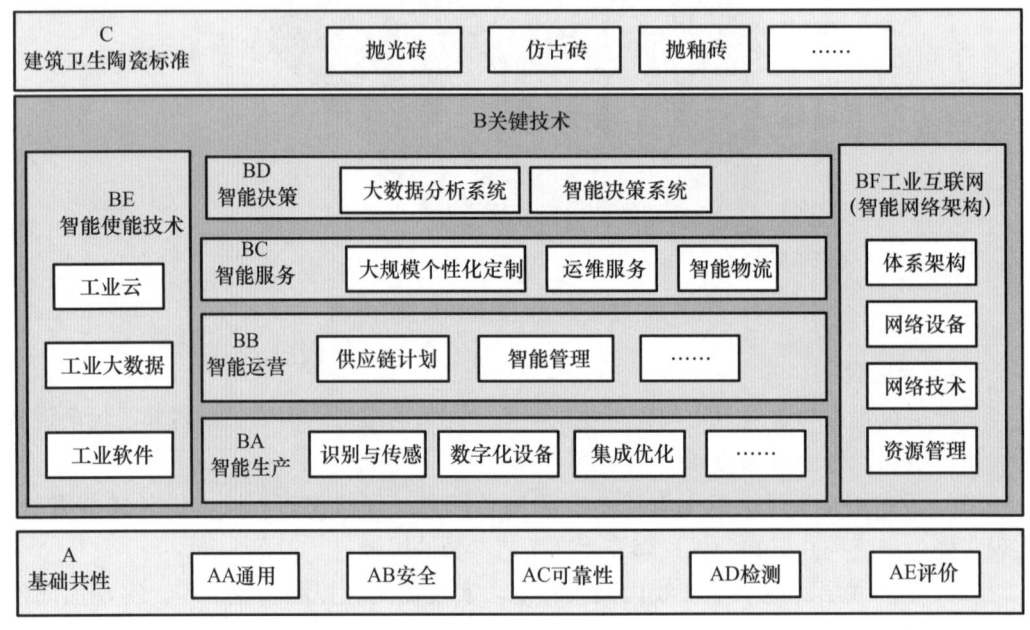

图 6-2 建筑卫生陶瓷智能制造体系结构

"A 基础共性"包括通用、安全、可靠性、检测、评价五大类，位于建筑卫生陶瓷智能制造体系结构图的最底层，其研制的基础共性支撑着制造体系结构图上层"B 关键技术"和"C 建筑卫生陶瓷标准"。

"B 关键技术"是智能特征维度在生命周期维度和系统层级维度所组成制造平面的具体体现。其中"BA 智能生产"对应智能特征维度的资源要素，"BB 智能运营"和"BC 智能服务"对应智能特征维度的系统集成，"BD 智能决策"对应智能特征维度的新兴业态，"BE 智能使能技术"对应智能特征维度的融合共享，"BF 工业互联网"（智能网络架构）对应智能特征维度的互联互通。

"C 建筑卫生陶瓷标准"面向建筑卫生陶瓷行业的具体需求，位于智能制造标准体系结构图的最顶层，对"A 基础共性"和"B 关键技术"进行细化和落地，指导建筑卫生陶瓷企业推进智能制造。

建筑卫生陶瓷智能制造体系结构（图6-2）中明确了智能制造的规范化需求，与建筑卫生陶瓷智能制造系统架构（图6-1）具有映射关系。以大规模个性化定制模块化设计规范为例，它属于智能制造体系结构中"B 关键技术"-"BC 智能服务"中的大规模个性化定制。在建筑卫生陶瓷智能制造系统架构中，它位于生命周期维度设计环节，系统层级维度的企业层和协同层，以及智能特征维度的新兴业态。

6.1.3 建筑卫生陶瓷智能制造能力成熟度模型

遵循《国家智能制造标准体系建设指南（2021版）》对建筑卫生陶瓷智能制造系统架构的定义，从生命周期、系统层级、智能功能3个维度统筹考虑，并归纳为"智能+制造"两个维度来解释建筑卫生陶瓷智能制造的核心组成，进一步将其分解形成设计、生产、物流、销售、资源要素、互联互通、融合共享、系统集成、新兴业态9大类核心能力要素，并对每一类核心要素分解为域以及五级的成熟度要求，如图6-3所示。

6.1.4 建筑卫生陶瓷智能制造模型架构与能力成熟度矩阵

建筑卫生陶瓷智能制造模型由维度、类、域、等级和成熟度要求等内容组成。维度、类和域是对"智能+制造"两个维度的展开，是对智能制造核心能力要素的分解。等级是类和域在不同阶段水平的表现，成熟度要求是对类和域在不同等级下的特征描述。

根据"智能+制造"两个核心维度，建筑卫生陶瓷智能制造模型可分解为设计、生产、物流、销售、资源要素、互联互通、系统集成、融合共享、新兴业态9大类能力以及细化的26个要素域，对每个域进行分级，每一级别对应相应的要求，构成建筑卫生陶瓷智能制造能力成熟度矩阵。模型架构与能力成熟度矩阵的关系如图6-4所示。

1. 维度

"智能+制造"两个维度是建筑卫生陶瓷智能制造能力成熟度模型的起点，也可以理解为OT（运营技术）+IT（信息技术）在建筑卫生陶瓷智能制造的应用。

制造维体现了面向建筑卫生陶瓷产品的全生命周期或全过程的智能化提升，包括建筑卫生陶瓷产品设计、生产、物流、销售和服务5类，涵盖了从接收客户需求到提供产品及服务的整个过程。与传统建筑卫生陶瓷的制造过程相比，建筑卫生陶瓷智能制造的过程更加侧重于各业务环节的智能化应用和智能水平的提升。

智能维是智能技术、智能化基础建设、智能化结果的综合体现，是对信息物理融合的诠释，完成了感知、通信、执行、决策的全过程，包括资源要素、互联互通、系统集成、融合共享和新兴业态5大类，引导建筑卫生陶瓷企业利用数字化、网络化、智能化技术向模式创新发展。

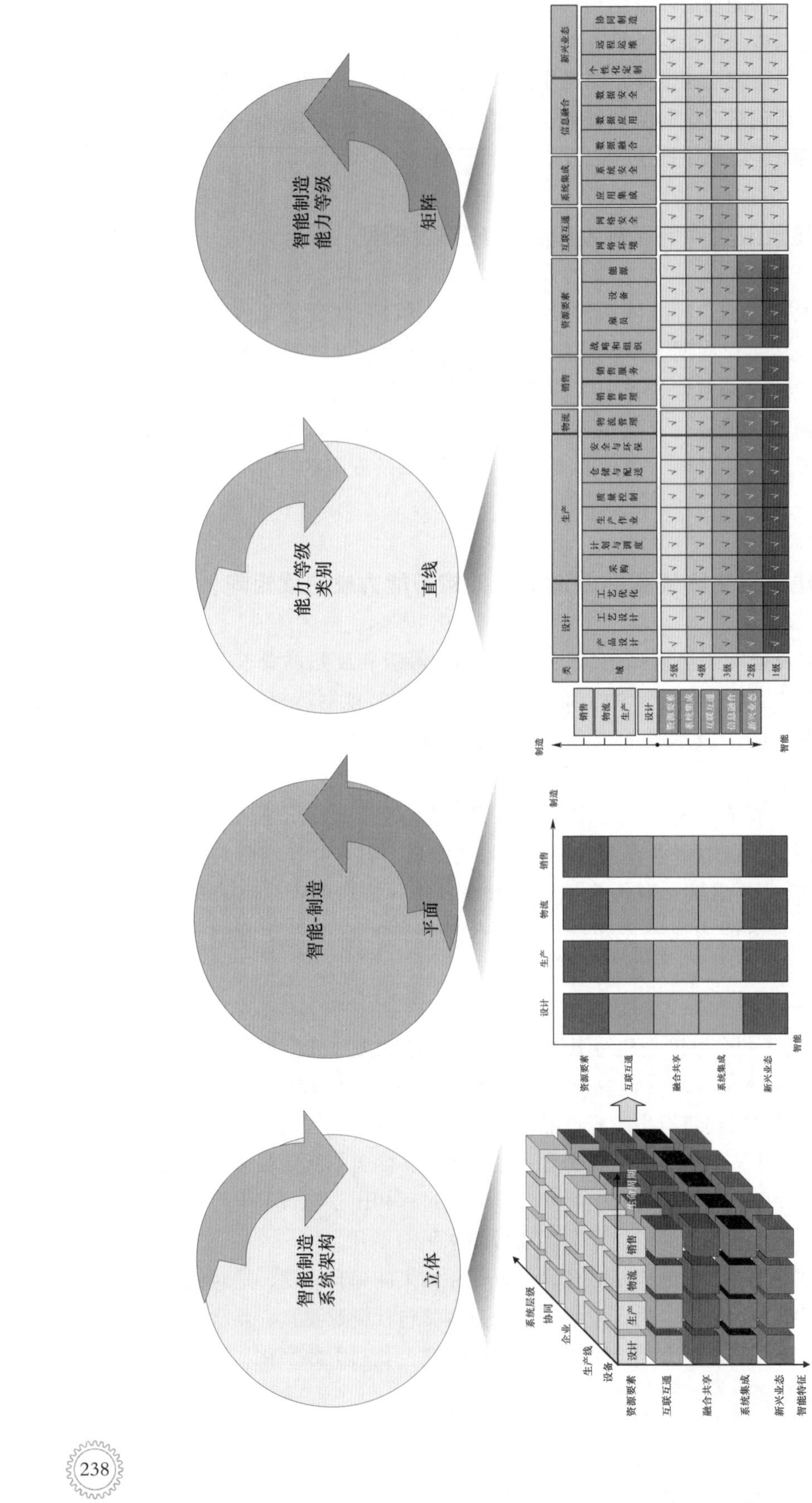

图6-3 建筑卫生陶瓷智能制造能力成熟度模型图

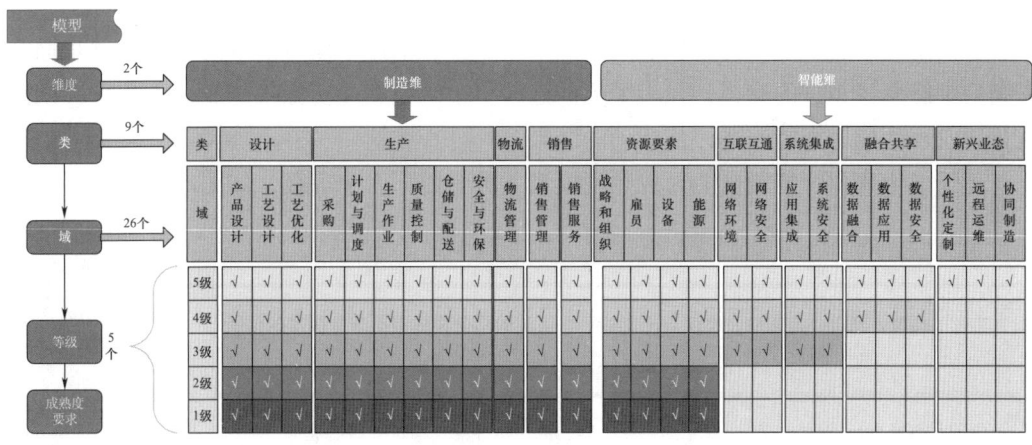

图 6-4 建筑卫生陶瓷智能制造模型架构与能力成熟度矩阵关系

2. 类和域

类和域代表建筑卫生陶瓷智能制造关注的核心要素，是对"智能＋制造"两个维度的深度诠释。域是对类的进一步分解。

9大类核心要素相互作用才能达到智能制造的状态，其关系如图6-5示。

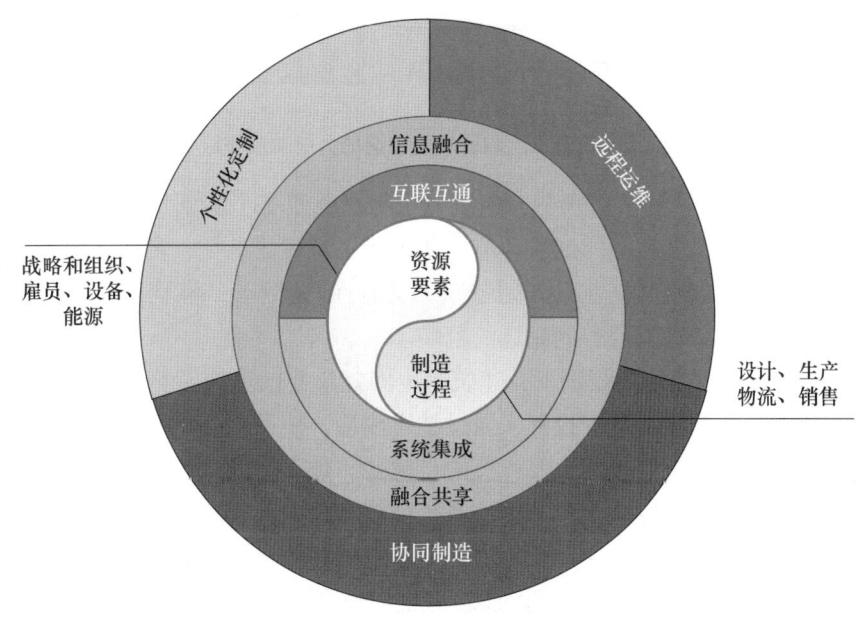

图 6-5 核心要素间关系

将各种建筑卫生陶瓷的制造资源要素（雇员、设备、能源等）与制造过程（设计、生产、物流和销售）等物理世界的实体及活动数字化并接入到互联互通的网络环境下，对各种数字化应用进行系统集成，对融合共享中的数据进行挖掘利用并反馈优化制造过程和资源要素，推动组织最终达到个性化定制、远程运维与协同制造的新兴业态。

3. 等级

等级定义了建筑卫生陶瓷智能制造的阶段水平，描述了建筑卫生陶瓷企业逐步向智能制造最终愿景迈进的路径，代表了当前建筑卫生陶瓷企业实施智能制造的程度，同时也是建筑卫生陶瓷智能制造评估活动的结果。

建筑卫生陶瓷智能制造能力成熟度模型共分为以下5个等级，如图6-6所示。

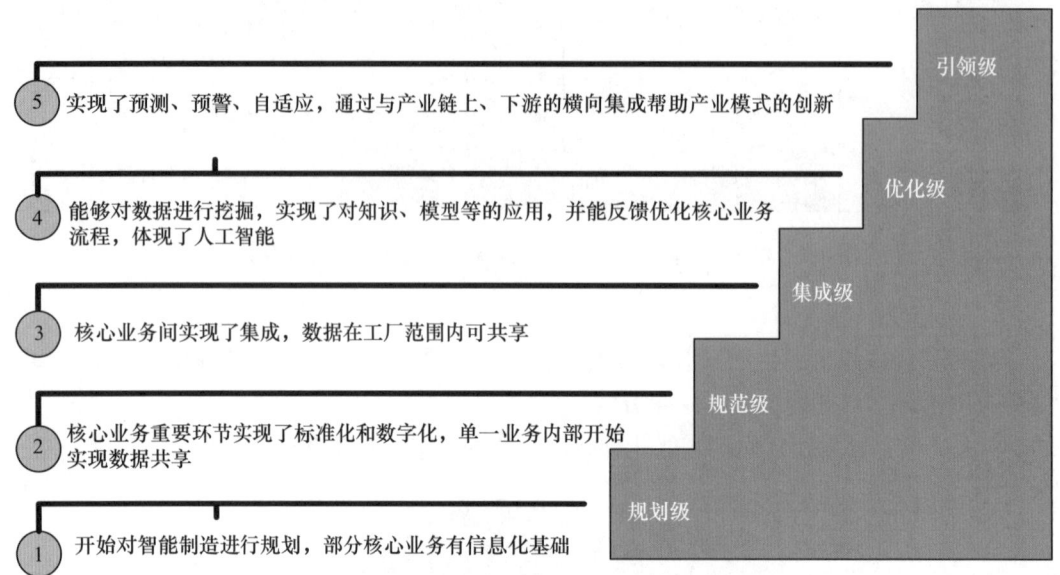

图6-6 建筑卫生陶瓷智能制造能力成熟度等级

1级——规划级：在这个级别下，建筑卫生陶瓷企业有了实施智能制造的想法，开始进行规划和投资。部分核心的制造环节已实现业务流程信息化，具备部分满足未来通信和集成需求的基础设施，企业已开始基于IT进行制造活动，但只具备实施智能制造的基础条件，还未真正进入到智能制造的范畴。

2级——规范级：在这个级别下，建筑卫生陶瓷企业已形成了智能制造的规划，对支撑核心业务的设备和系统进行投资，通过技术改造，使得主要设备具备数据采集和通信的能力，实现了覆盖核心业务重要环节的自动化、数字化升级。通过制定标准化的接口和数据格式，部分支撑生产作业的信息系统能够实现内部集成，数据和信息在业务内部实现共享，建筑卫生陶瓷企业开始迈进智能制造的门槛。

3级——集成级：在这个级别下，建筑卫生陶瓷企业对智能制造的投资重点开始从对基础设施、生产装备和信息系统等的单项投入，向集成实施转变，重要的制造业务、生产设备、生产单元完成数字化、网络化改造，能够实现设计、生产、销售、物流、服务等核心业务间的信息系统集成，开始聚焦工厂范围内数据的共享，建筑卫生陶瓷企业已完成了智能化提升的准备工作。

4级——优化级：在这个级别下，建筑卫生陶瓷企业内生产系统、管理系统以及其他支撑系统已完成全面集成，实现了工厂级的数字建模，并开始对人员、装备、产品、环境所采集到的数据以及生产过程中所形成的数据进行分析，通过知识库、专家库等优化生产工艺和业务流程,能够实现信息世界与物理世界互动。从3级到4级体现了量变到质变的过程,企业智能制造的能力快速提升。

5级——引领级:这是建筑卫生陶瓷智能制造能力建设的最高程度,在这个级别下,数据的分析使用已贯穿企业的方方面面,各类生产资源都得以最优化利用,设备之间实现自治的反馈和优化,企业已成为上下游产业链中的重要角色,个性化定制、网络协同、远程运维已成为企业开展业务的主要模式,企业成为本行业智能制造的标杆。

建筑卫生陶瓷企业在实施智能制造时,应按照逐级递进的原则,从低级向高级循序演进,要注重投资回报率。建筑卫生陶瓷企业应该根据自身的业务发展现状、市场定位、客户需求和资金投入情况,来选择合适的等级以确定智能制造的发展方向。需要注意的是,并非只有最高级才是适合每个企业的最佳选择。

4. 能力成熟度要求

成熟度要求描述了为实现域的特征而应满足的各种条件,是判定建筑卫生陶瓷企业是否实现该级别的依据。

每个域下分不同级别的成熟度要求(图6-6),其中对制造维及资源要素的要求是从1级到5级,对互联互通和系统集成的要求是从3级到5级,对融合共享的要求是从4级到5级,对新兴业态的要求只有第5级。

6.1.5 建筑卫生陶瓷智能制造能力成熟度要求

1. 设计

设计是通过产品及工艺的规划、设计、推理验证以及仿真优化等过程,形成设计需求的实现方案。设计能力成熟度的提升是从基于经验设计与推理验证,到基于知识库的参数化/模块化、模型化设计与仿真优化,再到设计、工艺、制造、检验、运维等产品全生命周期的协同,体现对个性化需求的快速满足。设计包括产品设计和工艺设计两部分内容。

(1)产品设计

建筑卫生陶瓷产品设计的目的是解决企业如何基于客户需求,利用计算机辅助工具,根据经验、知识等快速开展外观、性能等的设计、优化,以及与工艺参数设计的有效对接。其关注点在于基于大数据知识库的参数化/模块化设计、产品生命周期不同业务域的协同化、设计工艺制造一体化仿真。产品设计的等级及特征见表6-1。

表6-1 产品设计的等级及特征

等级	特征
2级	基于设计经验开展计算机辅助设计,并制定产品设计相关标准规范
3级	构建集成建筑卫生陶瓷产品空间设计信息的三维模型,实现陶瓷产品设计与工艺设计的并行协同
4级	基于知识库来实现陶瓷生产工艺制造全维度优化,并实现基于模型的设计、制造、检验、运维等业务的协同
5级	实现基于大数据、知识库的产品设计云服务,实现陶瓷产品个性化设计、协同化设计

（2）工艺优化

建筑卫生陶瓷工艺优化同样是采用工艺知识积累、挖掘、推理的方法，基于大数据、云计算等智能使能技术实现对建筑卫生陶瓷生产工艺路线、参数等与产量、能耗、物料、设备等的最优匹配，以达到产量高、能耗低和效益高的生产目标。建筑卫生陶瓷工艺优化等级及特征见表6-2。

表6-2 建筑卫生陶瓷工艺优化等级及特征

等级	特征
1级	具备符合国家/行业/企业标准的建筑卫生陶瓷工艺流程模型及参数
2级	建筑卫生陶瓷工艺模型应用于现场，能够满足场地、安全、环境、质量要求
3级	能够利用大数据等智能使能技术进行离线优化，建立生产线级的工艺优化模型
4级	基于工艺优化模型与知识库实现全流程工艺优化
5级	建立完整的生产工艺数字化仿真模型，完成建筑卫生陶瓷生产全过程的数字化模拟，能够基于知识库实现工艺的实时在线优化

2. 生产

生产是通过IT（Information Technology，信息技术）与OT（Operational Technology，操作运营技术）的融合，对人、机、料、法、环五大生产要素进行管控，以实现建筑卫生陶瓷从前端采购、生产计划管理到后端仓储物流等生产全过程的智能调度及调整优化，达到柔性生产。生产能力成熟度的提升是从以生产任务为核心的信息化管理开始，到各项要素和过程的集中管控，最终达到从采购、生产计划与排产、生产作业、仓储物流到完工反馈等全过程的闭环与自适应。

（1）采购

采购是指通过对建筑卫生陶瓷库存、生产计划、销售量等的自动感知、预测以及合理控制，使建筑卫生陶瓷企业达到经济合理的库存量，满足柔性生产的需求。其关注点在于采购与生产、仓储的车间级集成，与供应商、分销商的企业级集成以及利用数据挖掘技术进行采购预测等。建筑卫生陶瓷采购的等级及特征见表6-3。

表6-3 建筑卫生陶瓷采购的等级及特征

等级	特征
1级	具备一定的信息化基础来辅助采购业务
2级	能够实现建筑卫生陶瓷企业级的采购信息化管理，包括供应商管理、比价采购、合同管理等，实现采购内部的数据共享
3级	实现采购管理系统与生产、仓储管理系统的集成，实现计划、流水、库存、单据的同步
4级	实现采购与供应、销售等过程联合，与重要的供应商实现部分数据共享，能够预测补货
5级	实现库存量可实时感知，通过对销售预测和库存量进行分析和决策，形成实时采购计划；与供应链合作企业实现数据共享

（2）计划与调度

计划与调度是实现所有生产活动的核心。通过准确的大数据处理，对于下达的生产任务进行一定程度上的优化调度，最大限度地减少生产过程中的非增值时间，提高生产设备利用率，从而提高生产效率。其关注生产计划与调度的协同与优化、与各种资源要素的匹配等。建筑卫生陶瓷企业计划与调度的等级及特征见表6-4。

表6-4 建筑卫生陶瓷企业计划与调度的等级及特征

等级	特征
1级	实现建筑卫生陶瓷生产计划的管理，可以从销售订单和市场预测等信息生成主生产计划及调度方案
2级	实现物料需求计划的运算，运算结果生成的生产计划以及采购计划仍是无限产能计划，需人工参与调整和调度
3级	基于安全库存、采购提前期、生产提前期等要素实现物料需求运算，自动生成生产计划、采购计划
4级	实现生产资源计划运算，全面进行产能负荷分析与详细能力计划的平衡
5级	基于生产调度算法和约束条件（工艺顺序、加工资源、工作时间等）建立的各生产工序数据库等，实现高级排产与调度

（3）生产作业

生产作业是建筑卫生陶瓷以最佳的方式将企业生产的物料、机器等生产要素以及生产过程等有效地结合起来，形成联动作业和连续生产，取得最大的生产成果和经济效益。其关注精确的物料配套、生产过程的控制，与生产计划、仓储配送等其他业务的协同（表6-5）。建筑卫生陶瓷企业生产作业的等级及特征见表6-5。

表6-5 建筑卫生陶瓷企业生产作业的等级及特征

等级	特征
1级	具备自动化和数字化的建筑卫生陶瓷设备及生产线，具备现场控制系统
2级	能够采用信息化技术手段将建筑卫生陶瓷生产工艺、作业指导书等电子文件下发到生产单元，实现对人员、机器、物料等多项资源的数据采集
3级	能够实现资源管理、工艺路线、生产作业、仓储配送等的业务集成，采集生产过程实时数据信息并存储，能够提供实时更新的制造过程的分析结果并将其可视化
4级	能够通过生产过程数据、产量、质量等数据来优化建筑卫生陶瓷生产工艺
5级	能够通过监控整个生产作业过程，自动预警或修正生产中的异常，提高建筑卫生陶瓷生产效率和质量

（4）仓储与配送

仓储与配送是指建筑卫生陶瓷企业内物料存储和物流，利用标识与识别技术、自动化的传输线、信息化管理手段等，实现对原材料、半成品等的标识与分类、数据采集、运输以及库位管理，自动完成零部件的取送任务。其关注识别技术的应用、自动化运输线的改造、智能的仓库管理系统以及与上下游的集成技术等。建筑卫生陶瓷企业仓储与配送的等级及特征见表6-6。

表6-6 建筑卫生陶瓷企业仓储与配送的等级及特征

等级	特征
1级	能够实现基于信息管理系统对原材料、半成品、成品等的库存、盘点管理
2级	能够利用RFID/二维码/标签等技术实现对原材料、半成品、成品等的数字化标识,并能基于识别技术实现自动或半自动出入库管理
3级	能够实现仓储配送与生产计划、制造执行以及企业资源管理等业务的集成
4级	能够基于建筑卫生陶瓷生产线实际生产情况拉动物料配送,能够基于客户和产品需求调整目标库存水平
5级	能够实现最优库存和即时供货

（5）质量控制

质量控制是建筑卫生陶瓷生产过程中稳定提高产品质量的关键环节,是生产过程中为确保产品质量而进行的各种活动。通过在线实时检测,借助于数理统计方法的过程控制系统,把产品的质量控制从"事后检验"演变为"事前控制",做到预防为主,防检结合,以达到建筑卫生陶瓷全面质量管理的目的。建筑卫生陶瓷企业质量控制的等级及特征见表6-7。

表6-7 建筑卫生陶瓷企业质量控制的等级及特征

等级	特征
1级	建立建筑卫生陶瓷产品质量检验规范,能通过满足要求的计量器具进行检验并形成检验数据
2级	建立建筑卫生陶瓷产品质量控制系统,采用信息技术手段辅助质量检验,通过对检验数据的分析、统计实现质量控制
3级	实现关键工序质量在线检测,通过检验规程与数字化检验设备/系统的集成,自动对检验结果进行判断和预警
4级	建立建筑卫生陶瓷产品质量问题处置知识库,依据产品质量在线检测结果预测未来产品质量可能的异常,基于知识库自动给出生产过程的纠正措施
5级	通过在线监测建筑卫生陶瓷的质量数据分析和基于数据模型的预判,自动修复和调校相关的生产参数,保证建筑卫生陶瓷产品质量的持续稳定

（6）安全与环保

安全与环保是通过建立有效的管理平台,对安全、环保管理过程标准化,对数据进行收集、监控以及分析利用,最终能建立知识库对安全作业和环境治理等进行优化。其关注数据监测、应急及环境治理知识库建立等。建筑卫生陶瓷企业安全与环保的等级及特征见表6-8。

表6-8 建筑卫生陶瓷企业安全与环保的等级及特征

等级	特征
1级	已采用信息化手段进行风险、隐患、应急等安全管理以及环保数据监测统计等

续表

等级	特征
2级	能够实现建筑卫生陶瓷从清洁生产到末端治理的全过程信息化管理
3级	通过建立安全培训、典型隐患管理、应急管理等知识库辅助安全管理；对所有环境污染点进行实时在线监控，监控数据与生产、设备数据集成，对污染源超标及时预警
4级	支持现场多源的信息融合，建立应急指挥中心，通过专家库开展应急处置；建立环保治理模型并实时优化，在线生成环保优化方案
5级	基于知识库，支持安全作业分析与决策，实现安全作业与风险管控一体化管理；利用大数据自动预测所有污染源的整体环境情况，根据实时的治理设施数据、生产、设备等数据，自动制定治理方案并执行

3. 物流管理

物流管理是将建筑卫生陶瓷产品运送到下游企业或用户中的过程，利用条形码、射频识别、传感器以及全球定位系统等先进的物联网技术，通过信息处理和网络通信技术平台实现运输过程的自动化运作、可视化监控和对车辆、路径的优化管理等，以提高运输效率、减少能源消耗。物流能力成熟度的提升是从订单、计划调度、信息跟踪的信息化管理开始，到通过多种策略进行管理，最终实现精益化管理和智能物流。其关注点在于订单管理、运输计划与调度管理、物流信息的跟踪与反馈、运输路径的优化等。建筑卫生陶瓷企业的物流管理的等级及特征见表6-9。

表6-9 建筑卫生陶瓷企业的物流管理的等级及特征

等级	特征
1级	通过信息化手段管理物流过程，对建筑卫生陶瓷产品信息进行简单跟踪反馈
2级	通过信息系统实现订单管理、计划调度、信息跟踪和运力资源管理
3级	实现出库和运输过程的整合，实现多式联运，物流信息能够推送给客户
4级	应用知识模型实现订单精益化管理、路径优化和实时定位跟踪
5级	实现无人机运输、物联网跟踪等

4. 销售与服务

（1）销售管理

销售管理是以客户需求为核心，利用大数据、云计算等技术，对销售数据、行为进行分析和预测，带动生产计划、仓储、采购、供应商管理等业务的优化调整。销售能力成熟度的提升是从销售计划、销售订单、销售价格、分销计划、客户关系的信息化管理开始，到客户需求预测/客户实际需求拉动生产、采购和物流计划，最终实现通过更加准确的销售预测对企业客户管理、供应链管理与生产管理进行优化，以及个性化营销等。其关注点在于销售数据挖掘、销售预测及销售计划、销售业务与相关业务的集成以及销售的新模式。建筑卫生陶瓷企业的销售管理的等级及特征见表6-10。

表6-10 建筑卫生陶瓷企业的销售管理的等级及特征

等级	特征
1级	通过信息系统对销售业务进行简单管理
2级	通过信息系统实现销售全过程管理,强化客户关系管理
3级	对销售和生产、仓储等业务进行集成,实现建筑卫生陶瓷产品需求预测/实际需求拉动生产、采购和物流计划
4级	应用知识模型优化销售预测,制订更为准确的销售计划;通过电子商务平台整合所有销售方式,实现根据客户需求变化自动调整采购、生产、物流计划
5级	实现对电子商务平台的大数据分析和个性化营销等功能

(2) 销售服务

销售服务包括客户服务和产品服务。客户服务是借助云平台、移动客户端和知识模型等智能服务系统,多维度地对客户知识进行挖掘,向客户提供智能服务和个性化服务。其关注点在于客户知识的统计和分析、客服渠道的多样性和智能客服机器人的投用情况等。建筑卫生陶瓷企业的销售服务的等级及特征见表6-11。

表6-11 建筑卫生陶瓷企业的销售服务的等级及特征

等级	特征
1级	设立客户服务部门,通过信息化手段管理客户服务信息,并把客户服务信息反馈给相关部门,维护客户关系
2级	具有规范的服务体系和客户服务制度,通过信息系统进行客户服务管理,并把客户服务信息反馈给相关部门,维护客户关系
3级	建立客户服务知识库,可通过云平台提供客户服务,并与客户关系管理系统集成,提升服务质量和客户关系
4级	实现面向客户的精细化知识管理,提供移动客服方式
5级	通过智能客服机器人,提供智能服务、个性化服务等

(3) 产品服务

产品服务是借助云服务、数据挖掘和智能分析等技术,捕捉、分析用户信息,更加主动、精准、高效地给用户提供服务,向按需和主动服务的方向发展。其关注点在于产品的智能化、远程服务平台的建立、数据挖掘和分析等。建筑卫生陶瓷企业产品服务的等级及特征见表6-12。

表6-12 建筑卫生陶瓷企业产品服务的等级及特征

等级	特征
1级	设立产品服务部门,通过信息化手段管理产品运维信息,并把客户服务信息反馈给相关部门,指导产品过程提升
2级	具有规范的产品服务制度,通过信息系统进行产品服务管理,并把产品服务信息反馈给相关部门,指导产品过程提升

续表

等级	特征
3级	产品具有存储、网络通信等功能，建立产品故障知识库，可通过网络和远程工具提供产品服务，并把产品故障分析结果反馈给相关部门，持续改进老产品的设计生产，并为新产品设计生产提供基础
4级	产品具有数据采集、通信和远程控制等功能，通过远程运维服务平台，提供在线检测、故障预警、预测性维护、运行优化、远程升级等服务，通过与其他系统的集成，把信息反馈给相关部门，持续改进老产品的设计生产，并为新产品的设计生产提供基础
5级	通过物联网技术、增强现实/虚拟现实技术和云计算、大数据分析技术，实现智能运维和创新性应用服务

5. 资源要素

资源要素是对组织战略、组织结构、人员、设备及能源等要素的策划、管理及优化，为智能制造的实施提供基础。资源要素能力成熟度的提升体现了从管理愿景的策划，到运用信息化手段进行管理，再到决策智能化的转变，体现了组织智能化管理水平的提升。

（1）战略和组织

战略和组织是企业决策层对实现智能制造目标而进行的方案策划、组织优化和管理制度的建立等。通过战略制定、方案策划和实施、资金投入和使用、组织优化和调整使企业的智能制造发展始终保持与企业发展战略相匹配。其关注点在于智能制造战略部署、组织和资金配备等。建筑卫生陶瓷企业战略与组织的等级及特征见表6-13。

表6-13 建筑卫生陶瓷企业战略与组织的等级及特征

等级	特征
1级	组织有发展智能制造的愿景，并做出了包括资金投入的承诺
2级	组织已经形成发展智能制造的战略规划，并建立明确的资金管理制度
3级	组织已经按照发展规划实施智能制造，已有资金投入，智能制造发展战略正在推动组织发生变革，组织结构得到优化
4级	智能制造已成为组织的核心竞争力，组织的战略调整是基于智能制造的发展
5级	组织的智能制造发展战略为组织创造了更高的经济效益，创新管理战略为组织带来了新的业务机会，产生了新的商业模式

（2）员工

员工是实现智能制造的关键因素。通过对员工的培养、技能获取方式的实现、技能水平的提升，使员工具备与组织智能制造水平相匹配的能力。其关注点在于员工技能获取和提升、员工持续教育等。员工等级及特征见表6-14。

表6-14 员工等级及特征

等级	特征
1级	能够确定构建智能制造环境所需要的人员能力

续表

等级	特征
2级	能够提供员工获取相应能力的途径
3级	能够基于智能发展需要,对员工进行持续的教育或培训
4级	能够通过信息化系统分析现有员工的能力水平,使员工技能水平与智能制造发展水平保持同步提升
5级	能够激励员工,使其在更多领域上获取智能制造所需要的技能,持续提升自身能力

（3）设备

设备数字化是智能制造的基础,设备管理是通过对设备的数字化、智能化改造以及全生命周期的管理,使物理实体能够融入信息世界,并能够达到对设备远程在线管理、预警等。其关注点在于设备数字化、全生命周期管理等。建筑卫生陶瓷企业设备的等级及特征见表6-15。

表6-15 建筑卫生陶瓷企业设备的等级及特征

等级	特征
1级	能够采用信息化手段实现部分设备的日常管理,开始考虑设备的数字化改造
2级	持续进行设备数字化改造,能够采用信息化手段实现设备的状态管理
3级	能够采用设备管理系统实现设备的生命周期管理,能够远程实时监控关键设备
4级	设备数字化改造基本完成,能够实现专家远程对设备进行在线诊断,已建立关键设备运行模型
5级	设备智能化改造基本完成,能够基于知识库、大数据分析对设备开展预知维修

（4）能源

能源管理是通过对能源计划、能源运行调度、能源统计以及碳资产管理等能源管理因素,利用信息化手段规范组织的能源管理,优化能源和资源的使用,旨在降低组织能源消耗、提高能源利用效率。其关注对能源介质数据的采集及监测、能耗量化管理等。建筑卫生陶瓷企业能源的等级及特征见表6-16。

表6-16 建筑卫生陶瓷企业能源的等级及特征

等级	特征
1级	开始能源管理的信息化,实现部分能源数据的采集与监控
2级	能够通过信息化管理系统对主要能源数据进行采集、统计
3级	能够对能源生产、存储、转换、输送、消耗等各环节进行监控,能够将能源计划与生产计划等进行融合
4级	能够实现能源动态监控和精细化管理,分析能源生产、输送、消耗的薄弱环节
5级	能够基于能源数据信息的采集和存储,对耗能和产能调度提供优化策略和优化方案,优化能源运行方式、能耗在线计算及能效评估

6. 互联互通

互联互通是现场总线、工业以太网、无线网络等在工厂中的部署和应用，使工厂具备将人、机、物等有机联通的环境。互联互通成熟度的提升是从设备间到车间、工厂以及企业上下游系统间的互联互通，体现了对系统集成、协同制造等的支撑。

（1）网络环境

网络环境的目的是解决如何利用现场总线、工业以太网、无线网络、物联网等技术实现设备、系统间的互联与通信。其关注企业基础网络、基础通信环境。建筑卫生陶瓷企业网络环境的等级及特征见表6-17。

表6-17 建筑卫生陶瓷企业网络环境的等级及特征

等级	特征
3级	能够实现制造环节设备间的互联互通与信息采集、发送
4级	能够实现生产管理与企业管理系统间的互联互通
5级	能够实现企业上下游系统间的互联互通，实现生产与经营的无缝集成

（2）网络安全

网络安全的目的是解决企业如何利用专业网络安全技术，针对接入网络的用户、设备等进行可用性、完整性、保密性检测与管理。其关注用户身份的鉴别管理，网络传输设备冗余能力和重要子网的自恢复能力。建筑卫生陶瓷企业网络安全的等级及特征见表6-18。

表6-18 建筑卫生陶瓷企业网络安全的等级及特征

等级	特征
3级	具备网络关键设备冗余能力，开展子网管理，具有入侵检测、用户鉴别、访问控制、完整性检测等安全功能
4级	确保数据传输和重要子网的安全，并具备自恢复能力，具备网络协议信息过滤和数据流量管控功能，能够对网络边界的完整性进行检查
5级	确保云数据中心访问的安全，提供专用通信协议或安全通信协议服务，抵御通信协议的攻击破坏

7. 系统集成

系统集成的目的是实现企业内各种业务、信息等的互联与互操作，最终达到信息物理完全融合的状态。系统集成成熟度的提升是从企业内部单项应用、系统间互联互操作，到企业内全部系统、企业间上下游集成的转变，体现了对资源充分共享。

（1）应用集成

应用集成是通过统一平台、实时数据库、云服务等技术，将不同的业务应用系统有效集成，达到信息流、数据流无缝传递的效果。其关注集成技术的应用及特征。建筑卫生陶瓷企业系统应用集成的等级及特征见表6-19。

表6-19　建筑卫生陶瓷企业系统应用集成的等级及特征

等级	特征
3级	能够围绕核心生产流程，部分实现生产、资源调度、供应链、研发设计等不同系统间的互操作
4级	能够全面实现生产、资源调度、供应链、研发设计等不同系统间的互操作
5级	能够基于云平台实现企业间业务的集成

（2）系统安全

系统安全的目的是解决企业如何利用系统安全工程和系统安全管理方法等，对工业控制系统的信息安全进行监控、管理与评估。其关注安全风险的评估、系统安全的监控、工业控制系统的主动防御等。建筑卫生陶瓷企业系统安全的等级及特征见其表6-20。

表6-20　建筑卫生陶瓷企业系统安全的等级及特征

等级	特征
3级	应制定针对工业控制系统的安全管理要求、事件管理要求和相应制度等，并定期开展主要系统的安全风险评估
4级	能够对非本地进程进行监控，能够在系统投产前开展安全检测，能够根据应急计划定期开展培训、测试与演练
5级	能够实现对工业控制系统安全的主动防御与漏洞扫描、安全防护

8. 融合共享

融合共享的核心在于对数据的开发利用，通过数据标准化、数据模型的应用等，实现对设计、生产、服务等流程的优化，提升预测预警、自主决策的能力。融合共享成熟度的提升是从数据分析、数据建模到决策优化的过程。

（1）数据融合

数据融合的目的是解决数据集成的问题，实现异构系统、不同数据库间数据的交换，体现了企业内部到企业外部数据交换的过程。其关注企业数据标准化、统一平台的搭建、数据库的网络化集成与应用等。建筑卫生陶瓷企业数据融合的等级及特征见表6-21。

表6-21　建筑卫生陶瓷企业数据融合的等级及特征

等级	特征
4级	企业搭建数据统一模型，实现数据库间、数据库与研发系统间的数据集成与传递
5级	企业实现数据库的网络化集成与应用（云数据库），可根据数据的自适应传递构建多功能数据模型，实现数据的实时浮动传递

（2）数据应用

数据应用是通过对数据进行挖掘分析，形成数据模型来优化指导业务的调整，最终达到在线优化、最少减少人工干预的状态。关注数据模型的应用、对业务的优化等。建筑卫生陶瓷企业数据应用的等级及特征见表6-22。

表6-22 建筑卫生陶瓷企业数据应用的等级及特征

等级	特征
4级	能够对研发设计、生产制造、产品服务等各种业务数据分析、建模，输出企业相关策略
5级	能够利用模型实现业务流程在线优化

（3）数据安全

数据安全的目的是解决企业如何利用数据密码算法、数据备份等，保障大数据、云计算数据存储、数据传输的安全。其关注融合和备份技术的应用、存储数据的保密性、专用通信通道的应用等。建筑卫生陶瓷企业数据安全的等级及特征见表6-23。

表6-23 建筑卫生陶瓷企业数据安全的等级及特征

等级	特征
4级	能够确保存储信息的保密性，实现数据和系统的可用性
5级	建立异地灾备中心、专用通信通道，确保数据安全、完整、保密，能够对系统管理数据、鉴别信息和重要业务提供完整性校验和恢复功能

9. 新兴业态

新兴业态是企业在互联网的推动下，采用信息化手段以及智能化管理措施，重新思考和构建制造业的生产模式和组织方式，进而形成的新型商业模式。新兴业态能力成熟度主要体现在智能制造高级阶段，实现了快速、低成本满足用户个性化需求，对设备远程控制，信息资源交互共享的目的，实现企业间、部门间各环节的协同优化。

（1）个性化定制

个性化定制是在当前个性化需求日益旺盛的环境下，将用户提前引入到产品的生产过程中，通过差异化的定制参数、柔性化的生产，使个性化需求得到快速实现。建筑卫生陶瓷企业个性化定制的等级及特征见表6-24。

表6-24 建筑卫生陶瓷企业个性化定制的等级及特征

等级	特征
5级	能够通过个性化定制平台实现与用户的个性化需求对接；能够应用工业云和大数据技术对用户的个性化需求特征进行挖掘和分析，并反馈到设计环节，进行产品优化；个性化定制平台能够实现与企业研发设计、计划排产、柔性制造、营销管理、供应链管理和售后服务等信息系统协同与集成

（2）远程运维

远程运维是指智能设备、智能产品具备数据采集、通信和远程控制等功能，能够通过网络与平台进行远程监控、故障预警、运行优化等，是制造企业服务模式的创新。建筑卫生陶瓷企业远程运维的等级及特征见表6-25。

表 6-25 建筑卫生陶瓷企业远程运维的等级及特征

等级	特征
5 级	能够实现远程数据采集、在线监控等，并通过数据挖掘和建模实现预警及优化等

（3）协同制造

协同制造是通过建立网络化制造资源协同云平台，实现建筑卫生陶瓷企业间研发系统、生产管理系统、运营管理系统的协同与集成，实现资源共享、协作创新的目标。建筑卫生陶瓷企业协同制造的等级及特征见表 6-26。

表 6-26 建筑卫生陶瓷企业协同制造的等级及特征

等级	特征
5 级	能够实现建筑卫生陶瓷企业间、部门间创新资源、设计能力、生产能力等的共享以及上下游企业在设计、供应、制造和服务等环节的并行组织和协同优化

6.1.6 建筑卫生陶瓷智能制造成熟度模型的表现形式

根据使用者的不同，建筑卫生陶瓷智能制造能力成熟度模型分为整体能力成熟度模型和单项能力模型两种表现形式，整体能力成熟度模型提供了使组织能够通过改进某些关键域集合来递进式地提升智能制造整体水平的一种路径，单项能力模型提供了使组织能够针对其选定的某一类关键域进行逐步连续式改进的一种路径。

1. 整体能力成熟度模型

整体能力成熟度模型用于衡量建筑卫生陶瓷企业智能制造的综合能力。在模型中，将建筑卫生陶瓷企业智能制造能力成熟度划分为 5 个等级，数字越大，成熟度等级越高。高成熟度等级代表比较强的智能制造能力，反之亦然。按照本模型提升建筑卫生陶瓷企业智能制造水平是由低到高逐步递进的，不能放弃比较低的等级直接越级提升到比较高的等级，每个等级向下兼容下一个等级。随着等级的提升，要实现的类的数量是增加的，如图 6-7 所示。

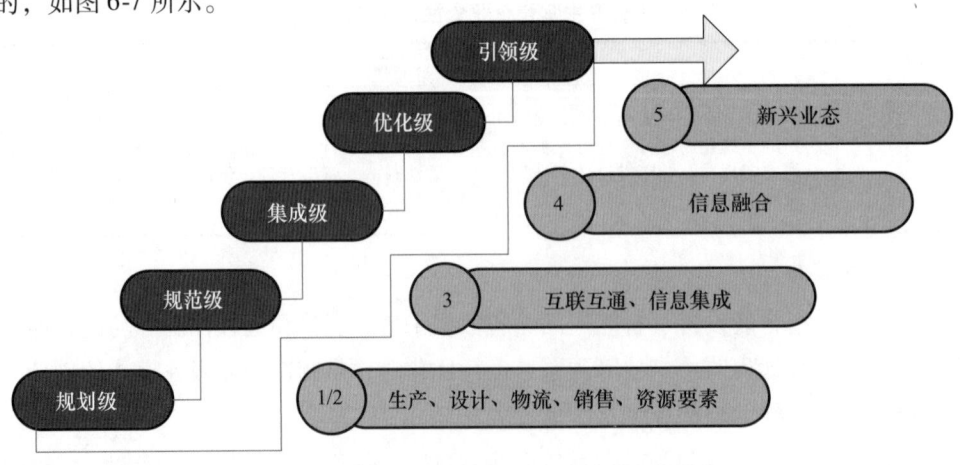

图 6-7 建筑卫生陶瓷企业整体能力成熟度等级

2. 单项能力模型

单项能力模型用于衡量建筑卫生陶瓷企业在制造的某一关键业务环节的智能化能力，侧重制造维的实施。模型中，将每一制造环节的智能制造能力分为5级，数字越大，能力等级越高，选择一个类进行改进后，必须严格按照等级递进提升，如图6-8所示。

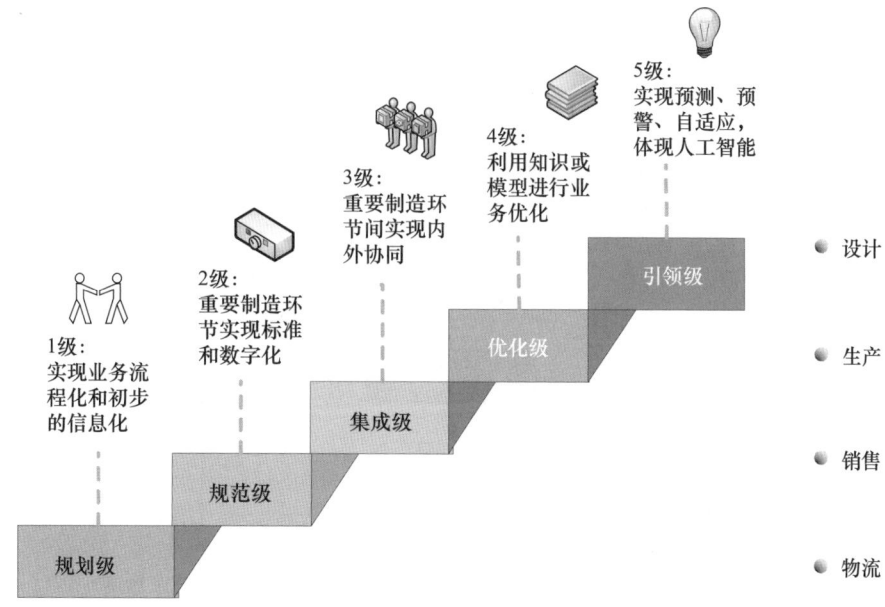

图6-8　建筑卫生陶瓷企业单项能力成熟度模型

6.2 基于智能制造能力成熟度模型的评价方法

6.2.1 模型与评价

建筑卫生陶瓷智能制造能力成熟度评价是依据智能制造能力成熟度模型要求，与建筑卫生陶瓷企业实际情况进行对比，得出其智能制造水平等级，有利于建筑卫生陶瓷企业发现差距，结合组织的智能制造战略目标，寻求改进方案，提升智能制造水平。图6-9为建筑卫生陶瓷智能制造能力成熟度模型与评价的关系示意图。

6.2.2 评价过程

建筑卫生陶瓷企业首先结合自身的发展战略及目标，选择适宜的模型（整体或单项），根据建筑卫生陶瓷行业特点选择评价域，通过"问题"调查的形式来判断是否满足成熟度要求，并依据满足程度进行打分及计分，给出结果。评价过程如图6-10所示。

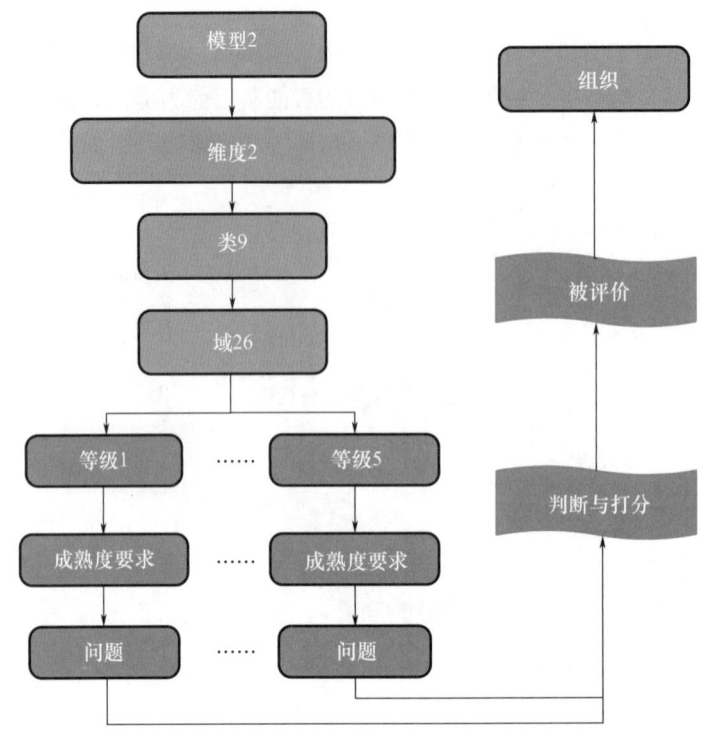

图 6-9 建筑卫生陶瓷智能制造能力成熟度模型与评价的关系示意图

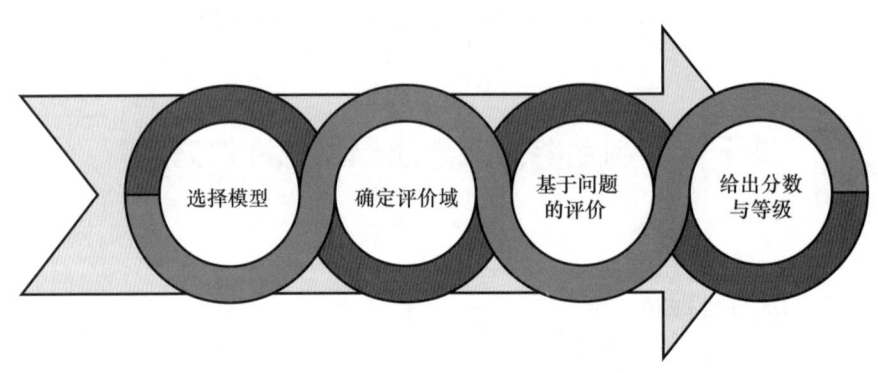

图 6-10 建筑卫生陶瓷智能制造评价过程

"问题"来源于成熟度要求,与其保持对应一致是执行评价的主要依据。判断问题是否得到满足要基于证据,包括人员访谈记录、文件、系统部署或运行的记录等,必要时可借助工具或智能制造评价平台自动收集。

1. 选择模型

组织可以根据自身现状以及智能制造发展战略,选择单项能力模型或整体成熟度模型。单项能力成熟度模型主要面向中小建筑卫生陶瓷企业,或在制造维的某一类有智能化提升需求的建筑卫生陶瓷企业;整体成熟度模型主要面向大型建筑卫生陶瓷企业,或在智能制造的各方面发展均衡的建筑卫生陶瓷企业。

2. 选择评价域

结合建筑卫生陶瓷生产的特点，对 27 个域进行裁剪，确定适合建筑卫生陶瓷行业特色的评价域。建筑卫生陶瓷行业主要评价域见表 6-27。

表 6-27 建筑卫生陶瓷行业主要评价域

类	设计			生产					物流	销售			资源要素				互联互通		系统集成		融合共享		新兴业态	
域	产品设计	工艺设计	工艺优化	采购	计划与调度	生产作业	质量控制	仓储与配送	安全与环保	物流管理	销售管理	客户服务	产品服务	战略和组织	雇员	设备	能源	网络环境	网络安全	应用集成	系统安全	数据融合	数据应用	数据安全	个性化定制	远程运维	协同制造

3. 基于问题的评价

针对建筑卫生陶瓷企业每一项能力成熟度要求将设置不同的问题，对"问题"的满足程度来进行评判，作为建筑卫生陶瓷智能制造评价的输入。对问题的评判需要专家在现场取证，将证据与问题比较，得到对问题的评分，也是对成熟度要求的评分。根据对问题的满足程度，设置 0、0.5、0.8、1 共四档打分原则。若问题的得分为 0，视为该等级不通过。如对"产品设计"这个域的 1 级的评价如图 6-11 所示。

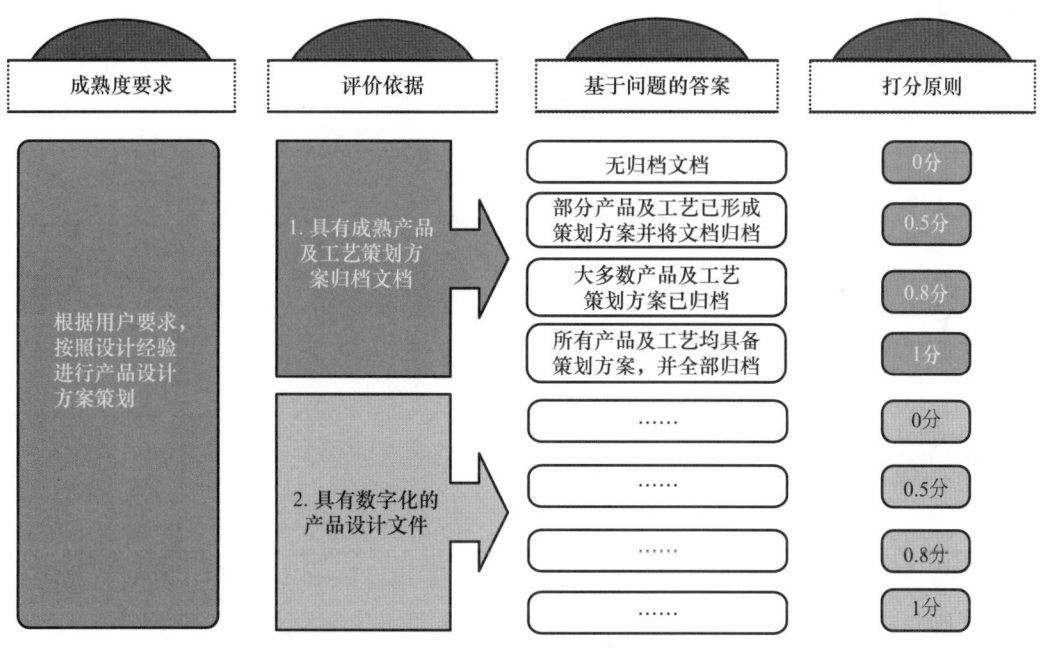

图 6-11 "产品设计"域 1 级评价示意图

4. 给出分值与等级

对成熟度要求打分后，加权平均形成域的得分，进而计算类的得分，最终得到组织的总分值，并给予等级。其过程如图 6-12 所示。

对域权重的设定采用平均原则，当组织申请某等级的评价时，该等级内涉及的所有类的平均分值必须达到 0.8 分，才能视为满足该级别的要求，满足低等级的要求后才能申请更高等级的评价（注：同一等级内任何一个问题得分 ≠ 0，任何一个域的得分 ≥ 0.5，否则视为不具备此等级的能力要求）。

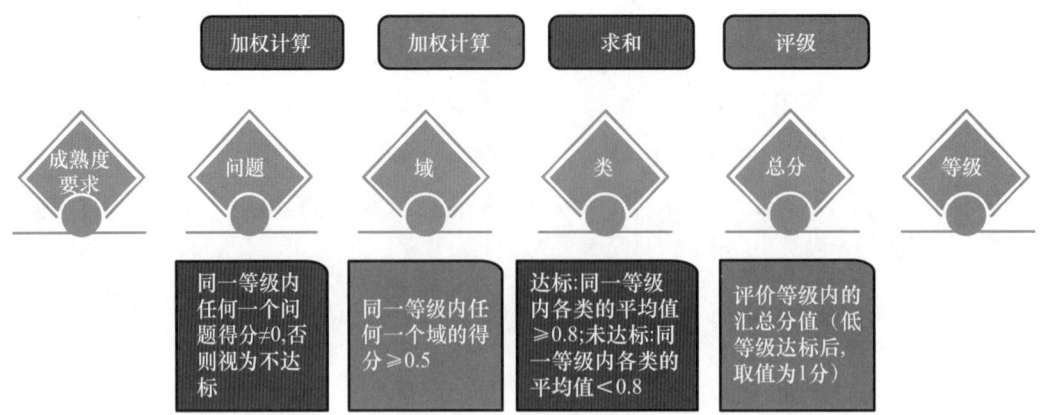

图 6-12 打分评级过程

分数与等级对应关系见表 6-28。

表 6-28 分数与等级的对应关系

等级	对应评分区间
5 级 引领级	$4.8 < X \leqslant 5$
4 级 优化级	$3.8 < X \leqslant 4.8$
3 级 集成级	$2.8 < X \leqslant 3.8$
2 级 规范级	$1.8 < X \leqslant 2.8$
1 级 规划级	$0.8 < X \leqslant 1.8$

6.3 建筑卫生陶瓷评价案例

根据《智能制造能力成熟度评估方法》(GB/T 39117—2020) 和《智能制造能力成熟度模型》(GB/T 39116—2020) 等标准,对建筑卫生陶瓷企业（属于流程型制造企业）的组织战略、人员技能、数据、集成、信息安全、装备、网络、工艺设计、采购、计划与调度、生产作业、设备管理、仓储配送、安全环保、能源管理、物流、销售、客户服务18个能力子域进行评估,陶瓷企业的综合得分大概2分多,属于2级水平（规范级）,如图6-13所示。因此,其整体智能制造成熟度水平比较落后,提升空间巨大。

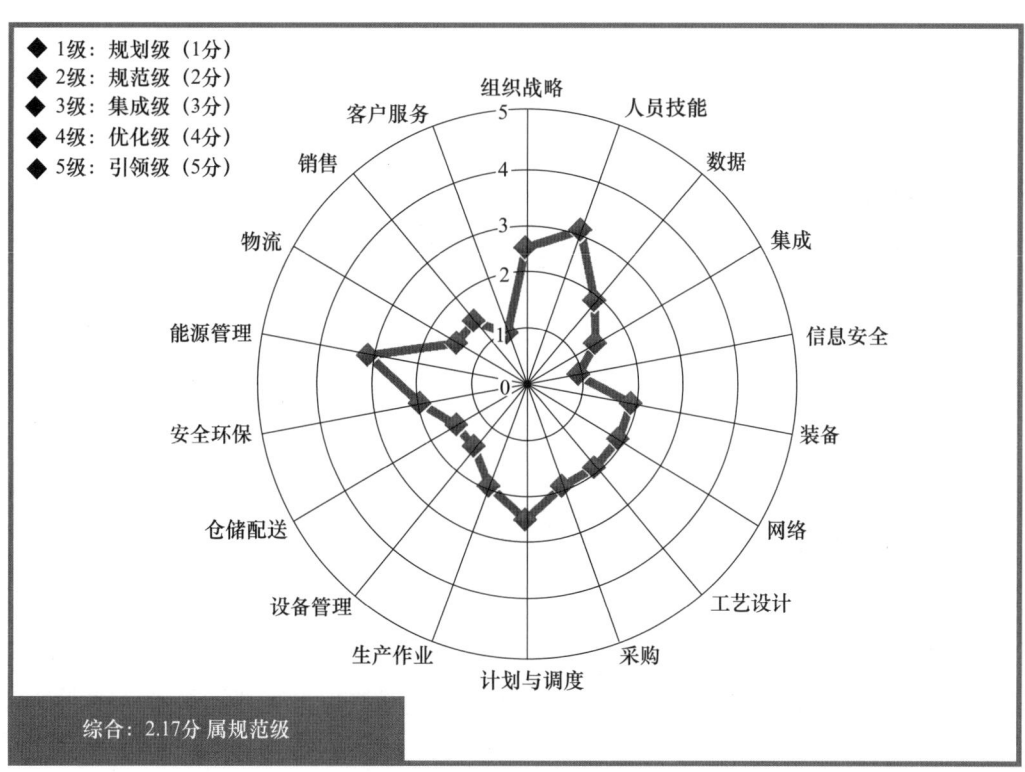

图6-13　陶瓷企业的智能制造能力成熟度

7 建筑卫生陶瓷智能制造企业案例

7.1 新明珠智能生产线介绍

新明珠集团作为全国最大规模的企业之一，其肇庆绿色建材基地萨米特陶瓷公司被中国建筑卫生陶瓷协会授予"中国陶瓷绿色智能制造示范基地"奖牌。新明珠集团作为佛山及肇庆陶瓷制造业的头部企业，2017年，与意大利西斯特姆等国内外陶瓷先进装备企业战略合作，跨行业整合智能技术，投巨资，建成首个智能制造工厂。在低碳、节能、清洁生产、环保及产品工艺技术流程、智能自动化等方面都按目前国际先进水平规划设计，按高规格、高标准、先进的设备、智能化水平高的目标要求建设，从原料进仓到产品入库出库，全程智能控制，技术人员在一个计算机屏幕上就可以监控整个生产流程，为陶瓷行业智能制造起到带头示范作用。

在此基础上，新明珠锐意进取，继续探索陶瓷行业智能制造的再升级，吸取首个智能制造工厂的成功经验，投巨资打造新型建材陶瓷岩板智能制造示范工厂。新增的生产线采用意大利进口西斯特姆压机，AIRPOWER、Tek MaK 自动喷釉柜，西斯特姆22通道三机串联喷墨机等设备，可满足个性化定制下的各类厚度在 6～10mm 的岩板产品，日产能可达 8000～10000m^2，窑炉整线模块配置科学，外形美观大气，不仅在快烧、预热、升温、切割等方面采取了优化设计，还将能耗、走砖、温差、自动化、信息化、智能化水平等推向了全新的高度，并在细节上做到面面俱到。其先进情况如下：

（1）使用现代"工业 4.0 ＋"数字智能化高端宽体窑炉生产陶瓷岩板。窑炉组合 DHR 余热回收再加热系统、PPC 助燃风管分组控制系统、OCE 优化燃烧节能系统、DSC（Driving Synchronization Control，驱动同步控制）传动系统、DMA（Driving Movement Aligning，驱动运动对准）传动运行控制系统、KPR-S（Kiln Potential Heat Recovery System，窑炉潜热回收系统）助燃风加热节能系统、产量及能耗管理控制系统。主传动轴由 30mm 加大到 35mm，全窑备用一台大功率的风机变频器，在任何一台变频器发生故障的时候，通过 PLC 程序将备用变频器自动切换到发生故障的变频器上，最短时间恢复生产，减少损失；采用 PPC 助燃分组精确控制系统，配合 OCE 优化燃烧节能系统，组合节能，使窑炉燃烧状态充分合理；采用专利技术走砖纠偏机构，调整走砖状态以满足生产需要。

（2）引用国际先进的环流磨抛坯机。陶瓷岩板的关键性设备为大型环流磨抛坯机，该设备自主首创一种独特的行星运动结构，在大磨盘上再设置众多的小磨盘，让大磨盘做公转运动，小磨盘同时又做自转运动，二者的切线运动方向相反；大磨盘可人工调节，而小磨盘则会做柔性的自动调节，确保大尺寸瓷砖每个角落都能够达到预设的抛磨效果。较之以往传统的线接触的磨抛结构，实现了面接触的环流磨优势。抛磨宽度可达 1.8m，瓷砖长度理论上更不受限制，这意味着完全可用于加工 1.8m×3.6m 的高端陶瓷岩板。

（3）引进意大利"工业4.0"全智能釉线整线。该釉线全线从意大利进口，釉线长约 80m，包含 Tek Mak 单臂摆动釉柜、西斯特姆 22 通道喷墨机、滚筒印花机、干粒机、大板瓷砖提取机、电动釉底料机等智能化单元，采用 4.0 智能操作系统，配合釉料密度管理系统和整套电控系统使用，极大地提升了釉线车间的材料利用率，喷印图案花纹更加精准，做到 1000mm×3600mm、1200mm×3600mm 瓷砖生产的快速转换，实现柔性化生产，生产过程中零破损，小色号。现代化的数据采集及分析保证了国际高标准花色品种的稳定生产，极大地释放了劳动力，提高了生产效率。

（4）建立新明珠集团股份有限公司智能管控云系统。该系统具有强大的扩展性能，可分布式部署，兼具设备（包括干燥、烧成以及辅机釉线等所有生产设备）监控、能源（包括天然气、电力、煤粉等）数据采集、安全环保数据采集等功能，可实现整个集团的智能化的管理平台，用户可随时随地通过网络掌控分析系统的最新数据。

7.1.1 系统方案

新明珠集团股份有限公司采用国际先进的设备与自动化改造技术，推进新一代信息技术与制造技术融合创新，全面提升新明珠岩板生产过程管理精细化，建成陶瓷行业中具有示范引领的绿色建材泛家居智能岩板制造工厂。

新型建材陶瓷岩板智能制造示范工厂采用新型节能陶瓷窑炉设备、西斯特姆万吨级压机、数码喷墨机等先进自动化生产设备与布局工艺技术，并与意大利、西班牙先进釉料公司合作，生产出国内外高端的节能环保型陶瓷薄（大）板、岩板制品，为泛家居的应用提供直接、快捷的技术服务和材料支持。

陶瓷生产属于流程型行业，生产流程如图 7-1 所示，对应各关键工序中所用到的国内先进自动化生产设备见表 7-1。

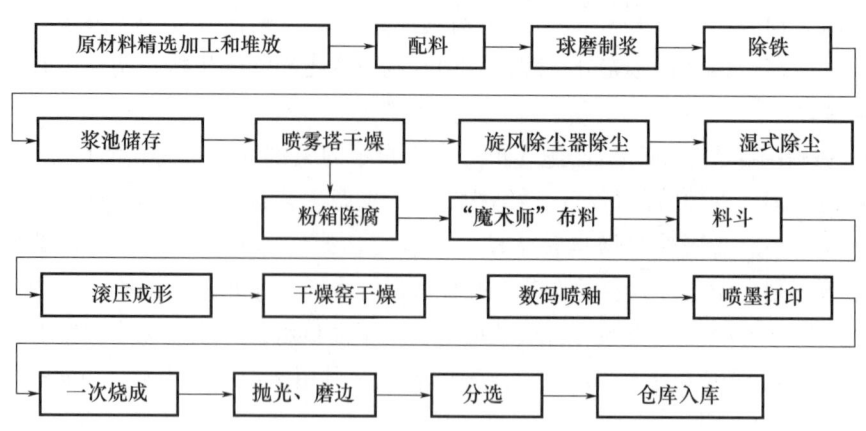

图 7-1 陶瓷岩板生产工艺流程

表 7-1 代表性自动化生产设备清单

工序	设备图	先进性
西斯特姆万吨级压机		1. 先进顶压技术代替立式压机冲压方式； 2. 压制生产最大 1200mm×3600mm×3mm 尺寸的大板； 3. 任意切割，柔性化生产
进口六轴上下砖机器人		1. 大型多功能机器人，具有空心结构和新的通用控制单元； 2. 快速生成托盘模式并监控码垛系统的状态
七层干燥窑		1. 风管内置式卧式结构，干燥热效率高； 2. 每个单元设独立燃烧机； 3. 7 号干燥窑，日均产量在 $3000\sim7000m^2$
釉柜		1. 为生产大尺寸而设计； 2. 配有多轴碳纤维移位器； 3. 具有 IP65 保护的触摸屏控制板； 4. 多轴无刷电机系统

续表

工序	设备图	先进性
西斯特姆数码喷墨机		1. 在高速生产的情况下，保证最佳的清晰度； 2. 无须制版，个性化图案； 3. 图文信息自处理，通过板卡驱动喷头； 4. 喷头压力反馈
窑炉		1. 纳米隔热保温板，保温性能大大提高； 2. 窑炉各种参数都可精确采集，信息化程度高； 3. 自主研发的高温助燃风加热节能系统
环流磨抛坯机		1. 自主首创的一种独特的行星运动结构； 2. 大磨盘可人工调节，小磨盘可柔性自动调节，确保大规格砖体抛磨无遗漏； 3. 两用一体机，可抛光可打蜡
抛光切边机		1. 专为厚度6mm以下的薄板砖切边而设计，减少砖损； 2. 可叠加的两种切割模式，切割长度最大3690mm，宽度最大1240mm； 3. 智能识别异常尺码，全程静态切割方式，长度方向做一开多平分切割
其他智能制造生产设备		1. 机器视觉产品检测； 2. 经过米样学习，通过训练算法，可实现不同品类30多种瓷砖表面缺陷的智能识别

除了具备高度自动化、先进生产工艺水平的智能设备外，公司还着力推进生产过程数字化、智能化建设，通过对陶瓷岩板生产管理层、生产计划执行层、生产控制层三个

层次的建设，建成陶瓷行业中具有示范引领作用的建筑陶瓷智能制造工厂。图 7-2 所示为岩板智能制造示范工厂系统建设架构图。

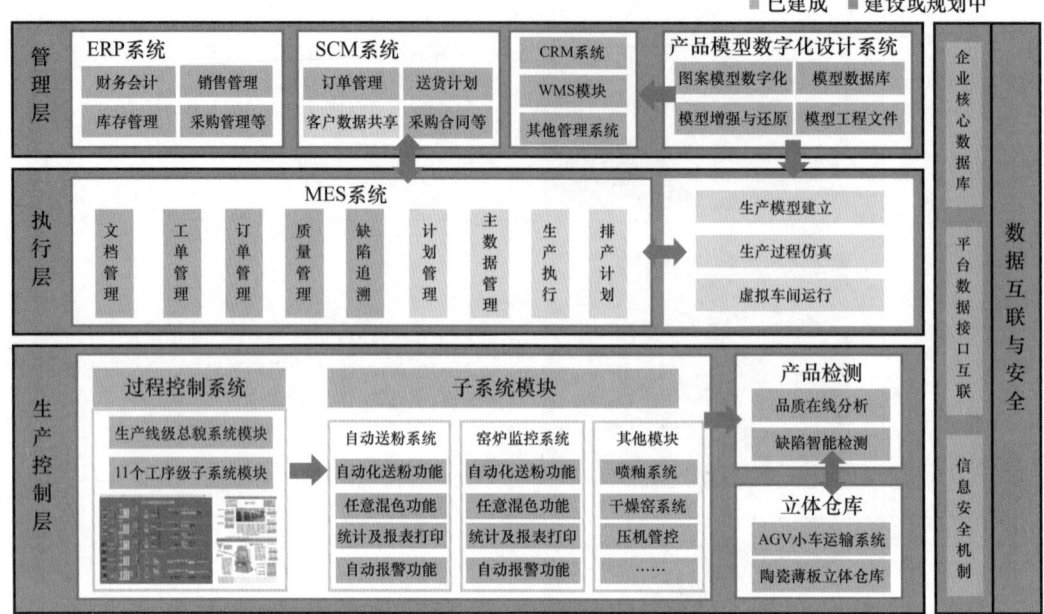

图 7-2　岩板智能制造示范工厂系统建设架构图

7.1.1.1　生产管理层

在生产管理层信息化管理系统建设上，公司已建成企业资源计划（ERP）管理系统、供应链管理（SCM）系统、图案模型数字化设计系统、客户关系管理（CRM）系统、仓储管理系统（Warehouse Management System，WMS）、经销商系统、售后服务管理系统、OA 系统、HR 系统，实现日常办公、生产管理的信息化建设，助力企业实现智能制造。

1. 企业资源计划（ERP）管理系统

公司采购了企业资源计划（ERP）管理系统，对全公司的基本情况、财务会计情况、销售管理情况、采购管理情况等资源使用情况进行了集中显示和处理，更好地提升企业营运效率。ERP 系统的具体界面如图 7-3 所示。

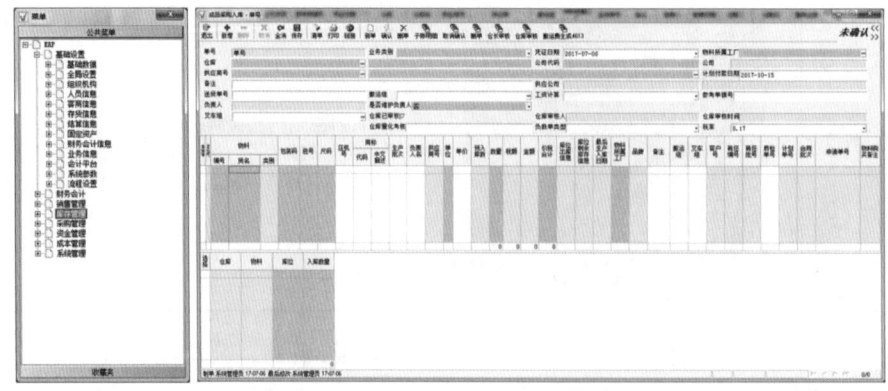

图 7-3　企业资源计划管理系统（ERP）界面图

系统常用功能介绍：

（1）企业基本信息管理。不仅支持萨米特陶瓷人员信息、客商信息、存货信息、固定资产信息等基本信息的设置，而且共享整个新明珠集团基本信息，帮助公司获得规模效益、降低交易成本、共享关键资源、分散投资风险，优化配置集团内的营销、制造、配送等资源，降低客户交付总成本，提高客户满意度。

（2）财务会计功能。支持多种萨米特陶瓷企业内部会计制度、现金管理、报销管理、固定资产管理、成本费用管理、成本精细核算与分析等功能，实现资金的统一管理，财务业务一体化，同时实现与新明珠集团的财务管理核算需要，降低集团财务风险与经营风险。

（3）库存管理。满足企业智能制造立体仓库库存数据的录入，实现对企业全场多样的仓库规划需求，支持同配置、不同品牌、不同版本、不同等级、不同花色的陶瓷薄板、物料等的入库、出库、库存调整、库存查询、打托业务等功能。

（4）采购管理。可针对地域、业务范围、服务对象、业务性质、供应策略等设置不同的采购中心管理方案，支持采购流程从申购—合同签订—采购—到货—质检全流程管理，提升反应速度，降低采购成本。

（5）成本管理。支持萨米特陶瓷生产产品的质量统计，并细化管理生产过程产生的配方成本业务、粉料成本计算、釉料成本计算、产品成本计算，生成统一格式报表，供企业管理者把握影响成本及盈利能力的因素。

2. 供应链管理（SCM）系统

公司自主开发了供应链管理（SCM）系统和经销商管理系统，对生产陶瓷薄板的黏土、釉料等物料的采购以及陶瓷薄板产品的销售进行管理，实现对采购和销售的订单管理、出货计划、销售业绩、厂家库存、往来查询等功能，缩短与供应商的业务洽谈时间、大幅度减少采购成本。SCM 主界面如图 7-4 所示，图 7-5 所示为经销商管理系统。

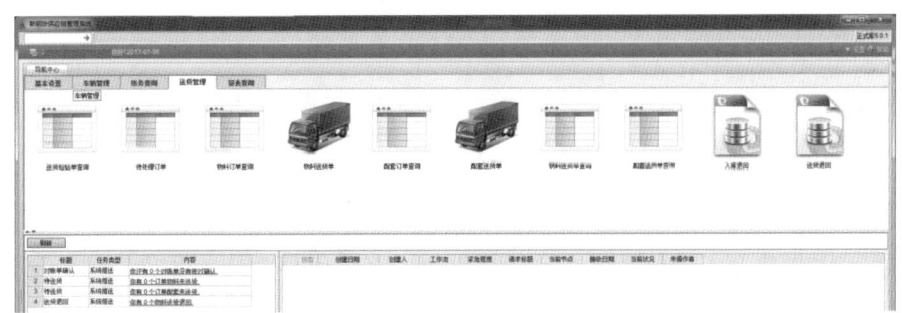

图 7-4 供应链管理系统（SCM）界面图

系统常用功能介绍：

（1）物料送货管理。包括送货检验单查询、待处理订单、物料订单查询、物料送货单、配套订单查询、配套送货单、物料送货单查询、配套送货单查询、入库退回、送货退回的功能，确保公司陶瓷薄板生产所需的物料配送及时、准确、有效。图 7-6 所示为物料送货管理系统图。

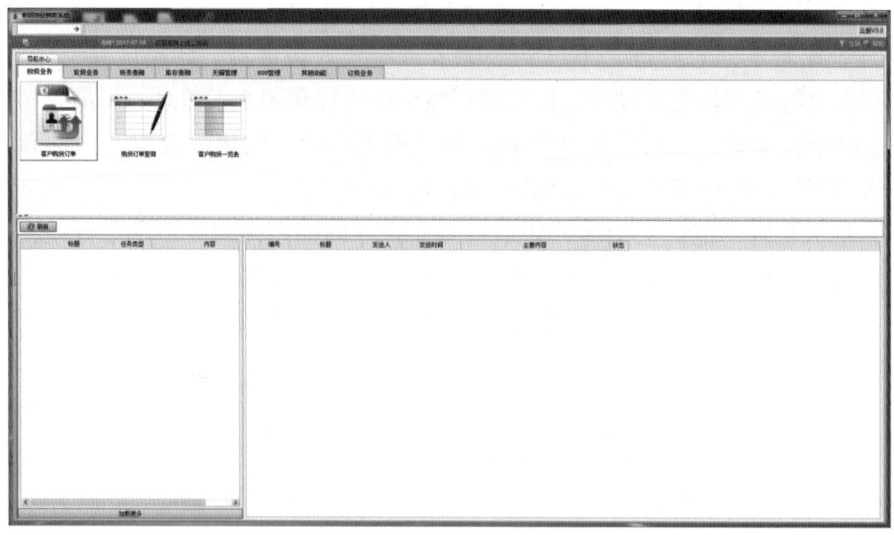

图 7-5　经销商管理系统

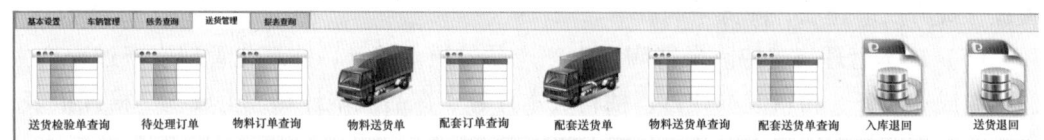

图 7-6　物料送货管理

（2）物料报表查询。提供合同明细、寄仓库存、配套产品寄仓库存、配套产品入库明细、入库与扣罚情况查询、期间计划与订单查询、寄仓出库汇总表等物料情况查询，确保管理者更好地把握企业生产物料情况，及时补充生产物料。图 7-7 所示为物料报表查询系统图。

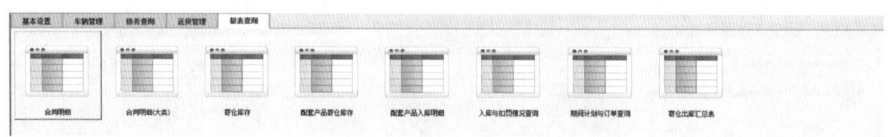

图 7-7　物料报表查询

（3）产品销售业务。包括对客户购货订单、客户库存上传、客户签约情况进行查询及管理，为生产计划的安排提供更为全面直观的依据。图 7-8 所示为产品销售业务图。

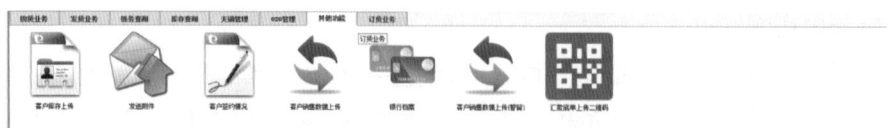

图 7-8　产品销售业务

（4）产品发货业务。包括客户未提货汇总、未提货可做出货清单查询、出货计划单、出货清单查询、送货通知单、联系人档案等功能，确保企业对客户的订单情况和要求进行管理，实现交付的及时性和透明性，提升了客户对企业的满意度和忠诚度。图 7-9 所示为产品发货业务图。

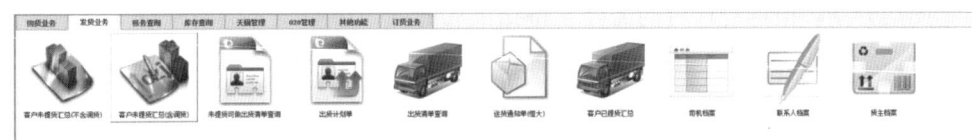

图 7-9　产品发货业务

3. 图案模型数字化设计系统

新型建材陶瓷岩板智能制造示范工厂引进全数码施釉技术和陶瓷薄板图案模型数字化设计系统，通过采用公司购置的 CRUSE 高精度扫描机，直接将设计师想要的图案样式，生成可编辑的数字化文件，通过数字化设计系统，设计师可以对扫描仪获得的数字化图案，或者其他图案文件进行编辑设计，所有图案存放至图案模型库中。在完成设计后，图案文件将被直接发送至生产厂房，由设备系统对图形文件进行编译，直接打印出所设计的图案，无须传统的开发、试版、定版、制版的繁复流程，使得陶瓷薄板图案设计变得更加直观、准确、高效，对设计师而言，在色彩搭配、图案造型方面也得到了极大提高，有效地降低了产品设计的成本。图 7-10 所示为图案模拟数字化设计流程图。

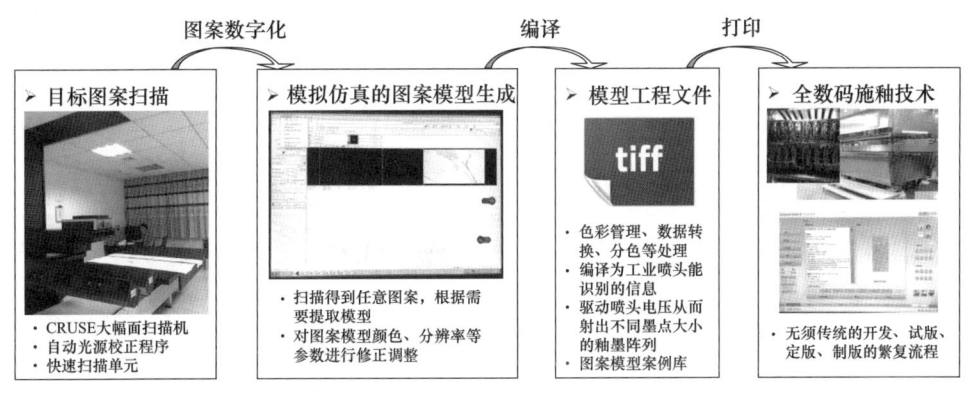

图 7-10　图案模拟数字化设计流程

（1）图案模型库

建立陶瓷薄板图案仿真模型库，模型库图案主要来源于两方面：一是采用德国 CRUSE 超高精度大幅面扫描机，对设计师需要的图案进行扫描，转换为计算机图案设计软件可编辑的图案，设计师再根据设计需要，抓取并调整扫描得到的目标图案，最终形成可打印的陶瓷薄板图案模型；二是由设计师凭借自己的创意直接在模型仿真软件中利用软件自带的设计功能进行图案设计，形成图案模型。

（2）图案模型编辑

通过图案仿真软件，可以对原始图案进行二次编辑，通过图案变换、分割、增强、色彩处理等方式,得到让设计者满意的陶瓷薄板图案模型。

①图案变换。系统采用各种图像变换的方法,如傅立叶变换、沃尔什变换、离散余弦变换等间接处理技术对图像空间域进行重新排列,减少在对图像进行缩放、旋转、斜切、扭曲、透视、变形等变换时的计算量。

②图案分割。根据设计者的需要,将扫描后的图像中有意义的特征部分提取出来,主要包括图像中的边缘、区域等,分割后的图案可以加入模型库作为设计元素,或者进行二次设计,设计成整幅陶瓷薄板图案。

③图案增强和复原。从扫描机中得到的图案,由于环境光等因素影响,会出现图案模糊、失真、噪声等图案退化现象,软件提供如对比度增强、图像锐化、同态图像增强、伪彩色处理等方法,实现对图案的增强,如设计者为了突出图案中所要突出的部分,可以强化图案高频分量,使图案中物体轮廓清晰、细节明显。

④图案色彩处理。主要提供自然饱和度、色相饱和度、曝光度、色阶、曲线、色彩平衡等色彩色调调整功能,并提供滤镜、渐变映射等艺术效果添加,满足设计者对图案色彩设计的需要。

⑤图案编码压缩。在不失真的前提下,采用图像编码压缩技术,减少陶瓷薄板图案的描述数据量,以节省图像传输、处理时间和减少所占用的存储器容量。

4. 其他生产管理系统

此外,企业还购买或自主研发了客户关系管理(CRM)系统、能源管理系统、售后服务管理系统、HR系统、OA办公系统等生产管理系统,实现从个人到工厂整体的协同管理,助力企业实现智能制造,见表7-2。

表7-2 其他生产管理系统概述

系统名称	功能模块
客户管理系统	跟进经销商门店、客户管理、客户情况、销售统计等
能源管理系统	能耗监控、计量分析、能效考核、错峰用电、报表管理、电能质量、能耗预测、报警中心等
售后服务管理系统	售后网点管理、申告维修管理、配件管理
HR系统	人员资料管理、考勤管理、薪资管理、福利管理、招聘培训管理
OA办公系统	日常办公、IOS文件管理、申请与审批管理、工作联络书、部门文件库

7.1.1.2 制造执行层

制造执行系统(MES)是生产执行层的主要信息系统,是对建材陶瓷智能制造工厂中人、机、料、法、环五个基本要素信息进行管控,打通生产制造各管理模块,优化企业管理模式,实现车间的远程化、智能化生产管理,提高生产透明度和生产效率。

1. 系统框架

采用主流的基于SOA(Service Oriented Architecture,面向服务的架构)架构,采用SOA耦合应用集成技术,将业务流程管理与工作流程结合起来,搭建企业级的跨系统的工作流整合平台，将 SOA 引擎、AJAX 引擎以及工作流引擎进行有机集成，工具层由门户系统、工作管理系统、电子表单系统、人事管理系统以及内容管理系统五大工具系统合力组建而成，应用层则根据国际标准 ISAS95 组建组成，在整个架构上分为外部系统接口、数据层、业务层、服务层和应用层五大结构，如图 7-11 所示。

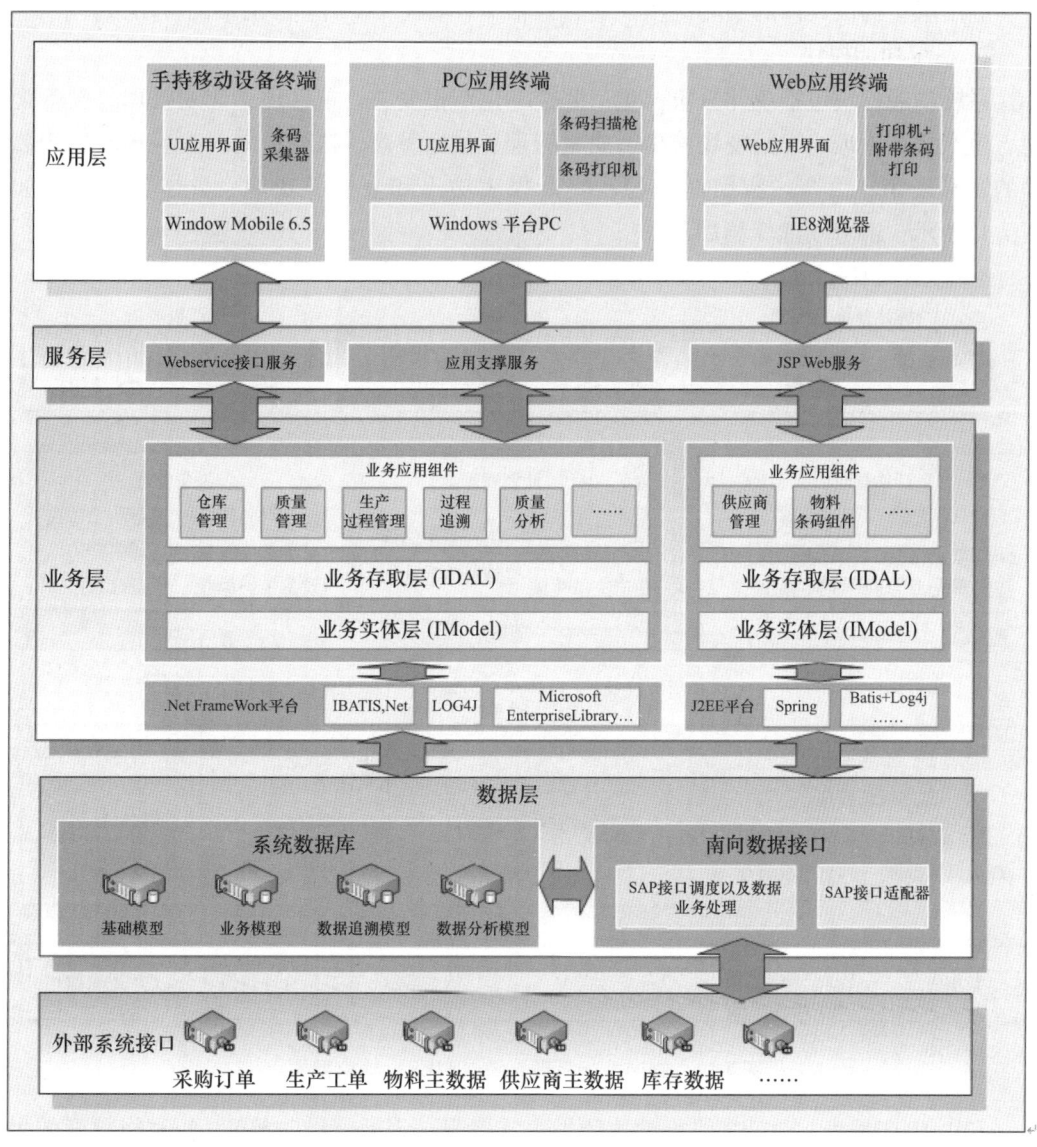

图 7-11　企业制造执行系统（MES）架构

外部系统接口：负责与外部系统进行信息交互，接收采购系统、生产工单、物料数据、供应商、库存等外部信息。

数据层：数据层管理管理系统数据和企业其他接口数据，接口从 ERP 发出生产工单指令，以及维护制造企业各类模型数据，包括基础模型、业务模型、数据追溯模型、数据分析模型等。

业务层：基于 .Net 和 J2EE 平台开发的各类业务组建，包括质量管理、仓库管理、生产过程管理、质量分析等业务组建模块。

服务层：是连接业务层和应用层的桥梁，根据不同场景的连接需求提供三类主流接口服务，包括 Webservice 接口服务、应用支撑服务、JSP Web 服务。

应用层：提供具体的功能应用界面，包括 Web 端、PC 端、移动端的应用服务。

2. 系统功能模块

系统功能模块包括统计分析、生产监控、生产报表、订单管理、计划管理、设备管理、生产执行管理、车间现场管理、质量管理、数据管理等执行控制，实现现场生产数据的实时采集、生产过程实时监控、生产报表输出和分析等功能。具体功能架构如图 7-12 所示，部分功能介绍如下：

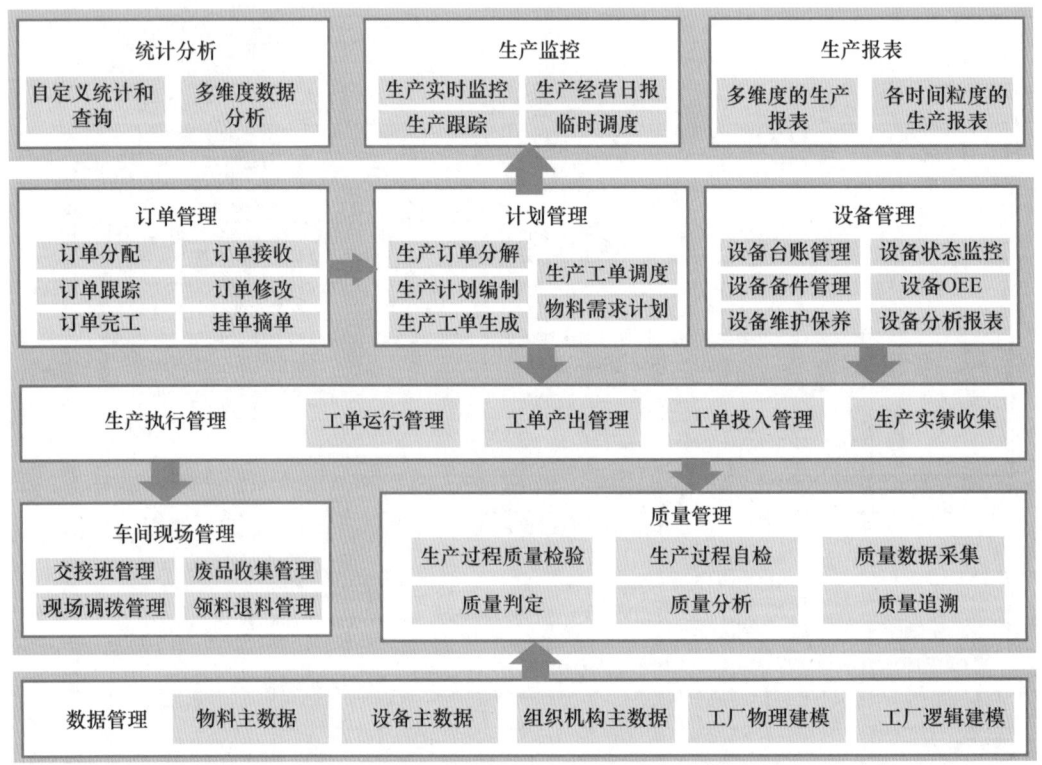

图 7-12　制造执行管理系统（MES）功能架构

（1）生产报表：包括多维度的生产报表（产量、消耗、设备等）、各时间粒度的生产报表（日报、月报、年报等）；

（2）订单管理：包括订单接收、订单修改、挂单摘单、订单分配、订单跟踪、订单完工等；

（3）计划管理：包括生产订单分解、生产计划编制、生产工单生成、生产工单调度、物料需求计划等；

（4）设备管理：包括设备台账管理、设备备件管理、设备维护保养、设备状态监控、设备 OEE（Overall Equipment Effectiveness，综合设备效率）、设备分析报表等；

(5) 生产执行管理：包括工单运行管理、工单产出管理、工单投入管理、生产实绩收集等；

(6) 数据管理：包括物料主数据、设备主数据、组织机构主数据、工厂物理建模、工厂逻辑建模等；

(7) 质量管理：质量管理集成了产品质量溯源分析子系统，功能包括生产过程质量检验、生产过程自检、质量数据采集、质量判定、质量分析、质量追溯等功能模块。

(8) 质量分析与缺陷追溯：陶瓷产品质量缺陷包括缺釉、开裂、针孔、翘曲、色差、破损等种类，具体可能产生在生产过程中抛光、烧成、釉料或成形的某一环节，需要通过质量分析，追溯缺陷产生源头。图 7-13 为产品质量溯源分析子系统界面图。

图 7-13　产品质量溯源分析子系统界面

7.1.1.3　生产控制层

根据生产工艺和企业自身情况，在建筑陶瓷智能制造车间，配备先进的自动化生产设备，并在已布置的如自动控制送粉系统、窑炉监控系统等核心工序子控制系统的基础上，开发了一套中央过程控制系统，建立了中央控制室和实时数据平台，并对生产环节实现从原料到转入立体仓库过程的在线监控和优化，主要包括以下系统：

(1) 自动控制送粉系统，负责控制从料仓到配色过程的原料自动输送；

(2) 窑炉监控系统，负责监控窑炉砖坯烧成过程的生产环境；

(3) 能源管理系统；

(4) 其他子控制系统，如喷釉系统、五层干燥窑控制系统等；

(5) 中央过程控制应用，属于智能制造工厂的中枢大脑，采集生产过程数据、子控制系统数据等，实时监控工厂全线生产状态。图 7-14 为生产控制层智能制造实施框图。

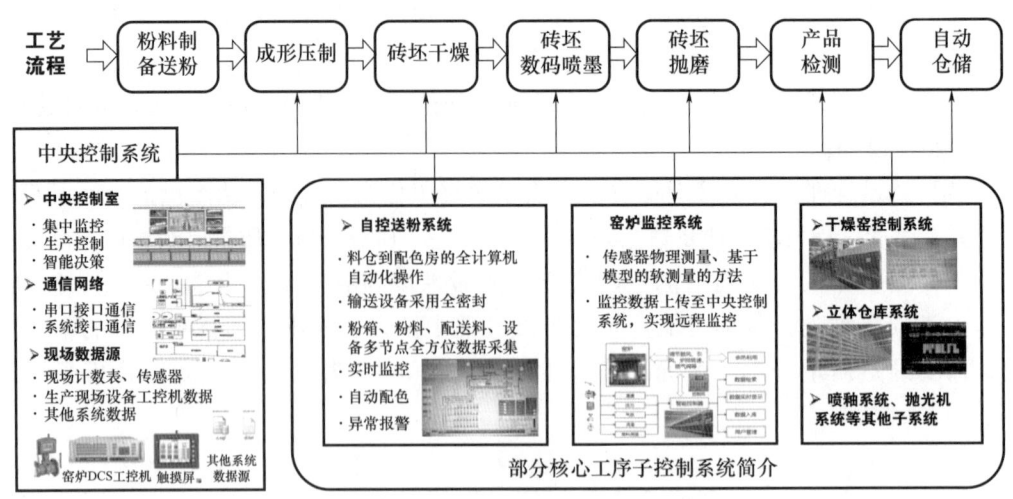

图 7-14 生产控制层智能制造实施框图

1. 中央控制部分核心工序过程

（1）自动控制送粉系统

自动控制送粉系统实现原料从料仓到配色房的全计算机自动化操作，并通过实时采集送粉系统的工作数据，实现在自动配料过程中显示实时状态，方便操作员在配料控制室内通过配料控制流程的动态画面得知当前配料情况，以确保整个配料工段的正常生产，避免由于各种原因导致配错料的情况发生。

系统通过人工输入配方参数、时间参数、预置输送路线等参数，通过 RS232 通信口发送到可编程控制器上，即可控制整个送粉系统自动运行。输送设备采用全密封，实现无组织扬尘的有效控制。托轮选用新的设备，无须加油，大大降低了员工劳动强度。自动控制送粉系统的操作界面如图 7-15 所示，图 7-16 所示为原料车间粉料输送示意图。

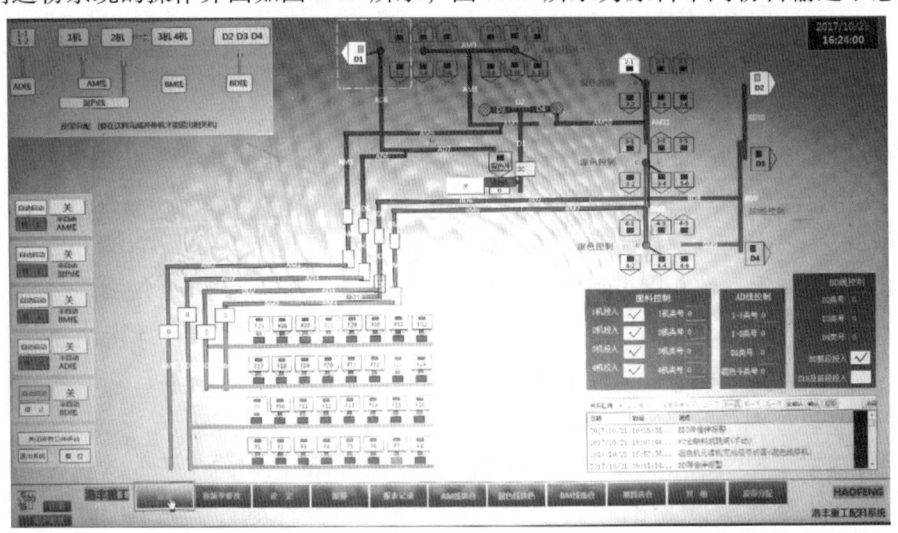

图 7-15 自动控制送粉系统界面

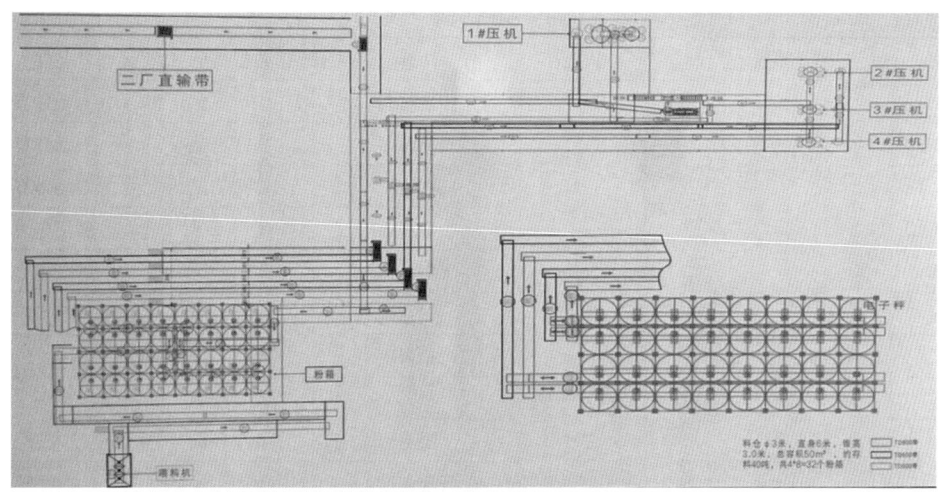

图 7-16 原料车间粉料输送示意图

为了对自动控制送粉系统进行实时监控，对粉箱和配料系统的关键点数据进行采集，如采集粉箱中的粉料状态、料位等信息，采集节点清单见表 7-3。

表 7-3 自动控制送粉系统采集节点清单（单个设备）

序号	系统	功能	注释	数据类型	备注
1	自动控制送粉系统	粉箱	料种	投入产出	人工输入
2			粉料状态	生产工况	
3			维修状态	生产工况	人工输入
4			料位	生产工况	超声波测距
5		粉料	品质	生产工况	人工输入
6			陈腐时间	生产工况	自动计算
7			水分	生产工况	人工输入
8			粒子级配	生产工况	人工输入
9			库存量	投入产出	自动计算
10		配送料	粉箱号	生产工况	
11			送料量	投入产出	皮带秤
12		设备	送料秤状态	生产工况	
13			输送带状态	生产工况	
14			转斗振筛状态	生产工况	
15			清洁	生产工况	自动计算
16			巡检	生产工况	自动计算
17			加油	生产工况	自动计算
18			更换	生产工况	自动计算
19			保养	生产工况	自动计算
20			班运行时间	生产工况	自动计算

续表

序号	系统	功能	注释	数据类型	备注
21	自动控制送粉系统	设备	停止时间	生产工况	自动计算
22			故障时间	生产工况	自动计算
23			运行率	生产工况	自动计算
24			电压	生产工况	智能电表
25			电流	生产工况	智能电表
26			转速	生产工况	编码器
27			电机温度	安全环保	
28			振动	安全环保	
29			噪声	安全环保	
30			环境温度	生产工况	温度表
31			环境湿度	生产工况	湿度表
32			粉尘	安全环保	含量检测仪

通过自动控制送粉系统的应用,实现送粉工段的全自动化运行,具体实现以下功能。

①自动化送粉功能。按照生产需要选择上料、堆料、取料、应急取料等不同的流程,并控制流程上设备的顺序启动、顺序停止、紧急停止、故障停止等。另外,送粉系统可自动校零,降低因积尘及设备磨损对计量准确度的影响,大大减少人力投入。

②无人工任意混色功能。可以根据生产需要选择不同的色料,改变或设定各种色料的配比,通过自动配料控制系统实现所选色料按比例下料。

③统计及报表打印功能。对送粉工作的历史数据、曲线进行查询,可以统计各班的配料总量、各种原料的消耗量,在当班结束时打印出来;统计每月的配料总量、各种原料的月消耗量,每月末以报表的形式打印出来。

④报警功能。控制系统可以在生产过程中实时监控送粉系统的运行状况,若运行参数超出预先设定的上、下限,则马上控制中央控制系统的上位机发出警报信息,提醒操作人员采取相应的措施。

(2) 窑炉监控系统

窑炉控制主画面如图 7-17 所示,在主画面的最上方用不同的颜色显示了辊道窑各区辊上和辊下的实际温度曲线和设定温度曲线。在该控件下方,动态显示了窑炉全画面的流程图,包括风机状态、压力开关、燃气阀门、产品试烧跟踪、入砖监测、动态走砖和空窑状态、出砖计数等。第三行,动态显示了各传动变频器和风机变频器的运行状态,包括运行频率、设定频率和正反转状态等。第四行,动态显示了各温控表动态温度、设定温度、执行器开度、温度报警等。在主画面中还显示了烧成周期、各产品产量计数和最新报警等。

(3) 五层干燥窑监控系统

五层干燥窑控制主界面如图 7-18 所示。

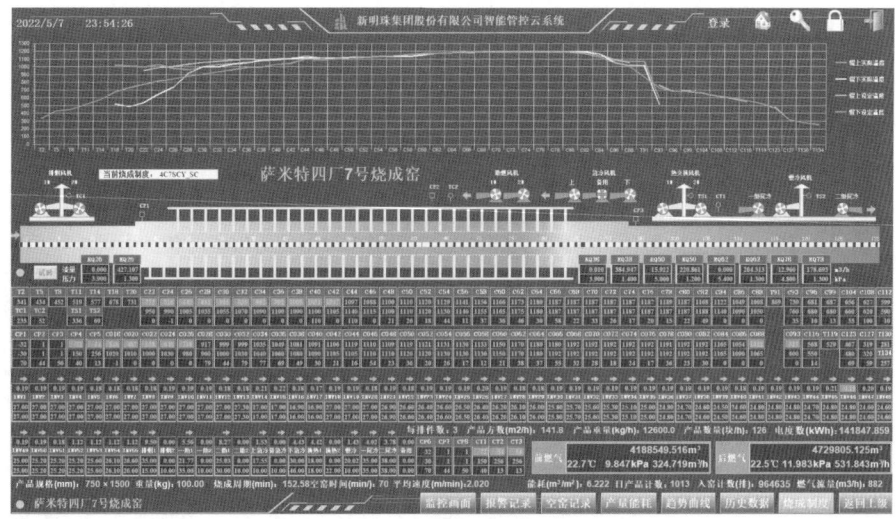

图 7-17　窑炉控制主界面

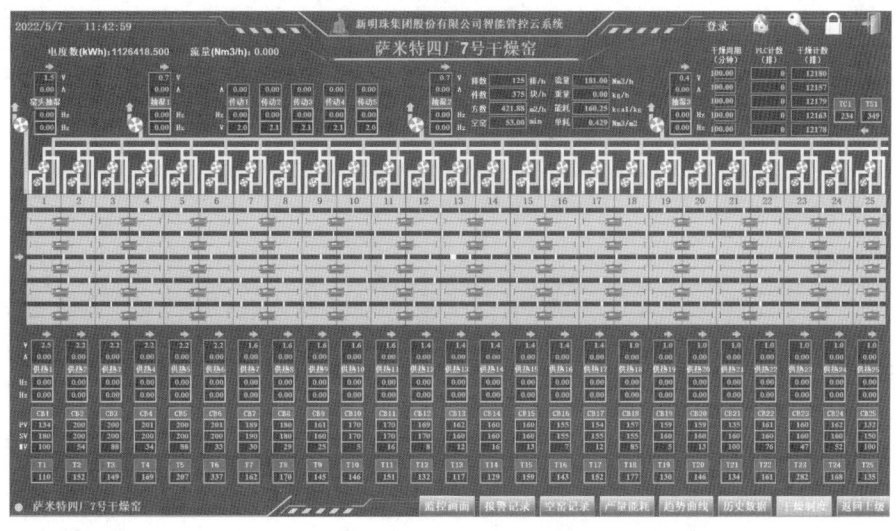

图 7-18　五层干燥窑监控系统界面

（4）能源监测看板系统

针对能源工艺系统分散和能源管理要求集中的特点，建立能源管理系统可以满足能源工艺系统特点的分散控制和集中管理，使企业的能源管理水平适应企业的战略发展需要。通过企业能源数据的可视化，可让管理者更加充分、深入地了解企业的能源利用状况，发现生产和设备运行节能空间，是实现不断改进企业能源管理水平、持续提高企业能源使用效率的有效手段。而且为企业搭建了一个合理、高效的信息传输平台和管理平台，形成了一套行之有效的节能减排解决方案，对区域能源消耗数据进行及时、快速和准确的监测，实现科学分析、预测和预警功能，为企业决策提供了多方位、可视化的数据信息查询和决策支持服务，达到科学用能、科学管理的目的。煤粉喂料系统、电力系统、燃气管网系统是一种基于网络、计算机等先进技术的现代化能源管理工具和平台，可对企业能耗数据进行采集、存储、处理、统计、查询和分析，提供企业能源消耗计划、能耗核算及定额管理，对企业能源消耗进行监控、分析和诊断，实现节能绩效的科学有效管理及能源效率的持续改进。监测画面如图7-19～图7-22所示。

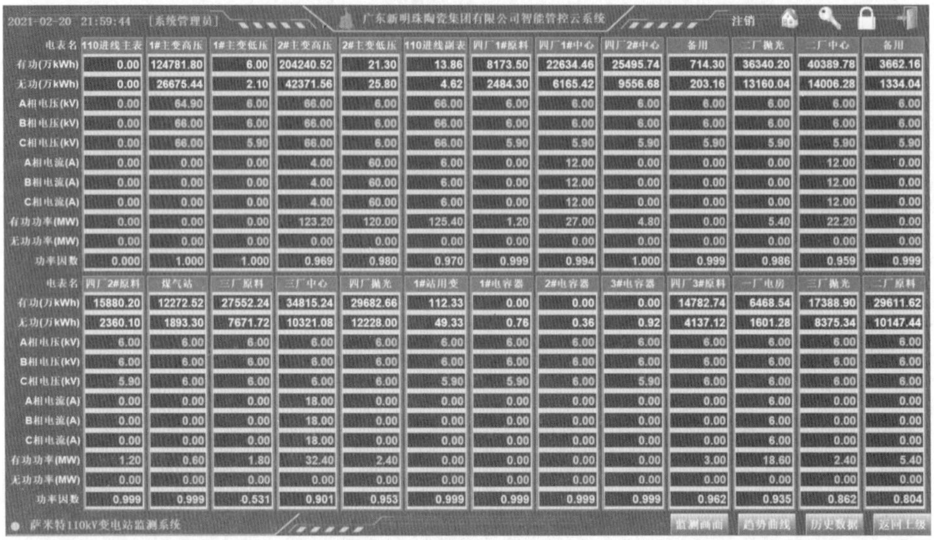

图7-19 变电站电力监测

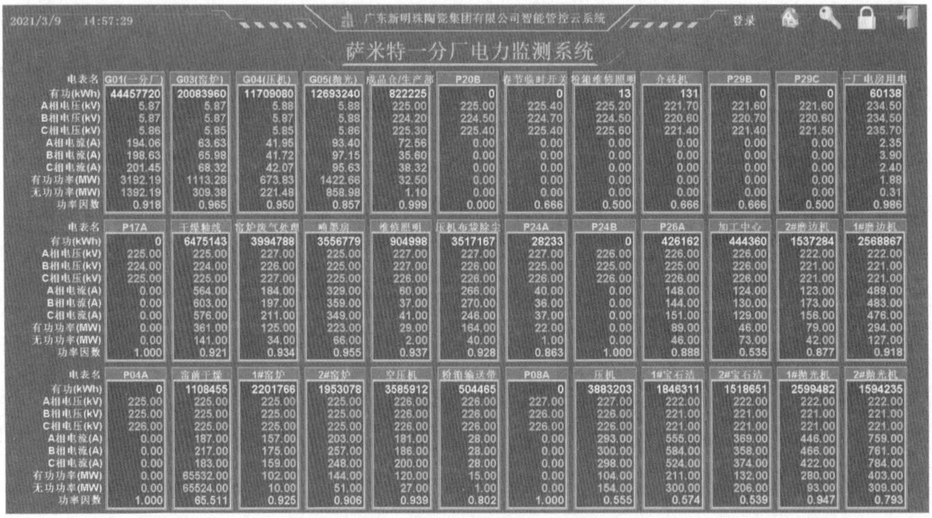

图7-20 分厂电力监测

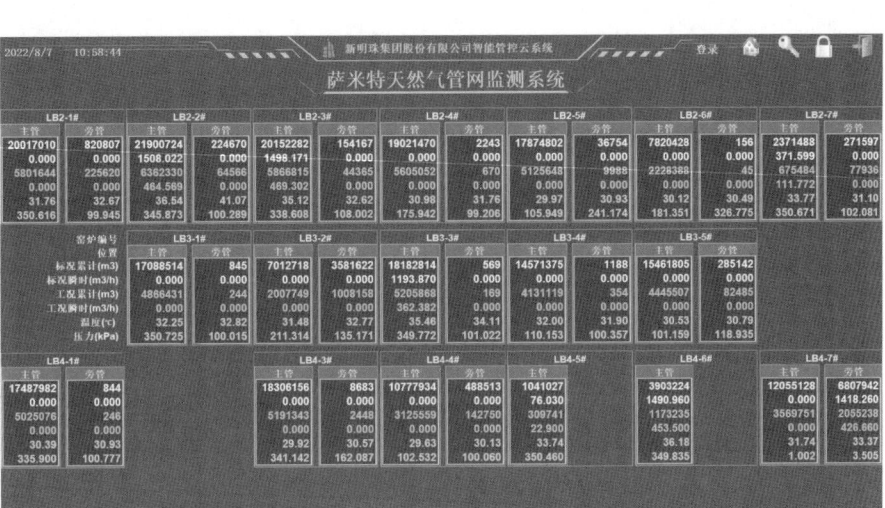

图 7-21　天然气管网监测

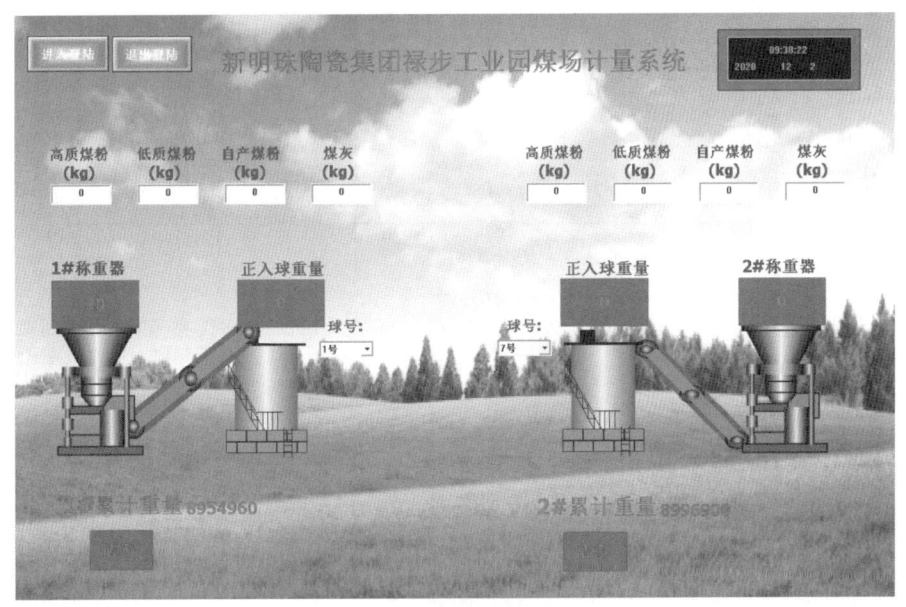

图 7-22　煤粉监测

针对企业的实际用能情况，开发了企业能源管理中心看板系统，主要包括首页、在线监测、能耗统计分析、能源流向、能效分析等模块。系统首页如图 7-23 所示。

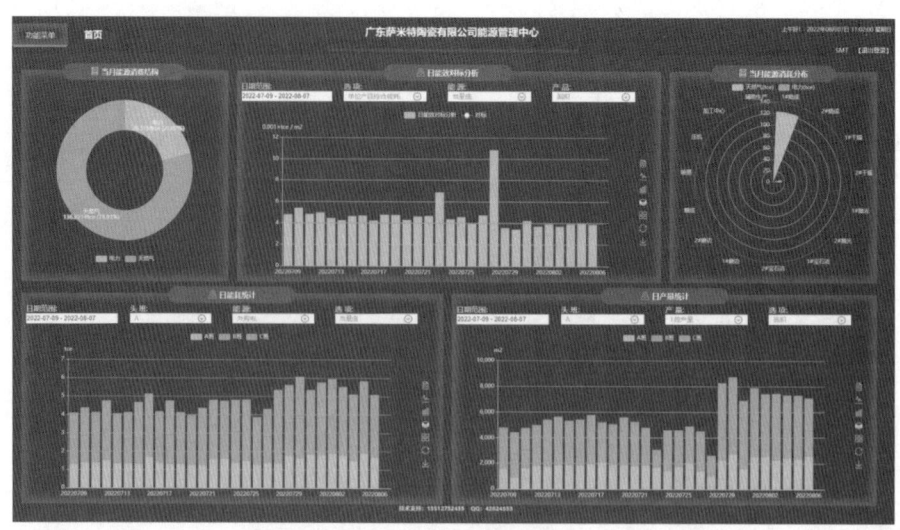

图 7-23　系统首页

(5) 其他生产控制子系统 (表 7-4)

表 7-4　其他生产控制子系统

控制系统	设备及控制界面	功能
喷釉系统		1. 釉柜具有 IP65 保护的触摸屏控制板/面板，配备 PLC，远程电缆通信，远程监控； 2. 喷墨机砖坯表面印花全计算机操作，导入图案文件，即可控制喷头射出釉墨阵列
抛光机控制系统		1. 磨块排列、线速度、线架过渡、摆动的速度、宽度、延时，可直接在操作屏幕上输入； 2. 智能设定磨盘磨损量，达到预设磨损量时自动升起停止报警等功能
产品检测系统		1. 陶瓷薄板生产品质在线分析； 2. 陶瓷薄板产品部分缺陷智能检测分选

2. 中央过程控制系统网络架构

中央过程控制系统网络架构从下往上可分为现场数据源、通信网络、中央控制室三部分，如图 7-24 所示。

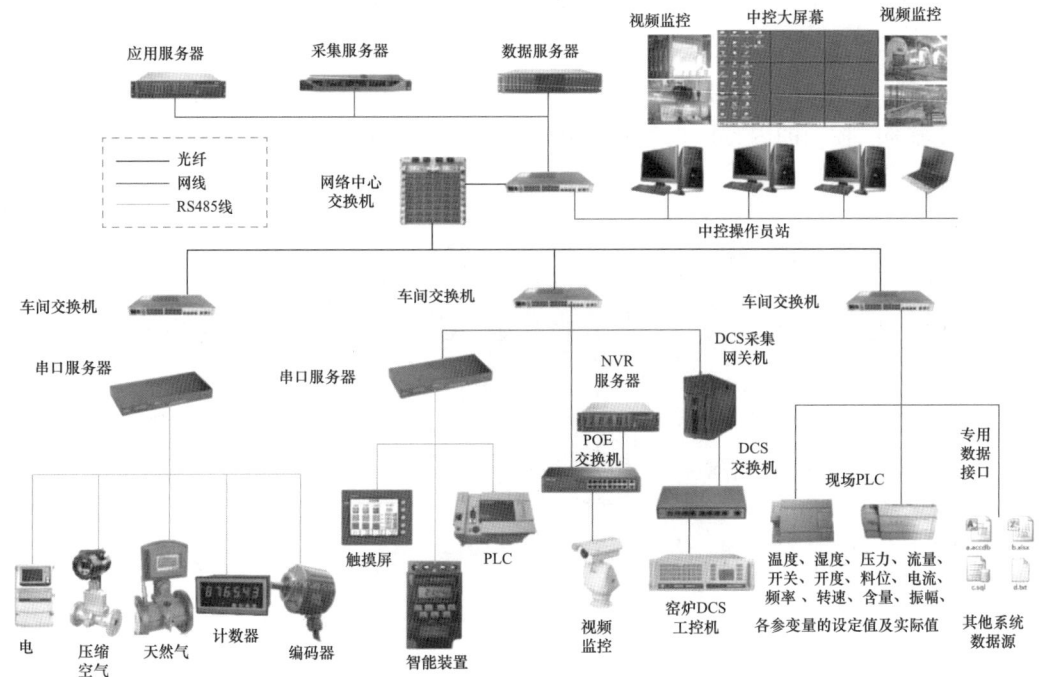

图 7-24 中央过程控制系统网络架构

（1）现场数据源

现场数据源包括传统计量器具如智能电表、压缩空气表、天然气表等，用于统计产量数据的计数器、皮带秤等，统计生产线线速度的编码器，此类仪器仅用于完成单独的计量功能，现已运用到公司其他生产线上。

对于已形成独立控制系统的，如自动送粉控制系统、窑炉监控系统等，可开发专用数据接口进行通信，如 OPC 数据通信、数据库数据共享、文件共享等。

（2）通信网络

根据现场数据源的特点来设计现场通信网络，对于具有 RS485/RS232 等串口接口的数据源，采用串口服务器进行组网，如各计量仪表、触摸屏串口通信口、PLC 串口通信口等。

对于具有网口接口的数据源，可直接通过网线进行连接，如 PLC 网口通信口等。

（3）中央控制室

中央控制室包括网络中心和服务器系统（如数据库服务器、数据采集服务器、应用服务器等）、磁盘阵列柜、现场操作员站、大屏幕、视频监控系统和 UPS 等。

3. 中央过程控制具体延伸应用

中央过程控制系统改变了以往各个子工序设备之间信息不通、各自为政的局面，底层通过物联网技术将生产线所有设备连接起来，使智能制造示范工厂中的各生产工序、设备的生产情况数据在软件系统中集中进行展示，同时通过特定通道介入到陶瓷薄板生产设备的管理与控制当中，实现了对陶瓷薄板自动化生产线的生产数据自动采集和过程控制。

中央过程控制系统主要实现对生产线运行过程的监测与控制功能，已实现对11个工序级的生产数据和子系统进行统一数据集中与监控。中央过程控制系统的界面如图7-25所示，监测的内容包括设备运行状态、生产进度执行情况、能源消耗情况、生产线健康状态等。控制的内容包括生产调度的执行、设备的启停、设备运行参数的设定、工艺参数的自动调整等。

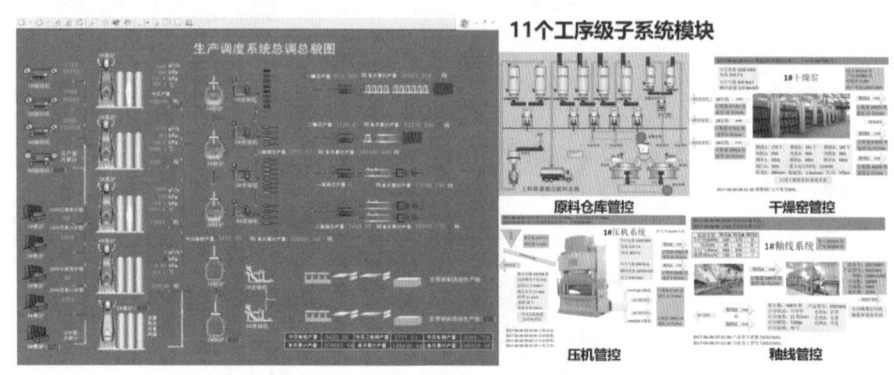

图 7-25　中央过程控制系统主界面及部分界面

（1）状态查询。系统以秒级的周期采集设备运行状态数据，将设备的生产执行情况完整地记录下来，如设备正常运行时间、开停机时间、待机时间、低效运行时间等，为能效分析提供有力的数据支撑。

（2）状态统计。对单位时间内设备的停机、待机、正常、满负荷运行等状态数据进行统计，得到设备的运行时长和开机率，分析设备的生产稳定性情况。

（3）设备维护。建立更有效的设备维护工作制度，将运行时长、设备生产稳定性情况、单产能耗值等作为设备维护的重要依据。图7-26所示为设备停机、待机状态实时查询图，图7-27所示为设备维修信息数据统计分析。

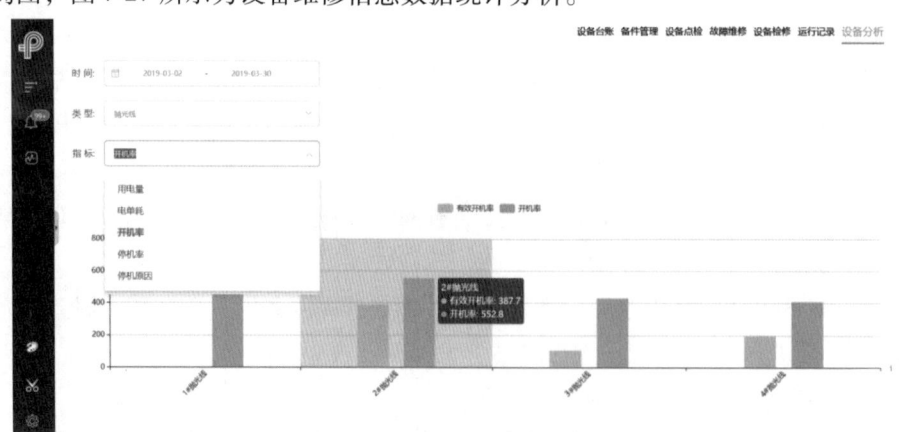

图 7-26　设备停机、待机状态实时查询

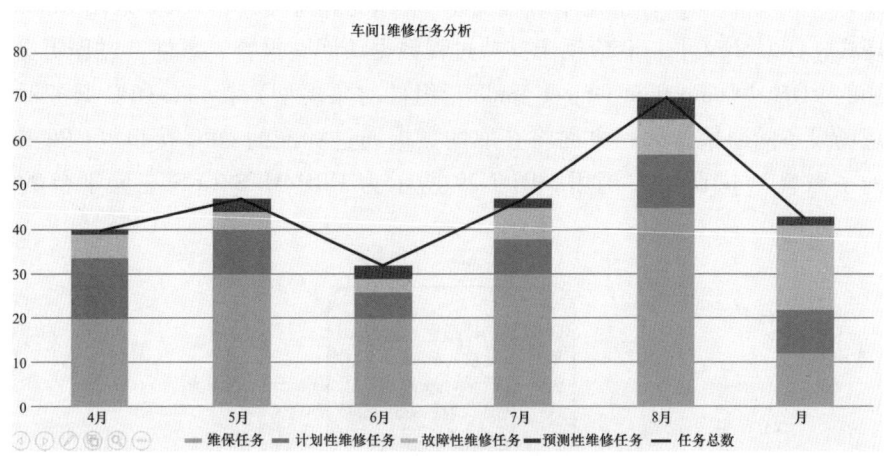

图 7-27　设备维修信息数据统计分析

7.1.1.4　数据互联与安全

一方面，采取"数据集中、应用分布"的方式，搭建了企业核心数据库，打通多种应用系统的数据接口，将陶瓷生产线上的生产数据、工控系统数据和办公室的生产管理系统、办公系统等数据集中存储和利用，有效地提高信息资源利用率；另一方面，建立信息安全保障机制，数据安全性得到了更好的保障。

1. 企业核心数据库

对于新型建材陶瓷岩板智能制造示范工厂的网络，企业以现有局域网络为主体来搭建生产设备数据采集网络，通过 485 总线网络布局，对车间生产数据进行实时采集和监控；部署数据服务器集群和磁盘阵列，将车间生产数据和已有的 ERP、SCM、MES 等系统关键核心数据统一纳入数据中心管理。主要包括投入产出、能源消耗、生产工况、运行日志、系统报警和安全环保六大类型的数据。企业内所有员工都按照相应规则划分在特定 VLAN（Virtual Local Area Network，虚拟局域网），在核心交换机上使用访问控制列表实现内网 VLAN 之间互访的策略控制，在核心交换机上开启路由选择协议实现内外网路由互通。图 7-28 所示为企业核心数据库数据六要素。

2. ERP、MES 和 CCS（Central Control System，中央控制子系统）的互联互通

对于陶瓷生产来说，面对客户对交货期的高要求、更多类型和改型的产品、变更速度加速的订单情况，需要对企业资源计划管理有实时的生产信息辅助，才能够得到更加准确的经营决策和高效的订单管理。因此，公司以 MES 系统作为企业资源计划层和过程控制层之间信息转换的桥梁，打通 ERP/MES/CCS 三元平台数据接口，实现互联互通：一方面，MES 为 ERP 系统提供及时、准备的数据和信息，另一方面，通过 CCS 的底层数据采集与分析，为优化、控制生产线的运行提供依据和保证，以适应企业对实时化的要求。

在 ERP/MES/CCS 三层结构中，ERP 与 MES 的信息交互、共享均通过 XML（Extensible Markup Language，可扩展标记语言）实现。底层控制系统与 MES 的通信采用 OPC

（OLE for Process Control）标准用于过程控制的对象链接和嵌入。OPC 采用 Client/Server 的通信模式，OPC 定义了一套应用于支持过程数据访问、报警、事件、过程历史数据访问等功能的 COM（Component Object Model，组件对象模型）接口，OPC 服务器一方面负责与现场设备的通信，另一方面将获取的数据通过标准的 OPC 接口（OPC Server 对外接口的一致性）供调用方调用。图 7-29 所示为 ERP/MES/CCS 三元平台数据接口交互。

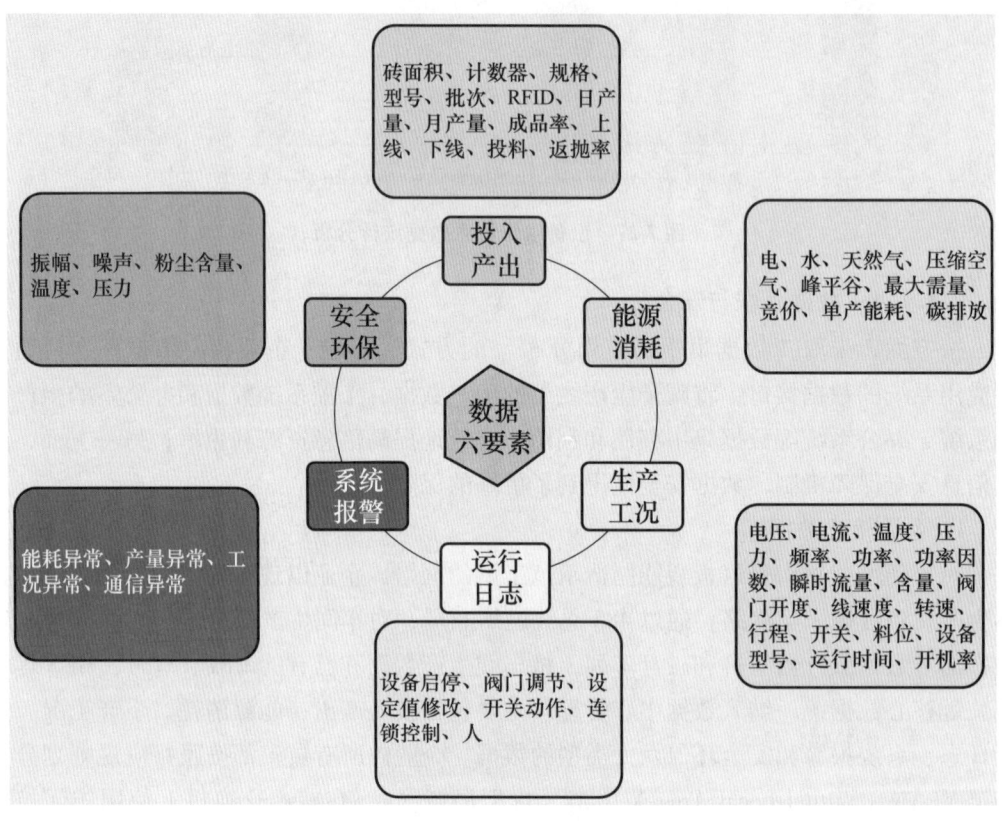

图 7-28　企业核心数据库数据六要素

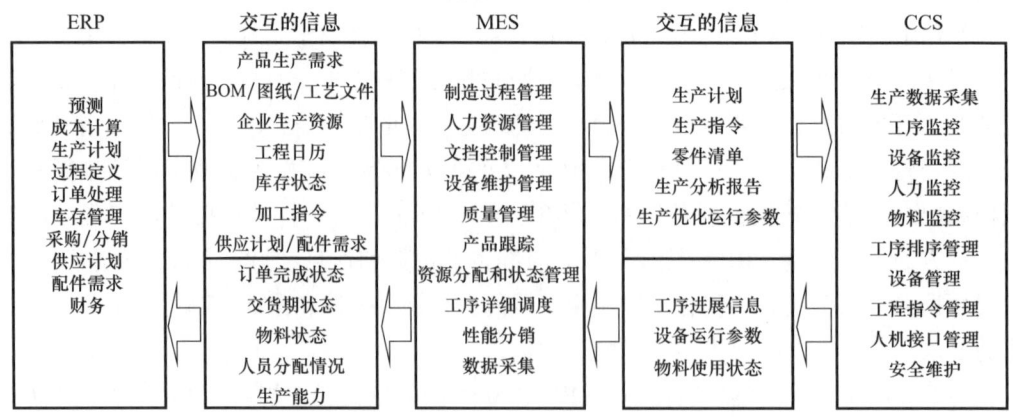

图 7-29　ERP/MES/CCS 三元平台数据接口交互

从 ERP→MES→CCS 的信息传递：ERP 经过 MRP（Material Requirement Planning，物料需求计划）运算后，需要将产品的生产需求、BOM、企业生产资源、工作日历、加工指令、库存状态等信息加工处理后，将工序和生产调度、零件清单、生产分析报告、物料短缺信息、生产优化运行参数等传递给 CCS 层，CCS 层根据获得的数据进行相应的操作。

从 CCS→MES→ERP 的信息传递：CCS 接收到 MES 下达的工作指令后完成相应工作，在 CCS 层工作的同时将底层信息实时反馈给 MES，这些信息包括：工序进展信息、设备运行参数、物料使用状态、工件装夹时间、实际工作时间、产品完成数量、废品数量、作业状态、任务状态以及设备状态等，MES 层对信息做进一步处理后，将工作订单状态、资源状态、工时信息、物料消耗情况、实际的生产工艺、WIP 信息、废品信息、实际的库存状态、人员分配信息等反馈给 ERP 系统。

信息流在三层系统中的传递、反馈保证了信息的实时性，使企业实现生产实时计划与调度、动态成本管理成为可能。

3. 安全保障机制

（1）人员配置

设置有专职部门负责日常信息化管理工作的组织、协调和推动。

①设立专职机构，明确职责，与信息化管理相关的主要部门如下：

A. IT 网络组（直属于行政人事部）：主要负责公司包括 ERP 等系统服务器的计算机系统、网络系统的管理、维护、数据备份和系统安全工作，以及标准办公软件的配置、升级和日常维护。处理用户日常所遇到的系统故障或问题，以及由于用户的新需求所产生的权限设置、系统开发、后台设置和日常系统维护，系统数据库的管理以及日常的数据上载和修改。

B. 数据处理中心（直属于行政人事部）：主要负责工厂信息化活动的组织与推动以及 ERP 系统的运作协调、报表汇总、数据的分析和年度复核。

②定期组织检查，不断改善

公司指定专人负责两化融合日常维护工作，定期进行内审和日常检查，不断改进和推动系统动作。

各部门均设 1 名 ERP 负责人员，在 ERP 各项管理模块建立期间，各部门负责每天定时集中研究讨论，各部门汇报 ERP 工作情况，指出存在问题，研究解决办法，使 ERP 各项模块的开发和建立工作落到实处。

（2）数据库数据安全保护

为了保证安全生产的需要，应建立有效的信息安全管理机制和技术防护体系。采集网络与现场数据库之间配置一对光纤收发器，一个连接数据采集网关，一个连接接入交换机，利用网关隔离管理网和控制网，保障数据不丢失且有更高的安全性。生产网络与办公网络之间采用防火墙进行安全隔离，实现办公人员对生产网络的访问控制，保证互联设备的安全运行。数据中心接入办公网络，具备更高级别的权限控制分配体系，同时通过防火墙接入 Internet，将受限的数据资源和业务功能开放给供应商、客户以及其他合作伙伴，同时也开放部分数据资源和业务功能，供出差人员通过互联网或移动网络访问数据资源。

7.1.2 实施成效

1. 实施现状

新型建材陶瓷岩板智能制造示范工厂目前正处于有序建设阶段。智能制造工厂具备大部分流程型行业智能制造试点示范项目要素条件，具体实施现状见表7-5。

表7-5 实施现状列表

类型	现阶段已完成内容
自动化建设	已完成产线规划、生产设备采购、正在进行自动化生产线搭建和调试
生产管理层建设	已建成企业资源计划管理系统（ERP），提供全方位资源管理
	已建成供应链管理系统（SCM），简化采购、出货流程，高效完成采购、出货工作
	已建成客户管理系统（CRM），提供客户管理、营销管理、电话销售、服务管理等功能
	已建成仓储管理系统（WMS），提供客户管理、营销管理、电话销售、服务管理等功能
计划执行层建设	已建成制造执行系统（MES），提供陶瓷薄板生产计划、生产质量管理、缺陷分析、缺陷追溯等功能
生产控制层建设	已完成陶瓷薄板生产工序子控制系统的开发和部署，包括釉线自动控制系统、窑炉监控系统、五层干燥窑监控系统等，另外实现中央控制系统（CCS）对各子系统的连接，实现全线的过程监控
数据互联与安全	已搭建企业核心数据库，实现生产、管理关键数据集中存放，开放数据接口，实现ERP/MES/CCS系统间的数据互联，并组建了数据安全小组，设置数据安全保护机制

2. 已取得的效果

新型建材陶瓷岩板智能制造示范工厂进入试运行阶段，生产效率、成本、产品不良等指标将得到较好的提升，具体如下：

（1）自动化率提高50%

本项目为新建项目，实施前后工厂生产自动化率提高50%，大大降低了生产人员投入。

（2）企业生产效率提高20%

产品生产效率的提升直接表现为产品标准工时的降低，生产效率预测提升20%。

（3）能源利用率提高20%

通过优化产线能源配置结构，基本杜绝能源浪费，提高能源利用率，项目实施后能使能源利用率提高20%。

（4）产品研制周期缩短15%

研制周期包含研发周期和生产周期，生产周期包括从原材料投入生产开始，经过各道工序加工直到成品出产为止，所经过的全部日历时间。通过项目的实施，可有效缩短研制周期,研制周期缩短15%。

通过对新型建材陶瓷岩板智能制造示范工厂的建设,实现陶瓷薄板产品从原料到生产、入库全流程的自动化生产,大大减少了生产过程中人工的参与,年产达到405万 m^2。另外,工厂生产单位产品综合能耗为2.49kgce/ m^2,综合电耗为4.0kW·h/ m^2,单位产品综合能耗明显优于国家先进值,仅为国家先进值的62.25%,按每年生产400万 m^2 的陶瓷薄板计算,每年至少节约标准煤6000t,大大降低了产品生产成本,符合绿色低碳经济的潮流。

7.1.3 示范带动作用

一直以来,新明珠不断开拓创新,改进工艺,升级生产设备,致力于推动岩板产品在业内普及,拓展岩板的应用范围。本项目投资建设的3mm超薄岩板具有大、轻、薄、曲、硬、质、绿等特点,轻至7kg/ m^2,可弹性弯曲15°~20°,花色丰富多样,具有防火、耐磨、耐污、耐酸碱、耐腐蚀、易清洁等优越的物理化学性能,是全空间饰面材料的新选择。

本项目将完成新型建材陶瓷岩板智能制造示范工厂的建设,是通过运用资源计划管理系统、制造执行系统、中央控制系统、瓷砖表面缺陷人工智能检测系统等信息化管理手段,实现整线自动化联动生产,实现新一代信息技术与制造技术的有机融合,使工厂自动化率提高50%,生产效率提高20%,能源利用率提高20%,产品研制周期缩短15%,缺陷砖损减少10%,是目前行业自动化程度高、标准高、先进的生产线,开创了陶瓷生产行业智能生产新时代,在智能制造方面具有标杆示范和引领作用。

本项目从生产管理层、计划执行层、生产控制层、数据中心互联与安全层面开展智能制造技术改造,是围绕生产流程的比较完善的综合解决方案,可在各层次级别甚至工序级别为同行业的企业进行技术改造提供充分的借鉴,能建成模块化的具有示范引领作用的建筑陶瓷岩板智能制造工序,具有较强的移植性以及示范应用作用。该项目的建设将进一步拓展陶瓷薄板、岩板的应用领域,为建筑卫生陶瓷生产的转型升级奠定基础。

本项目建设单位萨米特从大板到家具岩板,该品牌从技术升级、品质革命、规格突破、功能跨界等多方面构建岩板行业高定生态圈,打造"品牌、产品、服务"三位一体岩板品牌,致力于成为专业的全屋定制(家具)行业应用解决方案提供商,以实现岩板绿色建筑整体空间的全方位应用。该品牌一直是行业企业学习借鉴的对象,本项目的建设得到行业的高度关注。

建成后,萨米特将朝着"世界岩板·中国制造"的目标迈进,要做岩板领域的标杆,引领行业潮头,做好行业示范作用,联合合作伙伴在本行业进行复制和推广,以销售、合作开发的形式输送大量的软硬件技术和实施经验,带动一批传统陶瓷生产企业提升智能制造水平,进而推动陶瓷行业进入智能化生产的全新跑道。

7.2 蒙娜丽莎智能生产线介绍

广西蒙娜丽莎新材料有限公司属于蒙娜丽莎集团股份有限公司的全资子公司，其顺应时代发展趋势，致力打造 G 时代的智能化制造工厂，是集科研开发、创意设计、专业生产、市场营销为一体的高新技术企业，A 股上市公司，位于梧州市藤县中和陶瓷产业园新源大道 1 号，占地 991 亩，建筑面积超 48 万 m^2，计划投资 12.5 亿元，新建 10 条高端、智能建筑卫生陶瓷生产线，达到年产量 7200 万 m^2，二期智能化生产线已投产。

项目建设的内容包括但不仅限于硬件方面，如厂房基础建设、设备引进，包括自动破碎机、连续球磨机、自动传送浆料、粉料系统、多通道喷墨打印机、温控智能化窑炉、自动储坯机、自动打包机、激光打码机、自动平仓入库传送设备；软件方面，如 ERP 系统、分销系统、供应自助系统、PMS（Project Management System，项目管理系统）、MCS（Manufacturing Control System，制造控制系统）平台系统、SaaS 系统、CRM 系统、TMS（Transportation Management System，运输管理系统）物流平台系统、BI（Business Intelligence，商业智能）报表系统等以业务为导向的信息化系统。

创立陶瓷行业智能制造大数据中心，自主创建信息数字化平台，通过设备互联互通，采集生产进度、设备状态等现场信息，建立生产过程数据库，使用信息深度自感知、智能优化自决策、精准控制自执行等功能。从计划源头、过程协同、设备底层、资源优化、质量控制、决策支持六个维度，即从原料破碎、投料、制浆、制粉、压制成形、干燥、窑炉烧成、抛光到产品分级、入库全过程，实现了自动化、智能化监控、大数据分析。既能集中管理生产关系数据、远程可视操作、生产异常实时警报，又可对过程数据自动记录并进行分析。减少出错率 80% 以上，减少意外停机 60% 以上，降低产品不良率 55%，提高生产效率 20%，降低运营成本 20%，为企业创造更大的利润空间与竞争空间，同时为地方税收做出积极贡献。

7.2.1 智能工厂建设内容

1. 主要内容

（1）工厂总体设计：建设智能工厂，将智能制造的四大元素（智能产品、人、物料、工厂）有效组合，同时把客户集成、智力集成、纵向集成、横向集成、价值链集成这五方面集成起来，将制造的价值凝聚在一起，从而产生更大的价值。

（2）工艺流程及布局数字化：广西蒙娜丽莎新材料有限公司陶瓷砖的生产采用喷雾干燥制粉、半干压法成形、快速烧成等工艺技术。生产工艺方案描述为，将购入泥浆经除铁器除铁，经过振动筛过筛，除去铁屑和颗粒物后的浆液打入泥浆池陈腐两天，之后用高压泵打入喷雾干燥塔制粉，而后粉料按一定比例采用半干压法成形，再经皮带输送至干燥窑进行干燥后，砖坯经过施釉和印花，然后通过施釉线送入辊道窑进行烧成，成为半成品。出窑后进行抛光、上蜡后经检选分级包装入库。陶瓷砖生产总工艺流程如图 7-30 所示。

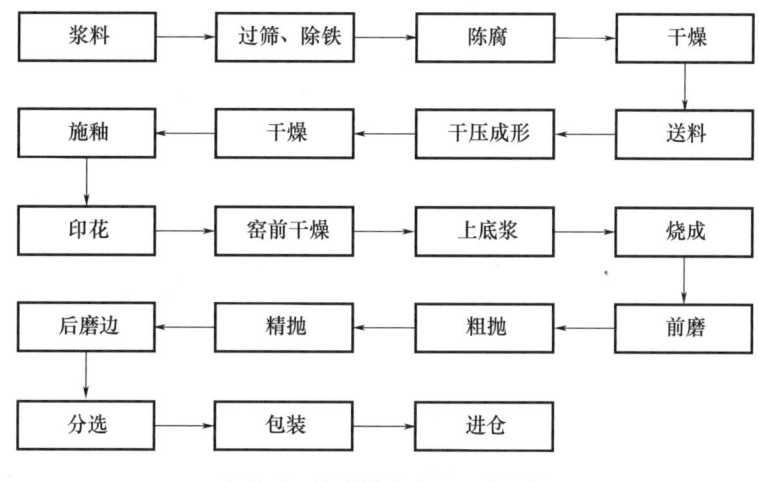

图 7-30　陶瓷砖生产总工艺流程

（3）生产智能化：在智能工厂内部，通过纵向集成，把传感器、各层次智能机器、工业机器人、智能车间与产品有机地整合在一起，同时确保这些信息能够传输到 MES\ERP 系统中，对横向集成以及端到端的价值链集成提供支持。

通过纵向集成构成了工厂内部的网络化制造体系，这个网络化制造体系由很多的模块组成，这些模块包括模型、数据、通信、算法等所有必要的需求。在不同的产品生产过程中，模块化的网络制造体系可以根据需要对模块的拓扑结构进行重组，从而可以很好地满足个性化产品生产的需求。

通过集成后的网络化制造体系可以被看成是一个巨大的智能机器系统，模块可以看成它的程序单元，而改变拓扑结构的过程就是重新编程的过程，只不过所有这些活动全部是自动完成的。根据不同产品发出的指令，网络化制造体系能够根据需要来组织完成生产。

纵向集成具有三个特点：确保不同层次的设备和传感器的信号传输到 MES、ERP 层面，提供对横向集成以及端到端集成的数据支持；为了满足智能制造的可变性，开发模块化和可重复使用性是很重要的；对智能系统进行功能性描述，纵向系统的构建其实也就是智能工厂系统。

通过横向集成将各种不同的制造阶段的智能系统集成在一起，既包括公司内部的材料、能源和信息的配置（如原材料、生产过程、产品外出物料、市场营销等），也包括不同内部公司之间的价值网络的配置。横向集成与纵向集成、价值链集成整合起来构成了智能制造工厂网络。

2. 技术架构

图 7-31 为总架构蓝图。

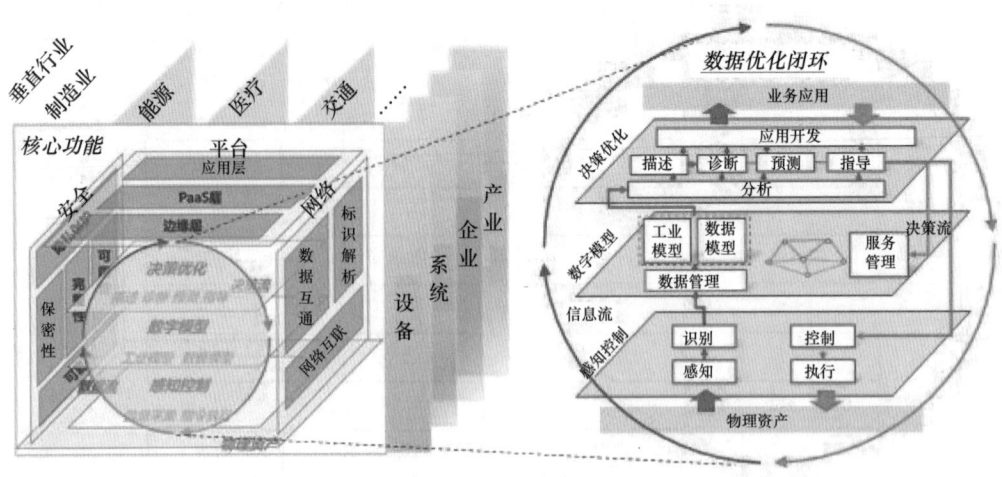

图 7-31 总架构蓝图

当前总架构在工业互联网应用探索中已开始发挥重要引领作用,为企业提供指引和参考。一方面,对标工业互联网企业,基于架构开展,持续完善自身技术、产品和服务能力,构建以工业互联网为核心的公司业务体系;另一方面,公司结合架构,成功推进自身行业应用和系统建设,探索行业特色转型路径,引领行业整体高质量发展。同时,产业创新生态在架构指引下不断壮大,5G、大数据、人工智能、区块链、边缘计算等技术创新活跃,融合型产品和解决方案不断涌现,有力支撑新兴产业与服务体系构建。图 7-32 为智能工厂技术架构蓝图。

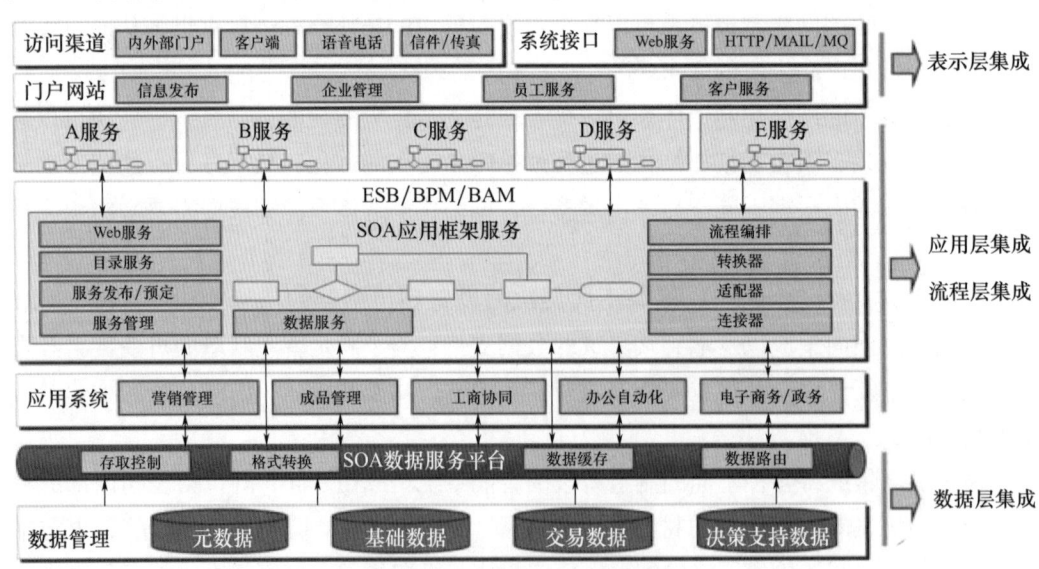

图 7-32 智能工厂技术架构蓝图

工厂智能化生产以信息化为基础,将工厂中各式设备接入网络,采集设备的数据,连接成为信息化的基础。针对不同工业设备,数据采集有不同的方式。

（1）有数据接口的设备：如机器人、机床、PLC控制器、智能化仪器仪表等，将设备数据传输到网关。

（2）没有现成数据的设备：通过安装传感器或进行智能化改造，提高通信能力，基于有线或无线方式，将数据传输到网关。数据传输到网关后，网关基于边缘计算进行数据就地分析和存储，或将数据、分析结果汇总，通过有线或无线的方式，传输到云服务器进行显示和后续分析。

（3）设备的联网接入：互联（硬件接口的连接）、互通（软件层面的数据格式与规范）、语义互操作（语义的定义与规范），其中前两个层次相对简单，第三个层次由于标准不统一，实现起来较难，不过也有OPC UA（Unifide Architecture，统一架构）等协议正逐步成为推荐的规范标准，再进行数据打通与直接应用。

3. 数据流结构

（1）数据采集：包括采集生产进度、设备状态等现场信息，建立生产过程数据库，使用信息深度自感知、智能优化自决策、精准控制自执行等功能，实现从原料破碎、投料、制浆、制粉、压制成形、干燥、窑炉烧成、抛光到产品分级、入库全过程的自动化数据、智能化数据监控。

（2）数据处理：数据集中管理，远程可视操作，生产异常实时警报。

（3）数据分析：生产过程数据自动记录并及时分析。

（4）数据应用：通过数字化平台，实现经营管理决策的智能优化，最终实现经营绩效指标的全面提升。可为蒙娜丽莎智能制造打造基础，提升生产过程效率，提高产质量，减少生产经营耗用，使生产经验过程可控可视化，减少风险，为经营管理决策提供智能分析。

7.2.2 示范作用

1. 技术先进性方面的创新

（1）现拥有自主研发的"自动供墨系统"。自动供墨系统通过"以机代人"提升产品颜色稳定性，大比例减少产品色差色号，从而保证产品色值的准确性与一致性；自动供墨系统还可使产品颜色稳定性提升70%以上。

（2）现拥有行业先进的德国"杜斯特自动对色系统"。自动对色系统通过产品"指纹"扫描收集，可实现瓷砖产品花色纹理快速仿版生产，综合速度提升80%以上。

（3）现拥有行业先进的"天眼"自动检测系统。自动检测系统通过智能相机一次性采集瓷砖标准"指纹"，通过"机器视觉系统"来代替人眼检测，大数据自动检测偏差，从而全面实现产品智能高标准检测，效率和准确率有了比较大的提高，并且减少了人员的作业强度。

（4）现拥生产实时集成监控"中央控制大数据管理中心"。以数字化的全流程管理，智能管控下的数字化工厂，突破时空限制，使生产基地实现整线远程高效管理。大数据云技术对整线的数据实时管控，为生产管理提供一个全周期、多维度、可追溯的

"数据星辰",有效提高生产效益,实现真正的可视化、智能生产制造。

(5) 实现绿色化的高标准管理,实行严于国家标准的内控标准,建绿色工厂,做绿色产品。在产品质量上,蒙娜丽莎实行严于国家标准的内控标准,采用全流程先进品质检控,杜绝不合格产品流向市场。不仅在产品研发、生产技术、智能化设备上体现先进水平,同时在末端治理、能源利用、资源利用、固废循环等方面体现行业先进性,采用国内先进污水处理设备,对废水进行处理后循环使用;采用国内先进设备及先进技术,对产生的烟气进行特殊的脱硫、脱硝、除尘加工处理,实行严于国家标准的内控标准,再把余下的水汽排放到大自然中。

2. 实施前后的效果比较

(1) 原料平铺均化工艺。实施前原料经破碎加工,之后由铲车将规定配比的原料运输到指定的料仓中,再由钩机进行混合。实施后原料从破碎机出来后,通过层铺系统,将规定配比的原料输送到料仓中,达到真正的平铺均化要求。

(2) 浆料制造工艺。实施前原料通过单体球磨机进行浆料制造后,由人工将下一个球磨机的入球口打开,并注入浆料,由球磨机将浆料再度细化,并重复以上步骤。实施后原料由铲车铲入喂料机后,经过自动配料系统,精准地把原料由称重皮带输送至连续球磨机进行浆料加工,然后再过筛、除铁和陈腐。

(3) 粉料制造工艺。实施前浆料在喷雾塔干燥过程中的水分等各项指标由人工进行观察与调节。实施后浆料在干燥制粉过程中的各项指标通过智能化系统进行监测,由人员在控制室进行监控。

(4) 送粉工艺。实施前从喷雾塔制造出来的粉料,由人工将粉料投入到粉箱,由人工观看粉箱中粉料堆放状况,之后由人工将粉箱中的粉料送到料车中,并由压机压制成形。实施后从喷雾塔制造出来的粉料,由输送系统将粉料输送到粉箱,并由激光发射器进行粉箱中封料堆放程度的自动检测,之后由输送系统将粉料输送到料车中,由压机压制成形。

(5) 送釉工艺。实施前使用人工电话通知,然后运用叉车将成品釉运送到指定的淋釉房。实施后通过系统下达需求单,成品釉料由 RGV(Rail Guided Vehicle,有轨制导车辆)小车自动运送到釉罐,并通过管道泵送系统泵送到指定淋釉房。

(6) 瓷砖打包工艺。实施前由人工将瓷砖放置到木托板上,之后由人工进行捆扎固定。实施后由机械手将瓷砖放置到木托板上,之后由捆扎机进行捆扎固定。

(7) 瓷砖成品入仓工艺。实施前人工通过叉车将一托托的瓷砖运送到仓库指定位置,花费时间较长。实施后由平库系统将一托托的瓷砖自动输送到仓库中指定的站点,并由叉车运送到指定的仓位,效率提高60%。

(8) 瓷砖成品出仓工艺。实施前人工通过叉车将仓库中的瓷砖运送到货车中。实施后人工通过叉车将瓷砖运送到平库系统,之后由叉车将瓷砖运送到货车中,效率提高50%。

3. 可复制性和示范价值

通过对广西蒙娜丽莎新材料有限公司的一期投入使用,在不断提高效益的前提下,公司正在二期、三期和集团总部、各子公司复制推广。预计到2025年，集团将达到全面制造智能化，成为行业标杆，引领建筑卫生陶瓷的发展。

4. 经济和社会效应

智能管控下的数字化工厂，突破时空限制，使蒙娜丽莎生产基地实现整线远程高效管理。大数据云技术对整线全生命周期的数据实时管控，为生产管理提供一个全周期、多维度、可追溯的"数据星辰"，有效提高生产效益，实现真正的智能生产制造。

有了智能工厂的建设，按产值计算，广西藤县生产基地建成后，其产能大于西樵生产基地+清远生产基地的总和，相当于再造一个"蒙娜丽莎"。

高端的生产设备保障优质的产品，大大提高了生产效能，提升了产品质量。采用"五连体"连续球磨机组，连续球磨系统操控，大幅提升原料单线产能。原料标准化和制备过程直接集成中央控制室管理，提升配料精准度。

高吨位压机组配置对接智能排产系统，实现柔性化生产的快速转板切换，优化产能配置。智能窑炉温控系统温控更精准，大幅度提升产品平整度。

产品品质的提升，生产效益的提高，为当地带来了接近1亿元的税收来源。

7.3 九牧集团卫生陶瓷智能制造

九牧集团是一家以智能卫浴为核心，集研发、制造、营销、服务于一体的全产业链、创新型国际化企业，全球设有16个研发中心，在德国、法国拥有高端灯塔工厂，打造零碳工厂、5G工厂。2021年销售额达152亿元，同比增长30%。九牧集团品牌价值1107.38亿元，连续12年蝉联行业第一。

九牧始终坚持自主创新，以核心技术不断引领行业发展，以每年不低于销售额10%的研发投入，与华为鸿蒙达成行业全屋智能战略合作伙伴，建成行业质量技术转化中心。九牧智能制造已获得的认可如下：

①工业和信息化部2015年"两化融合管理体系认证证书"；
②福建省经信委2015年"福建省智能制造试点示范企业"；
③福建省经信委"智能制造重点项目"；
④工业和信息化部2016年"制造业与互联网融合发展试点示范项目"；
⑤2016年，发展改革委"互联网+"重大工程：面向工业企业的协同制造云服务支撑平台；
⑥2017年，入选工业和信息化部智能制造综合标准化和新模式应用专项；
⑦2017年，入选工业和信息化部智能制造试点示范企业；
⑧2019年，通过泉州市工信局数字化车间评定；
⑨2019年，荣获"福建省工业互联网应用标杆企业"称号。

7.3.1 智能制造历程和系统

7.3.1.1 智能制造历程

2011—2013 年，与 IBM 战略合作，全集团实施 SAP（Systems, Applications & Products in Data Processing，中文名思爱普，是企业应用软件提供商）和 ERP 系统。

2011 年，与鼎捷软件战略合作，实施全集团的协同管理平台 DOMINO（IBM 的 OA 开发工具）OA。

2012 年，引入 LIVEBOS（顶点软件股份有限公司开发的一个对象型业务架构中间件及其集成开发工具）开发平台，搭建九牧内部业务支撑平台。

2012 年，开始分别自主研发陶瓷生产管理系统、淋浴房生产管理系统、浴室柜生产管理系统、五金生产管理系统、橱柜生产管理系统。

2013 年，开始分别与又一城和百胜公司合作，分别实施了电子商务 ERP 系统。

2014 年，与 IBM 合作实施 SAP CRM 系统，与大唐电信合作，实现统一的呼叫中心和 SBCP（Service Bussiner Collaboration Platform，服务商协同平台）售后服务系统。

2014 年，与金蝶公司合作，开始实施运营商 ERP 系统。

2014 年，开始与 SAP、北京利达智通、2020 公司、蓝鹏公司合作，打造五星定制系统，实现淋浴房、浴室柜、橱柜的定制化销售与生产。

2015 年，开始实施条码共享平台、SAP EWM（Extended Warehouse Management，扩展仓库管理）仓储管理系统。

2016 年，与欧宝公司合作，实施门店分销系统。

2016 年，与圆舟科技合作，打造九牧三大移动门户，实现员工移动办公、消费者零距离接触、合作伙伴的高效协同。

2022 年 8 月 22 日，九牧和华为终端有限公司在深圳签署合作协议，双方将深化推动卫浴产品进入协同创新，在全屋数智家居场景的全面战略合作，推动进入智慧互联的新时代。

7.3.1.2 智能制造系统

1. 九牧集团智能制造系统的总体规划

九牧集团智能制造系统总体规划如图 7-33 所示，其统一访问界面如图 7-34 所示。

根据集团战略规划方向，针对企业内部综合管理能力进行分析，企业已启动智能制造项目，达到以下功能：

（1）生产过程与成品及仓库实现条码管理，生产数据可以快速采集。

（2）OMS（Order Management System，订单管理系统）系统销售预测到分配业务循环，销售订单到交货业务循环，全品类、全渠道管理；同时通过 PAC（Productive Activity Control，生产作业控制）对计划排产与订单跟踪全部通过系统自动实现。

（3）基础数据管理、数控（Numerical Control，NC）及机器人程序、工单、执行和跟踪、工艺参数管理、电子作业指导和 ERP 与 PCS（Process Control System，过程控制系统）系统集成。

（4）通过设备、工艺、流程、生产技术、工冶具、传感器、传送带、AGV、FRID、光影识别、机器人等对生产系统进行升级，同时设备 PLC 改造/设备监控平台建立，OEE 分析/DNC 系统，打通人、机、物信息间互联互通。

（5）通过创新平台与 PLM 实现 MP + IPD。

（6）供应商协作平台提升供应管理规范性与高效性。

（7）最终实现 BI 智能分析。

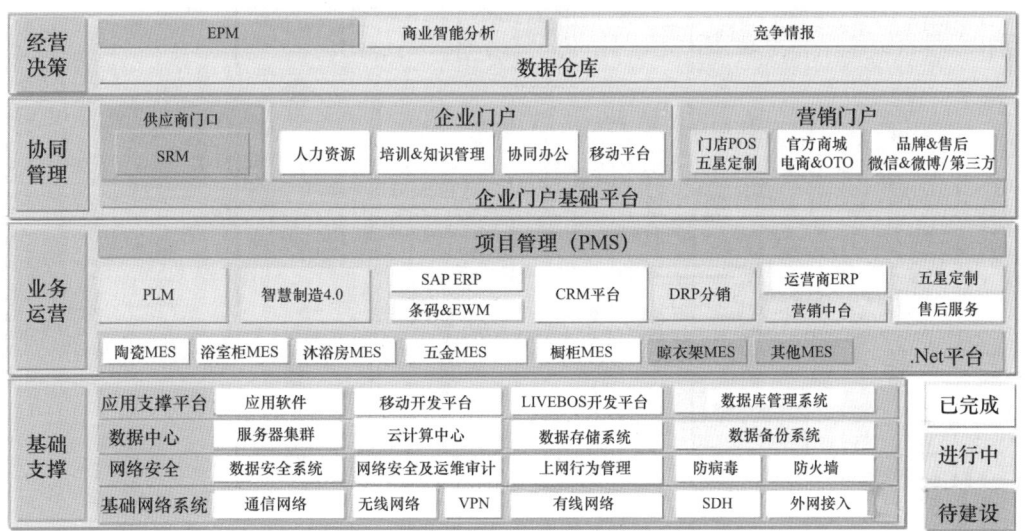

图 7-33　九牧集团智能制造系统总体规划

图 7-34　九牧集团智能制造系统的统一访问界面

2. 云平台建设

九牧集团通过引进 300 多台套 IT 设备，160 多台服务器，存储空间 125T，完成了基础网络设备升级，建设了云平台数据中心，实现虚拟化管理。结合引进和开发的 20 多套应用业务子系统，开发了"五星定制"平台。

"五星定制"平台通过线上线下的互动以吸引客户,实现线上展示和设计,线下提供配送安装及品质监控。线上确认报价单、生产订单并进入平台的订单管理系统,最终订单在平台上自动拆单和排产,并实时与 MES 系统进行数据交互。在工厂实现生产后,订单管理系统会安排配送、安装等流程,可满足客户的个性化需求。九牧五星定制系统如图 7-35 所示。

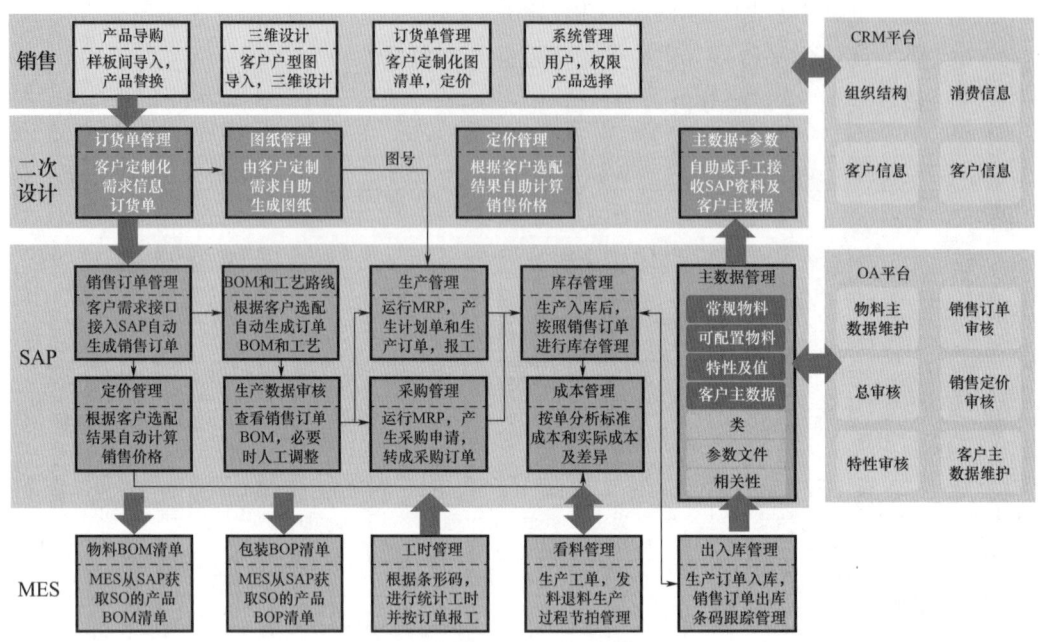

图 7-35　九牧集团"五星定制"系统

基于云服务平台打通用户和泛家居联盟厂家之间的壁垒,是一体化的卫浴综合定制化服务体系,进而打造泛家居智能制造云服务平台,如图 7-36 所示。

图 7-36　泛家居产业平台

3. 九牧集团的智能工厂

九牧集团的智能工厂将制造硬件的自动化、软件的数字化以及生产过程的精益化,通过前端定制设计、生产智能化(智能马桶智能化工厂、五金智能化工厂、淋浴房智能化工厂、各事业部 MES、SAP VC（Variant Configurator，变式配置）、条码系统、MES（制造执行系统）、营销及服务体系（SAP CRM 项目、服务商平台）、电子商务平台（IWMS、百胜 EC、移动商城）、O2O 模式推行等贯穿于全过程生产环节，从而搭建了智能工厂的架构，如图 7-37 所示。

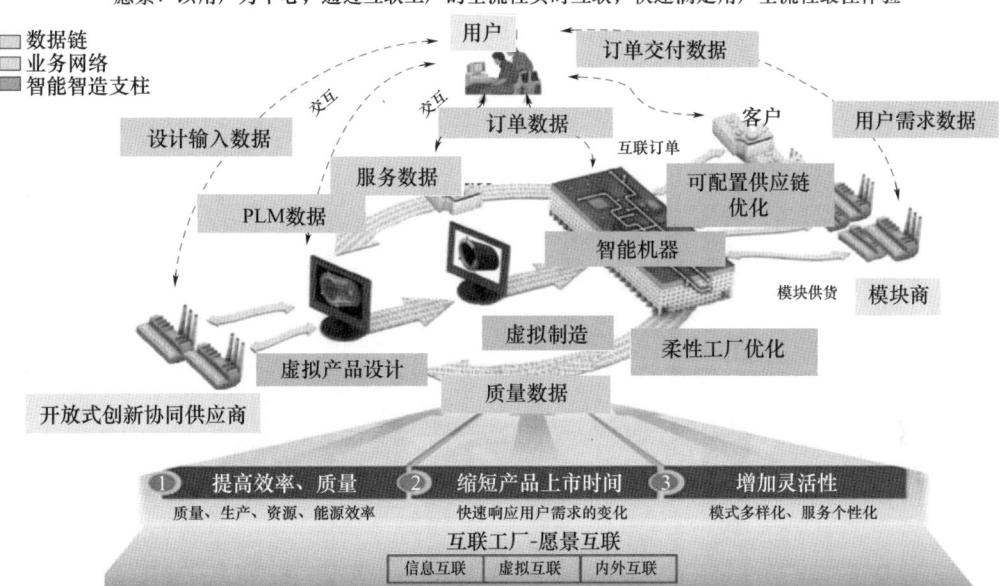

图 7-37　九牧集团智能工厂的架构

九牧集团在永春基地实现了 5G 智慧制造工厂，其功能模块如图 7-38 所示。

图 7-38　5G 智慧制造工厂模块（九牧集团永春基地）

在永春生产基地内将所有的生产装备与数据采集器相结合，通过工业互联网技术（5G），实现了生产过程的数字化，打造了智能化工厂。

(1) 原料制备

球磨机是陶瓷原料和釉料制备中最主要的设备。通过振动传感器、噪声传感器等传感器实时采集球磨机的工作状况，对采集的信号进行时-频域内大数据分析，为球磨机的运行进行故障诊断，从而实现事前预警功能，由原来事后维修时间的 2~3d 缩短到事前维修时间的 0.5h，极大地提高了维修效率。

目前智能工厂内的原料车间和釉浆车间，已基本达到了"无人车间"，实现了智能化管理，如图 7-39 所示。

图 7-39 智能釉浆无人车间

(2) 成形生产

卫浴陶瓷因其尺寸大、形状复杂，智能工厂采用 PLC 控制的高压注浆生产线进行生产。通过 5G 工业网关，将成形设备本身已采集的工艺参数和运行参数上传至数据云。利用大数据分析方法，一方面对不同产品的进浆压力、吃浆时间、保压时间、保浆压力、开模时间等参数进行优化，从而实现产品的最优生产；另一方面可对不同生产线进行合理的排产，如图 7-40 所示。

智能马桶圈由外壳、电路等组成，其外壳采用的是注塑成形。

由机器人与盖板油压机组合精密注塑成形生产线，实现自动化称重、上料、油压、削边、抛光、取产品等作业，构建了一个人机分离的高效生产作业模式。MES 实现设备联网，设备状态、效率、质量、工艺参数等的采集和监控。

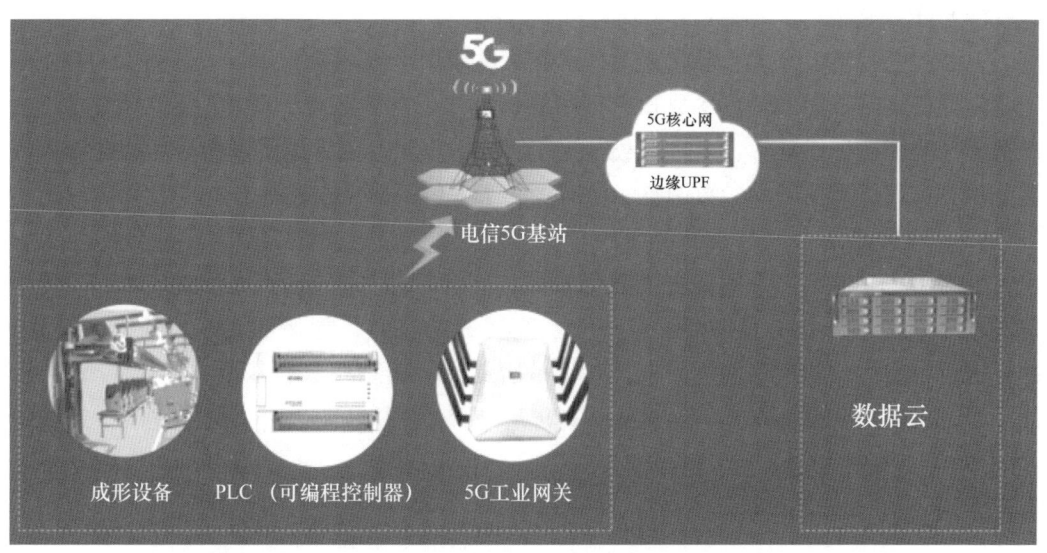

图 7-40　成形数据的传输

全程采用 MES 过程管控，将外壳与电路进行组件、测试等环节，实现组件单件流生产，消除无价值作业，达到组件生产效率提升 30% 以上、组件质量稳定性高、生产透明化。

（3）施釉生产

卫浴陶瓷因其尺寸大、形状复杂，智能工厂采用机器人进行自动化施釉，并通过 5G 工业网关，将设备本身已采集的工艺参数和运行参数上传至数据云，实现远程控制和参数调整。智能工厂添置了 13 套施釉机器人，可减少 8 位工人，且破损率降低 0.75%，如图 7-41 所示。

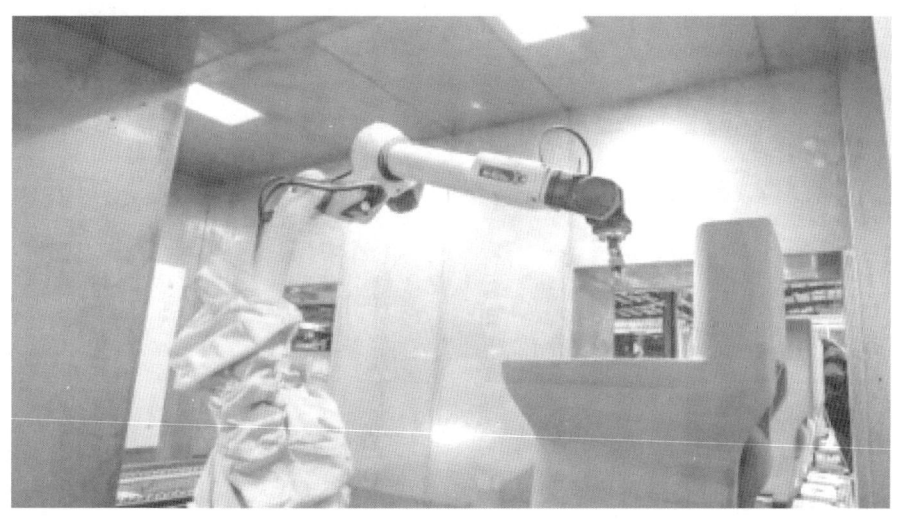

图 7-41　施釉机器人施釉场景

(4) 干燥烧成

卫浴陶瓷因其尺寸大、形状复杂，智能工厂采用干燥房进行干燥。通过5G工业网关，将设备实时采集的工艺参数和运行参数（如干燥房的温度、湿度、燃气量、压力，以及燃气泄漏、炉温异常、风机过载等）上传至数据云，对温度湿度曲线运行进行大数据分析，实现远程控制和参数调整。可减少人工2位，质量指标提升1%。

(5) 输送部分

卫浴陶瓷产品不仅采用传统的皮带输送，同时应用了具有5G模块的AGV智能小车。AGV智能小车具有低时耗、高安全、高可靠的特点，能保证24h长期有效工作，并可进行智能运输和远程调度，实现物流的智能化。据悉在永春基地添置6辆AGV智能小车，可减少9位工人，质量提升0.029%，如图7-42、图7-43所示。

图7-42　AGV智能小车-1

图7-43　AGV智能小车-2

在窑炉及品检车间采用码垛机器人，可完成自动卸窑及输送、智能存储、按需备料，实现优先出库，彻底改善物料混乱、混合包装的生产现状，具有减少人工搬运、降低劳动强度、提升劳动效率等特点。据悉1台码垛机器人可相当于8位工人的工作量。

(6) 装配车间

应用机器人、自动测试设备、载具等组成的智能卫浴装配生产线，可实现自动化、柔性生产，减少周转和 WIP，消除无价值作业，并且管控点 MES 实时采集、分析各生产数据，实现生产过程透明化、质量控制及工艺管控的优化设计，质量稳定、工位排布优化，人力精简，效率提升 30%，如图 7-44、图 7-45 所示。

图 7-44　智能装配车间

图 7-45　装配机器人

(7) 其他

采集各类生产数据，通过 5G 技术可获得实时产量、生产线工艺、员工生产情况、能源消耗、设备运行状态全面监控，掌握生产全流程，并实现智能定制，大幅提升了生产效率和效能。

7.3.2　效益分析

7.3.2.1　经济效益分析

九牧集团通过 5G 技术的运用，生产效率复合提升 35%，单位产值能耗复合减低

7%，节省了 20% 的人工成本，管理效率提升 20%，产品不良率降低 5%，能源用量减少 7%，运营成本降低 8%，产品研发周期年均缩短 15d。

基于五星定制服务的泛家居产业平台，5G 云制造已经打通了销售端和制造端的对接，通过生产数字化、管理可视化、C2F 个性快速定制，使安全生产达到可控率 100%、固危物控制 100%、生产效率提升 50% 的零库存生产方式。

九牧集团将继续坚持走高端定制卫浴路线，在 2025 年打造千亿规模的泛家居"3 + 6 跨界模式"。其中"3"是指将九牧打造成高端工程品牌、高端电商品牌、高端定制家用品牌；"6"是指全卫定制、橱柜定制、天然大理石定制/大理石瓷板定制、衣柜定制、阳台定制、全屋水系统。

7.3.2.2 社会效益分析

九牧集团根据卫浴行业独有特色，实行自主研发设计，完善从前端消费至后端生产流程，以满足消费者的卫浴空间设计和卫浴产品定制需求，并提供五星级的服务体验，逐步打造卫浴定制系统生态链。

九牧集团的五星定制平台基于互联网的九牧 O2O（线上线下）五星定制，通过线上线下互动以吸引客户、抓住客户，提供一站式服务，实现在线设计、在线展示、线下提供服务支持及品质监控。九牧厨卫五星定制不仅可为客户带来一系列的功能价值，包括丰富的风格选择、合理的空间布局、优良的产品体验，还有无微不至的服务和一对一的设计。同时又有本地的会员活动和产品保养服务等附加价值，最大限度满足消费者的购买需求。

目前九牧集团已成为全国首批 200 家通过两化融合管理体系评定的企业之一，打造以"用户全生命周期营销服务能力"向工业互联网平台型企业转型，努力实现厨卫行业智能制造 4.0，引领行业的发展并提供行业整体信息化解决方案，对于整个卫浴行业个性化定制示范和推广起到引领的作用。

7.4 恒洁公司卫生陶瓷智能生产

恒洁公司卫生陶瓷智能化生产线是由广东省科学院智能制造研究所、广东金马领科智能科技有限公司、恒洁卫浴集团有限公司和华南理工大学等单位在 2015 年共同完成的项目。

7.4.1 卫生陶瓷智能化生产线

卫生陶瓷智能化生产线是集成高压成形、修坯、施釉、装卸窑炉、成品检测与包装等以及物流输送与存储系统，基于机器人的智能化卫生陶瓷生产线，其平面布置图如图 7-46 所示。

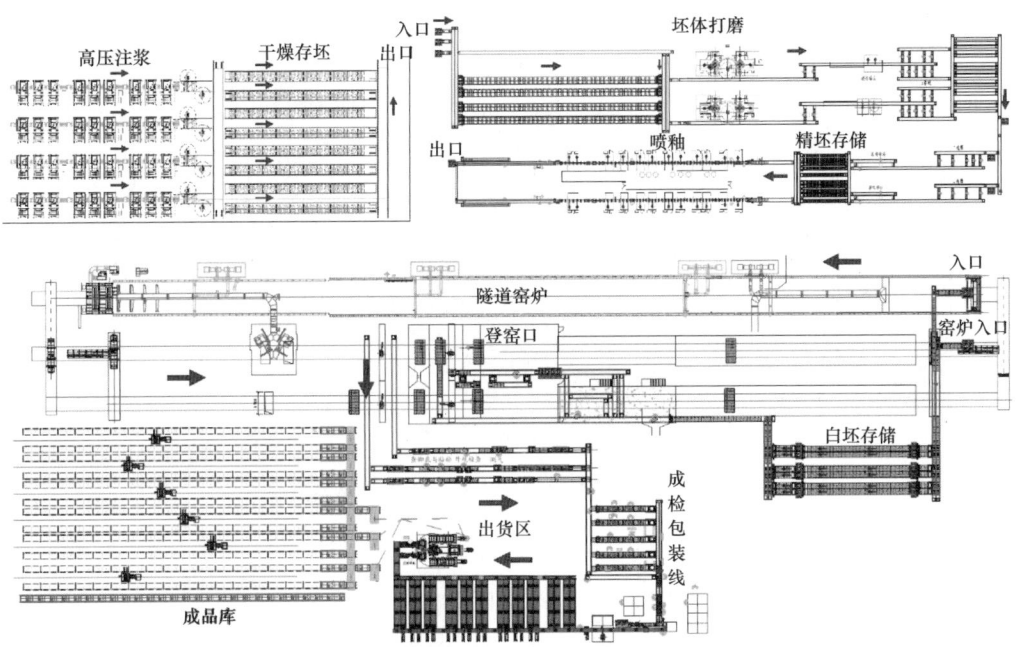

图 7-46 卫生陶瓷智能化生产线平面布置图

卫生陶瓷智能化生产线中关键部分的实物如图 7-47 所示。

(a) 高压成形工作站

(b) 修坯工作站

(c) 施釉生产线

(d) 装卸窑机器人

(e) 装配与检测生产线

图 7-47 卫生陶瓷智能化生产线中关键部分

7.4.1.1 高压成形工作站

卫生陶瓷生产中成形为最复杂、劳动力强度最大、成本最高的工序，结合高压注浆成形工艺、模具技术、泥浆技术、设备研发、标准化注浆作业及安全管理等多项技术，研制智能化的机器人高压成形系统。集成自动注浆、开/合模、脱模、洗模、粘接、成形等专机设备，实现高压注浆成形的全自动化生产。

高压成形工作站主要由机器人、自动高压成形单柜、输送系统、控制系统等组成（图7-48），可实现全自动注浆、自动开/合模、自动涂浆料、模内粘接系统、脱模等生产，实物图片如图7-49所示。

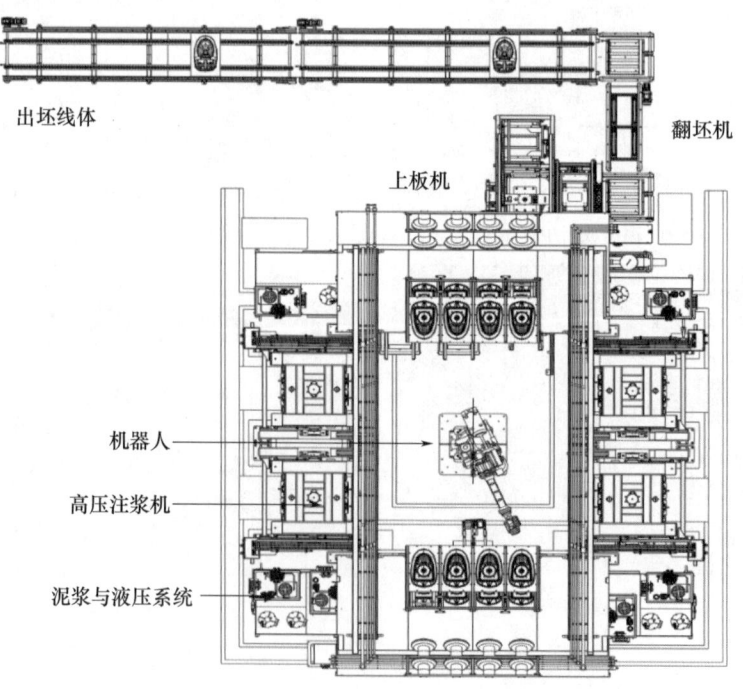

图 7-48 高压成形工作站平面布置图

图 7-49　高压成形工作站实物图片

7.4.1.2　修坯工作站

修坯工作站主要由 3 个工位机器人、坯体输送机、喷房、控制系统等组成。如图 7-50 所示为修坯工作站平面布置图。

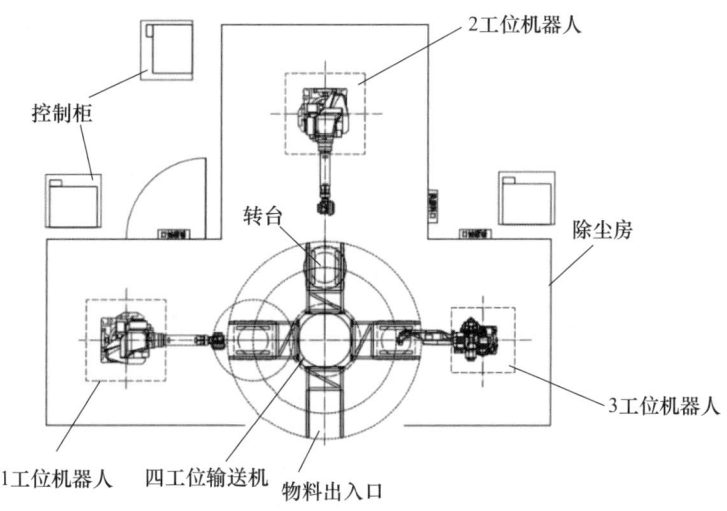

图 7-50　修坯工作站平面图

为了能适用于高粉尘恶劣环境，对机器人力控法兰、集成力控打磨头、机器人外轴转台等核心设备采用"自呼吸"与"正压力"等技术，使核心设备内部与外界高度隔离，避免因气体交换带来进尘问题，保证设备运行稳定性及使用寿命。

为了保证修坯的质量，设计了被动柔顺力控装置的控制系统，以及柔顺装置位置补偿算法，实现机器人修坯力精确控制。

7.4.1.3　施釉生产线

施釉生产线主要由工业机器人、机器人外轴转台、皮带输送线、管道施釉专机、取放水箱盖专机、擦底专机、喷房等组成，其平面布置图如图 7-51 所示。

施釉生产线可根据洁具外形、釉料参数、釉面厚度、均匀性、平滑度等要求，通过改变机器人运行轨迹、施釉工艺参数等，自动实现低流量、优雾化、精准喷涂釉浆的高效利用。

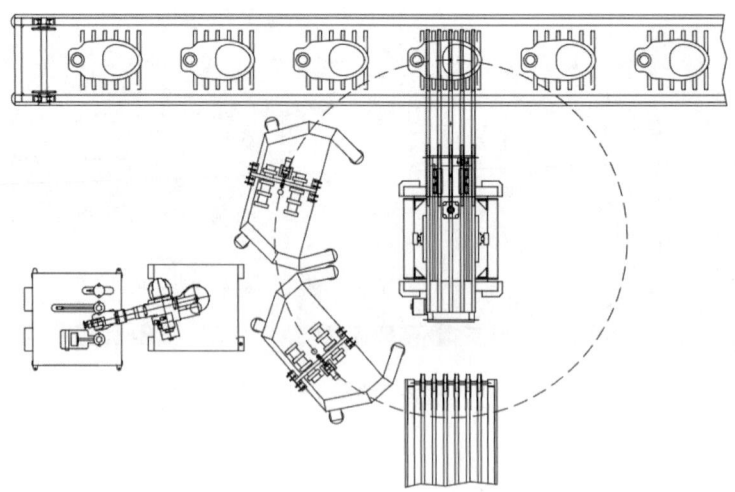

图 7-51 机器人施釉生产线平面布置图

7.4.1.4 装卸、检测与 AGV 运输

1. 装卸窑机器人

针对陶瓷坯体与烧成后成瓷上下窑，高温、高强度的工作，采用了双机器人、双层装卸窑系统，实现了多种规格、类型坯体的混线装窑。图 7-52 所示为装卸窑机器人平面布置图，图 7-53 为装卸窑机器人实物图。

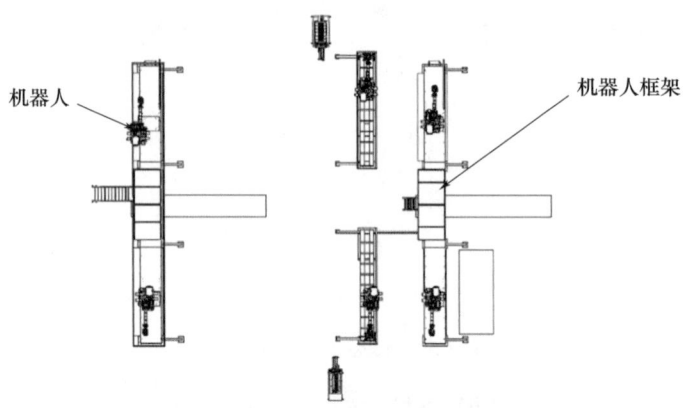

图 7-52 装卸窑机器人平面布置图

图 7-53 装卸窑机器人实物图

2. 装配检测生产线

装配检测生产线主要将瓷体、桶盖、安装件和弯管等进行上料、组装、在线检测和包装等，其平面布置图如图 7-54 所示。

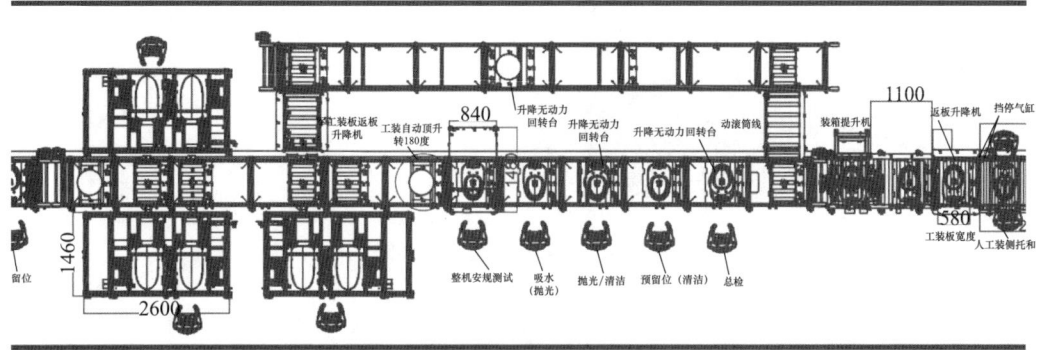

图 7-54　装配检测生产线平面布置图

智能坐便器检测一体设备可实现水温、风温、功率、安规、冲水量等多参数的一次性检测，如图 7-55 所示。

图 7-55　智能坐便器检测一体设备

3. AGV 运输及调度

集成机器人、输送线、梯控、门控、立库、PDA（Personal Digital Assistant，个人数字助理，也被称为掌上电脑）等多种接口的 AGV 软件系统，将成形、修坯、施釉、窑烧、装配、成检等各生产工艺段实现柔性输送与生产调度、任务分配。

将 AGV 物流调度与 MES 软件的系统集成，集成 modbusTCP、http、OPC、PLC 等常用标准协议，互通自动手动切换状态、呼叫信息（型号、位置）、AGV 到位信息、坯车/坯体条码绑定信息、梯控/门控所需的开关状态以及楼层信息等，实现 AGV 与 MES，

AGV 与生产线系统信息交互。图 7-56、图 7-57 分别为 AGV 调度输送系统和实物图。

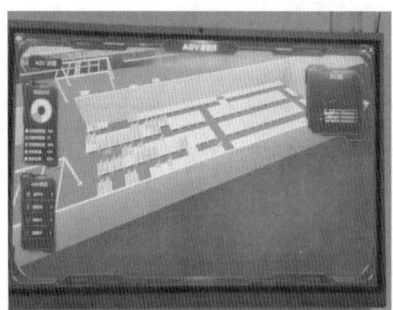
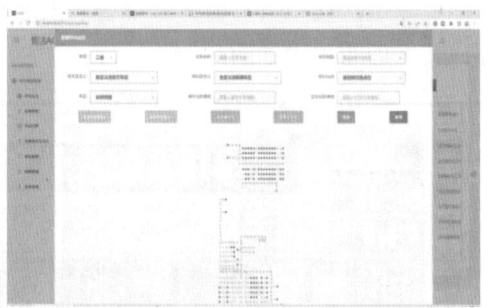

图 7-56　AGV 调度输送系统

图 7-57　AGV 调度输送系统实物图

7.4.1.5　生产管理系统

卫生陶瓷生产管理系统涵盖计划管理、质量管理、设备管理、能源管理、物流调度等功能，如图 7-58 所示。具有以下功能：

（1）结合陶瓷卫浴工艺，可创建专有的生产模型；

（2）通过生产过程的数据采集，可创建"陶瓷卫浴 MES 可追溯主轴"，提升每一件产品的信息附加值；

图 7-58　数字化信息化系统

(3) 通过设备和工装的管理，实现最小化保养、调试和安装成本，通过监控设备过程值，可发现运行趋势及透明化设备的绩效；

(4) 通过配方管理，实现多品种、多型号产品的动态配方调整和下发，为生产质量管控、工艺管控、能效管控提供持久、可信的多维度跟踪与追溯。

将生产过程的各种数据进行采集、汇总，并形成生产信息综合看板，如图7-59所示。

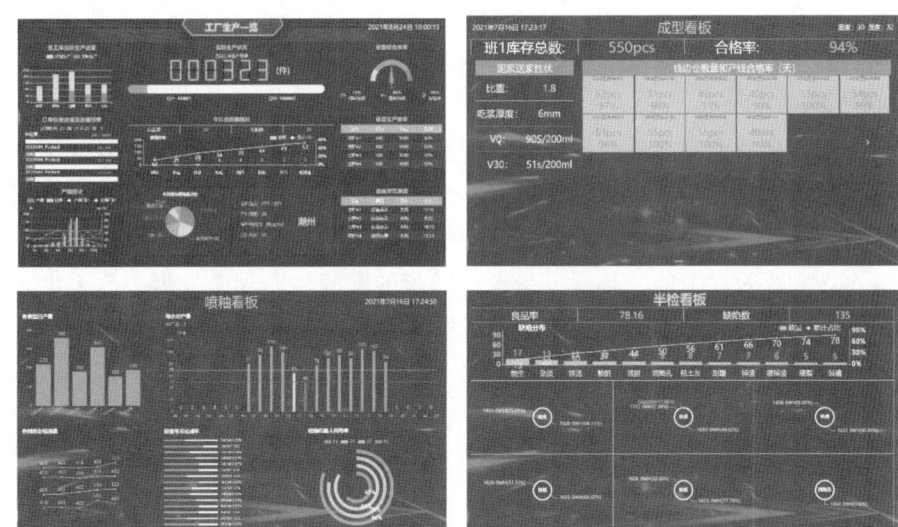

图 7-59　生产信息综合看板

通过生产过程的数据采集所创建的"陶瓷卫浴 MES"软件系统，涵盖了工厂数字化建模、计划管理、生产管理、物流管理、模具管理、设备管理、质量管理、能效管理、绩效管理等多个模块。陶瓷卫浴 MES 建立且投入使用的信息化系统，包括 MES（生产执行系统）、窑炉数据采集、生产事件精益管理模块、电商系统等多个部分，系统通过对接 ERP、MES 与物流管控，让以 OEM 外销为主的陶卫企业，实现多品种、小批量的生产模式下的有序生产，实现数字化与透明化。

7.4.2　经济社会效益分析

1. 直接经济效益

目前卫生陶瓷智能化生产线已广泛应用到广东、河北、福建、重庆等重要陶瓷产区，科勒、九牧、惠达、东鹏、碧桂园等多家知名卫浴企业，并出口到非洲、东南亚等地，已推广卫生陶瓷智能化的成套系统或生产线 120 多套（条）。

卫生陶瓷智能化生产线的直接经济效益主要体现在：①与本技术相关的技术服务或销售合同；②本技术应用生产的销售收入（贡献量按照生产销售的 60% 计算）。2019 年 1 月至今，本项目完成单位累计销售收入为总额 15.74 亿元，新增利润 8531 万元，上缴税费 10758 万元。

2. 间接经济效益

卫生陶瓷智能化生产线应用生产，在减少用工、提高生产效率、提高合格率等方面可带来间接经济效益。

（1）与传统人工生产相比，大幅减少了劳动力。其中，修坯单工作站减少人工8人，喷釉生产线减少人工23人，极大降低了企业的劳动力成本。

（2）相比传统生产方式提高了生产节拍，其中，喷釉生产提高效率80%以上。

（3）相比传统方式在标准化、生产品质一致性、合格率等方面也有提升，在促进企业产品高质量发展等方面取得良好的经济效益。

3. 社会效益方面

针对卫浴陶瓷行业高能耗、高排放、高污染的特征，主动探索转型升级的方向和突破口，克服节能减排瓶颈、资源消耗瓶颈、成本瓶颈和人力资源瓶颈，淘汰落后产能，科学制定卫浴陶瓷生产企业发展规划，推行技术提升与可持续发展。项目的开展将引领卫浴陶瓷企业向高效、节能、环保、绿色、健康的陶瓷生产理念发展，改善生态环境、促进经济发展，助力我国碳达峰和碳中和目标的实现。

参考文献

[1] 许剑雄,韩文,李璇.基于智能制造视角的建筑卫生陶瓷营销创新[J].佛山陶瓷,2018(7):37-41.

[2] 夏建华,温怡彰.陶瓷行业智能制造现状及发展趋势[J].佛山陶瓷,2018(12):8-10.

[3] 宋来.工业大数据在智能制造中的应用价值[J].内燃机与配件,2017(12):126-127.

[4] 李致远,陈光.工业大数据推动智能制造发展作用机理探析[J].中国工业评论,2016(8):79-84.

[5] 陈勇,汪建晓,肖红军,等.佛山市智能制造装备应用的现状分析与发展对策[J].佛山科学技术学院学报(自然科学版),2015,33(5):5-11.

[6] 中华建材网.智能化日趋成熟——陶瓷行业智能化指日可待[N/OL].http://news.chinabm.cn/2017/1228438314.shtml,2017-12-28.

[7] 国家市场监督管理总局,国家标准化管理委员会.智能制造能力成熟度模型:GB/T 39116—2020[S].北京:中国标准出版社,2020.

[8] 李萍,曾令可,王慧,等.陶瓷窑炉节能减排技术与应用[M].北京:中国建材工业出版社,2018.

[9] 王力.由信息化促进瓷砖生产过程的智能化[N/OL].http://www.taoci-info.com/zhuanlan/show.php?itcmid=609,2017-12-19.

[10] 常豪.中国建筑卫生陶瓷行业发展的现状及趋势[J].陶瓷,2022(4):13-15.

[11] 朱瑞娟,陈媛媛,刘继武,等.我国卫生陶瓷工业机器人的发展现状[J].中国建材科技,2019(6):98-100.

[12] 李萍,曾令可,谭映山,等.陶瓷辊道窑智能控制系统[J].中国陶瓷工业,2015,22(5):17-21.

[13] 李萍,袁钧宇,简润桐,等.企业能源管理中心看板系统的开发设计[J].中国陶

瓷工业，2021，28（4）：30-35.

［14］王元卓，靳小龙，程学旗．网络大数据：现状与展望［J］．计算机学报，2013（006）：036.

［15］蒋明炜．机械制造业智能工厂规划设计［M］．北京：机械工业出版社，2017.

［16］国家市场监督管理总局，国家标准化管理委员会．智能制造能力成熟度评估方法：GB/T 39117—2020［S］．北京：中国标准出版社，2020.

索　引

A

ADC　Analog to Digital Converter　模拟数字转换器
AI　Artificial Intelligence　人工智能
AGV　Automated Guided Vehicle　自动导引车
ANN　Artificial Neural Network　人工神经网络
APS　Advanced Planning System　高级计划系统

B

BI　Business Intelligence　商业智能
BOM　Bill of Materials　物料清单
BP　Back Propagation　反向传播

C

CAD　计算机辅助设计
CAN　Controller Area Network　控制单元区域网络
CAPP　计算机辅助工艺设计
CCF　Connectivity and Computing Fabric　联接计算
CCS　Central Control System　中央控制子系统
CIMS　Computer Integrated Manufacturing System　计算机集成制造系统
COM　Component Object Model　组件对象模型
CPS　Cyber-Physical Systems　信息-物理系统（赛博物理系统）
CRM　Customer Relationship Management　客户关系管理
CSP　Cloud Service Provider　云计算服务商

D

DAC　Digital to Analog Converter　数字模拟转换器
DHR　Distributed Heat Recovery　分布式热回收
DMA　Driving Movement Aligning　驱动运动对准
DNN　Data Network Name　数据网络标识
DSC　Driving Syncronization Control　驱动同步控制
DSS　Decision-making Support System　决策支持系统

E

EBOM　Engineering Bill of Materials　产品设计清单
ECN　Edge Computing Node　智能边缘计算
ECS　Expert Control System　专家控制系统
ERP　Enterprise Resource Planning　企业资源计划
EH　Enhanced Heattransfer　强化热传递
EMS　Energy Management System　能源管理系统
ES　Expert System　专家系统
EWM　Extended Warehouse Management　扩展仓库管理

F

FC　Fuzzy Controller　模糊控制器
FLC　Fuzzy Logic Controller　模糊逻辑控制器

G

GFS　Google File System　Google 文件系统
GIS　Geographic Information System　地理信息系统

H

HCPS　Human-Cyber-Physical System　人-信息-物理系统
HDFS　Hadoop Distributed File System　Hadoop 分布式文件系统
HMI　Human Machine Interface　人机界面
HR　Human Resource　人力资源
HTTP　Hyper Text Transfer Protocol　超文本传输协议

I

IaaS　Infrastructure as a Service　将基础设施作为服务
IIC　Industrial Internet Consortium　工业互联网联盟
IM　Intelligent Manufacturing　智能制造

索 引

IMS　Intelligent Manufacturing System　智能制造系统
IO　Input and Output　输入与输出
IoT　Internet of Things　物联网
IQC　Incoming Quality Control　进料检验
ISA　Instrument Society of America　美国仪表协会
IT　Information Technology　信息技术

J
JIT　Just in Time　准时制

K
KFS　Kosmos Distributed File System　Kosmos 分布式文件系统
KPR-S　Kiln Potential Heat Recovery System　窑炉潜热回收系统

L
LADN　Local Area Data Network　本地数据网络服务区
LTE　Long Term Evolution　长期演进（一种高速无线通信技术）

M
M-APP　Mobile Application　移动应用
MBOM　Manufacturing Bill of Materials　产品制造清单
MCG　Message Control Group　消息控制组
MCS　Manufacturing Control System　制造控制系统
MES　Manufacturing Execution System　制造执行系统
MIT　Massachusetts Institute of Technology　麻省理工学院
ModBus　一种串行通信协议
MQTT　Message Queue Transfering Transport　消息队列遥测传输
MRP　Material Requirements Planning　物料需求计划

N
NC　Numerical Control　数控
NLPS　Natural Language Processing System　自然语言处理系统

O
OA　Office Automation　办公自动化
OCE　Optimal Combustion Efficiency　优化燃烧节能
ODM　Order Management　数字化订单管理

OEE   Overall Equipment Effectiveness   综合设备效率
OEM   Original Equipment Manufacturer   原始设备制造商，也称定点生产，俗称代工生产
OICT   Operational, Information and Communication Technology   运营信息通信技术
OMS   Order Management System   订单管理系统
OPC   OLE for Process Control   用于过程控制的对象链接和嵌入
OQC   Outgoing Quality Control   出货品质稽核
OSI   Open System Interconnect   开放式系统互联
OT   Operational Technology   操作运营技术

P

PaaS   Platform as a Service   将平台作为服务
PAC   Productive Activity Control   生产作业控制
PCC   Primary Control Circuit   主板
PCS   Process Control System   过程控制系统
PID   Proportional-Integral-Derivative   比例积分微分
PD   Product Detection   产品检测
PDA   Personal Digital Assistant   个人数字助理，也被称为掌上电脑
PDC   Printhead Drive Circuit   喷头驱动板
PDM   Product Data Management   产品数据管理
PLC   Programmable Logic Controller   可编程逻辑控制器
PLM   产品生命周期管理
PMS   Project Management System   项目管理系统
PPC   Proportional Process Control   比例过程控制
PPS   Problem Process System   问题处理系统
PPS   Problem Planning System   生产计划系统
PQC   Producing Quality Control   过程质量控制
Profibus   Process Field Bus   过程现场总线

R

RFID   Radio Frequency Identification   射频识别
RGV   Rail Guided Vehicle   有轨制导车辆
RMS   Root Mean Square   均方根值
RPR   Resilient Packet Ring   弹性分组环
RRPP   Rapid Ring Protection Protocol   快速环网保护协议

S

SaaS   Software as a Service   将软件作为服务

SBCP　Service Bussiner Collaboration Platform　服务商协同平台
SCADA　Supervisory Control and Data Acquisition　数据采集与监视系统
SCM　Supply Chain Management　供应链管理
SM　Smart Manufacturing　智能制造
SMLC　Smart Manufacturing Leadership Coalition　智能制造领导力联盟
SOA　Service Oriented Architecture　面向服务的架构
SQL　Structured Query Language　结构化查询语言

T

TMS　Transportation Management System　运输管理系统
TPM　Total Productive Maintenance　全面生产维护

U

UA　Unified Architecture　统一架构
ULCL　Uplink Classifier　上行分流器
UPF　User Plane Function　用户平面功能

V

VC　Variant Configurator　变式配置
VLAN　Virtual Local Area Network　虚拟局域网
VPN　Virtual Private Network　虚拟私人网络

W

WMS　Warehouse Management System　仓储管理系统

X

XML　Extensible Markup Language　可扩展标记语言